생산운영 관리

박형호 노춘섭 최 기 김영대 조 건 소순후

OPERATIONS MANAGEMENT

도서출판 청람

· 머 · 리 · 말 ·

오늘날 경영환경은 글로벌화, 지식경영, 기술혁신 등이 확산되고 기업윤리가 강조되면서 급격히 변화하고 있다. 이러한 상황 속에서 세계적인 자동차업체인 도요타자동차의 위기극복과 세계 1위 기업인 월마트의 성장에서 보는 바와 같이 글로벌화와 현장중심의 사고가 주요한 핵심성공요인으로 판단된다. 특히 현장중심의 사고는 효율적인 생산운영관리에서 가장 잘 실현될 수 있으며, 경영의 가치창출활동에서도 그 중요성이 커지고 있다.

우리나라 기업들은 과거의 고비용 · 저효율 구조를 극복하고자 이제까지 꾸준히 노력해 왔지만 아직도 비효율적인 측면이 많다고 판단된다. 기업의 비효율성을 줄이고 경쟁력향상을 위해서는 생산운영관리관점에서 합리적인 의사결정이 필요하며, 모든 경영자는 생산자원의 최적 활용을 통해 기업의 목적을 달성하기 위해서 생산운영관리의 지식을 체계적으로 학습해야 한다.

미국의 경제전문지 포천(Fortune)이 2011년에 발표한 '글로벌 500대기업' 중 미국기업이 133개, 일본기업이 68개, 중국기업이 61개인 데 비해 우리나라 기업은 세계 22위인 삼성전자를 비롯해 14개에 불과한 실정이다. 그러므로 우리나라가 선진국의 경제수준을 달성하고자 한다면 우리 기업의 보다 높은 성장과 발전이 절대 필요하며 이를 위해 모든 기업은 자기 기업만이 갖는 경쟁우위의 창출과 유지에 모든 노력을 기울여야 할 것이다.

그리고 1997년의 IMF 위기, 2008년의 미국의 리만 브라더스 홀딩스 파산에 따른 글로벌 금융충격과 같은 또 다른 위기가 우리에게 언제든지 닥쳐올 수 있는 상황이므로 이에 대응할 수 있는 우리나라 기업의 경쟁력 강화가 반드시 필요하다. 따라서 생산경영활동이야말로 기본적인 경영활동이기 때문에 이에 대한 철저한 이해와 학습은 오늘날의 무한경쟁 속에서 우리나라 기업의 경쟁우위 확보와 경쟁력 향상에 큰 도움을 줄 것으로 예상된다.

우리 저자들은 지난 20여 년 이상을 각자의 대학에서 생산관리과목을 강의해오면서 어떤 내용을 어떻게 가르쳐야 할 것인지에 대해 많은 고민을 해왔다. 그리고 우리나라 기업이 세계 일류기업으로 거듭나기 위해서는 모든 기업의 생산운영시스템이 월등한 경쟁력을 갖추어야 한다고 확신한다. 따라서 이 책은 이러한 고민과 믿음을 바탕으로 저자들이 심혈을 기울여 완성하였으며, 이 책이 생산관리를 배우고자 하는 대학(원)생뿐만 아니라 생산현장의 관리자들이 생산관리에 관련된 여러 과제들을 이해하고 앞으로 유능한 생산경영자로서의 자질을 갖추는 데 도움이 될 수 있기를 기대한다.

이 책은 제1부 생산운영관리의 기초, 제2부 생산운영시스템의 설계, 제3부 생산운영시스템의 관리와 통제로 이루어지며 담당교수의 한 학기 강의와 학생의 학습편의성에 맞도록 이를 다시 15개장을 나누었으며 다음 사항에 역점을 두었다.

첫째, 서비스산업의 비중이 경제전반에서 날로 확대되고 있는 실정이므로 주요한 주제는 제품생산과 서비스생산의 양면에서 쉽고 간결하게 설명하였으며, 논리전개에 지장이 없는 범위 내에서는 수리적 측면을 생략하였다.

둘째, 학생들이 각 장의 주제를 쉽게 파악하고 흥미를 갖고 학습할 수 있도록 최신 관련사례를 제시하여 이론과 실제를 동시에 이해할 수 있도록 하였다.

셋째, 생산운영관리의 새로운 추세를 반영하고자 품질경영과 환경경영(제3장), 공급사슬관리(제7장), 전사적 자원관리(제14장)를 독립된 장으로 구성하여 자세히 설명하였다.

이 책은 저자들의 공동 노력과 땀의 결과이며, 각 대학에서 이미 10여 년이상 강의교재로 활용해오면서 수정 · 보완해왔으나 앞으로도 계속해서 보다 충실하고 유용한 교재를 만드는 데 힘을 쏟을 계획이다. 그리고 각 대학의 교과과정 명칭을 고려하고 주요 내용을 보강하기 위해 2007년에 발간된 '제품 · 서비스 운영관리'라는 책명을 '생산운영관리'로 바꾸면서, 입지선정에 관한 장은 생산능력계획(제6장)과 합치고 일정계획(제11장) 중 프로젝트관리는 별도의 장(제12장)으로 정리하였다. 특히 소순후 교수께서 이 책의 공동저자로 새로이 참여하였으며, 전남대학교 경영대학의 강의전담교수인 정경호 박사는 보완 및 교정작업에 큰 도움을 주었다. 끝으로 이 책의 발간을 위해 열성을 다해주신 도서출판 청람의 이수영 사장님과 관계직원 여러분께 깊은 감사를 드린다.

2012년 2월 28일
저자 일 동

·차·례·

제1부 | 생산운영관리의 기초

제1장 생산운영관리의 개요

| 사례 차례 |

| 그림 차례 |

| 표 차례 |

PART 1

생산운영 관리의 기초

CHAPTER 1

생산운영 관리의 개요

O P E R A T I O N S   M A N A G E M E N T

오늘날 글로벌화, 지식경영, 창조화, 기술혁신 등으로 표현되는 경영환경의 변화 속에서 경영의 가치창출활동으로서 생산운영관리의 중요성이 날로 높아지고 있다. 왜냐하면 1990년대 후반의 IMF관리체제는 국가경쟁력의 약화에서 비롯되었으며 이는 우리나라 기업의 경쟁력 하락, 즉 경영의 실패로 판단되기 때문이다. 따라서 기업의 경영효율성과 유효성을 높이기 위해서는 기업 현장에서 생산운영관리의 효율화가 절대적으로 필요하다. 모든 경영자는 기업의 목적을 달성하기 위하여 생산자원을 가장 합리적으로 활용하여 생산목표의 달성에 최선의 노력을 기울여야 하므로 생산운영관리의 체계적인 지식이 매우 중요하다.

본 장에서는 먼저 생산운영관리의 의의와 함께 생산운영관리의 역사적인 발전, 생산운영관리의 핵심목표이며 성과측정의 유용한 지표로서의 생산성을 학습한 다음, 오늘날 생산운영관리에 영향을 미치는 주요한 환경변화에 대하여 살펴보기로 한다.

제 1 절 생산운영관리의 의의

전통적으로 생산관리의 개념은 유형의 제품생산을 관리하는 데 초점을 두고 발전되어 왔다. 그러나 서비스산업이 지속적으로 급속히 성장함에 따라 서비스의 관리를 포함하는 일반적인 용어가 필요하게 되었다. 따라서 운영관리(operations management)란 용어가 만들어지게 되었으며, 이 책에서는 생산운영관리를 제조활동과 서비스활동을 포함하는 넓은 의미로 사용한다.

1.1 경영활동과 생산운영관리

일반적으로 모든 기업의 경영활동은 기본적으로 두 가지의 핵심적인 기능으로 나누어 볼 수 있다.

- **제품이나 서비스의 생산** : 생산이나 운영부문에서 담당하는 기능으로 고객이 요구하는 제품이나 서비스를 만들어 원하는 시기에 공급한다.
- **제품이나 서비스의 판매** : 마케팅부문에서 광고나 선전 등을 포함한 여러 판촉 활동을 통하여 판매기능을 수행한다.

기업은 이 두 가지의 기능을 통하여 기업이 추구하는 목적을 달성하고자 한다. 특히, 생산운영부문은 가능한 한 적은 비용으로 고객이 원하는 제품이나 서비스를 제공하기 위하여 이에 소요되는 모든 활동을 계획하며, 필요한 활동이 원활하게 수행되도록 구성인원이나 일을 조직화한다. 또한 생산을 시작하기 이전에 생산시기와 생산품목을 구체적으로 정하고, 계획한 대로 진행될 수 있도록 작업자에게 수행할 작업을 지시하고 그들이 효율적으로 일할 수 있도록 지도한다.

만일 수행되는 내용이 처음 의도한 것과 다르든지, 최종적으로 나온 제품이나 서비스가 설계된 것과 다르거나 또는 수행된 일의 결과가 기업이 지향하는 목적과 다른 경우에 본래의 목적을 달성할 수 있도록 통제한다. 이러한 일련의 활동들을 가리켜 생산운영관리라고 한다.

생산운영관리의 기본기능은 다른 부문관리와 마찬가지로 다음과 같은 계획, 조직, 지휘, 통제로 구성된다.

- **계획** : 생산목표의 수립을 포함하는 전략 계획에서부터 목표를 달성하기 위한 모든 활동과 방법에 대한 전술계획, 추진일정과 실행절차에 관한 운영계획들로 구성된다.
- **조직** : 계획된 생산목표를 달성하기 위한 인적 · 물적자원을 시스템화하는 과정으로서 제품과 서비스 생산에 필요한 생산운영과정을 규정하고 인적자원을 조직화한다.
- **지휘** : 생산목표를 달성할 수 있도록 종업원에게 동기를 부여하고 활동을 조정한다.
- **통제** : 성과가 계획된 생산목표와 일치하는지를 평가한 다음 조정이 필요한 경우에는 이에 대한 조치를 취하는 과정이다.

1.2 생산운영시스템의 개념

시스템(system)이란 여러 구성요소가 유기적으로 질서를 유지하면서 주어진 환경에서 동일한 목적을 위해 활동하는 구성체를 뜻하며, 시스템을 구성하고 있는 요소들은 모두 동일한 목적을 달성하기 위해 동일 방향의 목표의식을 가져야 한다.

또한 시스템의 어원은 그리스어로 '함께'(SY), '둔다'(STEM)는 뜻이다. 이것은 하나로 한다는 것으로서 요소들의 상호관계가 성립되어 결합된 하나의 질서있는 짜임새를 가리키는 말이기도 하다. 이렇게 보면 우주의 모든 만물은 모두 시스템으로 파악할 수 있다. 다시 말하면 소우주로 표현되는 우리의 인체, 자연계, 우리가 살아가고 있는 사회는 물론이고, 공장이나 기업도 시스템이라 할 수 있다.

시스템의 기본구조는 [그림 1-1]과 같이 투입(input), 변환(transformation),

그림 1-1 시스템의 구조

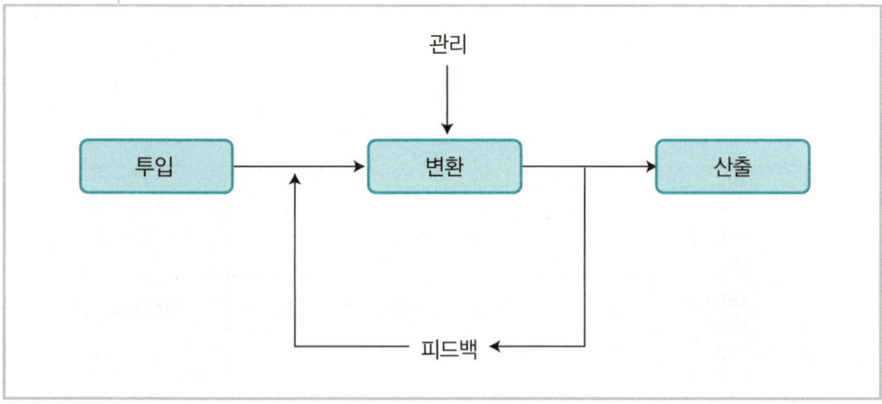

산출(output)을 기본 근간으로 하여, 관리(management), 피드백(feedback)을 포함하는 5가지 요소로 나타낼 수 있다.

예를 들어 소우주로 표현되는 우리 인체를 시스템적으로 분석해 보면 음식물이 투입되고 이것이 위장을 비롯한 오장육부(五臟六腑)를 거쳐 처리되면 에너지가 산출된다. 그러나 이러한 과정만을 거치면 무조건 에너지가 되어 나오는 것이 아니라, 섭취방법, 시간 등의 조건을 관리해 주어야만 음식물을 섭취하는 목적인 에너지가 발생하게 되며 이러한 과정이 잘 이루어지는가를 체크하는 피드백 과정이 있을 때 우리는 건강한 신체를 유지할 수 있다.

생산운영시스템이란 투입요소를 원하는 산출물로 변환하는 기능을 수행하는 일련의 구성인자의 총체라고 할 수 있으며, 투입－변환－산출의 과정을 갖는다.

[그림 1-2]에서 보는 바와 같이 생산운영시스템의 투입물은 인력, 자재, 설비, 자금, 정보 등이며 이러한 투입물은 변환과정에 의해 산출물인 재화나 서비스로 전환된다. 여기서 변환과정이란 여러 가지 투입물을 산출물로 변환시키는 데 사용되는 시설, 설비, 작업자, 공정기술 등을 말하며, 기술의 변화는 투입요소간의 사용비율이나 생산되는 산출물의 구성을 변화시키기도 한다.

그리고 생산목표수준에 합당한 산출물을 만들기 위해서는 변환과정을 체계적으로 관리하고 운영할 수 있는 작업표준이나 설비표준과 같은 관리방법이 필요하다. 여기에서의 성과가 이러한 변환과정을 통해 처음에 원하는 대로 이

그림 1-2 생산운영시스템

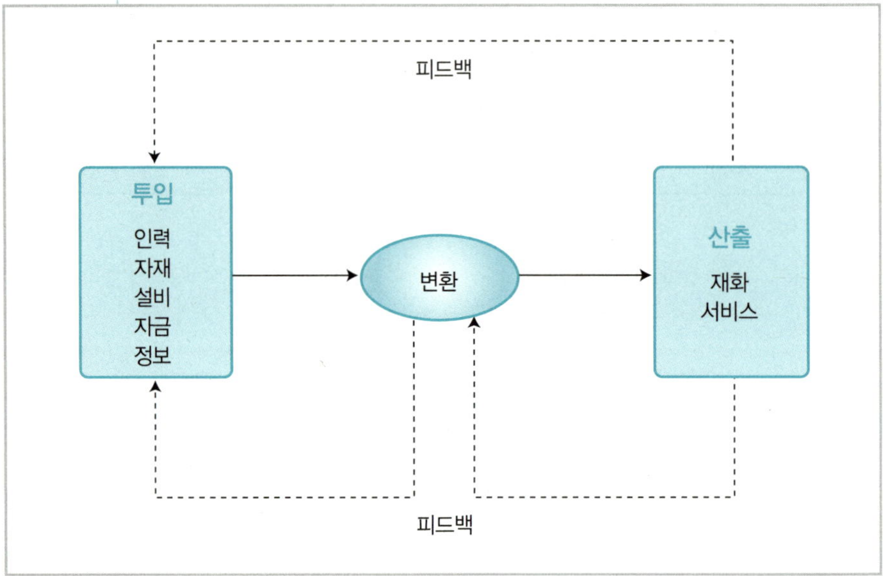

루어졌는가를 측정하고, 만일 차이가 있다면 이를 개선하기 위해서 피드백 활동이 필요하다.

또한 피드백 정보(feedback information)는 투입물이나 공정기술을 통제하는 데 사용된다. 생산경영자는 투입요소의 비율과 원하는 재화와 산출물을 얻는 데 필요한 기술을 끊임없이 변혁시키기 위해 피드백 정보를 사용한다.

투입요소를 원하는 산출물로 바꾸는 기능을 생산운영시스템의 변환기능(transformation function) 또는 전환기능(conversion function)이라고 한다. 변환기능은 구체적으로 제조업에서는 물리적 변환(physical transformation), 운송업에서는 장소적 변환(locational transformation) 등으로 구분해 볼 수도 있다.

이상과 같은 시스템적 관점에서 보면 생산운영관리란 생산운영시스템의 투입－변환－산출의 모든 과정을 효과적 · 효율적으로 관리하는 것이라고 할 수 있다.

제 2 절 생산운영관리의 발전

생산운영관리는 일찍이 이집트의 피라미드나 중국의 만리장성 등에서 그 기원을 찾아볼 수 있으나 우리나라에서는 조선시대의 숙종, 영조, 정조시대 그리고 영국에서는 산업혁명이 일어난 18세기 무렵이 생산운영관리의 시초라고 볼 수 있다. 그러므로 본 절에서는 조선시대의 생산활동, 영국의 산업혁명, 미국의 테일러시스템과 포드시스템, 제2차 세계대전 이후의 경영과학적 접근, ERP, TPS 등에 대해 간단히 살펴보기로 한다.

2.1 조선시대의 생산활동과 실학사상

우리나라는 삼국시대 이래 고려시대를 거치면서 수공업중심의 생산활동을 하여 왔다. 특히 조선시대의 생산경제는 숙종(19대), 영조(21대), 정조(22대) 때의 실학에 크게 영향을 받았다. 실학사상의 중심인물 중 반계 유형원(1622~1673)은 『반계수록(磻溪隧錄)』에서 농지의 구획정리와 기술자의 공정한 대우를 주장하였다.

특히 다산 정약용(1762~1836)은 실증학의 대표적 인물로서 『경세유표(經世遺表)』라는 저서에서 기업윤리 정신을 통한 경제진흥과 기술진흥을 강조하였다. 그는 합리정신에 입각한 기술의 발전을 강조하고 이를 통한 국력의 신장을 주장하였다. 그리고 『기예론(技藝論)』에서는 농사기술과 베짜는 기술 등의 중요성을 기술하였다. 이리하여 제품의 품질향상과 능률향상을 위해서는 진보적이고 창조적인 혁신이 무엇보다 중요하다고 역설하였고 도량형(度量衡)의 통일을 강조하였는데, 이는 생산표준화에 대한 기초를 확실히 하고자 하는 노력이었다.

1818년 그가 완성한 『목민심서(牧民心書)』에서 농기구와 방직기구의 제작과 보급 그리고 새로운 기술의 개발에 대한 목민관 자신의 솔선수범을 권고함

으로써 이미 그 시대에 기술의 중요성, 혁신, 지도자의 윤리의식과 자세 등을 강조하였다.[1]

2.2 산업혁명과 생산운영관리

영국에서 18세기 후반에 시작된 산업혁명은 공장제 수공업을 성립시켰다. James Watt의 증기기관과 James Hargreave의 방적기 등의 발명에 의해 값싸고 좋은 물건을 빠르게 만들 수 있는 공장시스템이 출현하였고 이에 대한 합리적인 계획과 조직이 필요하게 되었다. 그리고 1776년 Adam Smith는 『국부론(Wealth of Nations)』에서 생산성을 높이기 위해서 분업이론을 주장하였으며 이는 1830년대 시간연구, 숙련도에 다른 차별임금제 등의 과학적 방법을 주장한 Charles Babbage에 의해 더욱 발전되었다. 그는 관리의 중요성을 인식하였고 경영자의 노력에 의해 노동생산성이 향상될 수 있으며 노무비가 감소될 수 있다고 하였다.

한편 그 당시 시장의 수요는 계속 확대되어 공급을 초과하게 되었으므로 가격보다는 획득가능성(availability)이 보다 중요하게 되었다. 이리하여 생산경영자의 주요 임무는 생산원가를 절감하면서도 생산시설을 확충하는 것이었으며 이러한 시설의 원활한 가동을 위해 대규모의 인력공급이 필요하였다.

2.3 과학적 관리와 포드시스템

과학적 관리는 19세기 후반 미국에서 상품의 원가인하 경쟁에 대응하고 근로자의 임금인상 문제를 해결하기 위해 나타났다. 특히 Frederick W. Taylor(1856~1915)는 성과급제에 따른 고용주의 임금인하 때문에 시작된 근로자의 조직적 태업(systematic soldiering)을 해결하고자 노력하였다. 그는 이

1 이순룡, 생산관리론, 법문사, 2005, pp.33~38.

러한 태업을 막기 위해 작업자의 표준작업량, 즉 과업의 합리적 결정이 중요함을 인식하였는데 이것이 바로 과업관리(task management)이다.

또한 Taylor는 시간연구를 통해 작업자의 과업을 정확하게 결정하고 근로자에게 필요한 장비와 자재량을 과학적으로 파악하여 근로자의 작업량을 늘리기 위해 성과급제의 도입을 주장하였으며 그의 사상과 주장을 가리켜 테일러 시스템이라고도 한다.

그러므로 과학적 관리의 본질은 경영자와 근로자의 정신적 혁명, 즉 양자의 협력에 있고, 경영자와 근로자가 함께 과학적 지식과 타당한 조사를 통해 사실을 판단하고 이를 실천하는 데에 있다고 할 수 있다. 그 당시 과학적 관리법은 과학적 방법을 통하여 근로자의 작업능률을 향상시켜 생산성을 증가시킴으로써 임금문제를 해결하고 기업성과가 개선되는 결과를 낳고자 노력하였다.

한편 Henry Ford(1863~1947)는 Taylor와 함께 생산관리의 발전에 크게 기여하였다. 그는 포드자동차(Ford Motor Co.)에서 자동차를 대량생산하기 위해 이동조립법(moving assembly method)을 채택하였다. 이는 생산의 표준화와 컨베이어를 기초로 조립라인상의 컨베이어 벨트와 근로자의 동시작업을 기계적으로 통제함으로써 이에 따른 관리가 자동적으로 이루어질 수 있게 하였는데 이를 동시관리라고 하였다.

또한 그는 "최저생산비로 사회에 봉사한다"는 경영이념을 주장하였으며 최저생산비를 통해 고객에게 값싸고 튼튼한 차를 공급하고 종업원에게는 높은 임금을 지불하고자 하였다.

이러한 Ford의 철학과 주장을 일컬어 포드시스템이라고 하며 이는 근본적으로 다음과 같은 애로사항을 갖고 있었다. 첫째, 작업속도를 통제한다. 둘째, 막대한 설비투자로 인해 조업도가 낮을 경우 제조원가가 높아진다. 셋째, 제품단순화는 생산원가의 이점은 있으나 소비자의 욕구변화에 대응이 어렵다. 넷째, 제품과 설비의 변경이 곤란하다. 실제로 포드자동차는 소비자의 외면으로 1927년에 T형 자동차의 생산을 중단하는 상황에 이르렀고 자동차업계의 선두자리를 제너럴 모터스(General Motors Co.)에 넘겨주고 말았다.

2.4 경영과학적 접근

생산운영관리의 발전에 또 다른 하나의 계기는 제2차세계대전이었다. 군사작전의 원활한 수행과 전쟁의 승리를 위해 군대의 병참문제의 효과적인 해결이 무엇보다 중요하였으며 이를 위해 수많은 수학자, 경제학자 등이 동원되었다. 이들은 수학적 모형과 같은 과학적 방법을 활용하여 군에서 발생하는 많은 문제점을 해결하고자 노력하였다.

전쟁이 끝난 후 이와 같은 과학적 접근방법은 제조현장뿐만 아니라 판매 분야에까지 적용되었으며 생산계획, 입지선정 등과 같은 여러 경영문제의 해결에 큰 도움을 주었다. 특히 선형계획법과 같은 계량기법은 1950년대에 출현한 컴퓨터의 활용과 더불어 매우 유용하게 이용되어 왔다.

그리고 1960년대 후반에는 시스템적 접근방법이 널리 활용되었는데 이는 시스템 개념을 이용하여 전체의 입장에서 여러 요소간의 상호관련성을 검토하여 생산에 관련된 문제의 종합적인 해결을 시도하는 시스템적 사고방식이라고 할 수 있다.

2.5 전사적 자원관리

1980년대에 들어서면서 고객욕구수준은 크게 높아졌으며 글로벌 시장에서의 경쟁도 커다란 위협요인으로 등장하였다. 이제 생산과 물류가 국내는 물론이고 해외에서도 광범위하게 이루어졌기 때문에 글로벌한 사고방식의 자원관리와 이에 따른 공급망의 구축이 필요하게 되었으며 이를 위해 전사적 자원관리(enterprise resource planning : ERP)가 개발되었다.

ERP는 생산, 자재, 구매, 영업, 인사, 회계 등의 기업활동에 필요한 모든 자원을 하나의 체계로 통합하여 운영하고 기업의 업무처리방식을 개선함으로써 한정된 기업자원을 효과적으로 관리함과 동시에 업무를 보다 잘 수행할 수 있도록 지원하는 통합정보시스템이다. 사실 ERP는 과거의 자재관리시스템인 MRP(material requirement planning)에서 비롯되었으며 이는 1980년대에

MRP II(manufacturing resource planning)로 더욱 발전되었다. 이어서 1990년대에는 단위 업무의 정보를 전사적으로 관리하는 차원에서 ERP가 출현하게 되었다. 이는 기업 모든 부문의 인력, 자원, 자금 등의 경영자원을 하나의 큰 체계로 통합하여 생산성을 제고하고 경영의 효율성을 증진하며 의사결정의 신속성을 확보함으로써 기업의 경쟁력을 획기적으로 제고하는 방법론이다. 이에 대한 자세한 내용은 제14장에 잘 설명되어 있다.

2.6 TPS시스템

제2차 세계대전에서 패망한 일본에서는 1950년대부터 미국의 대량생산방식과는 다른 생산시스템을 구축하고자 노력하였다. 왜냐하면 그 당시 일본의 경제여건은 시장규모, 자본, 생산설비, 기술수준 등 모든 면에서 미국에 크게 뒤떨어졌기 때문이다. 그러므로 미국과 똑같은 생산방식으로 경쟁에서 이긴다는 것은 불가능한 일이었다.

일본의 도요타자동차(Toyota Motor Co.)는 인력과 설비 등의 생산능력을 필요한 만큼 유지하면서 효율을 극대화하기 위해 작업 정보를 긴밀하게 교환하는 협동적인 생산시스템, 즉 도요타생산방식(Toyota Production System : TPS)을 고안하였다. 이는 현장에서 고안되고 거의 50년이라는 장기간에 걸쳐 진화를 계속하고 있는 생산방식이다.

그 당시 일본의 국내시장은 수요가 적었기 때문에 미국의 대량생산시스템은 부적절한 것이 사실이었다. 따라서 필요한 수요에 맞추어 필요한 만큼만 공급하는 생산방식인 적시생산(Just-in-Time : JIT)시스템의 개발이 필요하였으며 이 과정에서 근본적으로 낭비를 제거하여 원가를 절감하고 생산성을 향상시켜 이익을 증대하고자 하였다.

이러한 적시생산시스템은 無재고생산방식인데, 이를 유지하기 위해서는 '조직중심의 문화'가 필요하며 모든 직원들과 협력업체 간의 상호 협조와 팀워크가 중요하다. 한편 1980년대 미국의 MIT대학에서 이러한 생산시스템을 린(Lean)생산시스템이라고 이름을 붙여 오늘에 이르고 있다. 이에 대해서는

제8장에서 자세히 살펴볼 것이다.

또한 도요타의 'ALL TOYOTA' 운동은 통일된 조직운영을 의미하는 중요한 슬로건이다. 이를 통해 도요타는 기업내부의 경영층, 기술자, 작업자와 함께 기업외부의 협력업체가 한마음 한뜻으로 회사의 경쟁력을 지속적으로 강화해 나가고 있으며 최근에는 Toyota Way로 더욱 굳건히 발전하고 있다.

사실상 TPS는 세계 최강의 경쟁력을 자랑하는 일본 제조업의 핵심적인 생산시스템으로서 일본 내의 제조업과 서비스업, 그리고 세계 각국의 유수업체들이 벤치마킹하고자 하는 주요 대상이다. 아시아권에서 개발된 TPS가 도요타의 성공과 함께 생산운영관리의 발전에 큰 계기를 만들었으며 앞으로도 크게 영향을 미칠 것으로 예상된다.

요컨대 TPS의 성공을 가능하게 하는 독특한 기업문화, 경영진의 솔선수범, 끊임없는 개선활동, 현장을 중시하는 사고, 철저한 낭비제거, 실패의 공개 등을 철저히 분석 · 이해하고 각 기업 나름대로 충분히 준비하여 이를 실천해야만 성공할 수 있을 것이다.

오늘날 인터넷은 세상을 급격히 변화시키고 있다. 이미 세계 200여 국이 컴퓨터 네트워크를 통해 상호 연결되어 있으며 각국의 소비자는 과거와는 달리 보다 많은 정보, 보다 다양한 상품, 보다 낮은 가격, 보다 빠른 속도 등을 얻을 수 있게 되어 구매방법이 크게 달라졌으므로 경영자는 고객에게 접근하는 방법을 재검토하지 않으면 안 되게 되었다. 그러므로 생산경영자가 이러한 변화를 수용하려면 유연성과 속도를 개선해야 하며 이를 위해서는 내부시스템을 정비하고 외부공급업자와의 관계를 재검토해야만 한다. 따라서 생산경영자는 인터넷에 의한 네트워킹을 더욱 강화하여 경쟁우위를 확보하고 나아가 새로운 가치를 창출하는 데에 지속적인 노력을 기울여야 할 것이다.

제 3 절 생산성

생산운영시스템의 성과는 생산성으로 평가하며 이를 통해 생산활동이 효율적으로 전개되었는지를 판단한다. 생산성(productivity)은 기업의 경쟁력뿐만 아니라 국가경쟁력에도 크게 영향을 미친다. 생산성향상은 생산운영관리의 목표이기 때문에 생산경영자는 생산성향상을 위한 창의적인 방법을 찾아 이를 실천해야 한다. 여기에서는 생산성의 정의를 비롯하여 측정방법, 생산성향상을 위한 방법 등을 살펴보고자 한다.

3.1 생산성의 정의

생산성은 일반적으로 "투입량으로 나눈 산출량"으로 정의하며 조직이 가지고 있는 자원을 얼마나 효율적으로 이용하고 있는가를 나타내는 하나의 측정치이다. 그러므로 생산성의 비교를 통해 경영자는 특정 조직의 경쟁력이나 고객에 대한 봉사의 정도를 평가할 수 있다.

생산성은 기업의 경쟁력뿐만 아니라 국가적으로 중요한 문제인 인플레이션, 실업 및 국가경쟁력 등에 대해 큰 영향을 미친다. 생산성의 저하는 제품가격의 인상을 가져오고 에너지소비를 증대시키며 인플레이션의 원인이 된다. 반면에 생산성의 향상은 비용을 감소시키고 산업의 생산량과 이윤을 증대시키며 보다 많은 일자리들을 만들고 종업원의 직무만족과 사기를 높일 수 있다.

생산성향상은 세계시장에 있어서 모든 제품과 서비스의 경쟁력을 강화하는 데에 도움을 주며 무역수지의 흑자를 유지하는 데에 매우 중요하다. 이러한 생산성의 향상은 생산운영관리의 중요한 목표이기 때문에 경영자가 생산성을 향상시키기 위한 창의적인 방법을 찾아 이를 실천하는 일은 매우 중요한 과제라고 할 수 있다.

3.2 생산성의 측정방법

생산성을 향상시키기 위해서는 우선 생산성을 측정할 수 있어야 한다. 생산성을 측정하는 척도는 한 공장, 한 기업, 한 산업, 혹은 한 나라의 총생산물과 각 개체의 노력으로서의 노동, 투하자본, 원재료, 에너지 혹은 경영관리 등의 투입요소의 하나 또는 복합된 요소와의 관계비율로 다음과 같이 산출(output)에 대한 투입(input)의 상대적인 관계식으로 나타낸다.

$$\text{생산성} = \frac{\text{산출요소}}{\text{투입요소}}$$

그러나 이 식에서 산출 및 투입요소가 측정되는 방법에 따라 생산성 척도는 매우 달라질 수 있다. 투입요소와 산출요소는 시간, 화폐단위(원), 품목단위 등으로 측정될 수 있다.

생산성의 측정방법은 산출을 물량으로 보느냐 또는 가치로 보느냐에 따라서 물적생산성과 가치생산성으로 나누어진다. 또한 투입요소에 어떤 요소를 산입하느냐에 따라 노동생산성, 자본생산성, 또는 부가가치생산성 등과 같이 투입요소별로 측정이 가능하며 이들을 전체적으로 산입한 총투입요소의 측정도 가능하다.

3.2.1 물적생산성과 가치생산성

생산성의 기본관계식의 산출을 물량으로 보느냐, 가치로 보느냐에 따라서 물적생산성과 가치생산성으로 나누어진다. 물적생산성이란

$$\text{물적생산성} = \frac{\text{제품생산량(톤)}}{\text{종업원수(명)}}$$

이라는 식으로 표시되며 종업원 1인당의 생산량 톤수로 나타난다.

이러한 물적생산성은 능률이나 생산기술수준을 보는 데에 적합하다. 즉 종업원 1인당 어느 기업의 생산성이 보다 높은가를 비교하기에는 좋다. 그러나 업종이 서로 다르다든가 또는 어느 기업이 더 많이 이익을 냈는가를 비교하기에는 적합하지 못하다. 이러한 단점을 극복하기 위해 가치생산성이 나타났으며 가치는 구체적으로는 화폐금액으로 표시된다. 가치생산성은

$$\text{가치생산성} = \frac{\text{상품매출액(원)}}{\text{종업원수(명)}}$$

라는 형태가 된다. 그러나 매출액뿐만 아니라 부가가치나 이윤 등 여러 가지가 있으므로 목적에 따라 구분하여 사용해야 한다.

3.2.2 노동생산성과 자본생산성

노동을 분모로 한 노동생산성과 자본을 분모로 한 자본생산성은 모두 기업의 효율적 측면에서 볼 때에 중요한 지표이다. 노동생산성은 근로자의 임금에 직접 연결되고, 자본생산성은 기업의 유지 · 발전을 좌우하기 때문이다.

$$\text{노동생산성} = \frac{\text{산출}}{\text{노동}}$$

$$\text{자본생산성} = \frac{\text{산출}}{\text{자본}}$$

이 두 가지 생산성 사이에는 다음과 같은 관계가 있다.

$$\frac{\text{산출}}{\text{노동}} = \frac{\text{산출}}{\text{자본}} \times \frac{\text{자본}}{\text{노동}}$$

즉, 노동생산성=자본생산성×자본장비비율

그러므로 자본생산성과 자본장비비율이 높아지면 노동생산성도 올라간다

는 것이다. 만일 자본장비비율이 일정하더라도 자본의 효율이 높아서 자본생산성이 올라가면 노동생산성도 높아지게 된다.

생산의 주체가 근로자일 경우 주요한 생산성 척도는 노동생산성이다. 여기에서 생산의 주체가 기계로 바뀌면서 노동생산성은 상당한 증가를 가져왔다. 최근에 고가의 기계장비와 컴퓨터장착이 늘어나면서 자본의 투입은 늘어난 반면 노동의 수요는 감소하게 되었다. 이러한 상황하에서 생산성의 기본척도였던 노동생산성은 더 이상 중요한 의미를 갖지 못하고 생산성측정에서도 노동생산성보다는 자본생산성이 보다 주목을 받게 되었다.

3.2.3 부가가치생산성

부가가치란 어느 조직이 일정기간 동안 사업을 하여 새로 만들어 낸 가치를 말하며, 부가가치생산성은 산출을 부가가치액으로 보고 이를 얻기 위해 투입한 노동으로 나눈다. 부가가치를 계산하는 데에는 총생산가치에서 구입가치를 빼는 공제법과 이익에 부가가치의 수치를 더하는 가산법이 있다.

기업이 여러 가지 제품을 만드는 경우, 노동생산성의 계산은 곤란하고 복잡하지만 부가가치생산성은 비교적 간단히 계산해 낼 수 있다. 그러므로 부가가치생산성을 이용하면 상이한 제품의 생산성을 쉽게 비교할 수 있으며 국가간의 생산성 비교도 가능하다.

3.2.4 종합생산성

종합생산성은 총생산성이라고도 부르며, 조직이 투입한 모든 생산요소의 생산성을 알고 싶은 경우에 필요한 지표로써 노동과 자본 등 모든 투입을 하나로 하고 이러한 총투입에 대한 총산출의 비율로 산정한다. 그러나 이들 요소의 단위가 각각 다르기 때문에 공통단위로 고치지 않으면 안 된다. 그 방식에 따라서 모든 투입량을 비용으로 환산해서 산출하는 종합코스트 생산성과 모든 투입량을 노동량으로 환산해서 산출하는 종합노동생산성의 두 가지로 분류한다.

특히 과거의 산업사회, 정보사회가 이제는 지식사회로 바뀌면서 기업의 지식경영과 관련하여 지식생산성에 대한 관심이 높아지고 있다.

3.3 생산성향상 방법

생산성척도는 생산경영자에게 생산성을 향상시킬 수 있는 방법을 제시하여 준다. 생산성척도의 분자를 증가시키든가 그 분모를 감소시키거나 또는 두 가지 모두 증가 또는 감소시키는 것이다.

① 산출량과 투입량이 모두 증가하는 경우

산출량의 증가율이 투입량의 증가율보다 높은 경우 나타나는 생산성향상이다. 지속적인 고용증대를 수반하는 경제성장의 경우에 나타나므로 장기적으로 볼 때 바람직한 유형이다.

② 산출량은 증가하나 투입량이 감소하는 경우

생산성이 향상되는 경우로 기술향상과 비용절감에 의해 가능하다.

③ 산출량이 고정되어도 투입량이 감소하는 경우

생산성이 향상되는 경우로 단순한 비용절감에 의해서도 가능하다.

④ 산출량과 투입량이 감소되는 경우

산출량의 감소보다는 보다 큰 투입량의 감소에 의해 이루어지는 생산성향상이지만 이는 실질적으로 기업의 축소 재생산에 의한 투입량의 감소이므로 성장감퇴와 기업규모의 축소를 가져오는 원인이 된다.

⑤ 산출량이 증가하나 투입량이 불변인 경우

투입되는 생산자원과 주어진 모든 경영여건을 가장 효율적으로 활용하는 경우에 달성할 수 있는 생산성향상이다.

일반적으로 어느 한 산업분야에 있어서의 생산성향상은 노동이 추가적 자본의 투입에 의한 시설장비로 대체되는 과정에서 고용의 감소가 필연적으로 나타난다. 그러나 장기적으로는 생산성 제고가 근로자의 소득을 증가시키고 기업의 사내유보를 확대하여 신사업분야의 진출과 신제품의 개발, 이에 따른 고용창출의 기회를 더욱 증대시킬 수도 있다. 그러므로 생산성향상은 확대재생산의 원동력이 됨으로써 더 많은 고용증대의 기회를 창출하게 된다. 따라서 최고경영자가 기업성장전략을 추구함에 있어서 생산성향상의 결과를 어떻게 활용하느냐에 따라 고용수준의 증가와 감소가 결정된다.

요컨대 생산성의 향상은 생산에 참여하는 사람은 물론 모든 다른 사람의 풍요로운 생활과 질적으로 향상된 삶을 추구하는 데에 도움을 주며, 기업발전과 국민경제발전의 원동력일 뿐만 아니라 국민 모두의 경제적 지위를 향상시키는 원천이라 할 수 있다.

3.4 서비스산업의 생산성

서비스산업에서 일하는 사무직 종업원들의 비중은 제조업의 근로자와 비교해 볼 때 최근에 지속적으로 크게 높아지고 있는 것이 사실이다. 보통 사무직 종업원들의 생산성은 전형적인 육체노동자보다 10% 정도 떨어진다고 한다. 서비스조직의 생산성이 낮은 이유는 경영진의 관심 부족, 기업 내 여러 부문 부서간의 조정 어려움, 그리고 조직의 정확한 목표 부재 등이다.

서비스산업에서의 생산성 측정과 향상에 관한 응용사례들이 많다. 워드프로세서의 개발은 사무실의 생산성에 극적인 영향을 미쳤으며 경찰순찰조의 일정계획, 소방소의 입지결정, 수도 계량기를 검침하거나 쓰레기를 모으는 데 효율적인 절차의 설계 등은 생산성의 향상에 큰 도움을 주었다.

일반적으로 서비스조직은 대단히 노동집약적이기 때문에, 생산성향상의 목표는 보통 처리시간을 감소시킨다거나, 종업원의 훈련시간을 줄인다거나 업무수행의 정확도를 높인다거나 또는 고객에 대한 서비스를 향상시키는 일 등에 초점을 맞춘다.

그리고 서비스산업에서 생산성을 향상시키기 어려운 이유는 제조업에서보다는 서비스조직에서 생산성을 측정하기가 더 어렵다는 사실이다. 제조업에서는 실제의 투입량과 산출량을 확인하기 쉽고 산출물의 가치를 측정하기 쉬운 반면에, 서비스산업에서는 때때로 산출물의 가치를 계량화하기가 무척 어렵다. 예를 들면, 건강을 되찾은 환자에 대한 병원 서비스의 가치는 측정하기가 쉽지 않다.

제 4 절 생산운영관리의 환경변화와 과제

기업환경의 오늘은 내일의 기초이며 미래를 결정하는 주요한 요소이다. 오늘날 전개되고 있는 환경변화의 폭과 깊이가 넓고 깊어 정확히 예측할 수는 없지만 어느 정도 미래를 내다볼 수는 있다. 불확실한 미래의 변화는 생산경영자가 담당해야 하는 합리적이고 미래지향적인 의사결정에 크게 영향을 미칠 것이므로 이에 대한 충분한 이해와 관심은 매우 중요하다고 할 수 있다. 여기에서는 생산운영관리와 관련하여 주요한 환경변화를 간단히 살펴보고자 한다.

4.1 글로벌화

오늘날 기업의 경영활동은 이미 국가 간의 경계를 뛰어넘어 전개되고 있으며 모든 기업의 판매시장도 역시 세계시장과 분리해서 생각할 수 없는 실정이다. 이와 같은 글로벌 경제시대의 고객은 그들이 구입하고자 하는 상품을 세계의 어느 곳에서든지 자유롭게 구입할 수 있다.

따라서 고객이 만족하는 높은 품질의 제품이나 서비스를 생산하는 기업은 살아남고 그렇지 못한 기업은 도태될 수밖에 없으므로 글로벌한 사고(think globally)가 매우 중요하다. 그러므로 생산경영자의 글로벌한 생산운영관리의 실천은 세계 여러 곳의 고객욕구를 충족시키는 데 도움을 줄 것이며 이를 통해 기업은 성장의 기회를 잡을 수 있을 것이다.

우리나라 기업들이 세계시장에서 경쟁력을 유지하고 세계시장을 확보하기 위해서는 고객의 다양한 욕구와 기호의 변화를 신속히 파악하여 고객지향적인 고품질의 제품과 서비스를 생산하는 데 역점을 두어야 할 것이다.

4.2 기업윤리

미국 엔론(Enron)사의 회계부정이나 우리나라 몇몇 기업의 분식회계 등으로 인해 해당기업들은 파산하였고 수많은 종업원은 하루아침에 일자리를 잃었다. 이는 이러한 기업들의 경영자가 선량한 대리인으로서 경영행위를 했다기보다는 그들 자신만을 위해 부적절하게 행동함으로써 엄청난 사회적 해악을 끼쳤다고 말할 수 있다.

물론 윤리적 과제는 단순하지도 쉽지도 않다. 그러므로 경영자가 윤리적 문제를 해결하는 데에 신중해야 한다. 왜냐하면 이러한 문제와 관련하여 많은 이해관계자가 있으며 어떠한 결정도 조직 내외의 경영활동과 여러 외부 요인에 영향을 미칠 것이기 때문이다.

윤리의식을 제고하기 위해서는 대학과 같은 교육기관에서 윤리교육을 강화하여야 한다. 또한 기업 스스로도 윤리헌장을 공포하여 모든 구성원과 협력기업들이 이를 적극적으로 실천하도록 분위기를 조성하고 이를 위반할 경우 강력한 제재를 가함으로써 윤리의식의 수준을 드높여야 할 것이다. 특히 해외에 진출하는 우리나라 기업은 대상국의 윤리수준보다 더욱 엄격한 기준을 충족하는 의사결정을 내리고 이에 합당하게 행동해야 할 것이다.

4.3 지식창출과 지식경영

창조적 지식의 창출시대인 21세기에 기업은 단순히 제품이나 서비스를 생산하여 판매하는 조직이 아니라 지식을 외부로부터 수집하고 내부적으로 새로운 지식을 창출하면서, 첨단의 과학기술을 이용하여 기업환경의 변화에 유연하고 민첩하게 대처하여야 할 것이다. 특히 소비자의 요구가 다양화 · 고급화 · 감성화되고 상품주기가 짧아짐에 따라 새로운 제품과 서비스의 개발기간 단축, 새로운 원자재의 개발촉진, 컴퓨터와 각종 자동화설비들을 이용한 생산기술의 혁신 등 제품개발과 생산기술 확보를 위한 보다 활발한 연구개발과 지식창출이 매우 중요하게 되었다.

이러한 변화의 시대에는 조직의 모든 구성원이 깨어 있는 지식근로자로서 항상 학습하고 신속히 반응할 수 있어야 한다. 모든 기업은 기업이 보유한 인력, 기술 그리고 관리시스템과 같은 자원을 보다 효율적으로 활용하는 학습조직으로 발전해야 할 것이다. 따라서 조직구성원 모두가 체계적으로 지식을 획득하고 이를 다른 사람과 공유하여 보다 나은 기업성과를 얻는 데에 힘을 합치는 학습조직의 개발이 바로 지식경영이라고 하겠다.

4.4 기술의 급변과 혁신

급격한 기술의 변화는 제품과 서비스의 설계, 경영프로세스에 엄청난 영향을 미치고 있으며 모든 나라들이 기술혁신을 위해 기술전쟁을 치루고 있다고 할 수 있다. 사실 컴퓨터에 기반을 둔 정보기술의 획기적 변화는 수많은 사업기회를 제공하였다. 특히 정보기술과 통신기술의 결합은 생산활동 전체를 통합화시켜 생산운영시스템에 대한 새로운 접근을 요구하고 있는 실정이다.

최근의 E-commerce는 판매와 구매프로세스를 변화시켰고 인터넷은 기업조직의 각 부문을 내부적으로 긴밀하게 연결시킬 뿐만 아니라 외부적으로도 고객, 주요 파트너, 공급자와 연결시켜 새로운 사업영역과 시장을 확장시켰다. 또한 생산운영과 관련한 모든 자재, 작업방식, 산출량 등이 컴퓨터에 의해 통합관리됨으로써 정보중심의 관리방식과 네트워크시스템이 더욱 중요하게 되었다. 요컨대 자기 기업에 필요한 기술의 올바른 선택과 유효한 기술관리만이 기업에게 경쟁우위를 가져다줄 것이며 여기에서 생산경영자의 역할이 기대된다.

이상에서 생산경영자가 고려해야 할 주요한 환경변화를 중심으로 간단히 살펴보았다. 이러한 환경변화에 적극적으로 대처하기 위해서는 기업 스스로 새로운 변화를 모색해야 한다. 이를 통해 생산경영자는 경쟁우위의 요소를 개발하여 생산성을 향상시켜야 할 것이다. 또한 생산목표를 달성하기 위해서 조직의 인적·물적자원, 기술자원, 생산운영시스템 등을 효과적으로 통합하고 관리해야 할 것이다.

사 례 포스코의 생산성향상

포스코는 1968년 4월에 우리나라 최초로 일관제철소 건설을 위해 공기업 형태로 설립되었다가 2000년 10월에 민영화가 이루어졌으며, 2002년 3월에 포항제철에서 포스코로 사명을 변경하였다. 2011년 포스코의 국내 철강제품 생산능력은 약 3,580만 톤 규모로서 세계 4위권이며 생산성과 기술역량 측면에서 세계 최고수준의 철강회사로 성장하였다.

창립 이후 민영화 이전까지는 시장환경이 공급자시장이었으므로 생산의 효율성제고가 가장 중요하였으므로 생산성을 높이기 위해 대량생산체제를 유지하였다. 그러나 2000년 이후에는 공급자 위주의 관행 때문에 고객들의 불만이 높아지고 기존 시스템의 변화에 대한 고객들의 요구가 증폭되는 상황에서 수요자중심의 사고로 획기적인 전환을 하지 않을 수 없게 되었다.

특히 세계 철강업계는 1990년대 후반 이후 구조조정 국면에 접어들었으며 수많은 세계 유수의 철강업체가 도산하였다. 2000년대에 들어서면서 국내외의 철강업계 환경은 더욱 극심한 경쟁구도로 넘어가고 또한 세계경제는 2008년 세계금융위기로 인해 저성장·고물가의 장기침체의 늪에 빠졌다. 포스코도 생존과 성장을 위해 과감한 변신을 할 수밖에 없게 되었다.

2011년 1월 정준양 포스코 회장은 신년사에서 임직원들에게 생산성향상을 강력히 주문하면서 '지식생산성 향상의 해'를 선언하였다. 또한 그는 '이제는 노동생산성과 자본생산성 시대를 지나 지식생산성 시대로 진화할 것이 예상된다'고 지적하고, 매출 200조 '비전 2020'의 실천에는 지식생산성 향상이 절실하므로 혁신적 지식근로자 양성, 윤리경영 및 상생협력 강화, 경영의 스마트화 등이 필요하다고 강조하였다. 또한 지식생산성시대의 주역은 지식근로자라고 지적하고 임직원들의 지식역량 강화를 위해 지식기반 업무환경을 구축하고 글로벌 무대에서 경쟁할 수 있는 문리통합형 인재로 육성해 나갈 계획이라고 설명하였다.

이미 2010년부터 포스코는 지식경영의 일환으로 지일법(지혜롭게 일 잘하는 법)을 실천하고 있는 중이다. 지일법이란 개인이 사무업무에서 개선한 일련의 혁신활동을 형식지로 바꾸어 지식관리시스템에 등록하고 서로 공유하며 업무에 활용하도록 하는 것이다.

그리고 포스코는 저비용·고효율 생산시스템 구축, 일하는 방식의 혁신, 초일류 품질구현 등을 통해 '비전 2020'에 걸맞는 미래형 경영시스템을 완성해 나갈 계획이라고 한다.

2011년 말 포스코의 창업자인 박태준 명예회장은 타계하시면서 마지막으로 "포스코의 임직원들은 애국심을 갖고 일해주고, 더 크게 성장해 세계 최고가 되기를 바란다"고 당부하시면서 포스코가 앞으로 세계초일류의 기업으로 거듭 나기를 기원하셨다.

자료 : www.posco.co.kr(포스코)

연 습 문 제

1. 오늘날 생산경영자가 환경의 변화에 적응하며 경쟁력을 갖기 위해서 생산부문을 어떻게 관리해야 하는지 설명하시오.

2. 다음 시스템에서 투입물, 변환과정 및 산출물을 정의하시오.
   ① 병원　② 호텔　③ 은행　④ 영화관

3. 과학적 관리에 대하여 설명하시오.

4. 생산성의 향상 방법에 대해 설명하시오.

CHAPTER 2

생산 운영전략

제1절 경영전략의 개념

제2절 생산운영전략의 경쟁요소

제3절 생산운영전략의 유형과 전략적 구상

생산운영전략은 생산기능과 관련된 기능전략의 하나로서 기업전략의 큰 테두리 내에서 실천되어야 한다. 생산운영전략을 이해하기 위해서는 전략의 일반적 개념, 경영전략, 경쟁력에 대한 이해가 필요하다. 특히 최근에 국가경쟁력이란 용어가 매우 널리 사용되고 있으나 이의 뿌리는 기업경쟁력이라고 하겠다. 왜냐하면 기업경쟁력이 산업경쟁력에 영향을 미치고 산업경쟁력이 지역경쟁력, 나아가 국가경쟁력에 결정적인 역할을 하기 때문이다.

생산운영전략은 생산목표를 달성하기 위해 기업전략, 사업전략과의 상호관계 속에서 실행되어야 한다. 생산운영전략이 마케팅전략을 비롯한 다른 기능전략과 함께 조화롭게 수행되어야만 생산경영자는 고객에게 수준높은 제품과 서비스를 제공할 수 있다.

그리고 생산경영자는 전략적 사고에 입각하여 기업조직의 핵심역량(core competence)을 확보하고 장기적 성과를 높이기 위해서 기업의 원가, 품질, 시간, 유연성 등과 같은 경쟁우위요소를 고려하여 생산운영전략을 전개하여야 한다.

본 장에서는 먼저 경영전략의 개념을 학습하고 생산운영전략의 경쟁요소와 이러한 전략의 일반적인 수립절차를 설명한 다음 생산운영전략의 유형과 전략적 구상을 보다 자세히 살펴보기로 한다.

제1절 경영전략의 개념

기업환경은 끊임없이 변화하고 있기 때문에 기업의 모든 인적 · 물적자원을 최적상태로 활용해야 하며 이를 위해서는 전략적 사고가 중요하다. 기업이 시장에서 자사의 제품과 서비스를 판매하기 위해서는 경쟁기업에 비해 우월한 경쟁력을 가져야만 한다. 그리고 기업이 경쟁력을 갖추고자 한다면 경쟁능력을 제고시켜야 하며 이를 위해서 성공적인 전략이 필요하다. 이러한 전략은 의사결정이 이루어지는 기업내부의 수준에 따라 기업수준(corporate level), 사업수준(business level), 기능수준(functional level)으로 나눌 수 있다.

여기에서는 전략의 의의, 경영전략과 경쟁력, 그리고 기업전략, 사업전략, 기능전략 상호간의 관계, 마지막으로 생산운영전략의 유형과 전략적 구상을 살펴보고자 한다.

1.1 전략의 정의

전략(strategy)은 경쟁에서 비롯되었으며 경쟁이란 생명의 시작과 동시에 시작된다고 할 수 있다. 자연계의 단세포생물(unicellular organism)은 생명의 유지를 위해 일정한 자원을 필요로 하며 이러한 자원이 충분히 주어진다면 그 개체 수도 계속 증가한다. 그러나 단세포생명체는 거대한 먹이사슬 속에서 보다 상위 생명체의 먹이가 되기 때문에 무한히 증가할 수 없다. 각 종(種)의 생명체는 자연환경의 어느 적소(niche)에서 필요한 자원을 확보할 수 있는 독특한 경쟁력을 갖고 있으며, 여기에는 자연적인 선택과 적응이라는 적자생존의 법칙이 지배하고 있다.

인간의 경우에는 상상력과 논리적 사고능력 때문에 전략을 가질 수 있다. 전략은 처음에 군사용어로 사용되었으나 20세기 중반 이후 기업에서 널리 활용하기 시작하였다. 기업은 미래의 생존과 발전을 위해 경제, 사회, 정치, 문화 등의 변화뿐만 아니라 경쟁자, 공급자, 소비자, 정부정책 등의 변화를 끊임없이 관찰하고 이러한 변화의 방향도 예측해보아야 할 것이다. 이러한 상황 속에서 기업이 생존하고 성장 · 발전하기 위해서는 반드시 전략이 필요하다.

전략이란 기업의 사명과 목적을 달성하기 위한 수단으로서 조직내부의 여러 기능과 활동을 통합하는 계획이라고 할 수 있다. 사실상 기업조직의 환경은 항상 변화하고 있으므로 경영자는 환경변화를 고려하여 기업목적을 설정해야 하고 전략적 사고에 입각하여 기업조직의 장기적 성과를 높이기 위한 노력을 기울여야 할 것이다.

요컨대 전략은 변화하는 환경 속에서 특유의 핵심역량(core competence)을 확보하고 기업의 목적을 달성하기 위하여 조직내부의 모든 자원을 효율적으로 활용하는 총체적이며 통합적인 계획이라고 정의할 수 있다.

1.2 경영전략과 경쟁력

전략은 일반적으로 기업조직의 경쟁능력에 영향을 미친다. 기업이 시장에서 자사의 제품과 서비스를 판매하기 위해서는 경쟁기업에 비해 우월한 경쟁력을 가져야만 한다. 그러므로 기업이 경쟁력을 갖추기 위해서는 경쟁능력을 제고시켜야 하며 이를 위해서 성공적인 전략이 반드시 필요하다.

경쟁력(competitiveness)이란 기업의 성공과 실패를 결정하는 중요요인이다. 특히 미국에서는 1980년대에 장기간의 대규모 무역적자, 경쟁국에 비해 낮은 생산성증가 등으로 인하여 경쟁력에 대한 이론적 · 정책적 논쟁이 활발하였다. 이러한 경쟁력에 대한 논의는 미국에서 주로 이루어졌으며 우리나라는 1994년에 국가경쟁력 향상을 국정지표로서 제시하였다. 1997년 12월 우리나라가 외환부족과 금융위기 때문에 IMF 구제금융을 받지않을 수 없는 상황에 빠져버리고 말았는데 이러한 실패는 기업경쟁력의 약화에서 비롯되었으며 크게는 국가경쟁력의 하락 때문이었다고 하겠다.

경쟁력은 원래 기업의 경영성과를 평가하는 개념으로서 어느 기업이 경쟁기업에 비해 보다 싸고 우수한 제품을 생산할 수 있는 능력을 가짐으로써 시장점유율과 이윤을 지속적으로 증가시키는 경우 이러한 기업을 경쟁력있는 기업이라고 한다. 기업의 경쟁력은 근본적으로 상대적인 것이며 기업 내부자원의 강 · 약점에 의해서만 결정되지 않는다. 오늘날의 개방경제하에서 기업경쟁력은 소속국가의 국제화수준, 정부정책, 환율, 이자율, 금융서비스, 사회간접자본, 과학기술 등과 같은 외부환경요소로부터도 영향을 크게 받는다.

한편 어느 특정 제품과 유사한 대체품을 생산하는 기업군을 산업이라고 하며 기본적으로 경쟁이 일어날 수 있는 기본 영역이 된다. 산업의 국제경쟁력이란 세계시장에서 어떤 산업이 일정수준 이상의 수익을 올리면서 지속적으로 성장하여 경쟁상대보다 우월한 시장지위를 차지하는 능력을 말한다. 그러므로 산업경쟁력은 세계 시장점유율, 노동생산성, 자본수익률 등과 같은 요인에 의해 결정된다.

특히 국가경쟁력이란 장기적으로 형성된 국가의 기본적인 경쟁력으로서 경제력, 군사력, 외교정치력, 문화력 등을 포함하는 복합적이고 총체적인 개념이다. 오늘날 국가경쟁력 중 경제력이 가장 중요하다고 할 수 있는데, 어느 국가가 국제경쟁력을 갖기 위해서는 기술수준이 높고 경쟁력을 갖춘 다수의 산업을 가져야만 하고 이러한 산업들에 공통적으로 작용하는 경쟁력의 원천이 그 국가 내에 있어야만 한다.

1.3 기업전략과 생산운영전략

모든 경영활동에서 끊임없이 의사결정이 이루어진다고 할 수 있다. 의사결정이란 여러 가지 대안 중 각 대안의 예상되는 결과에 근거하여 최선의 방안을 선택하는 것을 뜻한다 . 그리고 전략은 의사결정이 이루어지는 기업내부의 수준에 따라 기업수준(corporate level), 사업수준(business level), 기능수준(functional level)으로 나누어 볼 수 있다.

[그림 2-1]에서 보는 바와 같이 기업수준의 전략은 주로 최고경영층이 담당한다. 기업전략은 기업 전체의 목적을 설정하고 어떤 사업을 할 것이며 기업자원을 어떻게 배분할 것인가를 결정하는 것이며 그 초점은 생존과 성장이다. 그

러므로 새로운 사업의 선정, 사업의 철수 및 포기, 각 사업 간의 자원배분, 조직구조의 기본설계, 자본조달방법 등에 관한 의사결정을 내린다. 이러한 의사결정은 장기적 관점에서 이루어지며 사업수준 및 기능수준의 전략을 지배한다.

사업수준의 전략은 어느 기업이 여러 개의 사업부를 갖고 있는 경우에 나타나며 그 초점은 핵심역량(core competence)[1]이고 이에는 원가리더십(cost leadership), 차별화(differentiation), 집중화(focus) 등이 있다. 원가리더십이란 원가상의 우위확보를 통해서 경쟁하는 것이며, 우리나라 제조업이 초기에 해외시장을 개척할 때 주로 채택하였던 방법이었고 여전히 중요한 경쟁무기이다. 차별화는 기업의 제품 혹은 서비스를 타사의 그것과 차별화시키는 것인데, 비가격경쟁의 주요한 방법이다. 집중화란 특정 소비자집단, 특정 제품 혹은 서비스, 특정 시장 등에 집중하는 방법을 말한다.

이러한 경쟁방법들은 개별 사업부수준에서의 의사결정이며 주어진 사업영역에서의 제품 혹은 서비스계열, 시장세분화, 유통채널, 원가구조 등과 같은 과제들을 다룬다. 그러므로 어느 제품 혹은 서비스, 그리고 어느 시장부문에서 어떻게 경쟁할 것인가가 주요한 관심사이다.

한편 기능수준의 전략은 각 기능별 책임자가 담당한다. 이는 생산운영, 인사·조직, 재무, 마케팅 등 경영기능의 단기적 목표와 전략방안을 결정하는 것이다. 또한 이러한 전략은 기업 및 사업수준의 전략에 적합해야 하며 기능수준에서의 의사결정은 기업전략과 사업전략의 의사결정에 비해 단기적이고 상당히 구체적이다. 이러한 의사결정은 주로 생산운영시스템의 효율성 제고, 고객의 서비스수준 향상 등에 관한 것이다.

일반적으로 대기업은 다양한 사업영역을 가지고 여러 개의 사업부를 운영하고 있으므로 기업 전체에 관련된 기업전략과 특정사업에 관련된 사업전략을 갖는다. 그러나 중소기업의 경우 여러 사업영역을 갖고 있지 않으므로 기업전

1 핵심역량(core competence)은 독특한 역량(distinctive competence)과 비슷하게 쓰이는 용어로서 가치사슬 전체를 포함하는 넓은 의미의 개념으로서 경쟁기업에 비해 월등한 능력, 즉 경쟁우위를 제공하는 기업의 능력을 말한다. 또한 핵심능력(core capability)이란 가치사슬상의 특정 요소에 대한 기술이나 생산능력을 말한다.

략과 사업전략이 일치한다.

특히 생산운영전략은 기업전략의 틀 내에서 생산운영부문이 기업목표를 어떻게 달성할 것인가를 정하는 것으로 마케팅전략과 긴밀하게 연결되어야 한다. 생산운영전략은 경쟁우위(competitive priorities)에 초점을 맞추고 있으며 이러한 경쟁우위요소에는 원가, 품질, 시간, 유연성 등이 있는데 다음 절에서 자세히 살펴볼 것이다. 그리고 생산경영자는 생산활동과 관련된 외부환경을 평가한 다음 생산운영시스템의 현재와 미래의 능력수준을 평가하고 강점과 약점을 찾아낸다.

그림 2-1 기업전략, 사업전략, 생산운영전략의 상호관계

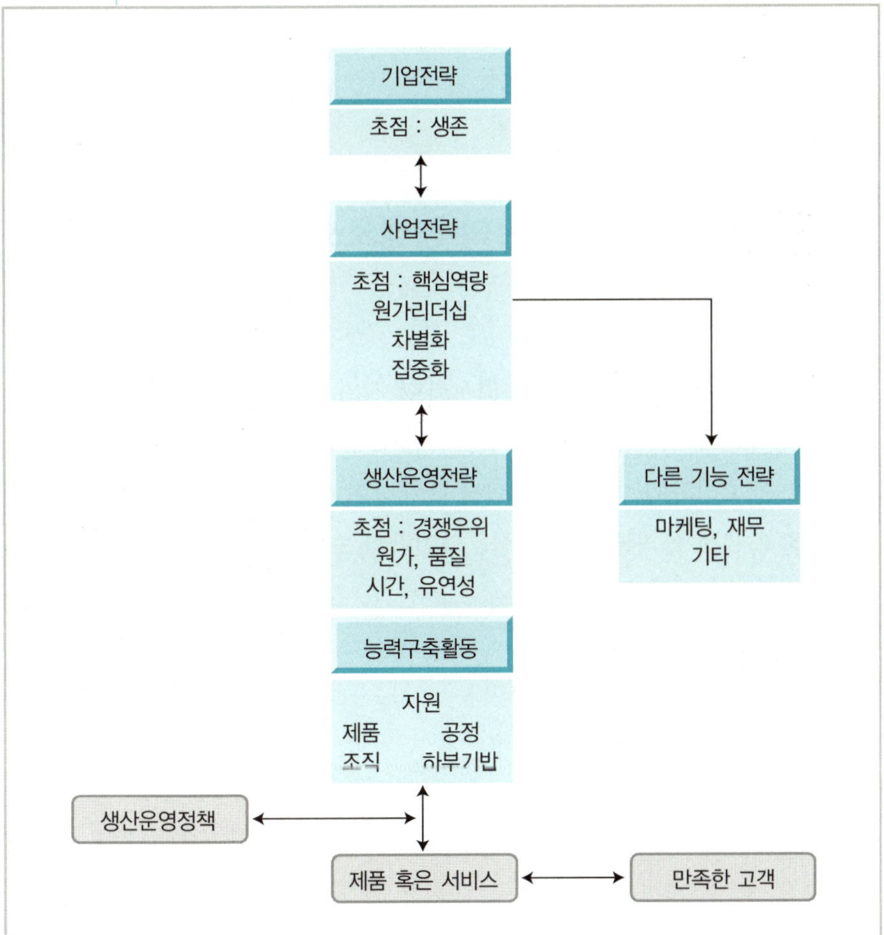

자료 : 박형호 외, 생산운영관리, 무역경영사, 2002, p. 27에서 재인용

그리고 능력구축활동(capability-building activity)이란 경쟁우위요소를 추가하거나 강화하기 위해서 현재 기업이 가지고 있는 제품이나 서비스, 이를 생산하기 위해 채택하고 있는 공정이나 프로세스, 조직구조, 정보시스템이나 물류와 같은 하부기반시스템 등과 같은 여러 자원을 전략적으로 조정 · 통제하는 것을 말한다.

그러므로 생산경영자는 생산운영목표를 달성하고자 기업 전체의 핵심역량의 확보와 유지에 전력을 다해야 하며 이를 실천하기 위해 필요한 경쟁우위를 구축하는 데 노력하여야 한다. 또한 생산운영전략은 마케팅전략을 비롯한 다른 기능전략과 함께 여러 가지 정책으로 보다 구체화되어 실시되며 결과적으로 고객에게 만족을 주는 제품이나 서비스가 제공될 것이다.

제 2 절 생산운영전략의 경쟁요소

생산경영자가 전략적 사고에 입각하여 기업조직의 핵심역량을 확보하고 장기적 성과를 높이기 위해서는 기업의 원가, 품질, 시간, 유연성과 같은 경쟁우위요소를 고려하여 생산운영전략을 전개하여야 한다. 여기에서는 이러한경쟁요소를 자세히 살펴본 다음 생산운영전략의 수립과정을 간단히 살펴보고자 한다.

2.1 경쟁우위요소

2.1.1 원가

만일 가격을 낮추면 제품이나 서비스에 대한 수요가 증가하지만 이를 낮은 원가(low cost)로 생산할 수 없다면 이익이 낮아지게 된다. 그러나 고객이 만족하는 수준에서 가능한 한 낮은 비용으로 제품이나 서비스를 제공하는 일은 매우 바람직하다. 원가를 낮추기 위해서는 제품이나 서비스의 설계단계에서부터 효율적 생산을 고려해야 하고 생산공정 역시 효율성을 고려하여 설계해야 한다.

그러므로 원가라는 경쟁요소에 기초하여 경쟁하려면 생산활동에 투입되는 노무비, 원자재 구입원가, 제조간접비 등을 줄이는 데 최선을 다하여 단위당 원가를 낮출 수밖에 없다. 물론 새로운 설비와 신공법을 도입하면 원가가 낮아질 수 있으나 상당한 투자비가 소요될 것이다. 따라서 투자여력이 있는 경우 설비를 자동화한다면 생산의 효율성이 높아지고 노무비도 줄일 수 있다.

2.1.2 품질

품질이란 고객이 제품이나 서비스에 대해 갖는 일반적인 만족수준을 말한다. 이는 과거와는 달리 더욱 중요한 경쟁요소가 되었으며 품질경쟁요소에는 고품질(top quality)과 일관된 품질(consistent quality)의 두 가지가 있다.

첫째, 고품질은 우수한 성능, 엄격한 허용오차, 높은 내구성 등을 뜻한다. 또한 여기에 영업부문이나 서비스센터 종업원들의 숙련도와 고객에 대한 지원도 포함된다.

둘째, 일관된 품질은 제품이나 서비스가 상당기간 동안 꾸준하게 설계된 명세(specification)에 일치하는 것을 뜻한다. 예를 들면 전자부품공장에서는 생산된 부품의 정밀도, 내구성, 불량률 등에 대한 기대치가 있으며 은행에서는 창구에서 고객의 거래기록에 실수가 발생하지 않도록 기대한다. 그러므로 일관된 품질에 기초하여 경쟁하기 위해서는 품질상의 불량이 발생하지 않도록 생산경영자는 생산운영시스템을 설계하고 감시해야 할 것이다.

2.1.3 시간

시간에 관련된 경쟁요소에는 인도속도(delivery speed), 적시인도(on-time delivery), 개발속도(development speed)의 세 가지가 있다.

첫째, 인도속도란 고객으로부터 주문을 받고 제품이나 서비스를 인도할 때까지 걸리는 시간에 의해 측정되는데 흔히 리드타임(lead time)이라고도 한다. 허용가능한 인도시간은 주문제작하는 기계의 경우에는 비교적 장기간이지만, 외과수술은 수주일, 응급차는 몇 분이 될 수 있다. 따라서 기업은 생산운영전략 차원에서 이러한 인도속도를 높이기 위해서 서비스 시설을 늘리거나 재고생산을 하거나 여유생산능력을 가질 수 있다.

둘째, 적시인도는 약속된 납품시간을 지키는 것을 말한다. 생산자는 구매자가 원하는 납품시간에 제품을 인도하는 비율로써 적시인도를 측정하는데 대개 95% 수준을 목표로 한다. 특히 이는 적시생산시스템의 핵심이며, 판매서비스 업종에 속하는 슈퍼마켓의 경우 적시인도란 고객이 계산대 앞에서의 대기시간이 3분 이내가 될 때이다.

셋째, 개발속도란 초기의 아이디어 창출에서부터 최종적인 설계・생산까지의 시간, 즉 새로운 제품과 서비스가 얼마나 빨리 시장에 도입되는가를 말한다. 새로운 제품과 서비스를 시장에 처음 도입하는 회사는 경쟁에서 우위를 차지할 수 있다. 그러나 이러한 경쟁우위도 사업환경이 급변하는 경우 유지하기가 매우 어렵다. 특히 유행에 민감한 패션, 의류업체의 경우 이러한 개발속도가 특히 중요하다.

많은 기업들이 빠른 인도속도, 신속한 인도시간, 빠른 개발속도를 활용하여 고객 기반을 넓히고자 노력하고 있다. 이러한 시간기반경쟁(time-based competition)에서는 제품이나 서비스를 제공하기까지 걸리는 각 단계를 정의하고 시간을 측정한 후 여기에 필요한 활동을 주의 깊게 검토함으로써 품질의 희생 없이 시간을 단축할 수 있도록 지혜를 모아야 한다.

2.1.4 유연성

유연성에 관련된 경쟁요소에는 고객화(customization), 다양성(diversity), 수량 유연성(volume flexibility)의 세 가지가 있다.

첫째, 고객화는 개별적인 고객의 독특한 요구에 맞추어 제품이나 서비스 설계를 바꾸는 것을 뜻한다 . 이러한 경우 제품과 서비스는 개별 소비자의 선호에 맞춰지며 수명주기는 매우 짧다. 그러므로 고객화를 위해서는 생산운영시스템이 특정 고객의 요구를 처리하거나 설계의 변경을 받아들일 수 있도록 매우 유연해야 한다. 일반적으로 고객화를 하면 당연히 제품이나 서비스의 생산량이 적기 마련이다.

둘째, 다양성이란 제품이나 서비스의 구색을 맞추는 것을 말한다. 이는 고객화와는 달리 특정 고객에 한정되지 않고 반복적인 수요가 있는 경우이다. 다양성을 가진 프로세스는 여러 고객들에게 집중할 수 있고, 다양한 제품이나 서비스의 제공능력을 갖게 된다.

셋째, 수량유연성이란 급격한 수요변동에 대응하기 위해서 제품이나 서비스의 생산율을 재빨리 줄이거나 늘리는 능력이다. 이는 인도속도나 개발속도 등의 다른 경쟁요소를 지원하기도 한다. 사실 수요의 정점 사이의 간격은 몇 주, 몇 개월에서 몇 년일 수도 있다. 예를 들면 임업은 30여 년, 주택건설산업은 몇 년이지만 스키장의 수요변동주기는 몇 개월이 되기도 한다.

이제 각 기업은 이미 설명한 경쟁우위요소 중 어느 요소에 중점을 두어 경쟁력을 강화하는가가 중요한 과제이다. 이는 기업의 상황과 전략에 따라서 다를 수밖에 없다. 물론 상황에 따라서 기업이 모든 경쟁요소에서 동시에 경쟁하여 극적으로 경쟁적 지위를 향상시킬 수도 있다. 즉, 불량품과 재작업을 줄임으로써 비용을 줄이고 생산성을 높이면서 인도시간을 줄일 수 있으며 유연성을 확보할 수도 있을 것이다.

그러나 어떤 경쟁요소의 개선이 계속되어 어느 수준 이상이 되면 불행하게도 다른 요소에 나쁜 영향을 미치게 된다. 예를 들면 높은 고객화는 높은 원가와 가격의 상승을 불러온다. 롤스로이즈자동차는 최상급 사양의 자동차만을 제조하여 프리미엄 가격을 받지만 거의 수(手)작업에 의존하므로 납품 리드타임이 다른 자동차회사에 비해 훨씬 긴 6개월이나 된다.

2.2 생산운영전략의 수립과정

실제로 생산운영전략을 수립하고 실천하기 위해서는 어떠한 과정이 필요한지를 살펴보기로 한다. 이러한 생산운영전략의 수립은 각 생산운영시스템의 형태에 따라 약간의 차이가 있을 수 있지만 일반적으로 다음의 세 가지 단계를 거친다.

① 생산운영시스템의 목표설정

생산운영전략은 구체적인 생산 경영목표의 설정으로부터 시작된다. 이러한 생산목표는 상위의 기업목표, 즉 매출액, 성장률, 수익률, EVA[2] 등의 지표를 달성하기 위하여 보다 구체적인 정량적 지표로 결정되어야 한다. 따라서 생산운영시스템의 현재 성과와 미래 성과는 차이가 있기 마련이므로 도전적인 생산목표가 제시되고 이를 달성하기 위해서는 새로운 아이디어와 발상의 전환이 필요하게 된다.

② 경쟁요소의 우선순위 결정

설정된 목표를 달성하기 위하여 그 수단이 되는 주요 요소를 파악하여야 한다. 일반적으로 품질, 원가, 시간, 유연성 등의 요소를 생각할 수 있는데 생산운영경영자는 생산운영시스템에서 어떤 요소가 부가가치의 창출에 가장 크게 기여할 수 있는지를 검토하여 판단하고 여러 요소들 간의 우선순위를 결정해야 한다.

③ 합리적 자원의 배분

생산운영시스템 차원에서 경쟁요소의 우선순위에 따라 생산자원을 배분하게 된다. 물론 한정된 자원을 가지고 합리적 배분을 하는 일이 쉽지는 않다. 그러므로 생산운영시스템 경영자는 자원배분을 결정할 경우 생산의 각 담당부서가 납득할 수 있는 공평하고 공정한 척도에 의해 이를 추진하여야 한다.

---

2 이는 경제적 부가가치(Economic Value Added : EVA)를 말하며 기업이 벌어들인 영업이익으로부터 세금과 자본비용을 차감한 금액임. 즉 주주가 투자한 자본으로 당해 기업이 창출한 부가가치의 정도를 측정하는 경영지표임. 이는 미국의 스턴스튜어드 컨설팅사가 1980년대 후반에 도입한 개념으로 경영자의 업적평가에 있어서 순이익이나 경상이익보다 훨씬 효율적인 지표로 활용되고 있음.

어느 기업이든지 이상에서 논의한 단계를 통해 생산목표를 달성할 수 있도록 생산운영경영자는 생산자원을 합리적으로 배분하여 기업목표의 달성에 기여하여야 할 것이다.

제 3 절 생산운영전략의 유형과 전략적 구상

세계 일류기업은 생산운영전략을 주요한 경쟁무기로 인식하여 매우 중요하게 생각하고 있다. 우리나라의 경우, 특히 선진국 수준에 도달한 반도체, 철강, 조선, 자동차 등의 산업에는 예외없이 경쟁력있는 세계 일류의 제조기업을 볼 수 있으며 이러한 기업들은 모두 강력한 생산운영전략을 가지고 있다. 이 절에서는 일반적으로 논의되는 생산운영전략을 집중화공장전략과 포지셔닝전략으로 나누어 살펴본 다음 최근에 생산운영시스템의 전략적 활용에 커다란 영향을 미치고 있다고 판단되는 시간기반경쟁, 전사적 품질경영, 대량고객화라는 세 가지의 전략적 구상(strategic initiatives)에 대해 간단히 살펴보고자 한다.

3.1 생산운영전략의 유형

3.1.1 집중화공장전략

집중화공장(focused factory)이란 각 공장에 하나의 사명만을 수행하도록 함으로써 생산능력을 집중화시키는 것으로 Wickham Skinner가 1974년에 처음으로 주장하였다. 사실상 어느 한 공장이 모든 분야에서 최고의 성과를 올리기는 어렵다. 그러므로 집중화공장은 생산능력을 특정제품에 집중하여 낮은 원가로 대량생산하여 경쟁우위를 확보하는 것이다. 이러한 공장의 성과는 집중과 반복적인 경험에 의해 높게 나타나며 집중화공장전략을 채택하는 이유는 다음과 같다.

첫째, 하나의 공장에서 생산하는 품종 수가 지나치게 많으면 관리가 어렵고 조직의 내부불일치로 인해 비효율적이다. 예를 들면, 재고관리는 재고수준의 최소화, 공정관리는 리드타임의 단축, 품질관리는 불량률 최소화를 추구하지만 해당 부문간에 상호 협조가 부족하기 마련이며 때로는 갈등이 생기기도 한다.

둘째, 복잡한 공장은 설비, 인원, 공정, 기술, 지원서비스 등이 서로 얽혀서 관리불능 내지 통제불능상태에 빠지기도 한다. 그러나 집중화공장에서는 과업의 단순성, 반복성, 동질성 등으로 인하여 이러한 단점이 해소되어 생산능력을 크게 향상시킨다.

한편 집중화공장의 특성을 살펴보면 다음과 같다.

① 공정기술

불완전하고 불확실한 기술은 하나의 공장에 한 가지 공정기술로 한정한다. 그리고 성숙한 기술의 경우에도 경영자가 쉽게 관리할 수 있는 두 세 가지 정도로 제한한다.

② 수요와 생산량

시장에서 품질, 원가, 납기, 유연성 등에 대한 소비자의 요구에 부응하기 위해 생산부문이 수행해야 할 생산과업을 결정한다. 하나의 공장은 일반적으로 일정기간 내에 하나 또는 두 개 품목 정도의 생산과업만을 실행한다. 또한 제품 혹은 서비스의 생산량은 그 크기와 생산 안정성에 따라 구분하여 관리한다.

3.1.2 포지셔닝전략

Hayes와 Wheelwright는 제품과 공정의 수명주기를 이용하여 포지셔닝(positioning)전략을 주장하였다. 이는 [그림 2-2]에서 보는 바와 같이 제품과 공정을 각각 4단계로 나누어 이들의 전략적 균형에 바탕을 둔 생산전략을 제시하고 생산운영시스템의 유형을 선정한다. 즉, 생산운영시스템의 자원을 제품

그림 2-2 제품 및 공정수명주기와 포지셔닝

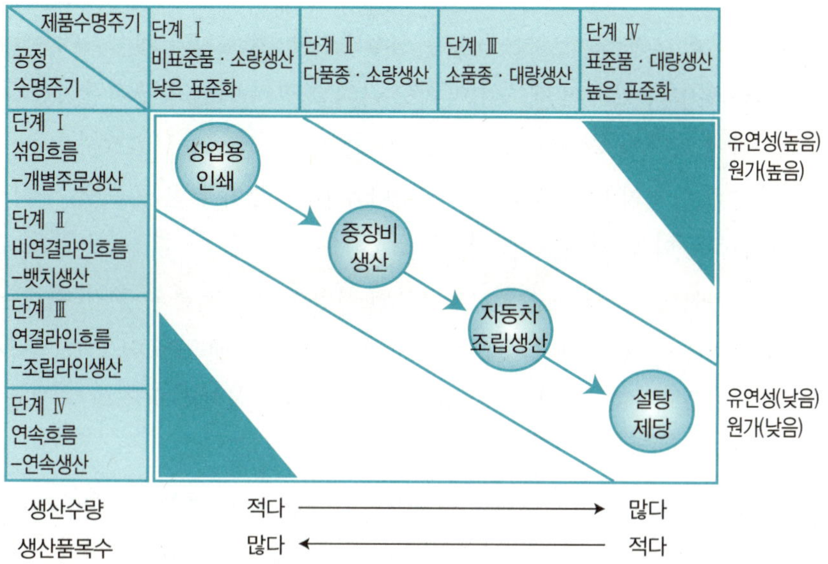

중심(product focus)으로 배분할 것인지 또는 공정중심(process focus)으로 배분할 것인지를 결정한다.

제품의 수명주기는 1단계인 비표준품 · 소량, 2단계인 다품종 · 소량, 3단계의 소품종 · 대량, 4단계인 표준품 · 대량으로 구분하였으며 공정의 수명주기는 1단계인 섞임흐름(jumbled flow)—개별주문생산, 2단계의 비연결 라인흐름(disconnected line flow)—뱃치생산, 3단계인 연결라인흐름(connected line flow)—조립라인생산, 4단계는 연속흐름—연속생산으로 구분하였다.

포지셔닝전략은 제품의 수명주기단계와 공정의 각 단계가 상호 적합해야 한다는 것이다. 만일 성숙기에 도달한 표준적인 대량생산품을 섞임흐름—주문생산의 공정에 의해 생산한다면 엄청난 불합리와 비능률이 있다. 그러므로 포지셔닝전략은 바람직한 생산운영시스템의 선택에 있어서 다음과 같은 도움을 준다.

① 현재 시스템이 바람직한가의 여부를 알 수 있다. 즉 생산운영시스템을 [그림 2-2]의 행렬에 비추어 보면 현 위치가 바람직스러운지를 판단할 수 있다.

행렬의 왼쪽부분은 잦은 제품변경이나 다품종에 대응하는 소규모의 융통성 있는 시스템이다. 반면에 오른쪽 아랫부분은 표준품을 낮은 원가로 대량생산할 수 있는 자본집약적 시스템이다. 행렬의 주대각선에서 너무 멀리 떨어져 있으면 제조와 마케팅 간의 조정이 어렵고 주대각선상의 경쟁자에 대하여 불리한 입장에 놓일 수 있다.

② 전략적 위치의 변화 방향을 알려준다. 위치변경의 방향은 수평, 수직, 대각선이동의 세 가지로 구분된다.

- 유휴설비능력을 활용할 수 있다면 다양성있는 제품의 추가(왼쪽수평이동)는 바람직하다. 그러나 유휴능력이 없는데 새로이 다른 종류의 공정을 추가하여 좌측이동을 하는 것은 전체적으로 공정의 구성을 복잡하게 만들 것이다.
- 원가절감을 목표로 자본을 대량투자(하향수직이동)하는 경우에는 제품수명주기의 기간을 예측하여야 한다. 왜냐하면 반도체의 수명주기는 불과 6개월 정도이며, 의류나 가구 등의 경우 대부분이 표준화 단계를 거치지 않기 때문이다.
- 수직적 통합(vertical integration)은 기업의 전략결정에 따라 많이 이용되는 전략으로 한 기업이 수직적으로 연관된 두 개의 사업분야를 동시에 운영하는 것을 말한다. 즉, 공정수명주기의 단계가 서로 다른 기업 간의 통합으로 하향 또는 상향 이동할 수 있다. 그러나 서로 다른 공정단계들을 통합관리해야 하므로 어려움이 따른다.
- 품종수의 축소와 표준화, 그리고 대규모의 설비투자를 동시에 추진하는 경우에는 대각선 이동으로 나타난다. 주대각선 아래로 이동하면 원가절감효과는 크지만 융통성은 낮아진다. 반면에 위로 이동하면 융통성은 유지되나 원가절감효과는 낮다.

3.2 전략적 구상

최근에 생산운영관리시스템의 전략적 활용에 커다란 영향을 미치고 있는 시간기반경쟁, 전사적 품질경영, 대량고객화 등과 같은 전략적 구상(strategic initiatives)을 간단히 살펴보고자 한다. 물론 전략적 구상은 그 자체를 전략이라고 하기는 어려우나 어떤 사업전략이나 기능전략과 연결시켜 실행하면 매우 유용한 도구라고 할 수 있다.[3]

3.2.1 시간기반경쟁

시간은 모든 고객에게 중요하다. 일반적으로 고객은 원하는 제품 혹은 서비스를 빠른 설계과정을 거쳐 빨리 인도받는다면 가격을 추가로 기꺼이 지불하고자 한다. 시간기반경쟁(time-based competition : TBC)이란 신제품 혹은 서비스의 개발시간, 고객수요 변동에 따른 반응시간, 제품인도나 서비스제공에 필요한 시간 등의 여러 가지 활동을 수행하는 데 필요한 시간을 감소시키는 것이다. 사실상 시간을 줄이게 되면 비용의 감소, 생산성의 향상, 품질의 개선, 제품혁신의 빠른 진행, 고객서비스의 개선 등이 나타난다.

TBC 구상을 실천한 많은 기업들은 크게 성공하였다. 예를 들면 미국의 애플(Apple)사의 대부분의 제품이 9개월도 안 되는 제품수명주기를 가졌으며 총이익의 50% 이상을 제품 출시 40일 이내에 확보하였다고 한다. 혼다(Honda Motor Co.)와 도요타(Toyota Motor Co.)와 같은 자동차회사들도 과거에 신차 생산에 5년 이상이 걸렸으나 이제는 2년 이내로 단축함으로써 시간이 획기적으로 단축되어 경쟁력의 향상에 크게 이바지하였다.

요컨대 TBC는 제품과 서비스의 설계, 제조, 인도의 프로세스와 구조를 변화시킴으로써 시간의 단축을 도모하는 것이다. '속도가 곧 생명이다' 라는 표현을 잊어서는 안될 것이다.

3.2.2 전사적 품질경영

품질의 개념은 경영자들이 이미 오랫동안 중요하게 생각하여 왔으나 1980

---

3 Steven A. Melnyk, Morgan Swink, The Value-Driven Approach to Operations Management: An Integrated Modular Approach, McGraw-Hill Irwin, 2002의 Module 3 Value-Driven Operations Strategy를 요약 · 정리함.

대 중반 이후 전사적 품질경영(total quality management : TQM)이 각광을 받게 되었다. 왜냐하면 고객을 만족시켜 시장경쟁에서 이기기 위해서는 품질을 과거처럼 단순히 생산부서에서만 관심을 가져야만 하는 요소로 보기보다는 조직 내의 모든 구성원들이 품질문제에 대해 함께 고민하고 노력해야 할 필요성이 커졌기 때문이다.

TQM은 조직 내의 모든 구성원들이 혁신적인 과학적 방법을 활용하여 제품과 서비스를 지속적으로 개선하는 데에 참여하는 문화라고 정의할 수 있으며 최종제품이나 서비스뿐만 아니라 설계, 생산, 판매후 서비스 등의 모든 과정을 포함한다. 그리고 전략적 구상의 하나인 TQM은 다음과 같은 몇 가지 전제를 갖는다.

첫째, 고품질이 고원가에 의해서만 달성되는 것은 아니다. 낭비를 줄임으로써 품질이 개선될 수 있고 결과적으로 원가도 낮아질 수 있다.

둘째, 품질통제 프로그램과는 달리 비전문가들도 품질보증과 품질개선에 얼마든지 참여할 수 있다. 그러므로 경영층이 앞서서 품질경영을 시작하지만 모든 구성원이 팀별 개선프로젝트에 참여할 뿐만 아니라 일상의 일에서도 품질의식을 갖는다.

셋째, 훌륭한 경영자는 조직의 프로세스를 충분히 이해하여 품질에 영향을 미치는 여러 요인을 정확히 파악한다.

넷째, 품질개선의 기법이나 수단은 고객을 만족시키겠다는 문화가 정착되어 있는 경우에만 유용하다.

다섯째, 프로세스를 유효하게 관리하기 위해서는 통계적 변이와 변이의 근원을 찾아낼 수 있다.

따라서 TQM은 제품 혹은 서비스의 품질(성능, 내구성 등)과 프로세스 품질(능력, 반복성, 효율 등) 등의 여러 측면을 개선하고자 한다. 즉, 품질의식을 조직 내의 각 의사결정단계와 모든 부문에 뿌리내리게 함으로써 고객을 만족시킨다. 그러므로 TQM을 잘 실천하게 되면 결과적으로 매출이 증대하고 원가가 낮아져 이익이 커질 것이며 고객의 불만이 줄어들고 고객의 신인도가 높아지게 되며 종업원의 사기도 크게 오르게 될 것이다. 보다 자세한 내용은 제3장에서 살펴보기로 한다.

3.2.3 대량고객화

시장에서의 고객욕구가 과거와는 달리 더욱 다양화 · 고급화 · 복잡화 · 감성화되고 있다. 생산경영자는 이러한 욕구를 충족시키기 위해 유연성이 매우 높은 전략을 채택하지 않을 수 없게 되었다. 이러한 상황에서 필요한 전략적 구상이 대량고객화(mass customization)이며 이는 고객에게 유연성을 갖고 빠르게 반응하면서도 고객이 원하는 다양한 제품을 제공하는 것을 말한다.

따라서 대량고객화는 고객이 원하는 제품을 정확히 제공함으로써 새로운 가치를 창출한다. 또한 이는 고객이 원하는 것과 상당히 유사한 제품을 현재 생산하고 있다고 해서 이를 강요하지 않고 고객이 원하는 대로 다양한 제품을 설계하여 생산하는 데에 초점을 두고 있다. [표 2-1]에서 보는 바와 같이 대량고객화는 대량생산과 유연생산(flexible production)의 다음 단계라고 할 수 있다.

그리고 대량고객화는 연구개발, 마케팅, 재무, 회계 등에도 영향을 미치며 이를 통해 규모의 경제를 뛰어넘어 범위의 경제에 초점을 둔다. 즉, 대량생산에서의 원가와 시간을 그대로 유지하면서도 다양한 제품을 생산하는 것이다. 또한 이러한 전략적 구상은 공급자와 새로운 관계를 요구한다. 이들이 제품과 서비스의 단순제공자라기보다는 전문성과 자원을 제공하는 주요한 동반자로 인식하는 것이다.

이와 같은 전략적 구상은 각각 시간, 품질, 유연성의 측면에 역점을 두고 있으며 이를 성공시키기 위해서는, 첫째 최고경영자와 종업원이 일치된 노력을 해야 하며, 둘째 성과목표를 달성하기 위한 제품설계와 생산운영시스템의 구조화가 요청된다.

표 2-1 생산시스템의 발전

공장의 초점	대량생산	유연생산	대량고객화
기간	1900～1970	1971～2000	2001～2020
기계장비의 수	150	30～50	25～30
제품의 수	10～15	100～1000	무제한
불량으로 인한 재작업비율	25% 이상	0.02% 이하	0.0005% 미만

자료 : Steven A. Melnyk, Morgan Swink, Value-Driven Operations Management, McGraw-Hill Irwin, 2003, Module 3, p.19에서 재인용

사례 삼성전자의 경쟁우위확보

삼성전자(Samsung Electronics)는 1969년에 설립된 우리나라의 최대, 최고의 전자기업으로서 경쟁력이 매우 뛰어난 삼성그룹의 대표기업이다. 또한 세계 IT산업의 최강자로서 원가, 품질, 디자인, 기술경쟁력에 힘입어 2011년의 매출액은 약 165조 원(1,486억 달러)이었으며 영업이익은 약 16조 원에 달했다. 삼성전자가 글로벌 경쟁에서 두각을 나타낸 결과 2011년 말 시가총액기준(1,369억 달러)으로 정보통신(IT) 분야에서 애플, 마이크로소프트, 구글, IBM에 이어서 세계 5위권에 진입하였다.

삼성전자는 1990년대까지만 하더라도 우리나라의 재계 상위권인 여러 대기업 중 하나에 불과하였다. 그러나 1997년의 IMF경제위기를 겪으면서 광범위한 구조조정의 실천과 혁신적인 경영전략의 실행을 통해 내실을 확고히 하였다. 그 당시 삼성전자의 목표는 경쟁사인 일본 기업을 따라잡는 것이었다. 현재 삼성전자는 국내에서 재계서열 1위의 대기업으로 자리를 확실히 굳혔으며, 해외에서도 반도체, TV, 휴대폰 등에서 세계 1위의 시장점유율을 차지함으로써 글로벌 대기업으로 자리매김하였다.

삼성전자가 세계 IT시장에서 절대 강자로 군림할 수 있는 배경은, 첫째 스마트폰 판매에서 애플을 제치고 세계 1위를 이루어낸 데에서 보는 것처럼 원가 및 품질경쟁력을 지닌 핵심부품을 자체생산하고 최고 수준의 타사 부품을 결합하여 완제품을 생산하는 능력이다. 둘째, 반도체, OLED, LCD 등 부품의 원가우위 경쟁력을 기초로 휴대폰과 TV 등 완제품의 판매를 확대하고, 이는 다시 부품수요를 끌어 올리는 삼성전자만의 차별화된 선순환 효과이다. 셋째, 반도체, 정보통신, 가전부문, 컴퓨터 및 산업용전자기기 등 다양한 사업부문에서 제품 포트폴리오를 다변화하여 시장지배력이 막강하다. 특히 TV부문에서는 성능과 디자인, 크기에서 혁신적인 제품들을 지속적으로 출시함으로써 2011년까지 6년 연속 전세계 판매량에서 1위를 지키고 있으며, 세계 LCD 패널 시장에서도 10년 연속 시장점유율 1위를 기록하고 있다.

지난 2009년에 'Inspire the World, Create the Future'라는 비전을 제시하여 2020년에는 매출 4,000억 달러를 달성함으로써 IT업계의 절대적 강자로서 세계 1위, 글로벌 10대 기업으로의 도약을 목표로 설정하였다. 따라서 삼성전자는 환경의 변화에 발맞추어 기존의 세트와 부품 위주의 정보통신, AV 중심의 사업(Infotainment)구조에 소프트웨어와 솔루션 위주로 의료·바이오, 환경·에너지, 편의·안락 등 '삶의 질 향상' 부문(Lifecare)을 새로운 사업영역으로 추가하였다

앞으로 삼성전자는 기존 사업과 신규 사업영역에서도 지속적인 기술혁신을 통한 고품질, 막대한 투자를 통해 확보하는 생산능력과 이를 활용한 저원가우위, 혁신적인 디자인 등의 경쟁우위요소를 적극 활용하여 전 세계의 소비자를 만족시키면서 세계 초일류기업으로 계속 발전할 것으로 기대한다.

자료 : www.samsung.com(삼성전자)

연 습 문 제

1. 기업전략에서 생산운영전략이 중요하게 된 이유를 설명하시오.

2. 생산운영전략의 경쟁요소를 설명하시오.

3. 집중화공장을 주장하게 된 이유를 설명하시오.

4. 포지셔닝전략의 핵심을 설명하시오.

5. TBC와 TQM에 대하여 설명하시오.

6. 대량고객화에 대하여 설명하시오.

CHAPTER 3

품질경영과 환경경영

제1절 품질경영의 의의와 발전

제2절 품질경영과 ISO 9000

제3절 6시그마

제4절 환경경영과 ISO 14000

기업이 생존하고 성장하기 위해서는 제품과 서비스의 경쟁력을 강화하고 고객만족(customer satisfaction : CS), 나아가 고객감동(customer delight)을 달성하는 것이다. 기업이 고객중심주의로의 방향전환에 있어서 품질경영은 필연적이며, 기업의 장기적 성패를 결정하는 가장 중요한 요인은 품질이다. 좋은 품질의 제품과 서비스는 기업에 경쟁우위를 제공하고, 좋은 품질의 제품생산은 반품, 재작업, 폐기물 등과 관련된 비용을 줄일 수 있다. 오늘날 이러한 품질에 대한 관심은 제조업뿐만 아니라 서비스업, 공기업, 공공기관이나 정부 등 비영리기관에서도 점차 증가하고 있다.

또한 모든 국가 및 사회는 경제발전과 더불어 발생되는 환경문제의 해결을 위해 "지속가능한 개발"이라는 원칙하에 환경보호와 개발을 조화시키려고 많은 노력을 경주하고 있다. 이제는 기업들도 계속적인 성장을 위해서는 이러한 환경에 대한 국제적인 흐름을 인식하여 우리의 실정에 맞는 환경경영을 실시하여야만 한다.

본 장에서는 품질경영의 의의와 발전에 대해 살펴보고, 품질경영과 ISO 9000, 6시그마, 그리고 환경경영과 ISO 14000에 대해 살펴본다.

제 1 절 품질경영의 의의와 발전

급변하는 최근의 경영환경의 변화와 다양한 소비자의 욕구에 부응하고, 우리 산업의 경쟁력의 전환을 마련하기 위해서는 현장위주의 품질관리체제에서 한 걸음 더 나아가 제품, 공정, 사람, 자원에 대한 총체적 품질향상을 통해 고객만족을 지향하는 경영전략적 차원의 품질경영(Quality Management : QM)체제를 갖추지 않을 수 없게 되었다.

이 절에서는 품질경영의 의의와 발전, 서비스 품질경영의 개념과 서비스품질의 측정에 대해 간단히 살펴보고자 한다.

1.1 품질경영의 의의

1.1.1 품질의 개념

오늘날 우리는 국경 없는 무한경쟁의 시대에 살고 있다. 국경 없는 국제경쟁시스템에서 국가 간, 제품과 서비스 간에 치열한 경쟁이 전개되고 있으며, 이러한 경쟁은 앞으로 끝없이 전개될 것이다.

이러한 환경에서 기업이 생존하기 위해서는 제품과 서비스의 품질고급화를 통해 경쟁력을 강화하고 소비자를 만족시키는 것이다. 교통과 통신의 발달로 소비자는 어디에 살든지 간에 제품에 관한 정보를 쉽게 얻을 수 있기 때문에 제품을 선택할 수 있는 기회가 더욱 확대되었고, 따라서 제품과 기업의 생존과 성공을 소비자들이 결정하게 되었다. 고객만족(customer satisfaction : CS), 나아가 고객감동(customer delight)을 최우선시하는 품질관리는 고객중심주의로의 방향전환이 필연적이라고 본다.

품질이란 제품의 유용성을 정하여 주는 특성이라고 정의할 수 있으나 그 시대의 변화와 함께 변해가고 있으며 서로 다른 상황 속에서 다르게 해석될 수 있다. 과거에는 제품을 만드는 사람의 입장에서 보는 제품의 유용성이 강조되었으나 최근에는 소비자의 입장에서 생각하는 제품의 유용성이 강조되고 있다. 따라서 제품 자체의 물리 · 화학적인 제품품질의 의미를 벗어나 그 제품에 대한 서비스의 질, 사용적합성(fitness for use), 신뢰성(reliability) 등을 포함시키는 넓은 의미의 품질개념이 되었다.

또한 품질은 조직이 대기업이든 중소기업이든, 제조업체이든 서비스업체이든, 공기업이든 사기업이든 모든 조직에게 중요하다. 따라서 품질은 자동차나 냉장고와 같은 제품, 병원이나 자선단체, 그리고 학교에 이르기까지 조직의 규모나 공급하는 재화의 종류 또는 조직의 목적에 관계없이 모든 조직에 중요하다.

1.1.2 품질경영의 개념

품질경영은 조직에게 지속적인 향상을 촉진하는 종합적인 개념으로 조직적이고, 일관적인 조직 전반적 차원에서의 시각을 강조한다. 그것은 주로 모든 시스템과 과정들의 지속적인 진보를 추구하는 경영환경 내의 내 · 외부 고객을 포함한 이해관계자의 만족에 초점을 맞춘다.

근래에 강조되고 있는 품질경영은 기업구성원 모두를 최고경영자의 경영이념으로 무장하도록 하여 조직 전체가 하나의 시스템처럼 움직이게 함으로써 고객만족을 극대화하는 것이다. 그래서 품질경영은 제조자 중심으로 정의된 품질이 아닌 고객 또는 사용자의 관점에서 정의된 가치 품질을 어떻게 관리하는가의 문제라고 할 수 있다.

이러한 품질경영은 다음과 같이 두 가지 측면으로 나누어서 살펴볼 수 있다.

첫째는 'T+QM'으로 품질지향적 활동을 전사적 접근방식에 의거하여 추진한다는 의미를 갖게 된다. 전사적 접근이란 고객에게 양질의 제품을 제공하기 위해서는 시장조사에서 출발하여, 개발 및 설계, 구매 및 생산, 마케팅 및 유통의 단계를 거쳐서 소비자의 손에 전달된 후 A/S까지 포함하는 일련의 부서들이 통합프로세스를 중심으로 함께 노력한다는 뜻을 담고 있다.

둘째는 'TQ+M'으로 총체적 질을 경영한다는 의미로서 경영품질을 뜻한다. 품질경영은 기업의 최종 산출물인 상품 및 서비스의 품질은 물론이고 나아가서는 산출물을 만들어 가는 프로세스와 투입요소의 질까지 포함한다.

최근, 세계적인 추세는 둘째 해석인 'TQ+M' 방식의 해석이 품질경영의 의미로 받아들여지고 있는 실정이다.

품질경영은 최고경영자의 품질방침을 비롯하여 고객을 만족시키는 모든 부문의 전사적 활동으로서 [그림 3-1]과 같이 품질계획, 품질관리, 품질개선, 품질보증의 4가지 요소로 구성되어 있다.

① 품질계획(quality planning : QP)

품질계획은 품질방침의 목표를 달성하기 위해 품질시스템 내의 각 부문에 수립하며 품질경영의 방향을 잡아주는 나침반 기능을 수행한다.

② 품질관리(quality control : QC)

품질관리는 품질에 대한 요건을 충족시키는 데 사용되는 운영기법 및 활동으로서 경제적 효과를 낳기 위해 품질주도의 모든 단계에서 공정을 모니터링하고 불만족스러운 결과에 대한 원인을 제거하기 위한 운영기법 및 활동을 포함하며, 품질관리 및 품질보증활동의 일부는 상호연관성을 지닌다.

③ 품질개선(quality improvement : QI)

품질개선은 품질을 향상시켜 능률이나 수율을 올리고, 불량품을 감소시켜 원가의 절감을 꾀하는 등 공정의 능력을 한층 높여나가는 활동이다. 하지만 개선된 수준이 유지·확보되기 위해서는 개선과 관리가 반복되어 나가야만 개선의 노력이 수포로 돌아가지 않게 된다.

④ 품질보증(quality assurance : QA)

품질보증은 제품 또는 서비스가 주어진 품질요건을 충족시킬 것이라는 적절한 신뢰감을 주기 위해 품질시스템 내에서 수행되는 모든 계획적이고 체계적인 활동으로서 품질보증의 목적에는 조직 내의 경영자를 비롯한 모든 구성원에게 신뢰감을 주기 위한 내부목적과 계약 및 기타의 경우에 고객 또는 다른 사람에게 신뢰감을 주기 위한 외부목적으로 나눌 수 있으며, 주어진 품질요건이 사용자의 요구를 충분히 반영하지 못하면 품질보증은 적절한 신뢰감을 줄 수 없게 된다.

그림 3-1 | 품질경영의 구성요소

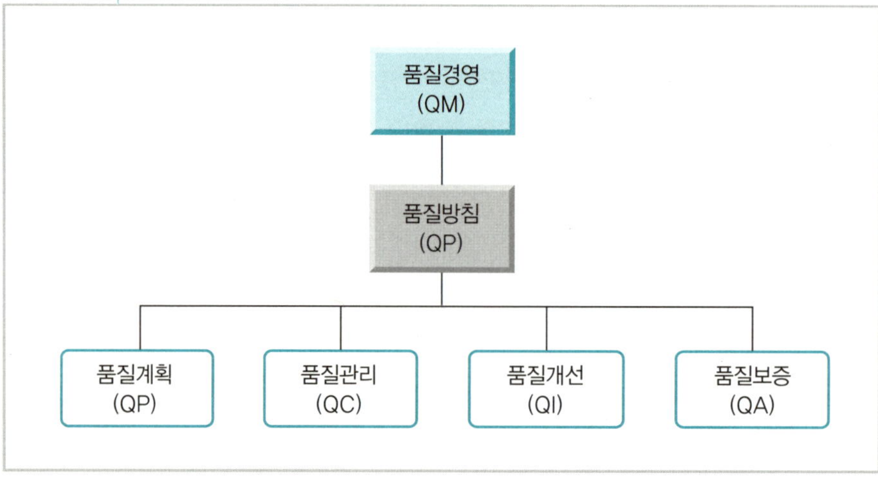

1.2 품질경영의 발전

품질경영은 크게 볼 때 통계적 품질관리(statistical quality control : SQC)에서 전사적 품질관리(total quality control : TQC)로 발전되어 왔는데, 이는 품질관리의 개념이 확대되어 온 것과 맥락을 같이 한다. 즉 SQC는 제조품질의 관리방법이고 SQC의 궁극목표는 불량률 제로에 있다. 그러나 TQC는 품질 · 가격 · 납기 · 생산량 · 안전 · 사기 등을 포함하는 확장된 품질에 대한 관리라고 할 수 있다.

종전에는 제품의 품질을 좋게 하기 위한 기법들을 소개하는 품질관리에 초점이 맞추어져 왔다. 그러나 품질을 좋게 하는 데는 각종 기법들도 중요하지만 기법들을 엮는 시스템적 차원과 시스템을 운영하는 사람들도 중요하다고 인식하게 되었다.

특히 최근에는 궁극적으로 사람이 달라져야 품질을 개선할 수 있다는 인식으로 인적자원관리에 초점을 맞추어 가고 있다. 그러나 품질경영은 이들 3가지 요소 중 어느 하나를 소홀히 하는 것이 아니라 품질관리기법과 시스템, 사람의 3위 일체가 되고, 톱니바퀴처럼 움직이게 하기 위한 경영체제이다. 최근 우리나라에서는 ISO 9000 인증과 관련하여 품질경영의 개념이 확산되고 있다.

최근 우리나라에서는 ISO 9000 인증과 관련하여 품질경영의 개념이 확산되고 있으며, 이러한 흐름에서 품질경영의 발전은 [그림 3-2]에서 보는 바와 같이 품질관리, 품질보증, 품질전략, 품질문화의 4단계로 구분해 볼 수 있다.

① 1단계 : 품질관리단계(Quality Control : QC)

이 단계는 품질에 관련한 가장 초보적 수준의 단계로서 설계단계에서 정해진 제품규격에 따른 검사활동을 중심으로 예정된 품질을 확보해 나가는 단계이다. 이 단계에서는 품질이 경쟁무기가 될 수 없으며 품질에 의한 부정적 영향을 방지하는 것이 품질에 관련된 최선의 목적이다.

② 2단계 : 품질보증단계(Quality Assurance : QA)

2단계는 ISO 9000 시리즈의 인증을 받을 수 있는 품질시스템을 구축하여 소비자에 대한 품질보증을 해 나가는 단계이다. 주어진 품질을 유지하거나 보증하기 위한 통제 위주의 기법과 절차를 중심으로 하는 품질경영의 단계이다.

③ 3단계 : 품질전략단계(Quality Management : QM)

품질경영의 3단계는 본격적인 품질경영의 도입 단계로서 이 단계에서는 소비자 니즈의 파악과 이에 대응한 제품의 개발과 설계, 공정의 지속적 향상과 관리를 통한 적합품질의 확보, 외주업체의 육성과 관리를 통한 적합한 외주 품질의 확보 등을 통해서 품질을 향상시켜 나가는 단계이다.

④ 4단계 : 품질문화단계(Total Quality Management : TQM)

이 단계는 품질경영의 완성단계로서 전 종업원이 창의적 개선 활동에 참여하여 제품의 품질뿐만 아니라 공정, 사람, 자원, 업무 등 기업의 총체적인 질(Total Quality : TQ)의 향상을 추구하는 품질경영문화의 단계이다. 3단계의 실행을 위해서도 기업문화의 변화는 필요하지만 이 단계는 거의 전적으로 고객 중시, 인간성 존중을 통한 혁신의식과 개선의식이 충만한 기업문화를 구축하는 단계이다.

그림 3-2 | 품질경영의 발전과정

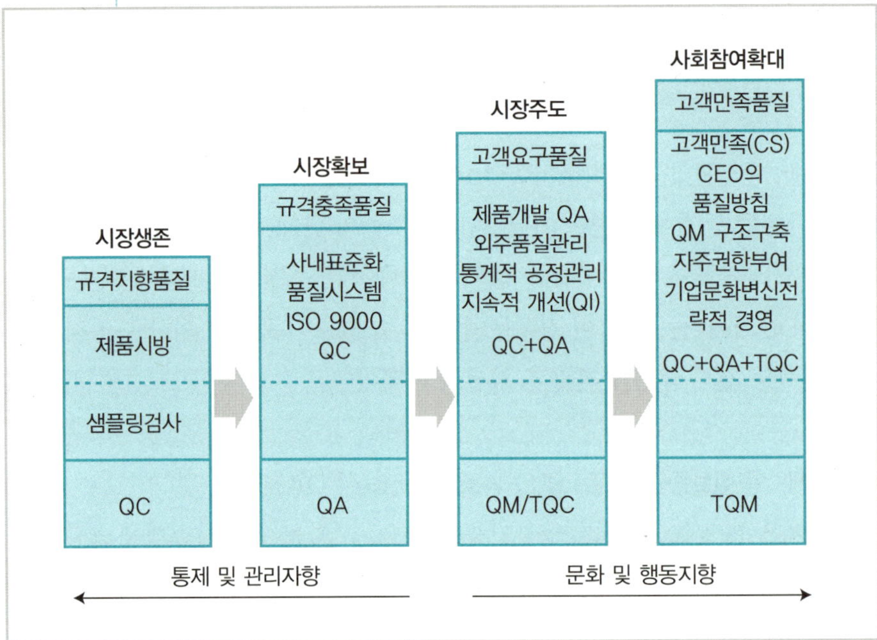

1.3 서비스의 품질경영

오늘날 품질에 대한 관심은 서비스업체에서도 점차 증가하고 있으며, 또한 공공기관이나 정부 등 비영리기관에서도 중요시되고 있다. 또 병원에서도 품질경영을 도입하여 환자의 입원기간과 비용을 상당히 감소시키고 있으며, 교육기관인 초등학교, 중 · 고등학교, 대학교에서도 품질경영을 도입하여 괄목할 만한 성과를 거두고 있다.

1.3.1 서비스품질경영의 개념

품질이란 용어는 원래 제품의 품질에 국한되어 사용되다가 서비스부문이 확대되면서 공공서비스나 비영리서비스, 나아가 삶의 질로까지 그 적용범위를 확대하고 있다.

그러나 서비스품질은 객체가 아니라 활동성과이기 때문에 정확하고 일관된 품질수준을 위한 기준을 만들거나 실행하기가 어렵고, 제품의 품질처럼 이해나 관리가 쉽지 않다. 또한 서비스상품은 고객에게 제품처럼 전달되지 않고 판매하기 전에 측정하거나 검사하기가 어렵다. 게다가 서비스제공에는 인력이 많이 소요되므로 작업자 간, 고객 간, 시간대별로 차이가 난다.

서비스의 품질은 고객의 다소 주관적인 인지에 의해 결정되기 때문에 기업이 단독으로 결정하는 것이 아니고 고객의 요구에 근거해야 한다. 그래서 모든 구성원이 고객의 인지 품질에 공헌을 해야 한다. 많은 구성원이 서비스 창출과 제공과정에서 동원되며 이들은 후방에서 지원하는 인력에 의존해야 하므로 최종적인 서비스품질은 결국 조직 전체의 품질노력에 영향을 받게 된다. 그러므로 서비스품질은 조직 전체에 걸쳐서 추구되어야 하며 일부 부서의 책임으로는 좋은 결과를 얻을 수 없다.

서비스기업의 주요 특성은 고객과의 접촉이 빈번하다는 것이다. 서비스는 주로 고객의 앞에서 행해지므로 서비스품질은 서비스를 창출하는 사람의 태도와 언어, 그리고 외모로부터 절대적인 영향을 받는다. 그러나 고객을 대하는 모든 구성원의 능력과 태도가 전부 같을 수가 없다. 더구나 동일한 구성원이라 할지라도 시간에 따라 서비스능력이 변한다. 이러한 것은 서비스품질을 더욱더 어렵게 하는 요인이다. 그러므로 서비스기업에서는 고객에게 서비스를 제공하는 구성원들에 대한 교육과 훈련이 상당히 중요하다.

1.3.2 서비스품질의 측정

서비스품질을 관리하기 위해서는 서비스품질을 정확하게 평가해야 하는데, 서비스 고유의 특성들(무형성, 동시성, 과정 참여성, 이질성)로 인하여 서비스품질의 측정 관리는 쉽지 않다. 서비스품질을 평가하는 객관적 측정치가 존재하지 않는 상황에서 서비스품질을 평가하는 적절한 접근방법 중 하나는 품질에 대한 소비자의 인식을 측정하는 것이다. 서비스품질은 제품품질과 달리 불량률과 같은 객관적인 척도에 의한 측정이 어렵기 때문에 고객의 인식을 토대로 서비스품질을 측정한다.

고객의 인식을 측정하여 서비스품질을 측정하는 대표적인 측정방법으로 SERVQUAL을 꼽을 수 있다.

SERVQUAL은 미국의 A. Parasuraman, V. A. Zeithaml과 Leonard L. Berry 세 사람의 학자들에 의해 개발된 서비스품질 측정도구로서 서비스 기업이 고객의 기대와 평가를 이해하는 데 사용할 수 있는 다문항 척도이다.

이들은 상품 보수유지, 은행, 장거리 전화, 증권, 신용카드 회사를 대상으로 탐색적 고객연구에서 확인된 서비스품질의 10개 차원을 대표하는 97개 문항을 만들어 표본조사를 실시하였으며, 통계분석 결과 표적집단면접을 통해 도출한 서비스품질의 10개 차원 간에 상당한 상호 관련이 있는 것으로 나타남에 따라 5개의 SERVQUAL 차원으로 통합하였다.

탐색적 고객연구 결과 도출된 SERVQUAL 차원을 요약하면 [표 3-1]과 같다.

| 표 3-1 | 서비스품질의 10개 차원과 SERVQUAL의 5개 차원

<table>
<tr><th>서비스품질 평가 10차원</th><th>SERVQUAL 차원</th><th>SERVQUAL 차원의 정의</th></tr>
<tr><td>유형성</td><td>유형성</td><td>물리적 성질, 장비, 직원, 커뮤니케이션 자료의 외양</td></tr>
<tr><td>신뢰성</td><td>신뢰성</td><td>약속한 서비스를 믿을 수 있고 정확하게 수행할 수 있는 능력</td></tr>
<tr><td>대응성</td><td>대응성</td><td>고객을 돕고 신속한 서비스를 제공하려는 태세</td></tr>
<tr><td>능력</td><td rowspan="4">확신성</td><td rowspan="4">직원의 지식과 예절, 신뢰와 자신감을 전달하는 능력</td></tr>
<tr><td>예절</td></tr>
<tr><td>신빙성</td></tr>
<tr><td>안전성</td></tr>
<tr><td>가용성</td><td rowspan="3">공감성</td><td rowspan="3">회사가 고객에게 제공하는 개별적 배려와 관심</td></tr>
<tr><td>커뮤니케이션</td></tr>
<tr><td>고객 이해</td></tr>
</table>

유형성, 신뢰성, 대응성은 척도 개발 및 세련화 과정에서 그대로 존속되었고 상호 관련성이 높은 것으로 분석된 나머지 7개의 차원들은 좀더 광범위한 차원인 확신성과 공감성으로 통합되었다.

이와 같이 하여 5개의 품질 차원에 대한 고객의 지각과 기대를 측정하는 22개 문항으로 구성된 서비스품질 측정도구인 SERVQUAL을 개발하였고, 고객 연구에서 인지한 서비스 품질 모형은 [그림 3-3]과 같다.

그림 3-3 | 인지한 서비스품질 모형

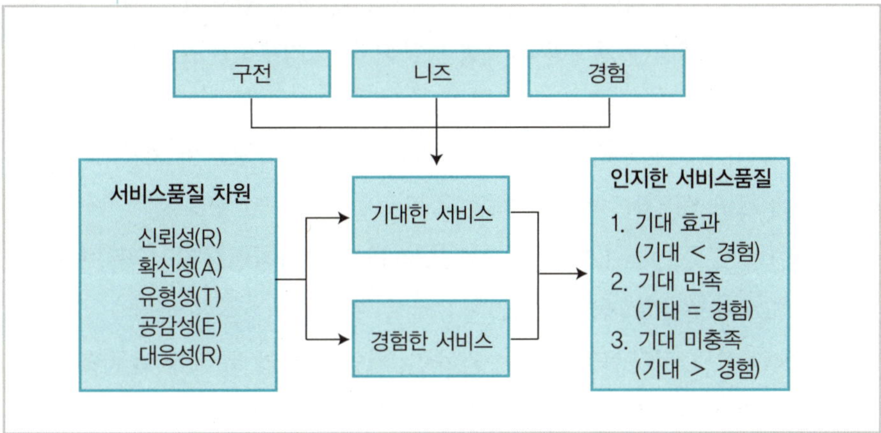

고객의 서비스품질에 대한 기대와 서비스품질 지각의 불일치 정도를 통해 해당 회사의 서비스품질 수준을 측정하는 도구인 SERVQUAL의 질문지는 크게 세 부분으로 구성된다. 22개 항목으로 구성된 고객의 기대 측정 질문, 22개 기대부분의 각 항목에 대응하는 특정 회사에 대한 고객의 서비스 경험의 지각을 측정하기 위한 질문, 5가지 서비스 차원의 상대적 중요성을 묻는 질문이다.

SERVQUAL 점수 분석을 위한 설문은 유형성, 신뢰성, 대응성, 확신성, 공감성 등 5개의 서비스 차원에 대해 고객들이 느끼는 상대적인 중요도를 측정하기 위한 질문과 고객들의 서비스에 대한 기대수준과 서비스 기업의 서비스품질에 대한 평가를 측정하기 위한 5개 서비스 차원 내 22개 문항으로 구성되어 있다.

1.3.3 서비스품질 측정의 활용

SERVQUAL은 고객의 서비스품질에 대한 기대와 지각 간의 격차를 항목과 서비스 차원별로 분석할 수 있게 함으로써 기업이 서비스품질 개선을 위해 노력해야 할 핵심 차원이나 차원 내의 구체적인 항목을 명확히 하는데 일차적으로 활용할 수 있으며, 그 밖에도 다음과 같이 여러 방면으로 활용 가능하다.

- SERVQUAL 측정을 반복시행함으로써 고객의 기대와 지각을 시계열적으로 비교해 볼 수 있다. 이를 통해 일정기간 동안 고객의 기대수준이나 기업의 서비스 수행에 대한 평가의 추이를 살필 수 있으며, 고객들의 만족도 변화에 미치는 기대와 평가의 영향이 어느 정도였는지를 확인할 수 있다.
- SERVQUAL 조사를 경쟁기업에 대해서도 실시함으로써 자사와 경쟁사 간의 서비스품질을 비교해 볼 수 있다.
- 개인의 SERVQUAL 점수를 토대로 고객들의 서비스품질 지각수준에 따라 고객세분화를 위한 자료로 활용할 수 있다.
- SERVQUAL 설문의 내용을 수정하면, 기업 내부의 부서 간 업무협조도와 같은 내부 서비스품질을 측정하는 데 활용할 수도 있다.

제 2 절 품질경영과 ISO 9000

오늘날 품질은 세계시장에서 이길 수 있는 중요한 요소의 하나이고, 이제는 품질의 개념이 기술적 활동으로만 고려되지 않고 경영활동에서 필요한 전혀 새로운 방법으로 이해되고 있다. 이러한 개념은 품질에 대한 책임이 단순히 생산의 처음과 끝에 국한된 것이 아니라 전 조직의 모든 부문에 속해 있다는 총괄적인 품질경영으로 이해되어지고 있다는 것이다. 이러한 품질경영은 최근 기업의 관심사로 대두되고 있는 ISO 9000과도 밀접한 관계가 있다. 그러므로 본 절에서는 ISO 9000의 개념과 도입 목적에 대해 간단히 살펴보기로 한다.

2.1 ISO 9000의 개념

오늘날 선진국 등의 많은 기업들은 품질경영을 고객만족 실현과 조직을 개선하기 위한 수단으로 실시해 왔다. 그래서 품질경영은 기업목표를 분리시킬 수 없는 회사의 이념으로써 기업의 능률을 최대화하고, 공정과 시스템 개선의 중요성을 강조하여 시장확보를 조성하고 부적합을 예방하면서 기업목적과 고객요구를 일치시키는 데 그 목표를 갖고 있다.

이와 같은 품질경영을 실시하는 수단인 ISO 9000은 국제표준화기구(International Organization for Standardization : ISO)에서 제정한 품질경영과 품질보증에 관한 국제규격으로 고객에게 제공되는 제품이나 서비스 실현체계가 규정된 요구사항을 만족하고 있음을 제3자 인증기관에서 객관적으로 평가하여 인증해 주는 제도이다.

이러한 ISO규격은 1979년도 영국에서 국가 규격의 필요성에 따라 AQAP 표준을 기초로 BS5750을 제정했는데, 곧이어 이들의 결점 보완의 필요성에 따라 1987년 ISO규격을 제정하게 된 것이다. 1994년도에는 시행초기의 미비점을 보완하여 1차 개정을 한 바 있으며, 2000년 2차 개정하였으며, 2008년에 3차 개정하여 한국은 2009년 1월 21일부터 KS Q ISO 9000 : 2009를 적용하고 있다.

ISO 9000은 선진국들이 후진국들의 무차별한 가격공격에 대한 방어적 입장에서 자국산업의 보호를 위하여 무역상의 기술장벽으로서 만들어진 것이다. 즉, GATT와 ISO에서는 심화되고 있는 무역장벽에 대응하여 국가간에 품질을 상호 신뢰할 수 있도록 타국 제도의 존중 및 국가간 상호 인정을 권장하고 세계시장에서 공급자와 수요자 양측 모두에게 품질에 대한 신뢰감을 제공하는 방안으로 제3자 품질인증제도를 구성하게 되었으며, 무역상의 기술장벽을 경험한 각국에서도 ISO를 지원하여 모든 나라에서 받아들일 수 있는 품질보증 규격인 ISO 9000을 제정하게 된 것이다.

ISO 9000은 그동안 우리가 추진해 오던 종합적 품질경영에서의 품질시스템과 비교해 볼 때 구미식 계약주의, 합리주의의 사고방식이 강조되고 있다. 두드러진 특징을 보면 문서화, 정형화, 구체화의 정도가 일본식 품질시스템보다 훨씬 높을 뿐만 아니라 주기적으로 품질경영시스템의 운영 여부를 철저히 점검하게 되어 있다는 것이다.

2.2 ISO 9000 도입의 목적

1992년 말 통합 후 EC에서는 역내 유통을 원활히 하기 위하여 상호 신뢰가 필수적이었으며, 그 중 한 가지가 품질보증시스템 인증 및 심사제도를 통한 국가간 상호 인정을 꾀함으로써 EC통일의 가속화를 기하고자 ISO 9000 패밀리 규격을 EC규격으로 규격화하여, 이 제도에 따른 인증제도를 실시함으로써 앞으로는 ISO 9000 패밀리에 의한 인증획득 없이는 수출 거래선과의 상담조차 하지 못하게 될 것이라는 우려가 증대되고 있다.

바이어들의 요구에 부응하고 앞으로 경쟁에서 살아남기 위해서도 이러한 국제적으로 통용되는 품질경영시스템의 도입은 불가피하게 되었다. ISO 9000에 정의된 품질경영시스템은 품질 방침 및 품질 목표를 수립하고 그 목표를 달성하기 위해서 공급자가 해야 할 품질활동을 스스로 계획하고, 계획한 대로 이행함을 증명하는 생산체계이다.

ISO 9000 품질경영시스템 인증제도는 현재 요구된 제품 및 서비스만을 위주로 공급자를 인증하는 제도이지만, 세계적인 환경의 중요성에 따라 향후에는 요구도 안 된 부산물까지도 ISO 9000 패밀리로 규격화하려 하고 있다.

ISO 9000에서 공급자의 적용대상물은 하드웨어, 소프트웨어, 처리자재, 서비스로 되어 있으므로 일반 제품을 생산하는 공급자뿐만 아니라 서비스나 용역을 제공하는 건설회사, 병원, 호텔, 운송업, 은행, 보험회사, 지방자치단체, 대학 등 거의 모든 분야에로 적용이 확대되고 있다. 그리고 이제는 수출업체의 대부분을 차지하고 있는 대기업뿐만 아니라 이들에게 납품하는 중소기업도 품질경영시스템인 ISO 9000을 인증해야만 한다.

ISO 9000 도입의 목적을 다음과 같이 요약할 수 있다.

- 품질의 달성 및 유지와 지속적 개선
- 조직의 활동의 질 개선
- 조직구성원에 대한 신뢰감 부여
- 이해관계자에 대한 품질의 신뢰감 부여
- 품질시스템 요구사항에 대한 신뢰감 부여

이제 우리나라 기업들도 품질경영시스템을 확립하여 품질경쟁을 하여야만 하고, 더 나아가 ISO 9000을 비롯한 ISO 14000, ISO 18000 등의 인증은 피할 수 없는 비관세무역장벽으로서 기업의 당면과제로 부각되었다. 따라서 이에 우리 기업들은 신속하면서 적극적으로 대처하여 인증획득 뿐만 아니라 사후관리까지지도 완벽히 하여 국제적으로 품질경쟁력을 갖춘 기업으로 성장해야 할 것이다.

제 3 절 6시그마

6시그마는 모든 품질의 수준을 정량적으로 평가하고, 고객의 관점에서 프로세스의 문제를 찾아서 DMAIC의 문제해결과정을 통해 고객만족을 달성하고 기업의 경쟁력을 확보하기 위한 하나의 경영전략이다. 우리나라의 경우, 삼성그룹, LG그룹 등에서 6시그마를 받아들여 놀라운 기업성장과 품질혁신 효과를 낳았다. 이 절에서는 6시그마 의미와 프로젝트 수행 단계, 6시그마의 적용분야에 대해 간단히 살펴보기로 한다.

3.1 6시그마 의미

6시그마(six sigma : 6σ)는 모토로라의 전자기기 사업부에서 근무하던 M. J. Harry가 1987년 사내에서 동료와 함께 통계지식을 활용하여 개발한 기법이다. 여기서 그리스문자인 시그마(σ)는 공정 또는 절차의 산포를 나타내는 통계학적으로 표준편차를 뜻한다. 이는 측정치들이 중심으로부터 흩어짐 정도를 한 개의 수치로 나타낸 값이다.

6시그마는 제품의 품질을 고객이 만족할만한 극한치까지 완벽하게 향상시키며 지속적으로 전개하는 활동이며, 제조분야뿐만 아니라 비제조분야인 영업, 연구 · 개발, 사무부서 등 전 분야의 업무 품질을 무결점에 이르도록 하고, 아울러 고객이 만족하여 감동하도록 하는 활동이다. 6시그마는 생산활동에서 100만 개의 제품이나 서비스 가운데서 단 3.4개의 불량만을 허용하는 전사적 경영혁신활동이다.

이와 같은 불량률은 통계적으로 볼 때 99.99966%가 합격품이라는 것이다. 따라서 6시그마의 목표는 제품이나 서비스 중 불량품이나 에러(error) 발생률

그림 3-4 | 3.8시그마 품질과 6시그마 품질의 비교 사례

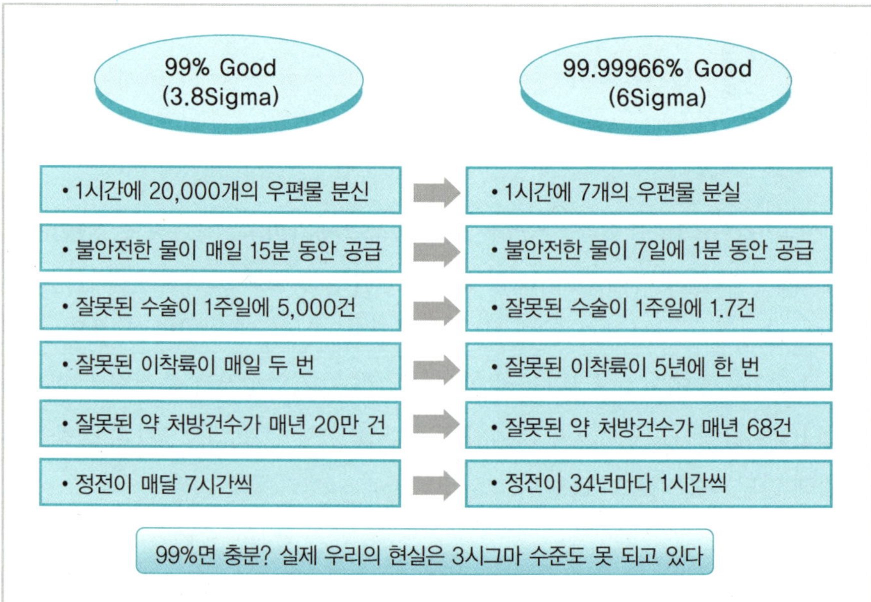

을 100만 개당 3.4개로 줄이는 것이다. 6시그마를 경영기법으로 처음 활용한 회사는 미국의 모토로라로 1987년 6시그마로 품질관리활동의 열매를 얻었다.

이제까지는 3시그마 수준의 제품이나 서비스, 또는 프로세스가 품질성과에 대한 기준으로 여겨져 왔다. 아직까지도 이런 정도의 품질수준을 유지하는 것이 바람직한 경우가 있을 수 있으나, 이제 더 이상 3시그마 수준의 품질이 기준이 되는 시대는 지나갔다고 많은 사람들이 생각하고 있다.

3시그마 수준의 품질과 6시그마 수준의 품질 차이는 상당히 현격하다고 할 수 있는데, 실질적인 예를 [그림 3-4]에 제시한다.

따라서 과거의 품질수준으로 생각하는 3시그마 수준은 앞의 예에서 볼 수 있듯이 우리의 상상 이상으로 많은 결함을 내포하고 있으며, 이런 정도의 결함이 고객에게 전달되어서는 고객만족을 달성하기 어렵다는 판단이다. 이런 이유로 6시그마를 새로운 품질기준으로 삼게 되었으며, 이를 달성하기 위한 가장

그림 3-5 | 6시그마의 의미

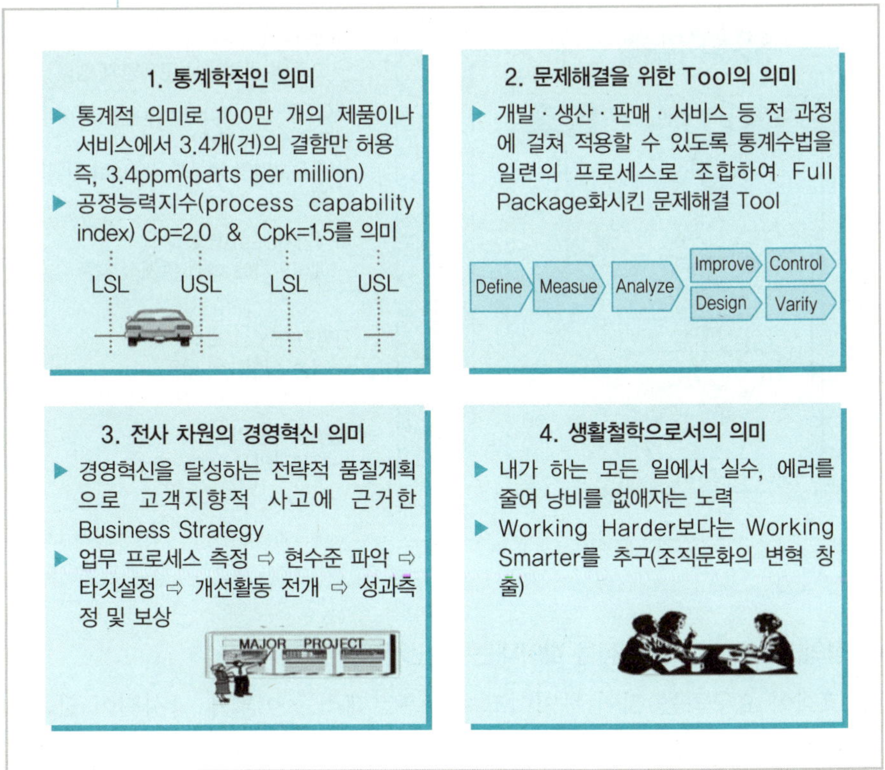

좋은 수단이 6시그마 전략인 것이다.

6시그마활동에서 6시그마(σ)의 의미는 [그림 3-5]에서와 같이 통계학적인 의미, 문제해결을 위한 Tool의 의미, 전사 차원의 혁신의미, 생활철학으로서의 의미 등 4가지 의미가 있다.

3.2 6시그마 프로젝트 수행단계

6시그마 달성을 위한 프로젝트 수행단계는 [그림 3-6]과 같은 5단계로 이루어진다.

그림 3-6 6시그마 프로젝트 수행단계

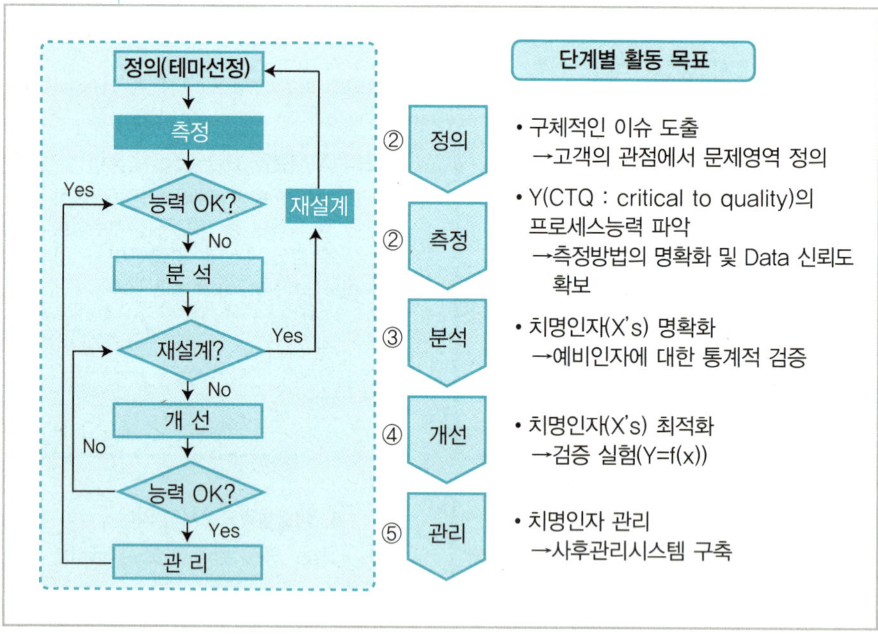

① 정의(Define) : 문제점을 찾아내는 첫 단계

고객이 요구하는 것이 무엇이고 내부프로세스는 어떻게 구성되어 있는가 등 문제점을 알아내어 프로젝트를 시작하려는 출발점이다. 관리부서는 바로 이런 문제점을 개선 프로젝트로 삼는다.

② 측정(Measure) : 문제의 수준을 계량화하는 단계

어떤 문제이든 계량화하지 않고는 6시그마를 시행할 수 없다. 문제점이 어느 정도인지, 개선되는 데 비용은 얼마나 드는지, 이로 인해 생기는 불편이 어느 정도인지 하는 등 이 모든 것에 자료를 수집한다.

③ 분석(Analyze) : 문제점의 상태를 파악하고 원인분석하는 단계

문제점의 현재 상태는 언제 어디서 어떻게 생겼는지, 형태는 어떤 것인지, 원인이 무엇인지를 세밀히 관찰하는 단계로 이 단계에서 보다 구체적인 원인이 밝혀진다.

④ 개선(Improve) : 대책수립 및 실시단계

여기서는 나타난 문제점에 대한 대책을 수립하고 해결하는 단계이다. 이 과정에서 사용하는 기법은 실험계획법, 시뮬레이션 등이 있다.

표 3-2 | 6시그마 수행단계(DMAIC)

구분	추진단계	추진내용
1단계	D(Define)	• 고객의 정의 • 주요 품질문제 선정 • 프로젝트의 선정
2단계	M(Measure)	• 주요 품질문제에 대한 기준 설정 • 측정시스템에 대한 유효성 검정 • 프로세스의 해석 및 개선의 목표 설정
3단계	A(Analyze)	• 도출 문제점의 상태 파악 • 변동원인의 나열 • 중요 원인(Vital Few)의 파악
4단계	I(Improve)	• 대책 수립 및 실행 • 최적조건의 설정
5단계	C(Control)	• 효과파악 • 중요 원인의 관리능력 확인 • 프로세스 관리체계의 확립 • 표준화유지

⑤ 통제(Control) : 표준화 및 프로세스관리

통제는 개선된 사항을 표준화하고 프로세스관리를 계속 유지시켜나가는 단계이다. 여기서는 고객들의 불만을 말끔히 씻어주게 된다.

6시그마는 통제단계로 모든 프로젝트가 끝나는 것이 아니고 다른 프로젝트를 찾고 끊임없는 개선이 이루어져야 한다. 또한 6시그마에서 중요한 것은 계량화(Measure)와 계속적인 프로세스의 관리이다.

3.3 6시그마 적용분야

6시그마의 장점은 어떤 분야에도 적용할 수 있다는 점이다. 6시그마의 대상은 프로세스이기 때문이다. 6시그마는 제조업뿐만 아니라 제조회사 내에서도 비제조분야, 금융 및 유통 서비스분야, 정부 및 공공분야, 연구 · 개발분야 등 모든 분야에 적용할 수 있다.

GE저당보험은 세계 최대 종합금융회사이다. 이 회사는 GE캐피털에서 주택융자를 받은 고객이 실직이나 불의의 사고를 당한 경우 최대한 돈을 떼이지 않는 방법이 무엇인지를 찾아내는 이색 비즈니스 회사이다.

회사 측에서는 이에 대한 의사결정을 과학적인 체계로 바꿀 수만 있다면 수백만 달러를 절감할 수 있을 것이라는 미련 때문에 6시그마 기법을 도입하였다. 그 후 10개월 동안의 실적이 가장 우수한 직원을 뽑아 의사결정 프로세스를 분석하는 일에 돌입하였다. 그 직원은 업무도 중단한 채 자신의 의사결정과정 중에서 어느 부분이 뛰어난지를 객관화하는 데만 몰두하였다.

그 결과 객관적인 프로세스로 공식화하는 데 성공하였다. 이 프로세스를 적용하여 의사결정 기간을 단축함으로써 연간 8만 달러의 경비를 절감할 수 있었고 고객만족도도 61%에서 76%로 껑충 뛰었다. 그리고 이 프로세스를 컴퓨터에 입력(dbase 구축), 아무리 초보자일지라도 베테랑 직원과 비슷한 수준의 의사결정을 내릴 수 있게 되었다.

LG그룹은 국내기업 중 타 기업 못지않게 활발한 6시그마 활동을 통해 무결점에 가까운 품질 확보에 주력한 결과, 2005년 전자부문에서 출시한 단말기는 수신감도, 고객만족도, 내구성 및 가격 등에서 높은 점수를 받아 네덜란드 '베스트 바이' 상품에 선정되기도 하였다. 특히 미국 비즈니스 위크지가 선정한 최고의 카메라 폰으로 소개되기도 하였다.

화학부문에서는 2004년 한 해 동안 제조 및 비제조부문에서 총 774건의 6시그마 프로젝트를 수행하여 약 1,872억 원의 재무성과를 거두었으며, 2006년에는 전체 직원의 30% 이상이 6시그마 활동에 참여해 415개 혁신과제를 발굴 약 4,200억 원의 재무성과를 달성하였다.

이와 같이 6시그마는 개선 대상이 프로세스이기 때문에 어느 분야에나 적용가능하다. 프로세스를 통해 이루어지지 않는 일은 없다. 제조업은 물론 비제조업에서도 비제조분야, 서비스를 제공하는 일, 정부가 정책을 수행하는 일 등 모두가 프로세스를 거친다. 따라서 6시그마는 어떤 분야에서도 적용할 수 있는 운동인 것이다. [표 3-3]은 종래의 품질경영과 6시그마경영을 비교하고 있다.

표 3-3 | 6시그마경영과 품질경영(TQM)과의 비교

항목	6시그마(6σ)경영	품질경영(TQM)
방침결정	상의하달(Top-Down)	하의상달 (Bottom-Up)
목표설정	구체적이면서 정량적	추상적이면서 정성적
문제의식	드러난 문제점 및 잠재적 문제점까지 포함	겉으로 드러난 문제점 중시
성공요인	감각과 경험 및 객관적 데이터 중시	감각과 경험
개혁대상	모든 프로세스	문제점이 발생한 곳
적용범위	전체 최적화	부분 최적화
활동기간	제약이 있음 (일반적으로 6개월 이내)	제약이 없음
담당자	전임요원 및 의무적 수행	자발적 참여 중시
교육	체계적이고 의무적	자발적 참여 중시
기본수법	DMAIC의 5단계	PDCA의 4단계
적용수법	광범위한 기법 및 통계적 분석 방법	QC 7가지 및 신QC 7가지 도구와 통계적 기법
평가방법	가시화된 이익으로 평가	노력을 중요시

제 4 절 환경경영과 ISO 14000

최근 들어 환경에 대한 국제적인 관심이 높아짐에 따라서 국제표준화기구(ISO)에서는 각국마다 서로 다른 환경관련 규격을 통일하고 기업의 자율적인 환경관리로 지구환경을 보전하기 위하여 국제적인 환경경영규격 ISO 14000을 마련하였다.

과거에 우리는 기업경영에서 환경성을 고려하는 것은 곧 비용으로 간주한 적이 있었다. 그러나 기업경영에서 환경성을 고려하는 것이 더 이상 비용이 아닌 이익창출, 실패비용 감소라는 의식의 전환을 통해 기업들은 환경성을 고려하면서 자원절약, 원가절감, 매출증대, 가치제고 등의 다양하고 실질적인 이익을 만들어낼 수 있었다.

이러한 환경성과 경제성을 동시에 만족하는 효율적인 환경경영은 국내외적 환경규제의 강화, 각종 환경단체의 압력, 소비자들의 의식변화 등 수많은 외부요인에 대응하면서, 경쟁력 제고와 신규 사업기회의 창출을 동시에 도모하려는 기업의 자생적 생존전략으로 선택사항이 아닌 필수사항이 되어버렸으며 국내뿐만 아닌 국제적인 관심이 되었다.

환경경영 수준이 기업의 경쟁력을 평가하는 척도가 된 시점에 우리 기업들도 지속적인 기업성장을 위해 환경친화적인 운영시스템을 도입해 환경경영시스템을 조기에 정착시켜야만 한다. 따라서 본 절에서는 환경경영의 의의와 ISO 14000에 대해 간단히 살펴보고자 한다.

4.1 환경경영의 의의

인간은 유한한 천연자원을 소비하고 폐기물 등 각종 환경오염물질을 배출하면서 생활을 한다. 환경오염물질의 발생은 필연적이라 할 수 있는데, 그에 따른 피해가 인류의 쾌적한 생활을 위협하게 되면서 환경에 대한 관심이 고조되었고, 인간의 활동이 환경에 미치는 영향이 증가하면서 환경보호론자들과 개발론자들은 환경과 개발에 우선순위를 놓고 대립하게 된다.

개발과 환경보호의 대립은 대체적으로 쉽게 타협되지 않고 적대적으로 진행되어 많은 사회적 긴장과 손실을 야기하였고, 사회는 개발과 환경보호의 충돌을 해결하기 위한 방법을 모색하게 되었다. 이러한 활동의 결과 환경보호론자와 개발론자들은 환경을 보호하면서 개발하는 '지속가능한 개발(sustainable development)' 이라는 원칙을 도출하였다.

현재 모든 국가 및 사회는 '지속가능한 개발' 의 원칙에서 환경보호와 개발을 조화시키기 위하여 노력하고 있고, 사회가 '지속가능한 개발' 에 참여하도록 하기 위하여 강제적 규제 또는 자발적 참여를 유도하고 있다. 강제적 규제는 법 및 행정수단 등을 이용하여 사회가 '지속가능한 개발' 에 참여하도록 유도하는 것이다.

그러나 강제적 규제는 환경보호를 위한 최소한의 요구사항이라는 한계가 있어 '지속가능한 개발' 을 실천하기 위한 최선의 수단은 아니다. 이러한 강제적 규제의 한계를 탈피하고 '지속가능한 개발' 을 실현하기 위해서는 사회의 자발적인 참여가 필요하다. 자발적인 참여만이 '지속가능한 개발' 을 가능하게 한다. '지속가능한 개발' 에 우리 사회가 자발적으로 참여할 수 있도록 하기 위하여 개발된 수단이 환경경영이다. 이러한 환경경영은 기업, 관공서(정부), 교육기관 및 사회단체 등 조직의 활동이 환경에 미치는 영향을 고려하여 활동을 하는 것이다. 즉, 조직의 목적을 달성하기 위한 모든 활동에서 환경을 고려하는 것이다.

환경경영은 '지속가능한 개발' 을 달성하기 위하여 개발된 경영 수단으로서 다양한 방법으로 적용되어 왔는데, 각 국가 또는 조직마다 다른 환경경영 활동을 전개하고 관련 조직에 적용을 요구하는 과정에서 중복 및 상충 등 비합리적인 요소가 발생하여 환경경영의 전파를 방해하게 되었고, 전 세계적으로 공통적으로 적용할 수 있는 환경경영에 대한 기준의 필요성이 제기되었다. 이러한 필요성에 의하여 국제표준화기구(ISO)에서 환경경영에 대한 기준을 개발하여 ISO 14000의 국제표준을 제정하였다.

ISO 14000 규격은 조직을 평가하는 영역과 제품 및 공정을 평가 · 분석하는 영역으로 대별되고, 환경경영체제, 환경심사, 그리고 환경성과평가 등은 조직의 환경경영에 대한 평가를 위한 표준이며, 환경 라벨링, 전 과정 평가와 제품 규격에 관한 환경측면 등은 생산제품과 생산공정의 환경성에 관한 평가표준이라 할 수 있다.

4.2 ISO 14000의 개념

ISO 14000 규격은 원료조달에서부터 제조 · 유통 · 판매 · 폐기단계에 이르기까지 생산의 모든 과정에 걸쳐 기업의 제품이나 서비스가 환경에 미치는 영향, 즉 자원소모, 대기 및 수질오염, 소음 · 진동, 폐기물처리 등을 최소화할 수 있는 환경경영체제에 대한 규격을 말한다.

ISO 14000 규격에 의한 인증제도는 세계 각국에서 자국의 실정에 맞추어 독자적으로 규제하고 있는 환경관련 규격을 통일하고 기업의 자율적 환경관리를 통하여 지구환경을 보호하기 위해 국제표준화기구(ISO)가 1993년부터 논의하기 시작하였다.

ISO인증획득의 효과는 ISO의 심사항목 등 내용을 기업의 전 종업원과 사장이 충분히 숙지하여 기업의 경영체제가 개선되고 품질향상과 생산성향상을 통하여 궁극적으로 회사의 이윤을 극대화하는 데 있다.

1996년 6월 리우에서 개최된 ISO 기술위원회(TC207)를 통해 ISO 14000의 핵심규격인 환경경영체제 및 인증심사 절차 · 방법 등에 관한 규격을 확정하고 1996년 9월 동 규격이 발간 · 제정됨으로써 세계에서 공식적으로 시행되기에 이르렀다.

ISO 14001에서 규정한 환경경영체제는 기업경영의 일부분으로서, 기업활동에 의해 발생할 수 있는 부정적인 환경영향을 지속적으로 개선하기 위한 체계적인 접근방법이다. 이 규격의 기본적인 내용은 지속적인 환경성과의 체계적인 개선을 위해서 조직의 체제와 전 종업원의 책임을 명시하고, 환경개선을 위한 노력들이 효과적으로 이루어질 수 있도록 조직 내의 자원을 적절히 배분할 것을 규정하고 있다. 또한, 환경에 대한 인식과 책임의식을 제고하기 위해 전 종업원에게 교육과 훈련을 계속 실시하고, 환경방침을 충실히 실천하는지를 정기적으로 감시하고 점검하는 감사를 실시하도록 요구하며, 환경성과를 대내·외에 공표하도록 규정하였다.

이처럼 ISO 14001에서 규정한 환경경영체제의 구조는 일반적인 경영체제가 갖는 특성을 모두 포함한다. 즉, 환경경영체제는 현황분석, 개선계획수립, 계획실행, 실행결과에 대한 점검과 시정조치 등 일반적으로 경영체제가 가져야 할 기본적인 요소들을 모두 반영하고 있다.

사 례 고객은 품질을 구매한다

'쿠쿠'는 한때 국내 주부들 사이에 인기 있었던 일본 조지루시의 '코끼리 밥솥'을 시장에서 밀어내고 역으로 까다로운 일본 시장에 국내 최초로 진출한 쿠쿠전자의 전기압력밥솥의 브랜드이다.

쿠쿠전자는 1978년 성광전자라는 이름으로 출발해 현재의 쿠쿠전자로서 압력밥솥분야에서 대기업들을 물리치고 1위에 오르기까지에는 다음과 같은 품질경영의 전략이 크게 한몫을 했다.

- 470여 개의 품질검사와 안전도 테스트
- 품질과는 타협하지 않는다(지독한 품질만이 살길이다).
- 품질은 고객의 요구이다(고객의 소리시스템 : 분리형 출시, 밥물 고임방지, 증기배출 소음감소 시스템, 한번에 2종류 밥짓기 등 고객요구 반영)
- 지속적인 개선(매출액의 5% 연구비)

자료 : 압력밥솥 : 쿠쿠전자

연습문제

1. 오늘날 기업들이 품질경영체제를 도입하지 않으면 안 되는 이유와 품질경영을 TQM의 의미를 가지고 두 가지 측면에서 설명하시오

2. 서비스품질을 측정하기 위한 5가지 서비스품질 특성에 대해 설명하시오

3. ISO 9000/2000 품질경영체제에 대해 설명하시오.

4. 6시그마 품질경영에서 6시그마가 주는 의미에 대해 간략히 설명하시오.

5. 오늘날 기업들이 환경경영을 하는 이유를 간략히 설명하고, 환경경영체제(ISO 14000)에 대해 설명하시오.

PART 2

생산운영 시스템의 설계

CHAPTER 4

제품과 서비스의 설계

오늘날 우리 경제는 고비용 · 저효율 구조로 인해 앞으로는 선진국의 기술장벽에, 뒤로는 원가우위를 앞세운 후발국의 추격에 쫓기는 형국에 처해 있다. 따라서 과거처럼 남의 기술을 빌린 제품과 서비스의 생산에서 벗어나 이제 스스로의 힘으로 경쟁상대보다 나은 제품과 서비스를 만들어야 한다.

아직까지 선진국과 같은 독자적인 기술여건을 갖추지 못한 우리나라 기업의 지속가능한 경쟁우위는 '살 수 있는(can buy) 것'에 의해서가 아니라 '할 수 있는(can do) 것'에 의해서 결정된다는 명확한 방향성이 강조되고 있다.

제품과 서비스의 설계는 조직 전체의 전략, 기획 그리고 작업 등 전반에 영향을 미친다. 그러므로 제품과 서비스의 설계는 생산운영관리적인 측면뿐만 아니라 기업 전체에 영향을 주는 중요한 기업활동이라 할 수 있다.

본 장에서는 제품과 서비스의 선정, 신제품개발과정, 제품설계에 활용되는 기법 그리고 서비스의 설계에 대해 설명하고자 한다.

제 1 절 제품과 서비스의 선정

기업이 제공하는 제품과 서비스를 설계하는 것은 기업의 생존 및 경쟁에 지대한 영향을 미친다. 비용, 품질, 유연성, 시간 등 기업의 경쟁요소는 제품이나 서비스를 생산하는 생산운영과정에서 결정되기도 하지만, 그 전 단계인 설계단계에서 이미 결정된다.

좋은 설계는 외부고객의 요구사항이 잘 반영되어 있을 뿐 아니라, 작업자인 내부고객이 쉽게 생산할 수 있도록 한다. 개발 초기에 올바른 설계가 내 · 외부고객을 동시에 만족시킬 수 있으며, 궁극적으로 시장에서 경쟁력을 확보할 수 있다.

1.1 제품과 서비스의 정의

제품과 서비스의 선정이란 기업이 시장에 제공할 새로운 제품과 서비스를 결정하는 것을 말한다. 제품이란 고객들의 욕구충족을 위해 만들어지거나 제공되는 생산시스템의 산출물이다. 즉, 제품은 고객의 관심, 구매, 사용 또는 소비를 위해 시장에 제시될 수 있는 물품, 서비스, 시스템, 인격, 장소, 조직 또는 아이디어 등을 포함한 모든 것을 말한다.

생산자는 비용을 들여서 서비스를 제공하며, 소비자는 돈을 주고 구입한다. 소비자가 제품에 만족하면 구매를 반복하듯이, 서비스에 만족해도 반복적으로 이용한다. 그러나 서비스와 제품은 공통점이 있기도 하지만 분명히 차이도 있다.

서비스의 정의에 대해서 많은 사람들이 다양한 주장을 펼치고 있다. 미국마케팅학회에서는 "판매를 위해 제공되는 또는 상품 판매와의 관련에서 준비되는 제반 활동, 편익, 만족"이라고 정의하는 등 이와 비슷한 정의는 수없이 많다. 그러나 가장 일반적인 정의는 Rathmell의 '서비스란 시장에서 판매되는 무형의 제품' 이라는 정의이다.

수년 뒤에 기업은 경쟁자와 어떻게 자신을 차별화할 것인가? 앞으로 각 기업은 거의 동일한 기술을 이용하여 제품을 설계하고 생산할 것이기 때문에 각 기업의 물리적 제품에 대한 제조비용과 품질은 거의 차이가 없을 것이다. 따라서 기업이 경쟁자와 차별화하기 위해서는 물리적인 제품이 아니라 제품과 관련된 부가적인 서비스 분야에서 경쟁력을 확보해야 한다. 이러한 관점에서 볼 때 제품은 물리적 제품과 가치, 부가적인 서비스를 합한 것으로 정의될 수 있다.

일반적으로 이러한 제품과 서비스는 수익의 중요한 원천이 되므로 조직이 어떤 제품을 생산하여 고객에게 판매할 것인가를 결정하는 것은 기업목표의 근원이 되며, 생산운영시스템을 설계할 때 가장 먼저 고려해야 할 문제이다.

1.2 제품결정

제품결정이란 기업이 시장에 제공할 새로운 제품과 서비스의 종류 및 구성에 대한 결정을 말한다. 새로운 제품과 서비스는 기업의 생존과 발전에 큰 영향을 미치기 때문에, 수많은 신제품 아이디어와 기존품목 중에서 어떤 제품을 소비자에게 생산 · 공급할 것인가를 결정하는 것은 대단히 중요하고도 어려운 결정이다.

기업이 계속기업으로 존속하기 위해서는 끊임없이 새로운 제품과 서비스를 제공함으로써 소비자의 다양한 욕구를 충족시켜야 한다. 제품과 서비스는 기업의 주요한 수익원이므로 제품결정과 설계는 그 기업의 목적에 적합해야 한다.

제품개발은 완전히 새로운 제품을 시장에 출시하거나, 기존제품에 약간의 변경을 가져오는 모든 제품 개선 등을 포함한다. 기존제품은 자원을 보존하고, 에너지 소비를 줄이고, 안전성을 높이며, 공해를 통제하기 위하여 개량하거나 재설계할 필요가 있다. 또한 기존제품은 시장수요, 기술향상, 원자재의 비용변동 등을 반영하기 위하여 재설계를 필요로 한다.

제품결정에 있어서 꼭 고려해야 할 점은 그 제품을 판매할 대상인 시장이다. 다른 기업과의 경쟁에서 이긴다는 것은 시장이 원하는 제품을 공급한다는 것을 뜻한다. 대부분의 제품이 수명주기를 갖기 때문에 제품결정에 매우 신중해야 한다.

1.3 신제품개발의 핵심능력과 고려사항

1.3.1 신제품개발의 필요성

오늘날 급변하는 경쟁환경에서 많은 기업들이 원가, 품질, 고객만족, 경쟁우위 등 많은 측면에서 혁신을 수행하기 위해 노력하고 있다. 그러나 지속적인 성장을 위해 신제품개발을 통한 신규고객 확보나 신규사업 창출 역시 간과할 수 없는 과제이다.

이러한 현실을 많은 기업들이 잘 알고 있지만 실제적으로 신제품개발을 위해 크게 노력하고 있는 기업은 그리 많지 않다. 글로벌시대와 급변하는 경쟁환경에서 신제품개발은 경쟁의 핵심 무기이다. 고객의 기대와 필요를 충족시키는 제품으로 시장에 빠르고 효율적으로 대응하는 기업이 경쟁우위를 차지할

그림 4-1 제품수명주기와 매출액, 이익 및 손실의 관계

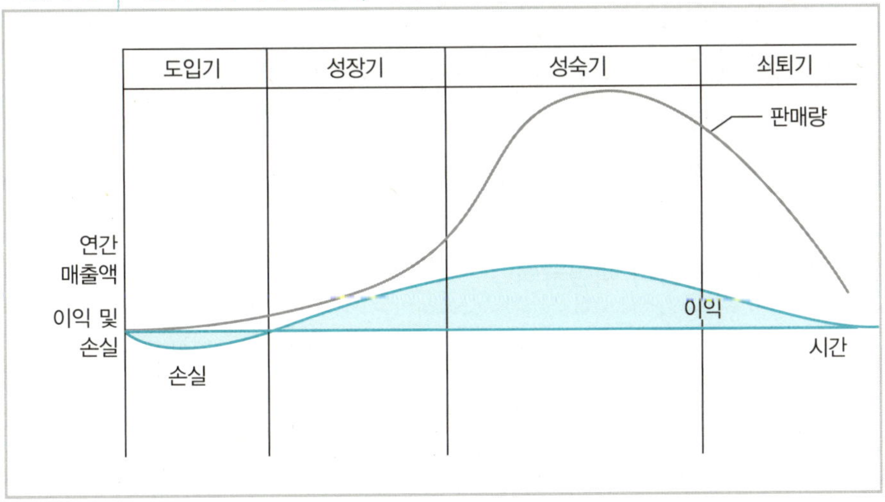

수 있을 것이다.

제품의 수명주기는 [그림 4-1]에서 보듯이 제품을 생산하고 판매하는 동안의 판매량, 이익 그리고 손실과 밀접한 관계가 있으며, 제품과 서비스 설계는 제품의 도입기 이전부터 시작하여 쇠퇴기 이후까지 생산활동의 모든 면에 영향을 끼치는 중요한 기업활동이다.

신제품개발은 경쟁우위를 창출하는 주요한 경쟁무기임에도 불구하고 신제품개발 역량의 증대가 기업에서 체계적으로 이루어지지 않고 있는 실정이다. 신제품개발 지연이 이루어지고 있는 이유들로는 다음과 같다.

- 제품요구에 대한 잘못된 정의
- 기술적 불확실성
- 최고경영자의 지원 부족
- 자원의 부족
- 잘못된 프로젝트관리

조직의 종업원들도 과거와 달리 아래와 같은 이유 때문에 신제품개발의 효율화와 가속화가 필요하다고 믿게 되었다.

- 기술의 빠른 변화 수용
- 시장의 요구 만족
- 성장목표의 달성
- 제품의 수명주기 단축으로 제품의 개선 필요
- 경영층의 압박
- 신시장의 창출

1.3.2 신제품개발의 핵심능력

기업이 지속적인 우위를 달성 · 유지하고 성장해 나가기 위해서는 혁신과 변화의 근간이 되는 지식이나 기술을 경쟁자보다 먼저 학습하고 이러한 학습을 통해 기존의 제품과 서비스를 바꿀 수 있어야 한다.

기업경쟁력의 향상을 위해서는 경쟁기업보다 더 좋게, 더 싸게, 그리고 더 빠르게 신제품을 제공함으로써 고객을 만족시키고 가치를 높일 수 있는 신제품개발 능력이 필요하다. 기업이 단지 기술능력이나 마케팅능력, 생산능력이 뛰어나다고 해서 신제품개발 능력을 갖는 것은 아니다.

신제품개발 능력이란 고객과 시장의 잠재적인 요구를 파악하고 상품을 기획하는 마케팅과 이를 기술적인 설계로 옮기는 능력을 의미하며, 또한 신속한 시제품을 개발하고 생산하여 시장에 빠르게 내놓는 프로세스와 이를 관리하는 리더십 등 일련의 복합 기능적(cross-functional) 능력을 말한다.

기업은 현재의 핵심능력(core capability)을 기반으로 새로운 개발프로젝트를 수행하며, 개발프로젝트를 통해 새로운 핵심능력을 얻게 된다. 핵심능력이란 어느 기업에 특화된 능력 또는 기업의 강점으로써 제품개발의 원동력이 된다. 그러므로 핵심능력이 프로젝트의 방향과 일치할 경우에는 기업능력을 향상시키거나 새로운 능력을 선도하게 된다.

그러나 프로젝트의 방향성과 일치하지 않거나 기업이 핵심능력만을 과신한 나머지 새로운 환경하에서 그 장점이 사라진 것을 인식하지 못할 경우 기업은 경쟁력을 상실하게 된다. 따라서 기업은 자사의 핵심능력이 무엇인지, 이러한 능력이 환경변화와 고객의 요구에 일치하는지를 명확히 파악한 다음 새로운 개발프로젝트를 추진하여야 한다.

1.3.3 신제품개발 시 고려사항

제품개발이 중요한 경영수단이지만, 그것을 성공시키는 데에 가장 중요한 조건은 '연구목표의 선정방법' 이다. 신제품개발의 성공은 프로젝트의 선정에 달려 있는데, 프로젝트 선정에서 기본적으로 고려해야 할 내용은 다음과 같다.

- 자사의 경영기반 확립 : 자사가 가지고 있는 기술, 고객, 설비능력의 범위를 먼저 정확히 파악해야 한다.
- 연구목표의 선정방법 : 연구자에게 의욕을 갖게 하기 위해서는 참가의식이 필요하다.
- 수요의 정확한 파악 : 수요를 파악하는 지름길은 현장에서 고객의 이야기

를 듣고, 시장의 요구를 정확히 파악하는 것이다.

- 창조력의 발휘

대부분의 대기업들은 제품개발부서를 두고 새로운 제품을 기업전략적인 측면에서 많은 비용을 투입하여 개발한다. 그러나 개발된 신제품이 시장에서 반드시 성공한다는 보장은 없다. 따라서 신제품을 개발할 때에는 아래와 같은 네 가지 요인을 고려하여야 한다.

- 제품의 성능 : 고객의 욕구를 충족시키는 정도
- 개발속도 : 제품을 시장에 도입하는 데 소요되는 시간
- 제품원가 : 제조원가를 포함한 고객이 지불하는 총비용
- 개발프로그램비용 : 개발 프로젝트에 소요되는 비용

1.3.4 제조물책임

제품은 사용자의 사용목적에 적합해야 한다. 그러나 아무리 편리하고 쉽게 사용할 수 있는 제품일지라도 사용자에게 해를 줄 수 있는 제품이어서는 안 된다. 그럼에도 불구하고 제품결함문제에 대한 피해가 점점 심각해지고 있다. 특히 제품에 대한 지식이 충분하지 못한 사람들이 사용하는 제품인 경우 제조업자가 상세한 부분까지 검토하지 못함으로써 사용자에게 커다란 피해를 입히는 일도 적지 않다.

또한 제조업자들 간의 경쟁은 신제품을 출시하는 중요한 동기이다. 그러나 이러한 경쟁으로 인해 종종 신제품이 완전하게 시험되기도 전에 시장에 출하되거나 제품의 성능보다는 외관에 치우친 제품들이 출시되고 있다.

제조물책임(product liability : PL)이란 제품의 생산 · 유통 · 판매 등 일련의 과정에 관여한 자가 그 제품의 결함에 의하여 야기된 생명 · 신체 · 재산 및 기타 권리에 대한 침해로 인해 생기는 손해에 대해서 최종소비자나 이용자 또는 제3자에 대해 배상할 의무를 부담하는 것을 뜻한다.

이러한 손해배상은 금전적인 손실뿐만 아니라, 금액으로 표시할 수 없는 손실일 수도 있다. 특히 제품이 음료수나 음식물 또는 약품처럼 인체에 영향을 끼

치는 경우에 발생하는 손실은 기업의 존폐와 직결될 수 있다.

제조물책임법이란 기존에는 민법 제750조의 불법행위 책임으로 처리되어 왔으나, 미국 등 외국에서 논의되어 오던 PL법이 도입되어 우리나라에서도 2002년 7월 1일부터 시행되어 오고 있다.

제조물책임법은 이미 잘 알려진 대로 제조업자에게 보다 많은 의무를 부과하고 있는 법으로써 이제까지 민법에 의해 책임을 지지 않았던 손해에 대하여 책임지는 상황이 발생하고 있다. 이제 기업은 달라진 기업환경에 적극적으로 대응을 해야만 하는 상황이다.

과거 민법 제750조에 의하여 제조자에게 책임을 묻기 위해서는 제조자의 고의 또는 과실을 입증하여야만 했다. 그런데 제조물책임법은 고의 · 과실의 입증 없이 제조물의 결함만을 입증하여도 제조자에게 책임을 물을 수 있다. 제조자의 고의 · 과실은 입증하기가 대단히 어렵기 때문이다. 따라서 제품의 사용피해자가 제품의 제조업자에게 그 결함으로 인하여 입은 손해를 배상받기가 이전보다 훨씬 쉽게 되었다.

제 2 절 신제품 개발과정

신제품을 개발하는 과정은 일반적으로 [그림 4-2]와 같이 아이디어의 창출, 경제성분석, 모형시험, 최종제품 및 공정설계 등으로 이루어진다.

그림 4-2 신제품 개발과정

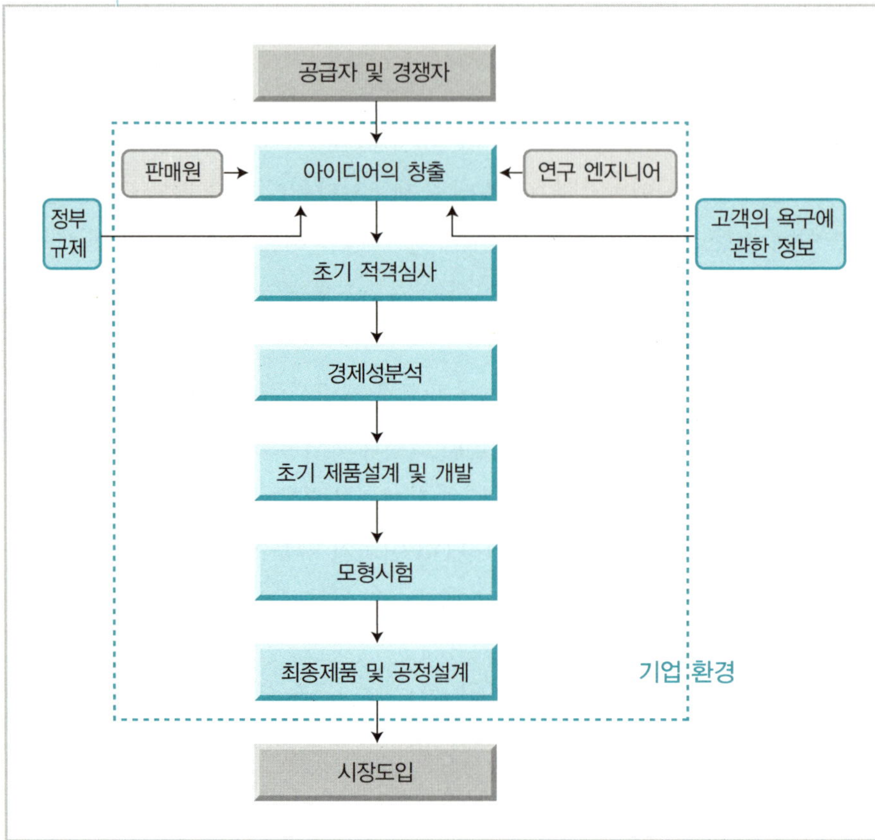

2.1 아이디어 창출

모든 신제품의 개발은 아이디어 창출로부터 출발한다. 신제품에 대한 아이디어는 기업내부의 여러 곳에서 또는 기업외부에서 나올 수 있다. 이러한 아이디어는 사내 종업원, 고객, 공급업자, 대리점, 과학자, 개인 등 누구에게서나 얻을 수 있다. 그러나 신제품에 관한 대부분의 아이디어는 기업내부에서 개발된다.

신제품 아이디어의 원천은 사용자 욕구의 인식, 새로운 기술의 개발이다. 또한 사용자의 욕구와 신기술 외에 시장조사와 브레인스토밍(brain storming) 방법, 종업원 제안제도, 경쟁상품의 분석 등도 신제품 아이디어의 원천이 될 수 있다. 특히 기술개발과 공정개선, 원가절감 등에 기여하는 사원의 아이디어를 돈 주고 사는 일종의 사내벤처제도도 아이디어 창출의 획기적인 방법이라 할 수 있다.

2.2 초기 적격심사 및 경제성분석

신제품의 성공가능성을 알아보려는 것이 초기 적격심사 및 경제성분석의 목적이다. 먼저 신제품이 수익증대, 매출액 최대화, 시장점유율 확대, 사회적 책임의 수행 등의 기업목적 달성에 충분히 기여할 수 있는지를 검토한다. 그 다음에는 신제품이 기업의 자원과 능력에 적합한 품목인가를 검토하여야 한다. 기업이 보유하고 있는 자금, 시설, 기술로서 생산하기가 곤란하거나 또는 생산하기에 부적합한 품목이라면 아무리 좋은 아이디어라 할지라도 실현성 없는 공상에 불과할 것이다.

신제품의 개발에 대한 보다 정교한 평가방법으로는 손익분기점분석(break-even analysis)이나 투자수익률법(return on investment : ROI)과 같은 재무분석 기법을 이용할 수 있다. 그러나 이러한 기법은 장기적 개발비용, 기업간의 경쟁 및 경제상황 등 분석과정에서 필요로 하는 관련변수들에 대한 정보의 불확실성이 문제시되기 때문에 제품대안들에 대한 단기적 평가에 국한하여 이용되는 것이 일반적이다. 더욱이 이 기법들은 비용과 수익을 비교적 확실하게 예측할 수 있는 단기적인 경우에 대해서도 명확한 해결책을 제시해 주지 못한다는 문제점이 있다. 최고경영층은 이러한 자료들을 분석하여 신제품개발 프로젝트의 계속 진행 여부를 결정한다.

2.3 초기 제품설계 및 개발

초기 제품설계는 선정된 제품개발 아이디어의 개념을 최초의 설계형태로 구체화하는 과정이다. 초기 제품설계단계에서는 원가, 품질 그리고 제품 성능

간에 상충관계(trade-off)를 고려한다. 이러한 상충관계를 통하여 시장에서 경쟁적이고 제조·배달가능한 제품설계가 가능하게 된다.

제품 선정의 결과가 제품의 구조를 정하는 것이라면 초기 제품설계는 그 제품을 완전히 구체화하는 것이다. 즉, 초기 제품설계는 선정된 아이디어 개념을 구체화시키기 위해 크기, 형태, 색상, 품질, 성능, 수명 등과 같은 제품 윤곽을 구체화하는 설계로서 시험제작에 앞서 이루어지기 때문에 제작설계라고도 한다.

2.4 모형시험

예비설계가 끝나면 좀 더 세밀한 테스트와 분석을 위해 하나 또는 여러 개의 모형(prototype)을 만든다. 모형제작은 여러 가지 형태를 취할 수 있으며, 최종제품과 매우 비슷한 여러 개의 모형이 수작업에 의해 만들어지기도 한다. 예를 들면, 자동차산업에서는 정기적으로 새로운 자동차의 모형을 점토로 만든다.

신제품개발의 성공을 처음부터 확신하기는 어렵다. 많은 기업들이 일단 디자인을 마친 후에 엔지니어링의 변화와 대량생산 시의 문제를 고려한다. 그러나 이러한 방식은 초기설계와 크게 다를 수 있으며 제조능력과 차이가 있을 수 있으므로 심각한 후유증을 초래할 수 있다. 뛰어난 프로젝트에서는 시제품을 통해 제품과 프로세스의 디자인을 테스트하고 유효화시키고 있다. 즉, 제품을 생산하기 전에 제대로 제품을 디자인하기 위해서 시제품을 이용하고 있다.

2.5 최종설계

최종설계 단계에서는 제품의 설계도와 명세도가 개발된다. 그러므로 모형시험에서 문제가 있으면 원천적으로 설계를 개선해야 한다.

생산하려는 제품이 적절성을 갖추기 위해서는 영업적·기술적·경제적 측면이 함께 고려되어야 한다. 즉, 고객의 욕구를 충족시킬 수 있는 제품기능과 외관을 고루 갖추되 경제적 생산이 가능하도록 고려하는 것이다. 기능설계 → 형태설계 → 생산설계의 과정을 거쳐서 비로소 조립도 및 제작설계도와 이에 관련된 문제점들이 해결된다.

인간공학(ergonomics, human engineering)은 제품디자인에 있어서 반드시 고려되어져야 하는 개념이다. 사람이 많이 사용하는 신제품을 디자인할 때 인간공학적인 측면을 고려하지 않고 디자인을 하였을 때에는 제품이 가지고 있는 기능이 저하될 뿐만 아니라 생명의 손실이나 위험을 가져온다. 일반적으로 제품디자인은 기술적인 타당성이나 생산비용에 초점을 두고 설계되었다. 그러나 최근의 추세는 사회가 발전함에 따라 제품설계에 있어서 사용상의 편의성, 안전 등이 강조되고 있다.

제 3 절 제품설계에 활용되는 기법

오늘날 고객의 욕구가 다양해지고 기술의 발전이 급격히 확산됨에 따라 시장에서의 제품수명주기는 단축되고 시장세분화도 더욱 증가하고 있다. 그러므로 기업은 끊임없이 신제품을 개발하기 위하여 많은 노력을 기울이고 있다. 본 절에서는 제품설계에 이용되고 있는 여러 가지 방법들을 살펴보고자 한다.

3.1 모듈러 설계

대부분의 기업은 한 가지 제품만 생산하지 않고 고객의 다양한 욕구를 충족시키기 위해 여러 가지 제품을 생산한다. 따라서 제한된 부품으로 여러 가지 종류의 제품을 다양하게 만들 수 있다면 최소의 비용으로 생산할 수 있을 뿐만 아니라 소비자들의 다양한 욕구를 충족시킬 수 있게 된다.

모듈러 설계(modular design)는 제품조립에 널리 사용할 수 있는 반부분품이나 모듈로 설계를 표준화하여 놓고 최종소비자의 기호에 맞추어 조립하여 판매하는 것으로, 얼마나 많은 부분품을 각각의 모듈에 포함시킬 것인가, 그리고 얼마나 많은 모듈을 사용할 것인가 하는 것이 주요한 문제가 된다. 예를 들어 TV 생산의 경우 2종류의 화면 유형, 3종류의 스크린 크기, 3종류의 캐비닛 유형이 생산가능하다고 가정할 때 이들을 조합하여 생산할 수 있는 TV의 종류는 $2 \times 3 \times 3 = 18$가지가 된다.

이와 같이 제품을 설계하는 데 있어서 각 품목을 독립적으로 고려하는 대신 모듈러설계의 개념을 적용함으로써 소요부품의 가짓수를 줄일 수 있으며 이에 따라 생산공정을 단순화시킬 수 있다.

모듈을 사용하면 부품을 개개로 테스트하는 것이 아니라 여러 부품이 서로 관계 되는 시스템으로 테스트하기 때문에 불량품을 쉽게 발견할 수 있는 장점이 있다. 그러나 만일 모듈이 불량하다고 판단된 경우 부품 하나가 아니라 모듈 전체를 대체해야 하기 때문에 보다 많은 비용이 발생할 수 있다.

모듈러 설계의 장점은 다음과 같다.

- 고객에게 제품의 다양성을 제공한다.
- 한정된 부품을 생산함으로써 생산성이 향상된다.
- 고장의 유형을 발견하기가 쉽고, 고장을 수리하기도 쉽다.
- 모듈을 교체하기가 쉽다.
- 재고관리가 간편해진다.
- 구매관리가 간편해진다.
- 표준화를 통해 생산계획이 단순해진다.
- 종업원에 대한 교육과 훈련이 쉬워진다.

그리고 모듈러설계의 단점은 다음과 같다.

- 개별적인 부품을 사용하는 것보다 제품의 다양성이 감소된다.
- 모듈 안에 있는 일부 부품이 고장나더라도 모듈 전체를 교체하여야 한다.

3.2 가치분석

가치분석(value analysis : VA)은 미국 GE의 구매과장인 Lawrence D. Miles에 의하여 창안되었다. GE는 제품을 구성하는 부품들의 본질적인 기능을 규명하고, 이러한 기능을 최저의 비용으로 구매할 수 있는 방안으로 가치분석 기법을 개발하였다. 그 후 미국의 여러 기업과 미 해군, 공군에서 가치분석기법을 적용하였다.

가치분석이란 제품과 서비스의 가치를 증대시키기 위한 체계적인 혁신의 한 방법이다. 가치분석은 원료를 공급하는 구매부서에서 그리고 가치공학(value engineering : VE)은 제품을 설계하는 설계부서에서 적용하였다. 가치분석은 최소의 비용으로 제품이나 서비스의 기능을 수행하도록 조직적으로 기능분석을 하여 원가를 절감하는 데 그 목적이 있다. 이는 고객에게 필요한 제품 특성을 최소의 비용으로 제공하고자 하며 각 특성을 제거하였을 때 발생하는 한계비용을 파악하고자 하는 것이다.

비용과 가치는 다르며 비용은 제품과 서비스를 창출하는 데 사용되는 자원을 화폐단위로 나타내는 절대적인 개념이다. 비용에는 보통 재료비, 노무비 및 제조간접비가 포함된다. 반면에 가치는 고객이 인식하는 제품과 서비스의 비용 대 기능성의 비율을 말한다.

$$\text{가치(value)} = \frac{\text{기능성(function)}}{\text{비용(cost)}}$$

기능성에는 제품의 성능, 품질 및 신뢰 등이 포함된다. 제품의 가치는 동일한 비용으로 고객에 대한 기능성을 높이든지 또는 동일한 기능성을 유지하면서 비용을 낮춤으로써 높아질 수 있다.

가치공학의 기능분석은 기획(planning), 정보(information), 창조적 설계(creative design), 평가(evaluation), 시행(implementation) 등의 다섯 단계로 진행된다. 기능분석이 효과적이기 위해서는 보통 설계기술자, 생산기술자, 구매담당자, 품질관리담당자 그리고 회계담당자 등으로 구성된 팀에 의하여 수행되어야 한다.

3.3 동시공학

오늘날 격심한 경쟁에서 이기기 위해 기업은 제품개발 속도와 시장에의 빠른 출하시간에 기초한 시간경쟁(time-based competition)에 몰두하고 있다. 이러한 목적 외에 제품설계를 생산으로 원활하게 전환하려는 목적을 달성하는 현대적 제품개발과정이 동시공학(concurrent engineering : CE)이다.

동시공학 개념이 체계적으로 정립되고 기업경쟁력을 결정짓는 전략적 요소로 인식되기 시작한 것은 1980년대 중반부터이다. 동시공학에 대한 연구는 초기에 프로젝트 조직관리, 개발도구 및 기법 위주의 연구로 발전하다가 최근에는 제품전략과 기술전략을 통합하는 추세로 발전하고 있다. 또한 소비패턴의 다양화로 인하여 생산패턴도 소품종대량생산에서 다품종소량생산으로 전환되면서 동시공학은 제품개발의 혁신전략으로써 많은 주목을 받고 있다.

하나의 제품이 만들어지기까지는 여러 단계를 거쳐야 한다. 제품기획 · 설계 · 분석 · 조립 · 시제품 평가 등의 서로 독립적인 여러 절차를 거쳐야만 하나의 상품이 탄생한다. 그리고 이러한 과정은 순차적으로 연결된다. 제품기획은 설계에 앞서고 부품조립보다 설계가 앞선다. 따라서 하나의 상품이 완성되기 위해서는 사슬처럼 연결된 이 모든 과정이 순차적으로 진행되어야 한다.

[그림 4-3]의 왼편 부분은 전통적인 순차공학(sequential engineering : SE)을 보여 주고 있다. 각 단계는 선행단계의 작업이 완료되어야 시작할 수 있다. 변화, 수정, 품질개선을 위한 제언이 있으면 각 부서를 한 번 더 통과해야 한다.

순차공학은 분업에 의한 효율화와 전문화를 추구한 결과 관련자 간 상호작용의 부족으로 인해 의사통의 문제를 야기하고 제품개발기간이 길게 된다. 왜냐하면 제품설계과정에서 각 부서들을 장벽으로 분리시켜 하나씩 독립적으로 수행되며 문제가 발생하면 프로젝트를 해당분야에 되돌려져 과정을 처음부터 시작하기 때문이다. 이러한 문제를 완화하기 위하여 사용되는 방법이 동시공

그림 4-3 | 제품개발 흐름도

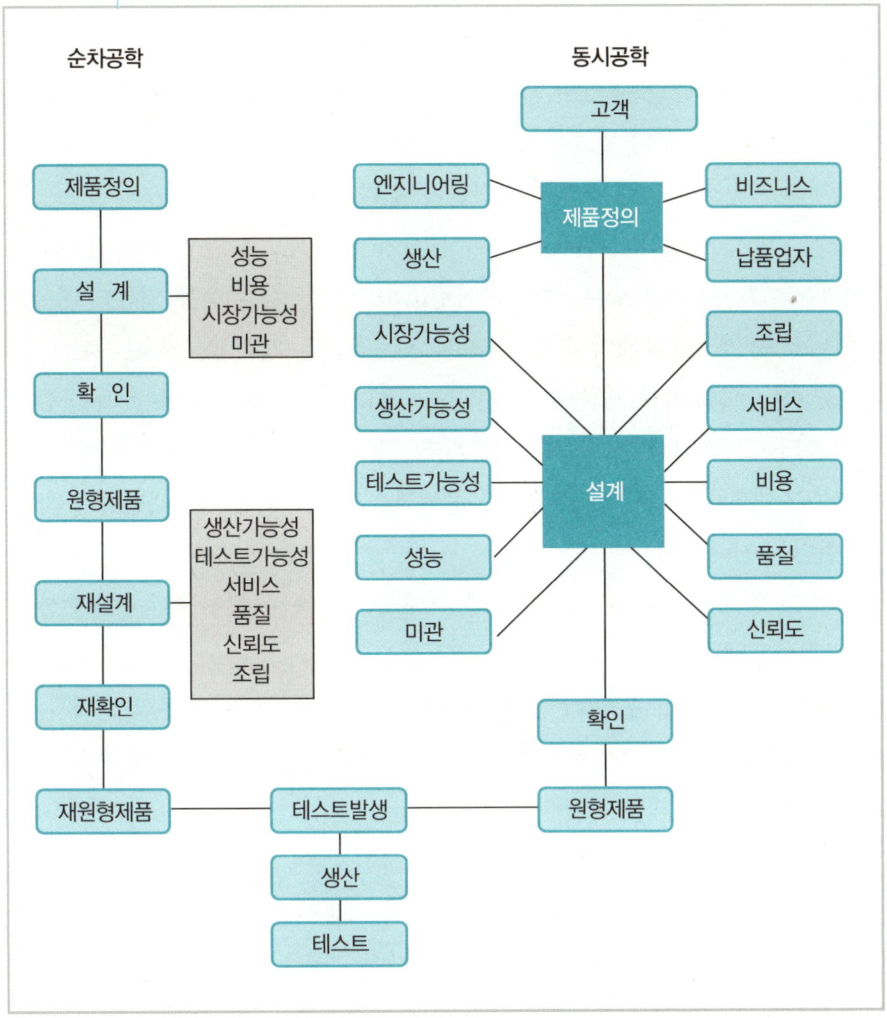

학이다. 동시공학은 각 기능 부문이 서로 분리되어 순차적으로 개발하던 기존의 신제품 개발 방식에서 벗어나 각 기능부문이 제품 개발 초기에 참여하여 신제품의 고객만족도를 높이고 개발기간을 단축하기 위한 개발 방식이다.

동시공학은 제품개념부터 판매에 이르는 제품개발과정에 관련되는 모든 주요 기능부서로부터 전문가가 동시에 참여하여 제품설계, 생산방법, 공정설계, 생산계획 등 설계의 통합화를 통해 한 번에 수행토록 함으로써 제품이 고객의 요구와 기대를 완전히 만족시키도록 하는 방법이라고 정의할 수 있다.

[그림 4-3]의 오른편 부분은 병렬식 동시공학을 나타내고 있다. 동시공학은 여러 가지 혜택을 제공한다. 제품개발 사이클이 짧게 되고 시행착오로 인한 재설계작업을 크게 줄일 수 있다. 한편 품질이 향상되면서 비용은 오히려 감소하게 된다. 중요한 도구가 필요한 경우 일찍 설계 또는 구매할 기회를 갖는다. 특정 설계의 기술적 타당성을 일찍 고려할 수 있다.

동시공학을 구현하기 위해서는 각 부서가 독립적으로 운영하던 컴퓨터지원설계(CAD) · 제조(CAM) · 엔지니어링(CAE) · 실험(CAT) 등 컴퓨터시스템을 하나로 통합 · 공유해야 한다. 따라서 동시공학은 제품생산과 관련된 모든 정보를 한 곳에 모아둔 제품데이터관리(product data management : PDM)라는 컴퓨터시스템에서 통합관리하고 기획 · 설계 · 디자인 · 시제품시험 등을 각 업무부서가 이를 공유하면서 그간 순차적으로 진행되던 제품개발을 동시에 수행한다는 전략이다.

그리고 동시공학이 성공을 거두기 위해서는 부품 협력업체도 정보통신망을 통해 제품개발에 참여해야 한다. 결국 모든 업무과정을 동기화하기 때문에 개발기간을 최소화할 수 있다. 동시공학이 고도로 발전하면 컴퓨터 안에서 시제품을 개발하고 테스트까지 마친 뒤 바로 생산라인을 거쳐 상용제품을 출시할 수 있게 된다.

설계단계에서 제품의 폐기를 미리 예상하는 것이 동시공학인데 자연스럽게 설계단계 참석자 및 필요한 정보의 범위가 제품생산과 관련된 모든 단계로 확장된다. 기초 설계도면이 나오는 즉시 디자인 · 생산 · 판매과정에 전달되고, 각 부문에서 지적된 예상문제점들이 동시에 설계과정에 피드백된다.

문제가 발생하면 처음 설계과정으로 다시 돌아가 수정하면서 재설계, 재구축에 막대한 비용을 들여야 했던 기존의 순차적 과정과 비교하면 동시공학의 비용 및 시간 절감효과는 매우 크다.

제품수명주기가 긴 경우 동시공학 설계는 다음과 같은 장점을 가지고 있다.

- 고객, 공급자 및 작업자 모든 부문이 함께 협조한다. 따라서 고객을 보다 더 만족시키고, 공급자들에게 보다 실질적이며, 작업현장에서는 작업이 보다 쉬워진다.
- 제품개발에 참여하는 부문들의 오해에 따른 비용을 회피할 수 있다.

• 품질불량, 재작업, 작업장의 불평, 납기, 소비자의 사용과정에서 소요되는 비용을 감소시킨다.

동시공학 개념이 체계적으로 정립되고 기업경쟁력을 결정짓는 전략적 요소로 인식되기 시작한 것은 1980년대 중반부터이다. "제품원가의 70~80%, 품질문제의 원인 중 50%가 설계단계에서 결정된다"는 연구보고서는 동시공학 개념의 중요성을 단적으로 설명한다. 특히 최근 비즈니스 프로세스 리엔지니어링(business process reengineering : BPR)에 대한 관심이 고조되면서 동시공학은 제품개발의 혁신전략으로써 많은 주목을 받고 있다.

3.4 제품데이터관리

제품데이터관리(product data management : PDM)는 제품의 기획에서 설계 · 제조 · 인증 및 마케팅 등 제품 개발에 관련되는 모든 데이터를 일원적으로 관리하기 위해 사용되는 정보시스템이다. PDM은 철저한 정보관리와 정보의 공유에 의한 기업 내 각 부서의 동시 병행 처리의 실현으로 제품개발 시간을 단축하고, 작업의 효율성 제고로 비용을 삭감하며, 전사적 품질관리로 제품의 품질을 향상시키는 것을 목적으로 한다. 여기에 관련된 프로젝트 데이터, 기록 및 문서는 물론, 계획서, 기하학적 모델, CAD 도면, 이미지, NC 프로그램 등을 포함한 각 단계별로 필요한 모든 데이터가 포함된다.

제품의 개발은 크게 기획, 개념설계, 상세설계 및 제조의 공정을 거치는데, 각 공정에서는 CAD 데이터, 해석 데이터, 문서 데이터 등 많은 종류의 데이터를 관리할 필요가 있다. PDM은 제품설계도, 부품구성도, 각종 규격서, 설계분석서 등 제품의 수명주기 동안에 발생하는 제품데이터를 통합하여 효과적으로 관리하고, 제품의 개발이나 수정에 필요한 제품 관련 데이터의 흐름을 효율화하기 위한 시스템이다.

제품데이터관리(PDM) 시스템의 주 기능은 제품구성관리, 프로세스관리 및 파일관리 등이다. 각 공정에서 사용하는 애플리케이션이 서로 다르기 때문에, PDM은 각 애플리케이션의 데이터베이스에 추가하여 메타 데이터 데이터베이스를 갖는다. 메타 데이터는 다른 데이터를 설명해 주는 데이터로 각 애플리케이션의 데이터 소재지, 버전 작성자, 각 데이터 간의 관련 등 속성 정보이다. PDM은 메타 데이터를 가지고 여러 애플리케이션 전반의 제품 구성 관리나 프로세스 관리를 실현한다.

최근 급격히 발전하고 있는 PDM은 제품개발에서 발생하는 각종 기술정보의 흐름을 효율적으로 관리하도록 지원함으로써 조직들 간의 동시성을 지원해 주고 있다. 특히 대부분의 PDM은 인터넷을 이용, 관련 조직들 간의 협조체계를 구축해야 하며, 이는 앞으로 동시공학 환경에서 필수적으로 선행되어져야 한다.

3.5 품질기능전개

품질기능전개(quality function deployment : QFD)는 신제품 개념정립, 설계, 부품계획, 공정계획, 그리고 생산계획과 판매까지 모든 단계를 통해 고객의 요구가 최종 제품과 서비스에 충실히 반영되도록 하여 고객의 만족도를 극대화하는 데 초점을 맞추고 있는 품질경영의 방법론 중 하나이다.

품질기능전개는 일본 고베시에 있는 미쓰비시 조선소에서 제품개발을 위해 처음으로 시작되었다. 엄격한 정부의 규제조항과 고객의 요구사항을 설계과정에서 동시에 고려하기 위한 수단으로 미쓰비시의 기술자들이 사용했던 행렬형태의 도표가 QFD의 시초가 되었으며, 이 도표를 품질주택(house of quality : HOQ)이라 부르기도 한다.

품질의 집은 [그림 4-4]에서 보는 바와 같이

- 고객욕구(customer requirement)
- 경쟁력 평가(competitive assessment)
- 설계특성(design characteristics)
- 상관관계행렬(relationship matrix)
- 설계특성의 상충관계행렬(trade-off matrix)

• 목표치(target values)

의 여섯 개 부문으로 구성되어 있다.

그림 4-4 | 품질의 집

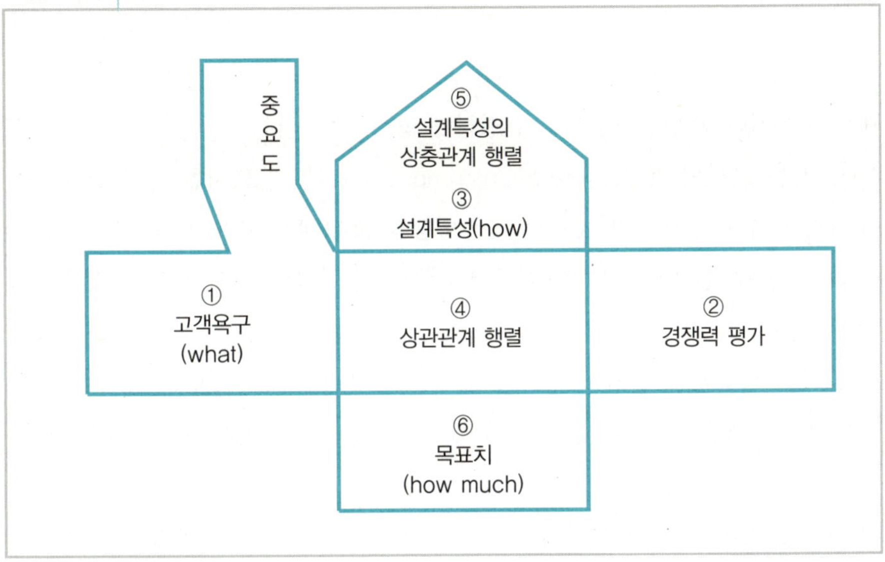

1970년대 중반부터 도요타와 그 부품업체들에 의해 QFD는 더욱 발전되었다. 도요타는 QFD의 사용을 통하여 1977년부터 1984년 사이에 생산 직전 단계까지의 비용을 60%가량 절감하였으며, 시장 출고까지의 기간도 3분의 1가량 단축하였고, 제품의 품질 또한 향상시킬 수 있었다. 이 외에도 일본에서는 1970년대 이후 가전, 집적회로, 건설장비, 합성수지, 섬유, 금속제품 및 소프트웨어의 개발에까지 QFD가 폭넓게 사용되고 있다.

미국에서도 1983년 Fuji-Xerox에서의 성공을 계기로 많은 회사들이 1980년대 중반부터 QFD를 사용해오고 있으며, 현재는 Motorola, DEC, Hewlett Packard, AT&T, ITT, NASA, Kodak, Goodyear, Proctor&Gamble, NCR, Polaroid, Ford, GM 등을 비롯한 많은 기업들이 적극적으로 QFD를 사용하고 있다.

QFD는 기능과 전개를 합성한 용어로 고객의 욕구를 제품의 특성으로 전환시키는 기법이다. QFD는 제품은 고객의 욕구와 기호를 반영하여야 한다는 믿음에 근거하여 창안된 개념이다.

QFD의 기본개념은 고객의 요구사항을 제품의 기술특성으로 변환하고, 이를 다시 부품특성과 공정특성, 그리고 생산에서의 구체적인 사양과 활동으로까지 변환하는 것이다. QFD의 전체적인 목적은 신제품의 개발기간을 단축하고 동시에 제품의 품질을 향상시키는 것이며, 이러한 목적을 달성하기 위하여 신상품 개발의 초기단계부터 마케팅부서, 설계부서 및 생산부서가 제품을 설계하는 초기단계에서부터 서로 밀접하게 협력해야 한다.

QFD는 고객의 소리(voice of customer : VOC)를 중요시한다. 고객의 욕구를 제품의 부품과 연결해 조직적으로 제품의 품질에 반영시키고자 한다. QFD를 하기 위해서는 먼저 고객의 욕구를 정확하게 파악하여야 한다. 고객이 무엇을 원하는지를 모르면, 고객의 욕구를 제품으로 전환할 수가 없다. 더구나 기업은 고객이 실제로 표현하지 않는 잠재적인 욕구까지 파악하도록 하여야 한다. 여기에서 고객은 제품을 실제 사용하고 있는 소비자뿐만 아니라, 잠재적인 소비자, 그리고 내부고객까지 포함하여야 하며, 고객의 욕구를 만족시키기 위해서 이제 기업은 파악된 고객의 욕구를 구체적인 제품의 특성으로 전환시켜야 한다. 즉, QFD는 고객의 소리를 엔지니어의 언어로 전환시켜야 한다. 왜냐하면 고객의 소리는 가끔 상당히 모호하고, 추상적일 때가 많기 때문이다.

제 4 절 서비스의 설계

서비스의 설계는 기본적으로 유형재화의 설계를 위하여 사용된 절차와 크게 다르지 않다. 서비스의 설계와 개발이 유형재화의 경우보다는 덜 형식적이지만 설계 및 개발시스템은 분명히 존재한다. 그러나 서비스는 그의 특성들(특히, 비저장성 및 생산과 소비의 동시성) 때문에 서비스 수준(service level)이 중요한 관심사가 된다.

4.1 서비스의 특성

서비스의 특성을 살펴보면 다음과 같다.

첫째, 형체가 없다. 고객들은 눈으로 보거나 손으로 만질 수 없는 특성을 지니고 있다. 그렇기 때문에 고객은 서비스를 받기 전에 서비스의 효용을 정확히 알 수 없다. 다만 여러 가지 정황으로 미루어 효용을 추측할 수 있을 뿐이다.

둘째, 재고가 없다. 제품은 미리 만들어 놓고 고객의 수요에 대응하면 된다. 그러나 서비스는 수요가 발생하는 그때그때 대응해야만 한다. 따라서 수요를 정확하게 예측하고 그에 알맞은 공급능력을 갖추는 것이 매우 중요하다. 수요를 초과하는 공급능력을 갖춘다면 원가 측면에서 경쟁업자에 뒤지게 된다.

셋째, 이동성이 없다. 재고가 없다는 것은 시간적 제한성이 있다는 것을 뜻한다. 그런데 서비스는 시간적 제한성뿐만 아니라 공간적 제한성을 지닌다.

넷째, 서비스는 수혜자에 따라 품질이 다르다. 진찰을 받는 환자의 태도에 따라서 진료서비스의 품질이 달라질 수 있다. 또 승객의 태도에 따라서 스튜어디스의 서비스가 달라질 수 있다.

다섯째, 소유가 불가능하다. 텔레비전은 한 번 구매하면 오래도록 사용한다. 자동차도 그렇다. 그러나 서비스는 받고 있는 그 동안만 유효할 뿐이다.

4.2 서비스의 종류

서비스를 구분하는 기준은 매우 다양하다. 그러나 효과적인 관리라는 측면에서 서비스를 분류한다면, 크게 본원적 서비스와 부가적 서비스로 나눌 수 있다. 본원적 서비스란 그 서비스가 없을 경우 회사가 존립할 수 없는 기본적인 서비스다. 이 서비스는 동일 업종의 모든 회사가 제공한다. 예를 들면, 은행이 예금 고객에게 제공하는 본원적 서비스는 안전성과 수익성이다. 또 통신업체가 고객에게 제공하는 본원적인 서비스는 저렴하고 편리한 통신수단이다.

그리고 부가적 서비스란 다른 회사는 제공하지 않지만, 자사는 제공하는 서비스다. 예를 들면 은행의 홈뱅킹, 생일카드 보내기 등이 여기에 속한다. 통신

회사의 친절한 전화 응대나 연하장 발송, 이용에 대한 감사전화 등도 여기에 해당된다. 그런데 본원적 서비스와 부가적 서비스라는 구분이 가지는 의미는 무엇인가? 일반적으로 본원적 서비스는 고객이 그 업종의 서비스를 선택하는 이유가 된다. 그리고 부가적 서비스는 고객이 특정 회사의 서비스를 선택하는 이유가 되는 경우도 있다.

4.3 서비스의 경쟁우위 변수

서비스 전략은 서비스 업체가 경쟁할 요소, 즉 경쟁우선순위를 정하는 것으로부터 시작되는데, 경쟁우위 변수들은 다음과 같다.

- 친절성 : 친절한 고객접대
- 신속성과 편의성 : 신속하고 편안한 서비스의 제공
- 가격/원가 : 저렴한 서비스의 가격
- 다양성/유연성 : 다양한 서비스와 서비스 제공의 유연성
- 품질 : 양질의 서비스와 서비스에 수반되는 유형재의 품질
- 독특한 기량이나 장치 : 경쟁자와 차별화되는 독특한 서비스를 제공하는 기량

4.4 서비스의 설계

상품은 유형인가 무형인가에 따라 제품과 서비스로 구분된다. 그런데 모든 상품은 무형과 유형의 부분을 공유하며 유형과 무형의 두 부분 중 어느 부분을 더 많이 포함하는가에 따라 제품과 서비스로 구분된다. 예를 들어, 유형의 제품인 승용차에는 신용판매, 품질보증 등의 판매방식이나 애프터서비스 등의 무형의 부분이 존재하며 서비스를 제공하는 레스토랑에서도 시설, 음식, 음료수 등 유형의 부분도 중요하다. 서비스설계는 제품설계와 다음과 같은 점에서 구분된다.

① 서비스능력

제품은 생산과 수요의 차이를 재고나 주문적체로 조절할 수 있으나 서비스는 그렇지 않다. 서비스의 경우에는 수요와 공급이 일치하는 경우에만 서비스가 이루어지므로 서비스능력 결정이 더욱 중요한 의사결정이 되며 빠른 서비스 제공에 대한 고려가 필수적이다.

② 고객참여

서비스는 제품과는 달리 운반이 어려우므로 수요에 근접하여 제공되어야 하며 생산과 소비, 즉 생산과 마케팅이 동시에 수행된다. 그러므로 서비스 설계에 있어서는 고객과의 지속적인 관계에 의한 고객참여와 피드백이 매우 중요하다. 고객을 서비스설계나 제조과정에 소비자가 직접 참여하도록 유도하는 것도 서비스의 질을 높일 수 있을 뿐만 아니라 고객과의 지속적인 관계를 유지시킨다.

③ 유형화 및 표준화

서비스설계에 있어서 무형적 요소를 유형적 요소로 명시하는 것이 필요하다. 서비스절차를 유형화하고 표준화함으로써 각 절차의 기술을 개발하고 자원을 효율적으로 활용할 수 있으며 높은 질적 서비스수준을 유지하고 고객의 신뢰감을 확보할 수 있다. 예를 들어, 햄버거는 각 햄버거의 재료의 양, 배합비율, 배합절차, 요리절차 및 시간, 요리사가 사용하는 기름의 질과 양, 포장방법 등 다양하게 유형화되고 표준화될 수 있다.

결과적으로 서비스설계에 있어서는 서비스의 범위, 종류, 내용, 시기, 장소 등이 모두 중요하므로 물리적 요소, 심리적 요소, 감각적 요소 등이 모두 고려되어야 한다. 그리고 서비스는 제품의 설계를 위하여 사용된 것과 같은 절차에 의하여 체계적으로 설계하고 개발한다. 서비스의 설계와 개발은 제품에 비해서 덜 형식적이지만 설계 및 개발시스템은 존재한다.

서비스 제공방식에는 다음과 같은 것을 들 수 있다.

① 개인서비스(personalized service)방식 : 개개인의 요구에 따라 서비스를 제공하는 방식이다(예 : 호텔, 음식).

② 생산라인접근법(production line approach) : 주로 서비스환경이나 서비스과정을 통제하여 비교적 표준화된 서비스를 제공하도록 설계하는 방식이다(예 : 건강검진).

③ 고객참여접근법(customer participation approach) : 서비스과정에 고객의 참여를 유도하여 서비스의 능률을 향상시키는 방식이다(예 : 교육).

④ 자율서비스방식(self service approach) : 고객이 서비스 제공과정의 일부가 되어 직접 참여하는 방식이다(예 : 뷔페).

[표 4-1]은 서비스시스템의 설계 시 주요 고려사항들을 고접촉시스템과 저접촉시스템으로 나누어 제시한 것이다.

표 4-1 | 서비스시스템의 설계 시 주요 고려사항

결정분야	고접촉 서비스시스템	저접촉 서비스시스템
수요예측	단기적 시간 위주의 예측	장기적 생산량 위주의 예측
제품설계	서비스환경과 서비스물품을 포함해서 다각적으로 정의	고객이 서비스환경 내에 있지 않으므로 몇 가지 속성으로 정의
공정설계	서비스과정이 고객에게 직접적인 영향을 줌	대부분 생산과정에 고객이 관여하지 않음
능력계획	기회손실을 줄일 수 있게 능력을 최대수요에 맞춤	저장이 가능하므로 평균수요에 맞춤
시설입지	고객 근처에 입지	원자재 · 노동력 · 교통이 편리한 곳에 입지
시설배치	고객의 요구와 기대에 맞추어 배치	생산중심의 배치
작업숙련도	작업자가 서비스제공에 직접 참여하고 고객과 잘 어울려야 함	특정 기능에 한해 숙련 작업자가 필요함
표준시간	고객에 따라 서비스시간이 다르므로 표준시간이 느슨함	서류양식 등으로 업무가 수행되므로 표준시간이 촉박함
생산계획	주문을 미룰 수 없으므로 평균 생산은 기회손실을 초래할 수 있음	주문을 미룰 수 있으며 평균 생산이 가능함
일정계획	고객은 생산일정에 따라 서비스 받음	고객은 주로 완성일자와 관련있음
품질관리	품질표준은 뚜렷하지 않으며 변함	품질표준은 측정가능하며 고정됨
임금지급	작업이 다양하여 작업시간 기준으로 임금산정	작업이 일정하여 작업량 기준으로 임금산정

사 례 아모레퍼시픽, PLM으로 신제품 개발역량 높여 '세계로'

아모레퍼시픽이 R&D 역량을 강화코자 2년간 추진해 온 제품수명주기관리(PLM : product lifecycle management) 프로젝트가 이달 완료돼 내달 가동에 들어간다. 이는 국내 화장품 업계 최대규모 프로젝트로 주목을 끌어왔다.

9일 아모레퍼시픽은 PLM시스템 2단계 개발을 이달 완료하고 내달부터 본격 가동한다고 밝혔다. 아모레퍼시픽의 헤라, 설화수, 라네즈 등 모든 브랜드 제품은 물론이고 에뛰드, 이니스프리, 아모스 등 3개 관계사의 모든 신제품까지 이 PLM 시스템을 통해 개발이 이루어진다.

지난해 8월 1단계 개발을 완료한 데 이어 올 4월부터 적용 대상을 확대해 온 2단계 개발이 막바지 통합 테스트 중이다. 회사는 경영진의 적극적인 지원으로 지난해 1월 PLM팀을 조직하고 각 부문 전문가가 참여토록 하는 등 전사적으로 이 프로젝트를 추진해 왔다.

PLM시스템은 신제품 R&D 기획단계부터 디자인, 설계, 구매-조달, 제조, 테스트, 품질, 마케팅 등 전 부문이 유기적으로 협업할 수 있게 설계됐다. 개발 일정을 시스템으로 공유해 관리하면서 품질까지 보장된 신제품 개발 프로젝트의 성과도 높일 수 있도록 했다.

설계중심이 아니라 유관부문 간 정보흐름과 협업에 중점을 두고 패키지는 SAP로 택했다. SAP 전사자원관리(ERP) 내 정보 연계와 SAP의 의사결정 툴인 비즈니스오브젝트(BO) 등 활용으로 시너지를 낼 수 있을 것이란 판단에서다.

회사는 지난해 1월부터 8월까지 추진된 1단계 개발 이후 제품개발주기가 긴 스킨케어 제품 등 고급 제품 개발에 시스템을 먼저 적용했으며, 2단계 개발이 완료되면 비교적 제품개발주기가 짧은 색조 메이크업 등 제품군까지 신규 PLM시스템으로 개발토록 한다. 향후 이 시스템을 해외로 확장해 글로벌 PLM 시스템으로 확대 적용해 제품품질 제고 및 수출역량도 한층 높일 계획이다.

시스템을 통해 얻고자 한 가장 큰 목표는 제품개발을 위한 전사협업시스템 구축이다. 활용하지 못했던 많은 정보를 소중한 자산으로 삼을 수 있게 된 것도 이점이다. 취소된 프로젝트라 할지라도 개발 이력과 산출물 관리가 가능하고 개발 진행 상황에 대한 관리 대신 '창의적' 업무에 집중할 수 있을 것이란 기대다.

남웅규 아모레퍼시픽 PLM팀장은 "제품 개발 기획 의도에 따라 개념부터 판매계획 수립 등 생산, R&D, 구매에 이르는 전 부서가 정보를 실시간으로 공유하며 협업할 수 있게 됐다"고 말했다.

자료 : 전자신문(2011. 11. 9)

연 습 문 제

1. 제품개발이 필요한 이유는 무엇인가?

2. 신제품 개발과정을 설명하시오

3. 신제품 아이디어의 원천은 무엇인가?

4. 인간공학이란 무엇을 의미하는가?

5. 모듈러 설계의 개념을 설명하고 그것의 장 · 단점을 기술하시오.

6. 가치분석 또는 가치공학의 기본적 아이디어를 설명하시오.

7. 콘커런트 엔지니어링을 설명하시오.

8. 동시공학과 순차공학을 비교설명하시오.

9. 품질기능전개를 설명하시오.

CHAPTER 5

공정설계와 설비배치

제품의 설계단계에서 생산할 제품의 명세서가 작성되면 이에 따른 제품을 생산하는 데 필요한 생산공정을 설계해야 한다.

생산공정은 생산시스템에서 원자재를 투입하여 완제품을 산출할 때까지의 과정이며, 공정설계는 생산관리자가 하는 중요한 의사결정 중의 하나이다.

생산공정의 선택은 기업이 어떤 유형의 고객을 대상으로 제품을 생산하여 판매할 것인가를 결정하는 주요한 의사결정이 되며, 선택된 생산공정은 고객을 만족시키기 위한 주요한 경쟁수단이 된다.

공정설계는 제품과 서비스를 원하는 품질과 수량 및 비용으로 생산할 수 있는 생산공정의 수명주기 동안에 공급할 제품과 서비스, 설비 및 공정기술의 통합이다.

본 장에서는 공정설계란 무엇이며 생산공정의 유형과 공정설계 시 고려되어야 할 요인에는 어떤 것들이 있는가를 알아보고 서비스공정의 설계와 설비배치에 대해 설명하고자 한다.

제 1 절 공정설계의 의의

제품설계나 생산능력계획 등의 의사결정은 기업의 최고경영층에 의하여 이루어지지만 제품생산과 직접 관련이 있는 계획과 통제에 관한 중요한 의사결정은 보통 생산경영자에 의해 이루어진다.

생산경영자가 하는 가장 중요한 의사결정 중의 하나는 제품과 서비스의 생산공정을 구체적으로 설계하는 것이다. 공정(process)이란 원자재에서 제품에 이르는 시간 · 공간과 더불어 변하는 과정, 즉 투입요소가 산출물로 변환되는 과정을 말한다.

공정설계(process design)에 대한 의사결정은 주로 다음과 같은 경우에 수행된다.

- 새롭거나 많은 수정을 요하는 제품과 서비스가 제공될 때
- 경쟁우선순위가 뒤바뀔 때
- 제품과 서비스의 수요량이 변화될 때
- 현재의 성과가 부적절할 때
- 새로운 공정이나 기술에 의한 경쟁자들의 이득이 있을 때
- 투입요소들의 비용이나 획득가능성이 변할 때

생산공정의 설계는 의사결정의 효과가 장기간 영향을 미치며, 공장운영의 생산성, 품질, 원가, 납기, 유연성 등의 시장요인과 직접적으로 관련되기 때문에 전략적으로 중요하다고 할 수 있다.

공정설계에 의하여 생산시스템의 공정형태, 생산단계, 가공방법과 기술, 기계 및 장비, 소요인력 등이 결정된다. 그러므로 한 기업의 설비투자, 설비배치, 인력계획, 직무설계 등 생산분야에서의 중요한 의사결정들이 모두 공정설계의 영향을 받게 된다. 일단 공정설계가 완료되면 회사는 장비와 인력소요 면에서 장기적으로 제약을 받게 되며 이와 같은 사실은 장래의 전략적 행동범위까지도 제약을 받게 된다.

공정설계는 공정상 흘러가는 가공물의 운반, 용접, 페인팅, 조립, 가공, 타이핑, 발송 등의 생산활동에서 공통적인 기능을 한곳에 둠으로써 공간과 생산시간을 감소시킬 수 있으며, 최소의 작업원으로 생산을 하고, 작업의 통제를 보다 쉽게 할 수 있도록 하여야 한다. 또한 공정설계가 완료되면 이 공정에서 갖추어야 할 생산・가공설비를 가장 적합한 것으로 선정해야 하는데, 이를 합리적으로 수행하기 위해서는 공정분석이 병행되어야 한다.

공정분석(process analysis)이란 제조공정에 원자재를 투입하여 이것이 가공, 운반, 검사, 저장 등을 거쳐 부품이나 완제품으로 생산되는 과정의 각 단계를 분석하는 것이다. 공정분석은 불필요한 공정을 제거하거나 재결합시킴으로써 효율적인 공정이 되도록 설계하는 데 목적이 있다.

제조공정을 분석할 경우에는 조립도표(assembly or Gozinto chart), 작업공정도표(operation process chart), 흐름공정도표(flow process chart) 등 여러 가지 공정분석도표를 이용하는 것이 효과적인데, 그 이유는 도표를 이용함으로써 공정의 순서나 작업방법을 논리적으로 검토・개선시킬 수 있기 때문이다.

① 조립도표

조립도표는 원자재와 중간조립품을 어떠한 순서로 조립하여 완제품을 만드는가를 보여 주는 것으로 제품의 전반적인 구조를 나타내는 데 이용된다. 이러한 도표는 모든 원자재, 구성부품, 중간조립품, 검사 및 최종조립작업 등은 물론 조립공정의 순서를 포함한다.

② 작업공정도표

작업공정도표는 하나의 품목을 생산하는 데 필요한 모든 작업을 단계별로 나타내는 도표로서 구성부품에 대한 규격과 작업 및 검사기간을 포함하는 점에서 조립도표와 차이가 있다. 작업공정도표에서도 조립도표에서처럼 생산활동만 포함하고, 저장・지연・운반과 같은 비생산활동은 포함하지 않는다.

③ 흐름공정도표

흐름공정도표는 저장, 지연, 운반과 같은 비생산활동을 포함하는 것을 제외하면 작업공정도표와 비슷하다. 흐름공정도표는 각 활동이 왜 필요하며 작업을 제거할 수 있는지, 작업을 결합할 수 있는지, 작업순서를 변경할 수 있는지, 혹은 작업을 단순화할 수 있는지 등의 질문을 통하여 개선책을 찾아서 공정의 효율성 분석을 하기 위해 널리 사용된다.

이러한 공정분석도표들은 새로운 공정의 설계나 현재 실시되고 있는 공정의 개선에 이용될 수 있을 뿐만 아니라 작업방법의 개선에도 효율적으로 이용되고 있다. 또한 이러한 분석도표들은 자동화, 설비배치 및 직무설계와도 밀접한 관계를 가지고 있으므로 기술적인 측면뿐만 아니라 자원절약이나 공해방지의 문제 등 사회적 · 경제적 및 환경적인 측면도 고려해야 한다.

제 2 절 생산공정의 유형

생산공정구조에는 연속성이 있지만 생산공정은 보통 제품흐름, 유연성, 생산량 등에 의하여 분류되며, 공정의 선정은 기업의 전략, 생산의 형태, 고객의 형태, 수요량, 기업의 생산능력(capacity)에 따라 결정된다.

2.1 생산시스템의 유형

일반적으로 생산의 형태를 일회 생산량의 연속성, 수주와의 관계, 그리고 생산량과 종류에 따라 [표 5-1]과 같이 분류할 수 있다.

| 표 5-1 | 생산시스템의 분류

생산의 연속성	수주와의 관계	생산량과 종류
연속생산	예측생산	소품종 대량생산
로트생산	부품중심생산	중품종 중량생산
개별생산	주문생산	다품종 소량생산

2.1.1 생산의 연속성

① 연속생산

대부분 전용기계를 이용하여 특정 품목을 전문적으로 생산하는 형태를 말하며, 장치산업 위주로 생산을 하는 경우에 대부분 적용된다. 수주와의 관계측면에서 보면 제품의 종류가 한정되어 있으며, 유통망 및 운송망 체계가 발달되어 있는 특징을 가진다. 그러므로 예측생산에 의한 생산관리의 업무비중이 회사 전체업무에 커다란 비중을 차지하지 않게 된다. 생산량과 종류의 측면에서 보면 소품종 대량생산방식이 된다.

② 로트생산

개별생산과 연속생산의 중간 형태인 로트생산 형태를 취하고 있는 공장은 많은 편이다. 연속생산을 할 만큼의 시장수요가 없다든지 주문마다 생산할 수량이 적지 않을 경우에, 어느 정도 로트량이 되기를 기다려 생산하는 방식을 말한다. 예를 들어, 개별생산방식의 공장이라도 제품을 구성하는 부분품의 생산은 로트생산방식을 취하는 경우가 흔히 있다.

로트생산의 성격을 규정하는 것은 생산로트의 크기이다. 로트의 크기가 작은 소로트생산은 개별생산에 가깝고, 반대로 로트의 크기가 큰 대로트생산은 연속생산에 가까워서 로트생산시스템은 개별생산과 연속생산의 중간 형태라고 할 수 있다. 로트생산을 취하는 업종으로는 공작기계 제조업, 의류 제조업, 제화 제조업, 가구 제조업, 도자기 제조업 등을 들 수 있다.

③ 개별생산

중간조립품이 거의 같거나 최종제품은 거의 유사하지만 고객주문에 맞추어야 하는 비규격품들을 생산하는 공장에서 나타난다. 범용설비를 갖추고 있으며 고객의 요구에 의해 제품명세가 결정되고 영업에서는 기존 기획제품을 중심으로 활동하지만 외형 및 성능의 변화나 제품의 사용환경, 설치환경에 따라 제품이 달라지게 된다. 제품이 아직 범용화되지 못한 제품을 생산하는 경우가 대부분 해당된다. 주로 주문생산 및 다품종 소량생산방식이 된다.

2.1.2 수주와의 관계

① 예측생산

예측생산은 계획생산이라고도 하며, 수요예측에 의하여 생산하는 방식으로 생산자가 제품명세를 결정한다. 기계배치가 제품위주인 기업에서 주로 사용되는 생산형태이며, 제품위주의 설비배치전략은 소수의 표준품 소비재를 생산하는 기업에 적절한 기업전략이다. 이들 제품위주의 설비배치형 기업은 즉각적인 조달이 필수적이므로 완제품의 형태로 재고를 유지하는데, 재고문제가 주요 관심사가 된다.

② 주문생산

주문생산이란 고객의 주문을 받은 후 제품을 생산하는 방식인데, 완제품 재고를 거의 보유하지 않고 공정위주의 기계배치를 하는 기업에서 주로 사용하고 있다. 주문생산은 고객의 제품명세가 주문마다 상이하여 제품의 수가 방대한 반면에 제품은 소량의 불규칙한 수요패턴을 가지는 기업환경에 적절하다. 이런 기업환경에서는 제품의 설계와 제조에 필요한 상당한 조달시간이 허용된다. 따라서 이들 기업에 있어서 우선적인 경쟁력 요소는 신속한 조달보다는 품질이나 제품의 유연성이다.

③ 부품중심생산

부품중심생산은 예측생산과 주문생산의 중간 형태로써 조립품이나 주요

부품의 형태로 재고를 보유하고 있다가 고객의 주문이 있으면 이들을 완제품으로 조립하는 생산방식이다. 이와 같은 생산방식을 채택하는 기업의 특징은 상대적으로 적은 조립품과 사양품을 조립하여 무수히 많은 종류의 완제품을 생산하는 것이다. 이들 기업이 다루는 제품은 일반적으로 주문생산보다는 표준화되어 있으며, 고객은 상대적으로 짧은 리드타임을 기대한다.

2.1.3 생산량과 종류

① 소품종 다량생산

소품종 다량생산이란 적은 종류의 품종을 1회 생산로트 결정 시 생산량의 로트를 많이 배정하는 것을 말한다. 이러한 시스템의 특징은 예측생산과 연속생산의 형태를 갖는다. 공정상의 특징은 1회 공정을 착수하는 데 준비시간이 많이 소요되는 공정특성을 가지고 있다. 생산설비가 대부분 자동화되어 있으므로 생산사이클이 연속적인 특성을 갖게 된다.

그림 5-1 생산량과 품종의 관계

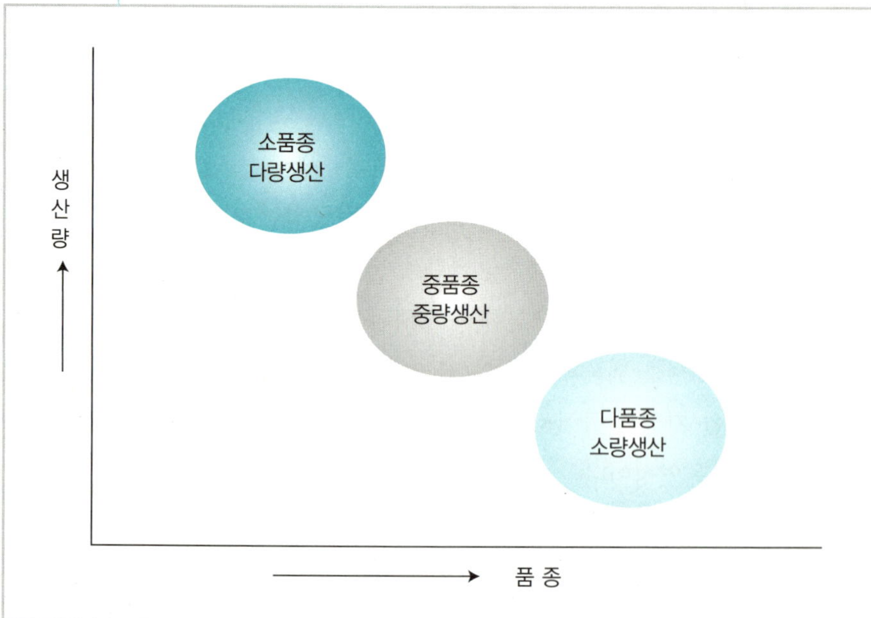

② 중품종 중량생산

소품종 대량생산과 다품종 소량생산의 중간 형태로써 품종과 수량이 그리 많지도 않고 또한 극단적으로 적지도 않은 경우를 말한다. 1회 경제적 생산량과 원가구조, 작업의 전환에 따른 준비시간, 리드타임에 따라 업종과 기업환경에 맞도록 주관적으로 기준을 정할 수 있다.

③ 다품종 소량생산

제품의 종류나 모델이 다양하고 1개 품종당 생산량이 아주 적은 경우로서 선진국 사회로 전환되는 시점에서 나타나는 현상이며, 모델의 다양화 등으로 고객의 수요를 충족시키는 전략차원에서 파생될 수 있는 생산시스템이다.

다품종 소량생산의 특징은 다음과 같다.

- 생산품목의 다양성
- 생산공정의 다양성
- 생산능력의 복잡성
- 수요의 불확실성
- 공정계획 및 일정계획의 곤란성
- 생산변동의 동태성

[그림 5-2]는 지금까지 설명한 생산시스템의 제 유형을 요약 · 정리하여 놓은 것이다. 고객요구의 다양화 추세나 재고의 감소에 초점을 맞춘다면 이는 다품종 소량생산형의 개별수주 생산시스템이 적합하고, 납기의 단축이나 평균생산에 의한 원가절감을 목표로 하면 소품종 대량생산형의 연속생산시스템과 예측생산시스템이 적합하다.

그러나 이러한 방법들 중에서 어느 한 방법만을 선택해서는 시시각각으로 변화하는 시장에 유연하게 대처하기는 매우 어려울 것이다. 이러한 두 가지 생산시스템의 장점을 살린 복합생산시스템이 기업에서 요구되고 있으며, 이를 유연생산관리시스템(flexible manufacturing system : FMS)이라고 한다. FMS는 제5절 설비배치에서 구체적으로 설명되어 있다.

그림 5-2 생산형태의 분류 및 관련성

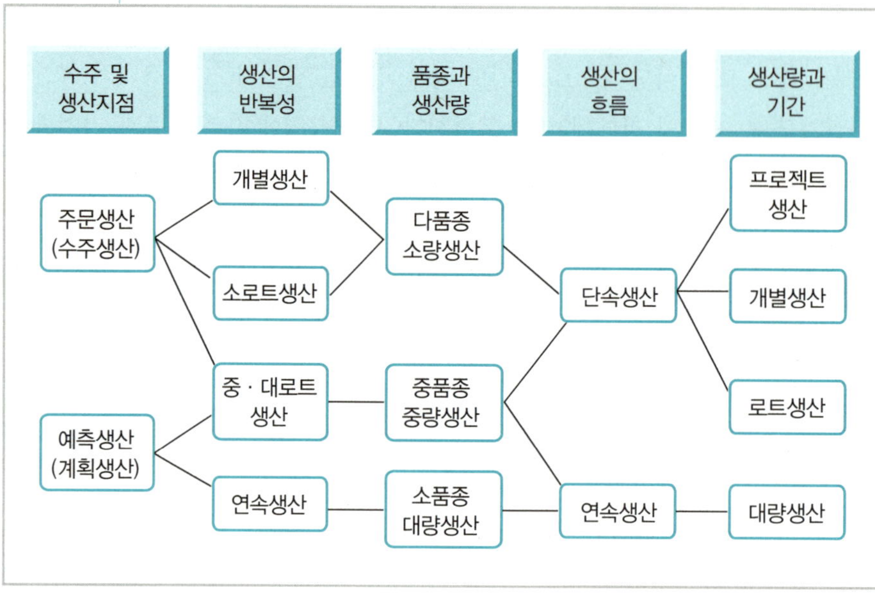

2.2 생산공정의 유형

[그림 5-3]은 공정의 위치전략을 선택하는 범위로 네 가지의 기본적인 공정 즉 프로젝트, 뱃치, 라인 및 연속공정을 나타내 주고 있다. 이들 공정 가운데서 가장 최선의 선택은 생산하는 제품과 서비스의 생산량 및 고객화의 정도에 따라 결정된다.

생산공정은 여러 가지 형태로 분류되고 있지만 일반적으로 많이 이용되는 방법으로 개별생산과 흐름생산이 있다. 이들 두 가지의 생산공정은 각각 다른 방법으로 기업이 제품을 생산하여 경쟁하는 데 뒷받침하고 있다. 그리고 기업은 적합한 생산공정을 선택함으로써 시장경쟁에 있어 전략적 수단을 효과적으로 적용할 수 있다.

개별생산과 흐름생산은 고객의 주문이나 시장성향에 따라 다음과 같이 프로젝트공정, 뱃치공정, 라인공정, 연속생산공정의 네 가지 공정형태로 구분할 수 있다.

그림 5-3 | 생산량과 공정설계의 네 측면

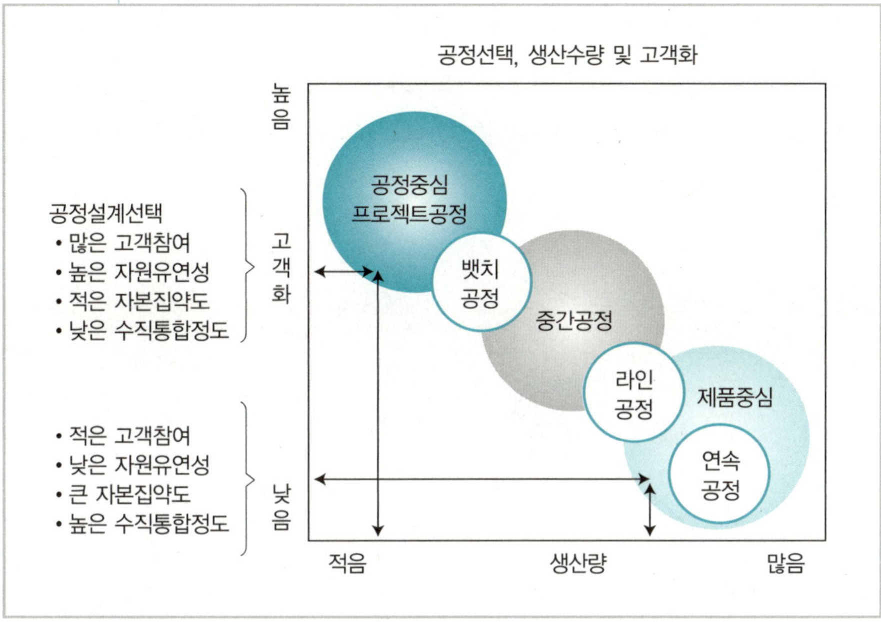

자료 : 백승규 옮김, 생산운영관리, 도서출판 석정, 2005, pp.83-87.

2.2.1 프로젝트공정

프로젝트(project)란 영종도 국제공항건설, 화성탐사계획과 같이 규모가 큰 비반복적(nonrepetitive)인 생산활동을 말하는데, 프로젝트는 대체로 한 번으로 끝나는 활동으로써 그 존속기간이 한정되어 있다. 프로젝트의 예로는 댐건설, 조선, 항공기제작, 연구개발, 영화제작, 대통령선거운동 등을 들 수 있다.

프로젝트공정(project process)은 완성하는 데 오랜 시간이 소요되고, 많은 자본과 자원이 투자된다. 또한 고객의 주문에 따라 일정기간 동안에 단일품목만을 생산한다. 모든 개별작업은 프로젝트의 완성목표에 공헌할 수 있도록 작업순서가 결정되어야 한다. 따라서 프로젝트를 관리하는 데 있어서 중요한 문제는 전체 프로젝트의 완성과 관련된 개별작업을 [그림 5-4]와 같이 네트워크를 대상으로 PERT/CPM과 같은 기법으로 생산일정과 자원배정을 관리한다. PERT/CPM에 대해서는 제12장에서 설명하기로 한다.

프로젝트공정은 보편적으로 선도적인 기술과 프로젝트팀 및 밀접한 고객접촉과 관련되어 있기 때문에 창의성과 독특성이 크게 요구될 때 사용된다. 프로젝트는 일회적으로 수행되기 때문에 자동화가 어렵지만 노동력의 수요를 감소시키기 위해서 범용장비가 이용되기도 한다. 프로젝트공정의 단점으로는 고객의 기호, 기술 및 비용이 변화된다고 하더라도, 프로젝트 기간 동안에 공정은 계속적으로 지속된다는 점이다.

그림 5-4 프로젝트 흐름도표

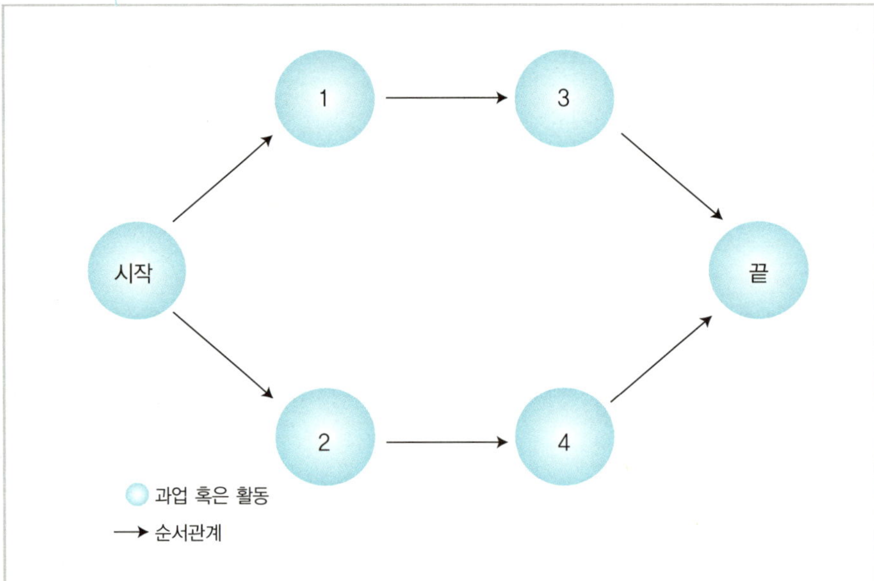

2.2.2 뱃치공정

대량생산은 동종의 제품을 장기간 생산한 후에 타종의 제품생산을 위해 생산을 전환하는 것이 일반적이다. 그러나 뱃치생산의 경우에는 생산런(production run)이 대량생산보다 훨씬 단기간에 행해지는 것이 특징이다. 즉, 뱃치공정(batch process)은 동종의 제품을 단기간 생산한 후 곧 다른 종류로 전환하는 방식이다. 뱃치(batch)는 축적된 일정한 양을 의미하며 소량의 유사한 제품을 뜻한다. 뱃치공정의 예로써 냉장고, 에어컨, 세탁기 등 가전제품, 의복제조, 가구제조, 식품가공, 페인트제조 등을 들 수 있다. 뱃치공정은 범용장비와 고도로 숙련된 노동력을 이용하기 때문에, 제품 혹은 수량의 변화에 대해서는 매우 신축적으로 대응할 수 있지만 효율성은 떨어진다.

2.2.3 라인공정

라인공정(line process)은 대규모시장을 대상으로 표준화된 제품을 대량으로 생산하는 공정의 형태이다. 따라서 라인공정은 제품과 서비스를 생산하기 위하여 사용되는 운영활동이 선형의 순서를 나타내는 특징을 가지고 있다. 예를 들면 자동차산업과 같은 조립라인과 카페테리아가 이러한 공정에 속한다.

라인공정에서는 제품이 표준화되어 있어야 하고, 규칙적인 순서에 따라 하나의 활동 혹은 작업장으로부터 다음으로 진행되어야 한다. 개별적인 과업은 밀접하게 연결되며 균형이 이루어져서 한 과업이 다음 과업을 지연시키지 않아야 한다.

제품의 수요는 안정적이고 크기 때문에 생산시스템은 특정제품을 생산하는 데 장비를 전용으로 사용할 수 있다. 따라서 이러한 유형의 생산시스템은 전문화된 장비와 제한적인 노동숙련도를 갖춘 자본집약적인 경향이 있다.

라인공정의 장점으로는 효율성, 단위당 원가의 절감, 제품통제의 용이성 및 속도 등이 있고, 단점으로는 높은 장비비용, 인적자원의 과소 이용, 수요변화 및 개별고객의 요구에 대한 대응력의 부족 등이 있다.

2.2.4 연속공정

연속공정(continuous process)은 고도로 표준화된 일용품을 대량으로 생산하기 위해서 이용되는 공정형태이다. 시스템은 완전히 자동화되어 있으며, 하루 24시간 동안 연속적으로 작업이 이루어진다. 따라서 작업자의 역할은 장비를 관리하는 것이다.

산출 역시 이산적이지 않고 연속적인데, 연속생산공정의 예로는 석유화학, 제지, 비료, 시멘트 등 장치산업(process industry)에서 흔히 볼 수 있는 제조형태로 일단 원자재가 투입되면 막힘이 없이 완제품에 이르기까지 거의 자동적으로 생산이 이루어진다. 비록 대량생산과 연속생산의 두 가지 유형의 생산활동이 라인흐름의 특징을 나타내지만, 연속공정은 보다 더 자동화되는 경향이 있으며 고도로 표준화된 제품을 생산한다.

연속공정은 매우 효율적이지만 시스템의 유연성은 매우 낮다. 효율성은 노동력을 기계로 대체하는 데 기인하며, 나머지 노동력은 고도로 반복적이고 일상적인 과업으로 표준화하는 데 기인한다. 효율성을 제고하기 위해서는 전문화된 설비에 대한 비용을 회수할 수 있도록 대량생산을 유지할 필요가 있다. 또한 시간의 흐름에 따라 안정적인 표준제품계열을 요구할 수도 있다.

최근에는 새로운 기술이 발전되고 적용됨에 따라 조립라인이 보다 신축적

표 5-2 공정형태에 대한 특징

특징 \ 공정형태	프로젝트공정	뱃치공정	라인공정	연속공정
제품형태	독특	주문생산	계획생산	일용품
고객형태	1회 1명	소수 개별고객	대량시장	대량시장
제품수요	드뭄	변동적	안정적	매우 안정적
수요량	단일	소량~중간	대량	매우 대량
제품종류	매우 다양함	많고 다양함	적음	매우 적음
생산시스템	장기 프로젝트	단속적, 개별생산	조립라인	장치산업
생산장비	다양함	범용	전용	고도의 자동화
주요 작업형태	전문화된 계약	제작	조립	혼합, 가공, 정제
작업자 숙련도	전문성	다양한 기술	제한된 기술	장비관리
장점	고객지향적, 최신기술	유연성, 품질	효율성, 속도, 원가	높은 효율성, 대량생산능력, 통제용이
단점	비반복성, 소수고객지향적, 높은 비용	높은 비용, 속도가 느림, 관리의 어려움	자본적 투자, 유연성의 부족	변화의 어려움, 제한된 다양성
예	건축, 선박, 항공기	기계제작소, 인쇄업, 제과점, 학원	자동차, TV, 컴퓨터, 패스트푸드	제당, 페인트, 화학, 정유

으로 운영되는 경향이 있다. 이것은 설비에 컴퓨터제어를 이용하고 변경시간을 단축시킴으로써 가능해지고 있다. 지금까지 설명한 제품흐름에 따른 공정의 특징이 [표 5-2]에 요약되어 있다.

제 3 절 생산공정의 결정요인

일반적으로 공정을 선택하는 의사결정에 고려되어야 할 요인은 다음과 같다.

첫째로, 시장여건(market conditions)을 고려해야 한다. 일반적으로 대량생산공정은 저가품의 대량시장을 요구하고, 뱃치공정은 중가품의 소량시장을 요구하며, 프로젝트공정은 고가품의 단일시장을 요구한다. 또한 시장여건은 경쟁의 관점에서 고려되어야 한다. 즉, 경쟁업체의 계획과 전략을 고려해 적시에 출시하여 경쟁우위를 확보해야 한다. 제품선택 및 공정선택과 관련된 중요한 전략적 의사결정은 공정능력과 시장요구를 적절하게 조화시키는 것이다.

둘째로, 자본소요량(capital requirement)을 고려해야 한다. 공정선택에 있어서는 재고, 장비 및 설비에 소요되는 자본과 투자수익률을 고려해야 하는데 일반적으로 라인공정이나 연속공정은 단속공정이나 프로젝트공정보다 훨씬 더 많은 자본을 요구한다.

셋째로, 노동력의 이용가능성과 비용을 고려해야 한다. 일반적으로 프로젝트공정과 뱃치공정 같은 단속공정은 값비싼 숙련노동자를 요구하며, 반면에 라인공정이나 연속공정은 비교적 값싼 미숙련 노동력을 요구한다.

넷째로, 각 공정에 요구되는 관리기술을 습득하고 유지할 수 있는가를 고려해야 한다.

다섯째로, 원자재는 충분히 공급될 수 있는지, 원자재의 변화가 공정에 어떤 영향을 미칠 것인지 등이 고려되어야 한다.

마지막으로 제품 및 공정에 관련된 기술이 비용을 회수할 수 있는 충분한 기간 동안 안정적일 것인지를 검토해야 한다. 즉, 비용이 회수되기 전에 기술혁신으로 공정이 진부화될 염려는 없는지를 평가해 보아야 한다. 이러한 평가는 공정에 관한 위험평가의 일종이다. 일반적으로 기술적 위험이 큰 순서대로 나열하면 연속공정, 라인공정, 뱃치공정, 프로젝트공정 순이 된다.

올바른 공정을 선택하기 위해서는 여러 가지 종류의 연구를 통해 위에서 살펴본 여섯 가지 요인을 신중하게 분석해야 한다. 잠재수요 및 시장여건을 평가하기 위해서는 시장조사를 통한 마케팅 분석이 수행되어야 하며, 가능하면 미래의 매출액을 단일치로써 예측할 뿐만 아니라 가능한 추정치의 범위로도 예측해야 한다. 예컨대 3가지 추정치, 즉 비관적 추정치, 최빈 추정치, 낙관적 추정치를 이용함으로써 의사결정에 내포된 위험을 분석할 수 있다.

대부분의 다른 요인들은 여러 가지 공정대안의 경제성 분석을 통해서 고려될 수 있다. 경제성 분석에서 가장 중요한 것은 매 연도별로 투자액과 수익 및 비용을 산정함으로써 각 대안의 현금흐름을 고려하는 것이다. 경제성의 측면에서는 현가 혹은 수익률이 가장 큰 대안으로 선호된다.

또한 공정선택의 경제성을 분석할 경우에는 고정비와 변동비를 고려하는 것도 도움이 될 수 있다. 일반적으로 프로젝트공정, 뱃치공정 혹은 연속생산공정 중에서 공정선택을 할 경우에, 생산량과 비용과의 관계를 고려해야 하며 이는 [그림 5-5]와 같다. 이 그림에서 보는 바와 같이 프로젝트공정은 생산량이 적을 때, 뱃치공정은 생산량이 중간 정도일 때, 연속생산공정은 생산량이 많을 때 비용이 최소가 되고 있다. 프로젝트공정은 고정비가 가장 낮고 변동비가 가장 높기 때문에 생산량이 적을 때 총비용이 최소가 된다. 한편 연속생산공정은 고정비가 가장 높고 변동비가 가장 낮기 때문에 생산량이 많을 때 총비용이 최소가 된다.

그림 5-5 | 공정대안별 비용선

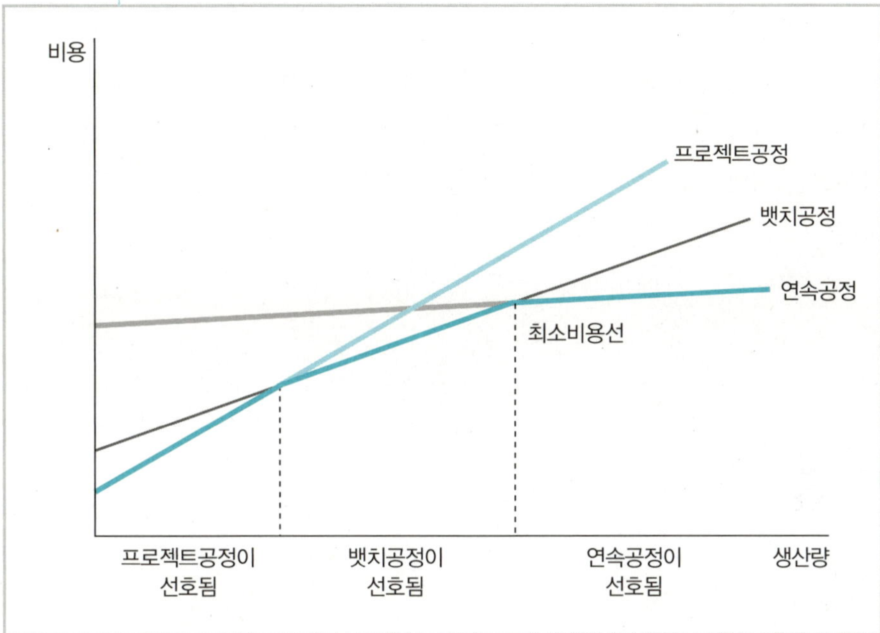

제 4 절 서비스공정의 설계

서비스공정의 설계는 제품생산공정의 경우보다 특별한 문제점들이 뒤따른다. 대부분의 경우, 고객들이 서비스 제공과정에 많은 영향력을 행사하기 때문이다. 일반적으로 고객이 서비스 제공과정에 직접 참여할 경우, 고객의 심리적 욕구를 고려하는 것이 매우 중요하다. 시설배치에 있어서 이를 고려하여야 하고, 서비스제공자는 대인관계의 기술뿐만 아니라 업무의 기술적인 세부사항에 대해서도 잘 훈련되어 있어야만 한다.

고객에게 봉사하기 위해 필요한 시간은 요구되는 서비스의 성격에 따라 아주 변동적이다. 서비스는 재고로 저장할 수 없다는 특성 때문에 생산의 흐름을 평활화시킨다는 것은 매우 어렵다.

고객관여도가 높은 서비스운영 설계 시에는 변동성을 줄이고, 서비스의 신뢰도를 높이는 것이 또 다른 주요 고려사항이다. 서비스운영에서도 신기술이 적용됨에 따라 서비스 제공방식과 고객만족에 많은 변화를 가져오고 있다. 즉, 자동화는 서비스운영의 성격 및 능률을 확장시킬 수 있는 중요한 기회를 제공한다.

제 5 절 설비배치

설비배치(facility layout)는 시설 내에서 공간을 차지하는 모든 인적 요소와 물적 요소들을 물리적으로 배치하는 것이다. 즉, 시설 내에서 사무실, 부서, 기계, 작업장, 공구, 도구, 계단, 복도, 창고, 식당, 보조장치, 휴게소와 같은 물적 요소와 개인이나 집단과 같은 인적 요소를 어떻게 배치할 것인가를 결정하는 것이다. 입지가 선정된 후에 시설내부의 인적 · 물적 요소의 배치 또한 생산성에 매우 큰 영향을 미친다.

5.1 설비배치의 목적

설비배치란 공장이나 서비스시설 내에서 필요한 설비, 기계, 진열장, 서비스공간 등을 장소적 또는 시간적으로 배열하여 생산활동의 최적흐름을 실현하는 데 있다. 설비배치를 합리적으로 계획하고 효율적으로 운영함으로써 설비배치와 관련되어 있는 모든 문제에 대하여 최적화를 기하는 것이다. 즉, 생산성을 향상시키고 원가를 절감하며, 보다 좋은 서비스를 제공하고, 작업자에게 편안한 환경에서 작업을 할 수 있도록 하는 것 등이다. 이와 같은 목적을 달성하기 위한 설비배치의 목적은 다음과 같다.

5.1.1 생산공정의 단순화

생산공정의 단순화는 설비배치의 전체적인 목적이 된다. 생산공정의 단순화를 위한 설비배치의 내용은 다음과 같다.

- 생산설비의 기능을 촉진하고 조성하기 위하여 보다 많이 이용할 수 있도록 배치되어야 하며, 특히 고가인 기계일수록 복합이용이 가능하도록 배치하여야 한다.
- 설비배치를 합리적으로 하면 공정균형을 유지할 수 있으므로 생산작업이 효율적으로 진행되어 작업지연을 최소화시킬 수 있다.
- 설비배치는 생산의 흐름을 가장 경제적으로 하는 것이므로 합리적인 설비배치는 생산량을 증가시키고, 생산비용, 작업시간, 기계운영시간 등을 감소시킨다.

5.1.2 자재취급비용의 최소화

설비배치 시 최소의 비용으로 자재가 흘러가도록 해야 하므로 자재흐름의 이동거리를 최소화하여야 한다. 따라서 합리적인 설비배치는 생산공정 내의 자재취급 및 운반비용을 최소화함으로써 제품생산주기와 고객서비스 시간을 줄일 수 있게 한다.

5.1.3 공간 이용률의 향상

설비를 배치하는 공장의 공간은 일반적으로 한정되어 있고 투자비용도 높다. 생산공정에 따라 설비를 합리적으로 배치함으로써 한정되어 있는 공간을 효율적으로 이용할 수 있다. 따라서 기계, 작업자, 생산공정간의 상호관계를 세밀하게 분석하여 활동공간의 이용률을 향상시키고 유휴공간이 최소가 되도록 설비배치를 하여야 한다.

5.1.4 작업환경의 개선

합리적인 설비배치는 작업자가 가능한 편리하고 쾌적한 작업환경 속에서 작업할 수 있도록 하는 것이다. 공구의 보관장소, 자재의 접근거리 등 작업자의 안전과 편리함을 기할 수 있도록 설비배치가 이루어져야 한다.

5.1.5 투자의 효율화

합리적인 설비배치는 설비투자의 효율화를 가져오게 된다. 즉, 공장 내에서 밀접한 관계를 가지고 있는 기계를 적절한 장소에 서로 가까이 위치시키는 것 등은 설비의 이용률을 최대화하여 투자의 효율을 높이고, 제품과 서비스의 질을 향상시킬 수 있다.

5.2 설비배치의 유형

제품과 서비스를 생산하는 데 투입하는 자원(공간, 사람, 장비)을 어떻게, 얼마나, 어디에 배치할 것인가에 관한 설비배치 문제는 제품생산의 특성에 따라 공정을 선택하게 된다. 적절한 배치는 자재의 원활한 흐름과 인력 및 장비의 보다 효율적인 사용을 촉진할 수 있다.

설비배치계획(facility layout planning)은 시설 내의 경제적 활동센터의 물리적 배열에 관한 의사결정으로써 경제적 활동센터(economic activity center)는 공간을 차지하는 모든 것(사람 또는 집단, 기계, 작업장, 부서, 계단, 복도, 선반, 식당, 창고 등)을 말하며, 물리적 배열(physical arrangement)은 경제적 활동센터의 내용, 공간의 용량, 공간의 구성, 위치 등으로써 공정설계에 반영하여 생산성을 최적화할 수 있도록 배열하는 것을 뜻한다. 배치형태의 선택에는 다음과 같은 유형이 있다.

5.2.1 공정별 배치

공정별 배치(process layout)는 기능별 배치(functional layout)라고도 하며, 다품종 소량생산방식에 적합한 배치형태로서 작업의 기능에 따라 부서나 작업장을 묶는 자원의 편성방식이다. 이 방법은 공정을 중심으로 인력 및 장비 등의 자원을 편성해야 하며, 설비자원의 이용률을 향상시킬 수 있다.

공정별 배치는 동일한 기능을 가지고 있는 기계설비를 종류별로 작업장에 모아서 배치하는 형태이다. [그림 5-6]은 공정별 배치의 전형적인 형태를 보여주고 있다. 일반적으로 공정별 배치의 설계는 작업의 특성에 따라 구성된 작업장을 어떻게 위치시키느냐 하는 것이다. 즉, 배치할 장소에 각 작업장을 어떻게 조합하는 것이 가장 유리한가를 분석하는 것이다. 예컨대 같은 기계를 사용하는 작업장과 물량취급이 많은 작업장들은 가까이 배치하는 것이 유리하다.

공정별 배치설계는 배치장소의 입구, 하역장소, 엘리베이터, 창문 등의 위치에 따라 영향을 받지만, 일반적으로 서비스시스템, 즉 슈퍼마켓, 주유소, 간이식당 등은 표준화된 배치설계의 특성을 가지고 있다. 예를 들면, 슈퍼마켓은

그림 5-6 | 공정별 설비배치의 형태

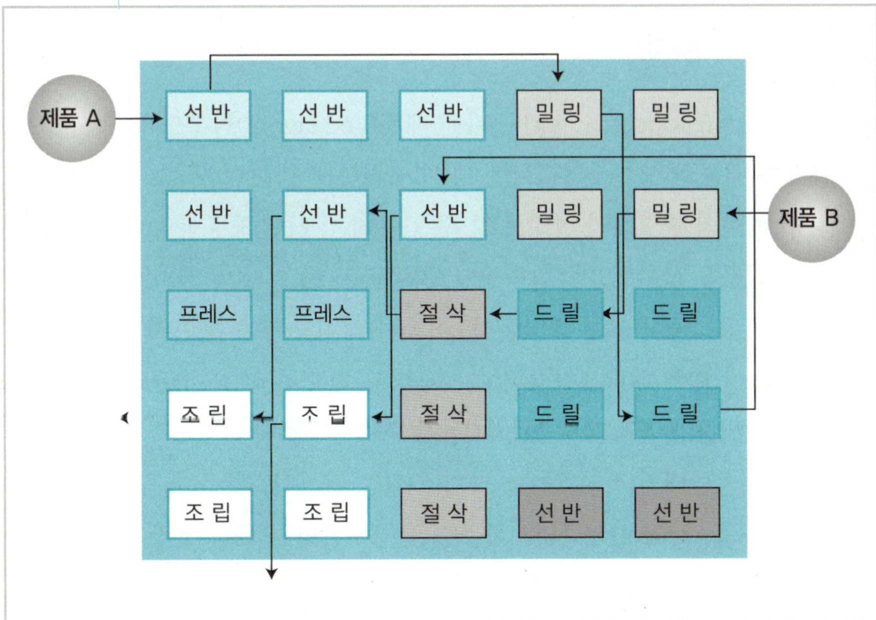

표준화된 배치에 의하여 많은 이점을 얻고 있다. 즉, 육류는 고객이 상점 내부를 돌아가서 선택할 수 있는 곳에 배치시키며, 음료수 등은 입구와는 멀리 떨어진 곳에 배치함으로써 고객이 내부를 지나가는 동안 추가구매를 유도한다.

공정별 배치의 이점은 생산공정을 다양하게 운영할 수 있는 능력을 가지고 있다는 것이다. 공정별 배치의 생산시스템에서 고객이나 원자재는 각각 다른 생산과정과 순서로 생산을 하도록 요구하고 있는 것이 특징이다. [표 5-3]에 공정별 배치의 장 · 단점이 잘 요약 정리되어 있다.

표 5-3 | 공정별 설비배치의 장 · 단점

장점	단점
• 변화(수요변화 · 제품 및 작업순서의 변경 등)에 대한 유연성이 크다. • 범용설비로 인하여 설비투자에 돈이 적게 든다. • 기계고장 · 재료부족 · 작업자 결근 등에도 생산량 유지가 용이하다. • 소량제조 시 제품별 배치보다 유리하다. • 다양한 작업으로 직무만족을 증진시킨다.	• 대량생산 시 제품별 배치보다 불리하다 • 운반거리가 길고 운반능률이 떨어진다. • 물자의 흐름이 늦어 재고나 재공품이 많아 저장면적이 많이 소요된다. • 설비와 작업자의 이용률이 낮다. • 주문별로 생산계획이 달라지므로 생산계획 및 통제가 복잡하다.

5.2.2 제품별 배치

제품별 배치(product layout)는 라인 배치(line layout)라고도 하며, 필요한 기계설비를 제품의 생산작업순서에 따라 배치하는 형태이다. [그림 5-7]을 보면 제품별 배치의 전형적인 형태를 알 수 있는데 각 라인에게 특정 제품만 생산하게 되어 있음을 알 수 있다. 화학공장, 자동차공장, 전자 및 전기제품공장, 식당의 셀프서비스 등이 이에 해당한다. 이러한 배치는 수요가 안정적이고 표준화되어 있는 소품종 대량생산형태에 적용되고 있으며, 제품이 표준화되어 있어 규모의 경제를 실현시킬 수 있는 제품생산에 유용하다.

이러한 배치형태의 작업흐름을 가지고 있는 생산시스템을 흐름공정시스템(flowshop system)이라 부른다. 제품별 설비배치의 대표적인 장점은 대량생산의 조립라인에서와 같이 생산의 효율성을 들 수 있다. 이것은 제조리드타임

그림 5-7 | 제품별 설비배치의 형태

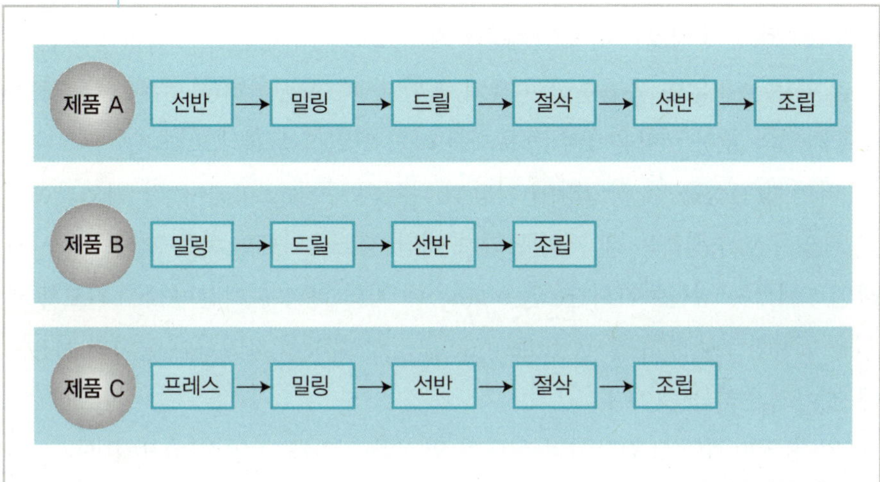

과 자재취급빈도를 줄여주며 자재의 흐름이 매끄럽게 흘러가게 해준다. 반면에 하나의 설비고장으로 해당라인에서 생산되는 특정제품의 생산에 차질이 생길 수 있으며 bottleneck이 존재하는 경우 생산속도가 느려진다는 단점들이 있다. [표 5-4]에 이러한 장 · 단점이 잘 요약되어 정리되어 있다.

제품별 배치에서는 생산물의 흐름이 일정하므로, 각 작업장이 능력을 최대한 발휘하면서 전체 생산라인이 균형을 이루도록 배열하는 라인 밸런싱(line balancing)의 문제가 주된 관심사항이 된다.

| 표 5-4 | 제품별 설비배치의 장 · 단점

장점	단점
• 전용생산공정에서 생산하므로 생산율이 높다. • 대량생산으로 단위당 생산비용이 낮다. • 운반거리가 짧고 가공물의 흐름이 빠르다. • 노동과 설비의 이용률이 높다. • 생산계획 및 통제가 쉽다. • 작업이 단순하며 작업자의 훈련 및 감독이 용이하다.	• 변화(수요변화 · 제품 · 생산방법의 변경 등)에 대한 유연성이 떨어진다. • 전용설비의 투자와 배치에 돈이 많이 든다. • 기계고장 · 재료부족 · 작업자 결근 등은 전체공정에 큰 영향을 미친다. • 고정비가 차지하는 비중이 크다. • 작업이 단조로워 직무만족이 떨어진다. • 예방정비, 수리, 재고조사 등에 비용이 많이 소요된다.

흐름라인에서 작업장 간의 전후능력이 균형을 이루지 못하면 필연적으로 공정대기현상이 발생하여 중간재공품의 저장면적이 많이 소요되거나 혹은 작업할 업무량이 없어 유휴현상이 생기게 된다. 따라서 이러한 문제를 해결하여 흐름라인의 공정 균형을 맞추는 문제를 라인 밸런싱 문제라고 한다.

라인 밸런싱은 각 작업장에 할당된 과업의 수가 조정되어, 각 작업장에서 그 과업들을 수행하는 데 거의 동일한 시간이 소요되도록 하는 것이다. 즉, 각 작업장에서는 생산주기시간(cycle time)에 거의 가까운 시간이 소요되도록 과업을 할당함으로써 유휴시간(idle time)을 극소화하여 작업자와 설비의 이용도를 높이고자 하는 것이다.

가장 일반적인 조립라인의 형태는 일정한 시간대에 일련의 작업대를 지나가도록 설계한 컨베이어 벨트를 이용한 방식이다. 조립생산의 경우 각 작업의 소요시간은 서로 다르고 작업대의 생산능력도 다르기 때문에 공정흐름에서 균형을 유지하기 어렵다. 이러한 경우에는 기계설비상에서 유휴현상이 일어나게 되며 생산라인은 지체되어서 생산성은 극도로 떨어지게 된다.

5.2.3 혼합형 배치

혼합형 배치(hybrid layout)는 제품별 배치와 공정별 배치의 혼합 적용으로서, 예를 들어 소매상의 경우에 물품은 공정별 배치를 따르고, 고객은 경로를 따라 물품을 선택하는 제품별 배치를 따르는 경우이다. 또한 제조업에서 원자재를 가공하여 부품을 만드는 공정에는 공정별 배치를 적용하고, 이들 부품을 조립하여 완제품을 만드는 공정에는 제품별 배치를 적용하는 경우이다. 혼합형 배치에는 그룹 테크놀로지(group technology : GT)와 유연생산시스템(flexible manufacturing system : FMS)이 있다.

GT는 유사한 형태를 가지고 있거나 유사한 가공을 요하는 제품을 서로 다른 기계들로 구성된 작업장(work center 또는 cell)에서 생산하는 방식으로서 셀 배치(cellular layout)라고도 부른다. 제조 셀(manufacturing cell)은 공정별 배치의 기능별 작업장에 비하여 대단히 효율적인 대안이 된다. GT배치 기법은 다품종생산시스템을 보다 효율적으로 운영하기 위하여 개발된 설비배치기법이다.

GT는 유사부품가공법이라고 부르기도 하며, 유사한 특성을 지닌 제품이나 부품을 하나로 묶어 기계집단을 독립적으로 운영함으로써 생산성을 향상시키고자 하는 방식이다.

이러한 셀배치를 적용하면 다품종 소량생산 시스템을 적용하고 있는 기업도 제품의 표준화를 하지 않고도 생산의 효율성을 높일 수 있어 최근에는 다양한 품종을 소량 생산하는 기업에서도 적용되고 있다. [그림 5-8]을 보면 셀배치

그림 5-8 | 셀배치의 형태

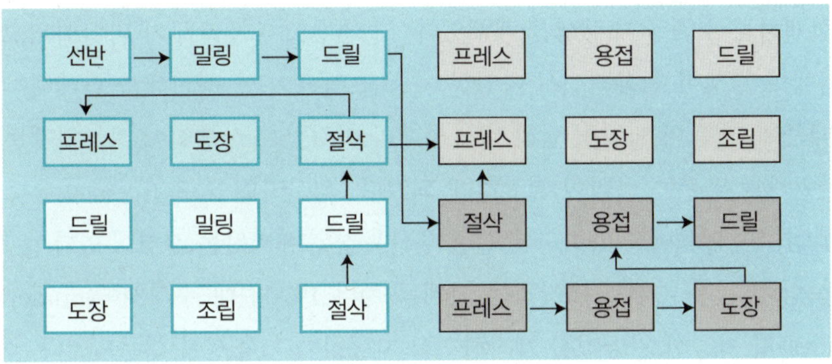

표 5-5 | 셀배치의 장 · 단점

장점	단점
• 설비 간 부품의 이동거리가 짧기 때문에 생산리드타임이 줄어든다. • 높은 작업자의 기술수준이 품질에 대한 인식 수준이 향상된다. • 팀제의 도입, 활용으로 팀원들 간의 팀워크가 증진된다. • 공장 내의 재공품을 감소시킬 수 있다. • 다품종 소량생산시스템을 저렴하게 운영한다. • 유사한 제품군을 한 작업장에서 생산하기 때문에 준비시간을 단축시킬 수 있다.	• 제품별 배치의 경우와 마찬가지로 한 대의 설비 고장이 전체 셀의 마비를 초래한다. • 셀 간의 밸런싱 문제가 대두된다. • 작업자들에게 높은 기술수준을 요구한다. • 교육훈련에 많은 시간, 비용이 든다.

의 형태를 알 수 있다. 또한 그룹배치의 장단점은 [표 5-3]에 잘 정리되어 있다.

현대 산업에 있어서 일반적인 추세는 제품은 다양화되어가고 그에 따라 제품의 수명은 점점 짧아져 가고 있다. 이러한 추세에 대응하기 위하여 유연성을 가지면서 높은 생산성을 유지하는 자동화 기계들과 컴퓨터로 구성된 자동생산 시스템이 요구되고 있다.

유연생산시스템(flexible manufacturing system : FMS)은 고도로 통합된 컴퓨터로 제어되는 자동화된 물류와 저장시스템을 사용하여 여러 개의 가공작업장을 활용한다. 유연생산이란 다양한 작업장에서 NC프로그램의 제어하에 여러 개의 다른 종류의 부품을 동시에 가공할 수 있다는 다양성에 기인한다.

초기 공장자동화는 사용자가 대량생산된 제품 가운데 자신이 원하는 품목을 선택하는 소품종 대량생산 체제였다. 그러나 고객의 요구가 다양화되고 제조업체의 경쟁이 심화되면서 다양한 제품을 적은 수만 생산해서 판매해야 하기 때문에, 제품의 사양이 달라져도 최소의 변경만으로 생산이 가능하게 하여 생산원가를 낮추는 방식이 필요하게 되었다. 생산라인의 유연성이 이 시스템의 핵심이며 인력을 절약하고 균일한 생산품질을 유지하는 장점이 있다.

사람이 직접 기계를 조작하는 단계를 지나 1970년대 수치제어(numerical control)가 가능한 가공기를 제작하면서 자동화의 가능성이 대두되었다. 이때 수치제어 가공기는 테이프와 유사한 입력장치에 가공기가 수행하여야 할 명령어 집합을 입력시켜 사용하는 장비였으나, 컴퓨터 기술이 발전되면서 통신망을 통해 컴퓨터로부터 직접 명령을 내려 가공기를 가동하는 일이 가능해졌다.

FMS는 공장자동화(factory automation)의 기반이 되는 시스템화 기술이다. 여기서 자동화란 전기적 명령어 시퀀스(릴레이, PLC), 마이크로프로세서 또는 컴퓨터에 의해서 제어되는 기기, 수치제어 가공기, 자동조립기, 로봇, CAD/CAM 등의 자동화 기기와 이를 이용하여 생산성과 유연성을 높일 수 있도록 하는 생산공정의 시스템화를 의미한다.

FMS는 부품가공 시스템을 가리키는 경우가 많은데, 부품가공 FMS는 머시닝 센터 등의 NC 공작기계, 가공 대상물의 로더 · 언로더, 무인반송차, 자동창고, 제어용 컴퓨터 등의 하드웨어로 구성된다. 이러한 하드웨어는 생산계획 소프트웨어, 기계제어 소프트웨어 등에 의해 관리된다.

FMS는 컴퓨터 통제시스템, CNC기계, 검사장치, 왕복팔레트 및 산업용 로봇으로 구성된 공장자동화의 대표적인 시스템이다. FMS는 제조현장 중심의 오토메이션기술로써 CAM방식으로는 가장 발전된 시스템이다.

이와 같은 FMS는 소비자나 영업부서의 변화에 신속하게 대응하기 위해 수주생산형과 예측생산형의 두 가지 생산형태의 장점을 최대한 활용하는 복합생산시스템으로 볼 수 있다.

5.2.4 위치고정형 배치

위치고정형 배치(fixed position layout)는 제품이나 공산물이 한 장소에 고정되어 있고, 그 대신에 생산에 필요한 자재와 설비를 현장에 이동시켜서 생산하는 유형이다. 이러한 배치는 일반적으로 제품이 매우 크고 중량이 무거운 것을 생산할 때 적용되는 배치형태로서 선박, 항공기, 기관차, 건물, 도로 등이 있으며, 생산하는 제품의 수량은 극히 소량이다.

그림 5-9 | FMS의 상대적 위치

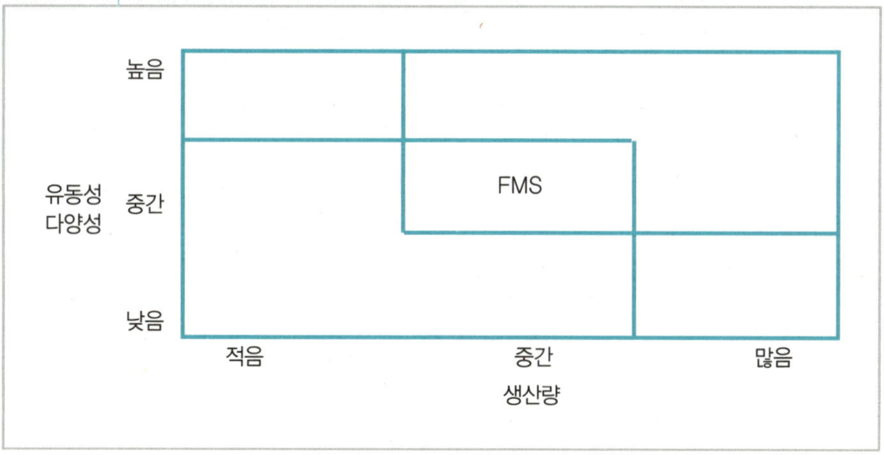

그림 5-10 위치고정형 설비배치의 형태

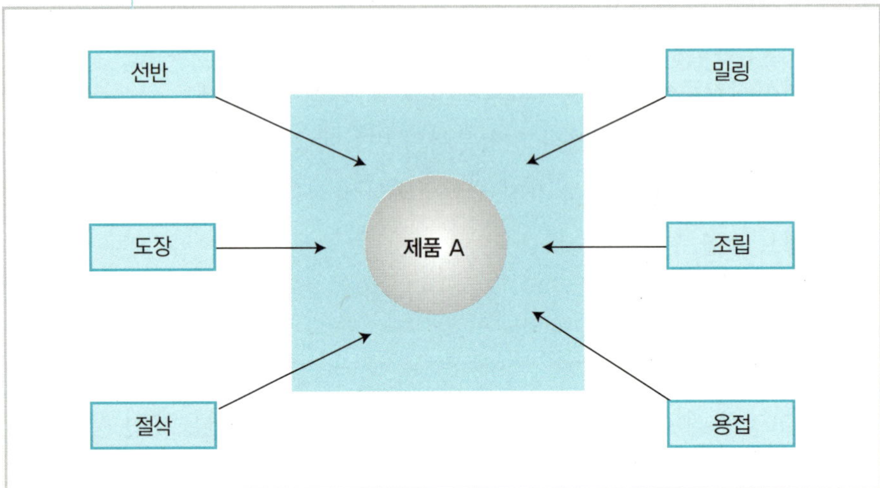

위치고정형 배치의 장 · 단점은 [표 5-6]과 같다.

표 5-6 위치고정형 배치의 장 · 단점

장점	단점
• 주요한 자재를 한 곳에 고정시켜 놓기 때문에 자재의 운반비용이 절감된다. • 작업의 다양화로 작업자의 사기진작, 품질의 고급화 등을 기대할 수 있다. • 제품의 디자인 변경, 생산수량의 조정, 작업 스케줄 등에 융통성이 높다. • 작업이 한 장소에 집중되어 있기 때문에 프로젝트로 작업통제가 쉽다.	• 작업자와 기계간의 유동거리가 길다. • 동일한 기계 여러 대가 한 작업장에서 필요하므로 기계투입비용이 높다. • 숙련된 노동력이 요구된다. • 감독자의 작업감독 경험이 필요하다. • 재고품의 증가로 보다 많은 공간이 요구된다.

사 례 **트리즈는 창조적 기술혁신 도구, 경영에 접목 … 공정혁신 효과 커**

"트리즈(TRIZ)[1]를 경영에 접목하고 나서 연간 1,000억 원가량의 원가절감에 성공했습니다."

이현순 전 현대자동차 부회장(사진)은 24일 한국트리즈학회와 한국경제신문 공동 주최로 한국산업기술대학교에서 열린 '코리아트리즈 페스티벌'에서 "많은 기업들이 트리즈 기법을 생산공정 혁신에 활용하고 있다"며 이같이 말했다.

TRIZ는 러시아 학자 겐리히 알츠슐러가 창의적 아이디어를 통해 문제를 해결하는 패턴 40가지를 뽑아 만든 혁신적 방법론을 말한다. 삼성전자와 현대자동차, LG전자, 포스코, 하이닉스반도체 등 많은 국내기업들이 생산공정 개선과 원가절감을 위해 경영현장에 트리즈 기법을 적용하고 있다.

이 전 부회장은 "기술개발주기가 점점 짧아지면서 기업들의 고민이 커졌다"며 "기업경쟁력을 높이기 위한 혁신기술 확보를 용이하게 하는 게 트리즈 기법"이라고 소개했다.

이 전 부회장은 미국 크라이슬러와 대우자동차를 예로 들며 기업이 지속가능한 경영을 유지하기 위해선 자체 기술 개발이 필수적이라고 강조했다. 그는 "크라이슬러에는 뛰어난 엔지니어들이 많았지만 경영자의 잘못된 판단 탓에 자체 엔진 개발 대신 미쓰비시의 엔진기술을 받아 사용했다"며 "미쓰비시가 추락하면서 크라이슬러도 덩달아 어려움에 봉착했다"고 전했다.

이 전 부회장은 이어 "규모가 큰 공장을 세워 대량 생산하던 하드 푸시(hard push) 시대는 지났다"며 "창의적 상품으로 고객을 유인하는 크리에이티브 풀(creative pull) 시대가 돼 트리즈가 경영 전반에서 더욱 확산될 것"이라고 말했다. 손욱 전 농심 회장도 "트리즈를 통해 긍정적인 조직을 만드는 것이 오늘날 리더의 덕목"이라고 강조했다.

자료 : 한국경제(2011. 11. 24)

---

1 TRIZ : 주어진 문제에 대하여 가장 이상적인 결과를 정의하고, 그 결과를 얻는 데 관건이 되는 모순을 찾아내 그 모순을 극복할 수 있는 해결안을 얻을 수 있도록 생각하는 방법에 대한 이론. 러시아어 Teoriya Resheniya Izobretatelskikh Zadatch의 약자이며 영어로는 theory of inventive problem solving이다. 트리즈는 러시아 과학자 겐리히 알트슐러(Genrich Altshuller)가 1940년대 구 소련 해군에서 특허를 심사하는 업무를 할 당시 발명에는 어떤 공통의 법칙과 패턴이 있음을 발견하면서 탄생했다.

연 습 문 제

1. 공정설계(process design)에 대한 의사결정은 주로 어떤 경우에 수행되는가?

2. 연속생산, 로트생산, 개별생산에 관하여 설명하시오.

3. 생산공정의 유형과 특징을 설명하시오.

4. 생산공정을 선택할 때 고려해야 할 요인을 설명하시오.

5. 설비배치의 목적을 설명하시오.

6. 설비배치의 각 유형에 관하여 간단히 설명하시오.

7. 유연생산시스템을 설명하시오.

CHAPTER 6

생산능력계획 및 입지선정

OPERATIONS MANAGEMENT

제품과 서비스의 설계가 이루어지면 생산경영자는 생산능력과 입지선정에 관심을 갖게 된다. 생산능력이란 생산시스템이 특정 기간에 생산 또는 처리할 수 있는 최대산출량을 말한다.

생산경영자는 현재와 미래의 수요에 대응할 수 있는 생산능력을 결정해야 하며, 새로운 생산시스템을 설계하거나 기존의 시스템을 운영하는 과정에서 미래에 소요되는 생산능력을 예측하고 이것을 확보하기 위한 계획과 전략을 수립해야 한다.

생산능력계획은 기업의 생산규모를 장기적으로 확정시키는 것이므로 생산시스템의 구조에 관한 전략적 의사결정이라 할 수 있다. 따라서 적절한 생산능력의 결정은 시설을 설계하거나 기존의 시설을 확장할 때 뿐만 아니라 공장의 규모를 변경시킬 수 없는 짧은 기간 동안의 단기적 운영을 위해서도 중요한 문제이다.

입지선정에 관한 의사결정 또한 기업의 성패에 막대한 영향을 미치는 중요한 문제이다. 입지문제는 많은 자본비용이 필요할 뿐만 아니라 제품의 품질과 마케팅활동 등과 관련되어 기업의 경쟁력에 지속적으로 영향을 미치기 때문에 입지선정에 관한 의사결정은 신중하게 이루어져야 한다.

본 장에서는 생산능력계획의 의의와 생산능력계획 과정과 절차를 학습한 다음 서비스의 능력계획을 설명하고, 입지선정의 의의와 영향요인, 최근에 많은 기업들이 고려하고 있는 생산의 세계화에 대해 살펴보고자 한다.

제 1 절 생산능력계획의 의의

1.1 생산능력의 개념

생산능력(production capacity)이란 한 생산시스템의 제품과 서비스의 양적인 공급능력을 의미하는 것으로, 작업능력과 설비능력으로 구분되지만 설비나 시설의 능력으로 나타내는 것이 보통이다.

생산능력은 주로 단위기간당 생산량으로 표시된다. 시스템의 생산품목이 하나뿐인 경우에는 측정단위를 지정하는 데에 어려움이 없다. 이러한 경우에는 발전소의 시간당 발전량(kilo watt per hour : KWH), 철강의 톤, 자동차회사의 자동차 대수, 맥주의 배럴(barrel) 등 산출물의 단위로 측정한다.

그러나 여러 가지 제품과 서비스가 같은 시설에서 생산될 경우에는 생산능력을 측정하기가 곤란하다. 왜냐하면 이들 산출물을 측정하는 공통단위가 없기 때문에 시스템의 전체적인 생산능력을 표시하는 데 어려움이 있다. 적절한 측정단위를 발견할 수 없다는 어려움은 서비스시스템에 있어서도 마찬가지이다.

이러한 경우에는 산출량 대신에 시설이나 노동력 등 생산에 투입되는 주요 자원의 크기, 즉 투입량으로 생산능력을 표시한다. 예컨대 극장은 보유하고 있는 좌석수로써 생산능력을 측정하고, 공장은 기계의 이용시간으로, 항공회사의 경우 매월 가용좌석마일(available seat miles)수로써 생산능력을 표시한다. [표 6-1]은 일반적으로 사용되는 생산능력 측정단위의 예이다. 적절한 물량단위가 없을 때는 총매출액이나 총생산액과 같은 금액단위를 사용하는 방법이 있다.

표 6-1 | 생산능력 측정단위

생산시스템	생산능력의 측정단위
자동차공장	자동차대수/일 또는 연간
제철소	철강톤수/주 또는 연간
원자력발전소	KWH/일
항공사	가용 좌석마일/월
호텔	침대수
극장 · 식당 · 체육관	좌석수
대학교	등록학생수, 교수수
은행	운영자본액

지금까지 설명한 생산능력은 실용적인 정의에 따른 것이다. 그러나 생산능력은 기능적인 측면에서 다음과 같이 세분하여 정의할 수도 있다.

- 설계능력(design capacity) : 설계상에 표시된 성능 내지 용량으로서 생산시스템의 내 · 외 여건에 관계없이 생산설비나 시설에서 일정기간 중 생산가능한 최대생산량이다.
- 유효능력(effective capacity) : 주어진 여건(예컨대 제품믹스의 변화, 장비의 정기점검, 식사 및 휴식시간, 일정계획상의 문제, 품질요소, 작업균형 등) 아래서 일정기간 중에 생산가능한 산출량으로서 시스템능력(system capacity)이라고 부르기도 한다.
- 실제생산량(actual output) : 설비나 시스템에서 실제로 달성된 산출량으로, 기계고장이나 불량발생, 자재부족 등으로 인해 유효능력을 초과할 수는 없다.

이렇게 세분화된 생산능력의 개념은 시스템 유효성(system effectiveness)의 측정기준인 이용률(utilization)과 효율(efficiency)을 정의하는 데 있어서 중요하다. 즉 이용률은 실제생산량 대 설계능력의 비율이며, 효율은 실제생산량과 유효능력의 비율이다. 여기에서 생산량과 능력은 예컨대 시간, 고객수 또는 금액과 같은 공통단위로 측정되어야 한다.

$$\text{이용률(utilization)} = \frac{\text{실제생산량}}{\text{설계능력}}$$

$$\text{효율(efficiency)} = \frac{\text{실제생산량}}{\text{유효능력}}$$

생산시스템을 설계할 때는 유효능력을 합리적으로 산정한 다음, 이를 토대로 장래 생산능력의 크기를 감안하여 시스템의 설계능력을 결정하게 된다. 또한 생산시스템을 운영함에 있어서도 시스템의 유효능력을 가급적 설계능력에 가깝도록 관리하여야 한다.

그럼에도 불구하고 대부분의 경우 효율만을 중요시하는 경우가 많다. 물론 효율의 향상은 생산량의 증가와 시간 및 비용절감을 수반한다. 그러나 유효능력이 설계능력에 비해 훨씬 낮을 경우에는 효율이 높다고 하여 이것이 자원의 효과적인 이용을 뜻한다고 볼 수는 없다.

1.2 생산능력계획의 중요성

생산능력계획(capacity planning)은 생산경영자가 수행해야 할 생산시스템의 설계에 관한 중요한 의사결정 분야이다.

생산능력계획이 중요한 이유를 정리하면 다음과 같다.

첫째, 생산능력계획이 제품이나 서비스에 대한 미래수요를 충족시킬 수 있는 조직의 능력에 영향을 미친다.

둘째, 생산능력과 수요량이 일치하면 제조비용이 최소가 되지만 실제수요량과 예상수요량이 일치하지 않는다든지, 혹은 수요가 변동하는 경우에는 초과생산능력(over capacity)과 과소생산능력(under capacity)의 비용을 균형화할 필요가 있다.

셋째, 단위생산시스템에 있어서는 생산능력이 초기비용의 중요한 결정요인이다. 일반적으로 생산능력이 클수록 이 비용은 증가한다.

마지막으로 생산능력계획은 자원을 장기적으로 묶어 둘 뿐만 아니라 일단계획이 실행되면 비용의 투입 없이는 그 계획을 수정하기가 어렵다.

생산능력계획의 목적은 설비, 기계 및 작업자수 등 생산자원의 전반적인 능력수준을 구체적으로 결정하는 것이다.

생산능력수준은 기업의 공급능력, 원가구조, 재고정책 등을 결정하는 중요한 요인이 된다. 만일 생산능력이 부족하면 서비스 지연으로 고객을 잃게 되고 경쟁자가 시장에 진입할 기회를 주게 된다. 반대로 생산능력이 과대할 경우에는 수요에 영향을 미쳐 가격이 하락하고, 기업의 이익감소를 초래한다.

1.3 생산능력의 결정요인

시스템의 이용률이나 효율을 높이려면 이에 직접 영향을 주는 요인들에 대해서 알아 둘 필요가 있다. 가령 시장이나 자금, 노동력, 원료 등의 제약을 받지 않고 공장 내의 시설이나 공정들이 원활하게 돌아간다면 생산설비는 그의 설계능력을 최대로 발휘할 수 있을 것이다.

그러나 이러한 경우는 현실적으로 존재하기 어려운 것으로, 특히 시간은 주요 제약요인이 된다. 현실적으로 생산능력은 시스템의 외적 요인과 내적 요인, 그리고 시간 등에 의해서 제약 내지는 영향을 받는데, 유효능력은 생산시스템의 설계에서 외적 수요에 대응할 수 있는 생산능력이다.

이러한 유효능력을 결정하는 요인은 다음과 같은 여섯 가지가 있다.

① 설비(facilities)

설비요인은 제품을 생산하는 설비 자체의 규모, 규모의 확장, 운송비용, 시장과의 거리, 노동력 공급, 에너지, 공장의 확장 등을 결정하는 입지조건, 작업의 흐름이 효율적으로 진행되도록 하는 설비배치 및 기타 공장의 지원설비가 있으며, 이들은 유효능력의 결정에 영향을 미친다.

② 제품과 서비스(product/service)

제품과 서비스의 설계는 생산능력의 결정에 큰 영향을 미친다. 예를 들면,

생산하는 제품의 품종이 유사하면 생산하는 시스템의 능력은 여러 가지의 다른 품종을 생산하는 시스템의 능력보다 일반적으로 크다. 예를 들어 식당에서 고객에게 제공되는 메뉴가 단순하면 고객에게 식사를 신속하게 제공할 수 있으나 메뉴가 다양하면 지연된다. 일반적으로 시장의 특성에 따라 한 생산시스템에서 몇 가지의 다양한 제품믹스로 생산을 해야 할 경우가 많다.

③ 생산공정(process)

생산공정에 투입한 생산설비에서 산출된 제품과 서비스의 수량과 품질은 생산능력에 영향을 미친다. 생산설비가 생산하는 수량 그 자체는 바로 생산능력이 되며, 품질이 생산능력에 영향을 미치는 것은 불량품에 영향을 미친다.

④ 인간(human)

생산작업을 수행하는 데는 인간, 즉 작업자의 기술, 교육, 경험, 노동 등이 중요한 요인으로 작용한다. 따라서 작업자의 작업수행과 관련되어 있는 작업내용, 작업설계, 교육과 경험, 모티베이션, 급여, 학습곡선 및 결근율 등이 생산능력에 영향을 미친다.

⑤ 생산시스템의 운영(operations)

제품과 서비스를 생산하는 데는 여러 가지의 설비와 작업이 요구된다. 이러한 설비와 작업을 운영하고 통제하는 데는 일정계획, 자재관리, 품질보증, 설비유지관리 등을 효율적으로 하여야 하며, 이러한 생산시스템의 운영이 생산능력에 영향을 미친다.

⑥ 외적 요인(external factors)

제품 표준규격과 품질표준은 생산을 하는 데 제약요인이 되며, 생산능력에 영향을 미친다. 예를 들면, 공해의 기준치에 맞는 기계나 제품을 선택함으로써 유효능력이 감소되는 경우가 있다. 그리고 노동조합, 안전규정, 노동력, 자금, 시장 등 여러 가지 생산시스템의 외적 요인이 생산능력에 영향을 미친다.

위와 같은 유효능력의 결정요인들을 정리하면 [표 6-2]와 같다.

표 6-2 | 유효능력의 결정요인

결정요인	내용
1. 설비(facilities)	설계 공장입지 설비배치 환경
2. 제품과 서비스 (product/service)	설계 제품과 서비스 믹스
3. 생산공정(process)	생산수량 품질
4. 인간(human)	작업내용 작업설계 교육 및 경험 모티베이션(motivation) 급여 학습곡선
5. 생산시스템의 운영(operations)	결근 및 직무변경 일정계획 자재관리 품질보증 설비유지
6. 외적 요인(external factors)	제품표준규격 안전규정 노동조합 환경기준

제 2 절 생산능력계획 절차

생산능력계획은 계획기간의 길이에 따라 장기, 중기 및 단기의 능력계획으로 구분된다.

- 장기능력계획은 1년 이상의 미래를 대상으로 하여 소요능력의 조정을 계획하는 것이다. 장기적인 생산능력의 조정은 설비의 신설, 확장, 축소로 이루어진다.
- 중기능력계획은 1년 이내의 계획기간 중의 월별, 분기별 생산능력을 계획하고 조정하는 것이다. 이와 같은 짧은 기간에는 설비의 규모가 변동될 수 없으므로 생산능력은 고용, 해고, 잔업, 하청, 재고비축 등 단기적인 방법에 의하여 조정된다. 중기능력계획은 총괄생산계획이라고도 한다.
- 단기능력계획은 1개월 이내의 단기적인 생산능력의 조정계획이다. 자본설비와 노동력은 고정되어 있으므로 일정계획, 작업배정, 가공절차의 조정에 의하여 소요되는 생산능력을 확보한다.

일반적으로 생산능력계획을 수립하는 절차는 다음과 같다.

- 기술, 경쟁 및 기타 요인 등의 영향을 고려하여 장래의 수요를 예측한다.
- 계획기간 동안 미래의 생산능력의 소요량을 결정한다.
- 생산능력계획의 대안을 탐색한다.
- 대안에 대한 재무적, 경제적 및 기술적 평가를 한다.
- 최선의 생산능력 대안을 선정한다.

2.1 수요예측과 생산능력 산정

수요예측은 미래의 생산능력에 대한 예측이다. 따라서 생산능력계획은 제일 먼저 미래의 수요를 정확히 예측하여 생산능력을 계산하는 것이다.

일반적으로 시장의 특성에 따라 차이가 있지만 시장수요에 대한 장기예측은 여러 가지 불확실한 요인, 즉 경기변동, 전쟁, 오일쇼크, 기술혁신 등에 의하여 영향을 받기 때문에 정확하게 예측하는 것은 어렵다.

불확실한 요인은 예측의 상황에 따라 차이가 있다. 예를 들면, 시장에서 성숙기에 접어든 제품은 수요가 안정되어 있어 수요예측의 정확성이 높으나, 신제품은 반대로 불확실성이 높다. 안정성장형 제품과 수요가 불확실한 제품의 생산능력 산정방법에 관해 살펴본다.

2.1.1 안정성장형 제품

제품 중에는 수요가 안정되거나 꾸준히 성장을 하는 것이 있다. 예를 들어 철강, 비료, 알루미늄, 시멘트, 자동차 등은 시장이 비교적 안정되어 있는 제품이다. 이러한 안정성장형 제품의 소요능력을 추정하는 것은 비교적 쉽다.

수요가 안정되어 있을 때에는 일반적으로 매년 일정비율로 수요가 증가되는 것으로 예측되며, 증가율만큼 생산능력을 조정하기만 하면 된다. 그러나 생산능력의 조정에는 생산시스템을 구성하는 모든 부문, 즉 공장, 조립라인, 입고, 출고, 창고 등의 능력도 고려되어야 한다.

[표 6-3]은 K사의 소요능력을 예측한 것이다. K사의 제품은 안정성장형 제품으로서 연간 약 10%의 성장률을 유지할 것이라는 예측을 근거로 하여 소요능력을 추정한 것이다.

표 6-3 K사의 소요능력 예측

	생산능력(단위/년)			
	2013(현재)	2015	2018	2023
예상생산능력	10,000	12,000	15,000	20,000
기계작업장의생산능력	11,000	–	–	–
생산능력의 과(부족)	1,000	(1,000)	(4,000)	(9,000)
조립라인의 생산능력	10,000	–	–	–
생산능력의 과(부족)	0	(2,000)	(5,000)	(10,000)
보관시설의 생산능력	15,000	–	–	–
생산능력의 과(부족)	5,000	3,000		(5,000)

소요능력은 전사적으로 파악함과 동시에 부문별로 파악할 필요가 있다. 각 부문 또는 각 공정의 가용능력이 동일하지 않을 때는 소요능력이 부문에 따라 다를 수 있기 때문이다. K사의 경우, 보관시설부문은 2012년까지는 생산능력 확장이 필요 없으나 기계작업장부문과 조립라인부문은 확장을 서둘러야 한다.

2.1.2 수요가 불확실한 제품

수요가 불확실한 제품의 장기수요를 예측한다는 것은 지극히 어려운 일이다. 또한 라이프사이클의 성숙기에 들어 있는 기성제품 중에도 갑작스러운 환경변화로 인하여 미래의 수요를 확실하게 예측할 수 없는 것이 있다. 예를 들어, 정치적 요인에 영향을 받는 석유의 수요예측은 이러한 유형에 속한다.

이와 같이 수요전망이 극히 불확실한 경우에는 3점추정법을 이용해 볼만하다. 3점추정법이란 미래의 수요에 대하여 낙관적, 정상적, 비관적인 세 가지 추정법을 사용하여 소요능력을 결정하는 방법이다. [표 6-4]는 K사가 개발한 신제품의 소요능력을 3점 추정법에 의하여 추정한 것이다. 수요의 연성장률을 대략 20%, 10% 및 5%로 간주하고 낙관적, 정상적 및 비관적 추정치를 산출하였다.

낙관적 추정에 의하면 10년 내에 200% 이상의 능력확장이 요구되지만 비관적 추정에 의하면 50%의 확장으로 족하다. 이와 같이 세 추정치가 서로 큰 차이를 나타낼 때는 능력결정을 더욱 신중하게 다루어야 한다. 성급한 확장을 피하고 수요의 추이를 지켜보면서 세 가지 가능성 각각에 대비하여 계획을 세

표 6-4 기대, 낙관 및 비관적 예측소요량

	생산능력(단위/년)			
	2013(현재)	2015	2018	2023
정상적 소요량	10,000	12,000	15,000	20,000
생산능력의 과(부족)	0	(2,000)	(5,000)	(10,000)
낙관적 소요량	10,000	14,000	20,000	30,000
생산능력의 과(부족)	0	(4,000)	(10,000)	(20,000)
비관적 소요량	10,000	11,000	12,500	15,000
생신능력의 과(부족)	0	(1,000)	(2,500)	(5,000)

우도록 할 것이다.

신제품이나 수요가 불확실한 제품의 생산능력소요량의 예측은 예측된 수요의 배분에 더욱 중점을 두어 관리되어야 한다.

2.2 생산능력 대안의 모색

생산능력 소요량을 결정한 다음에는 소요되는 생산능력을 확보하기 위해서 가능한 여러 가지 대안들을 모색해야 한다. 생산능력을 확보할 수 있는 대안은 단기적인 측면과 장기적인 측면의 두 가지로 구분해서 가능한 대안들을 모색해 볼 수 있다.

2.2.1 생산능력의 단기조정방법

단기조정이란 현재 주어진 조건하에서 생산에 필요한 소요능력을 판단하고 이에 대하여 가용능력을 조정하는 것으로 항상 특정시점 내지는 기간에서 유효능력이 얼마나 되는가를 고려해야 한다. 유효능력은 해당기간에 실제로 쓸 수 있는 생산능력으로서 다음과 같은 요인에 의하여 결정된다.

- 제품, 기술수준, 종업원의 출근현황, 수요변동, 기계고장, 파업, 사고, 예방정비, 자재부족 등의 불확실요인
- 표준시간의 불합리성, 작업자 능률의 변동, 긴급주문, 반송품 재작업, 스타일변동, 작업효율의 변동
- 수요예측의 부정확성에 의한 소요능력판단상의 오류
- 일정계획상의 오류

그러나 유효능력을 결정하는 데는 이러한 요인들로 인하여 정확한 능력판단에 차질이 생길 수 있다. 그러나 일단 소요능력이 정확하게 추정되었다면 이것을 전제로 하여 효과적 가용능력을 조정 · 할당해야 할 것이다. 즉 시설확장

이나 교체 등의 근본적인 능력의 확장이나 축소와 같은 장기조정에 의하지 않고 매일매일 또는 주별, 월별로 조정 대처해 나가야 하는 것이 단기조정이며 이것이 현장에 있는 생산경영자에게 가장 효율적인 의사결정을 요구한다.

단기적인 측면에서 생산능력을 확대할 수 있는 대안은, 현재 기업이 보유하고 있는 생산자원의 최대한 활용과 운영방법의 개선에 의한 것으로 아래와 같은 대안들을 들 수 있다.

① 잔업(overtime)

정규작업시간 이상으로 작업시간을 늘려 작업을 함으로써 생산능력을 확장하는 방법이다. 이 경우는 잔업수당을 지불해야 하지만 추가적인 고용은 필요 없다.

② 작업교대조(work shift)의 확대

1일 1교대를 2교대로, 1일 2교대를 3교대로 늘려 작업하는 것이다. 이것은 서로 다른 작업교대조(shift)에 의한 것이므로 새로운 인원의 고용이 필요한 것이 잔업과는 다르다.

③ 임시작업자고용

소요생산능력에 필요한 작업자를 임시로 고용하여 생산량을 증대한다.

④ 하청계약(subcontracting)

생산능력의 부족이 생기는 경우 다른 회사와 하청계약을 맺어 부품 등을 생산·납품케 함으로써 시설확장이나 고용수준의 증가 없이 보충하는 방법이다.

경우에 따라서는 외주업자의 기술수준, 생산능력, 타제품과의 관계, 신뢰성, 납기관리 등 문제가 많으므로 외주업자 관리(vender control)를 철저히 해야 한다. 즉, 직원을 파견하여 외주업자의 공정 내 품질관리를 지도하고 나아가서는 경영참여 등으로 외주업자에 대한 관리능률을 제고하여야 한다.

자체 제조할 것인가 아니면 하청을 줄 것인가(make or buy)의 결정은 다만 생산능력조정의 관점에서 뿐만 아니라 원가절약의 관점에서도 고려해야 한다.

⑤ 수요에 대비한 재고확보

수요예측을 하여 재고를 확보해 두었다가 증가된 생산능력 소요량을 충당해 주는 것이다. 이때는 재고기간 동안 재고비용이 문제가 된다.

⑥ 주문적체(backlog)나 납기의 연기

재고를 비축하는 대신 생산능력이 부족할 때 고객과 타협하여 주문을 받아 두었다가 여유가 생기면 납품하거나 또는 납기를 지연시킴으로써 생산능력을 조정할 수 있다.

⑦ 공정연구, 기타 생산성향상 방안

공정연구, 생산방법개선, 제품의 설계변경 등으로 생산성을 향상하여 고용수준을 높이지 않고 생산능력을 제고하는 방법이다.

⑧ 정비계획의 조정

설비나 기계의 정비 등을 생산능력조정의 필요에 따라서 앞당기거나 미루어서 생산일정에 차질이 없게 하는 방법이다.

⑨ 가격조정

제품가격을 조절하여 생산능력의 과부족을 간접적으로 해결하는 방법이다. 즉, 생산능력이 부족하면 수요량을 줄일 수 있도록 가격을 올리거나 광고활동을 축소한다. 이때에는 고객이 경쟁기업으로 이탈할 수도 있다. 수요량이 생산가용능력을 따르지 못할 때는 가격을 낮추어 수요의 증가를 유도한다.

2.2.2 생산능력의 장기조정방법

장기적인 측면에서 생산능력을 확대할 수 있는 대안은 현재의 생산능력을 확장하는 것과 신공장을 건설하여 생산능력을 증가시키는 두 가지 대안이 있을 수 있다. 이들 두 가지 대안들을 선택할 때는 생산능력의 확장규모를 어느 정도로 결정할 것인가, 그리고 어떤 빈도로 할 것인가의 문제가 제기된다.

생산능력의 확장규모는 확장빈도와 밀접한 관계를 가지고 있다. 일정량의 장기수요예측량에 대비하여 생산능력을 계획기간에 큰 규모로 확장하게 되면 확장빈도는 줄어들게 된다. 반대로 확장규모가 작으면 빈도는 늘어날 수밖에 없다. 생산능력을 확장할 때에는 확장규모와 빈도에 있어 생산능력의 추가를 자주 하지 않고 큰 규모로 하는 것을 '확장주의전략(expansion strategy)' 이라고 하고, 작은 규모로 자주 생산능력을 추가하는 것을 '두고보기전략(wait and see strategy)' 이라고 한다.

확장규모를 크게 할 때와 작게 할 때의 성과를 분석하여 생산능력을 확장하는 계획이 수립되어야 한다. 예를 들어 아메리카 에어라인은 1980년대에 해외노선을 적극적으로 추구하면서 확장주의전략을 행했다. 그러나 적절한 장비의 부족과 걸프전쟁으로 인한 연료비 상승 등 몇 번의 좌절 끝에 이 회사는 보다 위험이 적은 두고보기전략을 받아들였다. 반도체산업에서 한국이 D램분야에서 일본 기업과 경쟁할 수 있었던 것은, 1990년대 초 일본 반도체기업은 '두고보기전략' 에 치중하였고 한국 반도체기업은 '확장주의전략' 을 선택했기 때문이다.

생산능력을 큰 규모로 확장하든 작은 규모로 자주 확장하든 간에 확장비용은 발생한다. 생산능력을 작은 규모로 자주 확장하면 설비의 잦은 이동, 교체, 신설비에 대비한 작업자 교육, 부족한 생산능력의 보충을 위한 잔업, 임시고용, 하청 등의 직접비용이 발생되고, 신설비에 대한 투자, 설비의 잦은 확장에 따른 생산공정의 재조정 등에 대한 비용이 발생된다. 한편, 설비확장을 큰 규모로 하게 되면 한꺼번에 많은 금액이 투자되고, 때로는 여유생산능력으로 기계의 가동률이 낮아지는 손실이 발생할 수 있다. [그림 6-1]은 생산능력확장의 빈도가 낮은 것과 높은 것을 나타낸 것이다.

그림 6-1 생산능력 확장의 빈도가 낮은 것과 높은 것

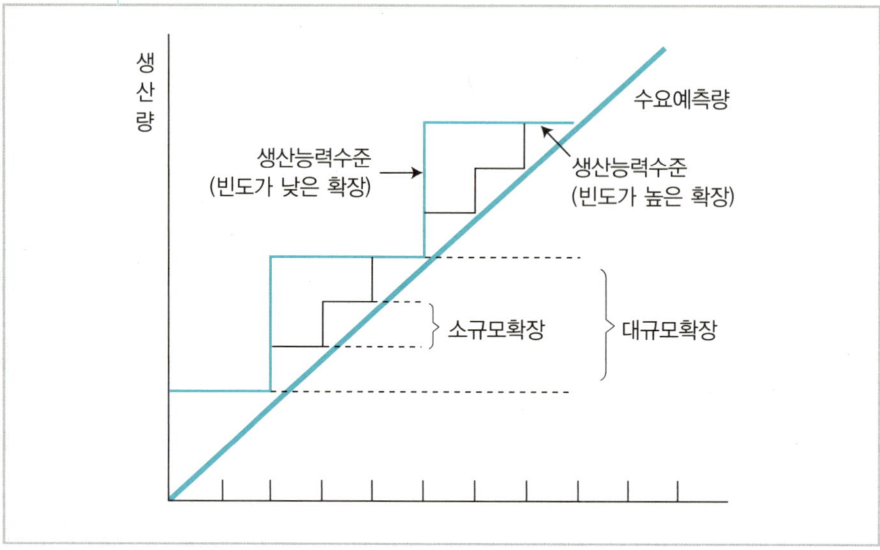

자료 : R.B. Chase and N.J. Aquilano, Productions and Operations Management, Richard D. Irwin, Inc., 1995, p.235.

2.3 생산능력 대안의 평가

생산능력 대안은 단기적인 측면과 장기적인 측면의 대안들 가운데서 어느 대안을 선택할 것인가를 기업의 전략적인 측면에서 평가하여야 한다. 전략적인 측면에서 생산능력대안을 평가하는 문제는 생산공정의 집중과 분산을 결정하는 공장입지, 경쟁회사의 생산능력, 시장상황 등을 고려하여야 한다.

생산능력 대안을 평가한 다음에는 이들 대안들의 위험과 전략적인 효과를 분석하여야 한다. 어떤 대안이든지 낙관적인 측면과 비관적인 측면을 동시에 가지고 있다. 따라서 선택하는 대안이 가지고 있는 낙관적인 측면보다는 비관적인 위험을 정확히 분석해야 한다. 그리고 생산능력 대안의 전략적 효과요인으로 시장에서의 경쟁력, 생산능력의 유연성, 노사정책, 시장점유율 등을 고려하여야 한다.

2.4 생산능력 대안의 선정

생산능력 대안의 평가, 위험 및 전략적 효과를 분석한 다음에는 최종안 대안을 선정해야 한다. 생산능력 대안은 기업의 중요한 전략적인 결정이므로 최고경영자의 의사결정사항에 해당한다. 생산능력의 결정에는 시장예측과 제품전략의 마케팅기능, 제품 및 공정혁신, 기업의 자산, 소요되는 자본, 생산시스템의 전반적인 설계 등과 밀접한 관계를 가지고 있다. 따라서 최고경영자가 이러한 여러 가지 요인을 다각적인 측면에서 분석한 자료를 근거로 하여 생산능력 대안을 선택할 수 있도록 하여야 한다.

제 3 절 서비스의 능력계획

3.1 서비스 능력계획의 특수성

제품을 제조하는 생산공정의 생산능력계획은 미래의 시장수요를 예측하여 예측된 수량에 의하여 능력을 결정한다. 그러나 서비스는 제품의 시장수요와 같이 간단하게 예측되는 것이 아니다. 서비스의 수요는 제품의 수요와 비교하여 확률적이고 불확실성이 높은 것이 특징이다. 예를 들면, 병원을 찾아오는 환자, 호텔을 이용하는 관광객, 고속버스나 항공기를 이용하는 여행자, 자동차를 수리하고자 하는 고객 등이 언제, 얼마나 많은 사람이 찾아올 것인지는 극히 불확실한 상황으로 정확한 예측은 거의 불가능하다.

특히 서비스의 단기적인 능력계획을 수립하는 데는 어려움이 있다. 왜냐하면 하루에도 수요의 변동폭이 시간대에 따라 큰 차이를 보이고 있고, 수요가 높은 경우를 대비한 재고를 보유할 수 없기 때문이다. 이와 같은 서비스의 능력계획을 세울 때는 다음과 같은 몇 가지의 요인을 고려하여야 한다.

3.1.1 시간

서비스는 제품과는 달리 수요에 대비하여 저장할 수 없다. 서비스 능력은 서비스가 필요한 시점에 서비스를 제공할 수 있는 능력을 보유하고 있어야 한다. 서비스는 고객이 서비스를 받고자 하는 시간대의 능력이 고객에게 서비스를 제공하기 위해 어느 만큼 가용성을 가지고 있느냐 하는 것이 중요하다.

3.1.2 장소

서비스 능력은 고객과 가까운 곳에 위치해야 한다. 제품은 일정한 장소에서 생산하여 고객에게 분배가 가능하지만 서비스는 각 지역으로 분산되어 있는 고객에게는 분배를 할 수 없다. 따라서 서비스 능력은 먼저 고객이 위치하는 곳으로 분배되어야 한다.

3.1.3 수요의 변동

서비스 수요의 변동은 제품보다 비교적 높다. 왜냐하면 서비스는 재고를 보유할 수 없으며, 서비스를 받으러 오는 고객의 욕구가 다양하고, 고객의 취향에 따라 서비스를 제공해야 하기 때문에 서비스 제공시간도 다양하다. 예를 들면 주말에는 고속버스 승객이 평일의 2~3배가 되고, 추석과 설 등의 명절에는 이보다 훨씬 많은 승객이 고속버스를 이용하기 위해 몰려온다.

3.2 서비스 능력의 이용률과 서비스 품질

생산능력은 서비스 품질에 상당한 영향을 미친다. 따라서 서비스의 능력수준은 서비스 이용률과 서비스 품질과의 관계를 고려해서 결정해야 한다.

서비스 능력의 최적 이용률은 주어진 여건에 따라 차이가 있다. 불확실성의 정도나 신속성 요구의 비중이 클 때에는 능력 이용률이 낮은데, 소방서와 병원 응급실은 생사문제가 달려 있으므로 이용률이 낮을 수 있다. 한편 우편분류 작업과 같이 고객접촉이 없는 서비스 시설이나 통근열차와 같은 예측가능 서비스는 이용률이 100%에 가깝게 운영되도록 계획을 수립할 수 있다.

제 4 절 입지선정의 의의

생산시스템의 입지선정문제는 기업의 경쟁력과 기업활동의 여러 측면에 영향을 미치게 되며, 입지 의사결정은 상당한 투자가 소요되므로 잘못되면 엄청난 비용을 초래할 수 있어서 기업의 장기적 경영에 영향을 미치는 중요한 전략적 의사결정 문제이다. 본 절에서는 입지선정의 의의와 중요성과 일반적인 입지선정의 과정에 관해 살펴본다.

4.1 입지선정의 중요성

가치사슬의 설계에서 가장 중요한 문제가 시설의 입지를 결정하는 것이다. 특히 경제의 세계화로 공급자 선택의 기회가 확대되면서 입지문제는 더욱 더 중요해지고 있다. 시설의 입지선정은 제품 혹은 서비스를 생산하는 설비가 지리적으로 어디에 위치해야 하는가를 결정하는 것으로서, 기업의 생산 혹은 서비스 활동을 수행할 지리적 장소를 선정하는 것이다.

생산설비의 위치를 선정하기 위하여 경영자들은 최소의 비용으로 고객에게 최대의 서비스를 제공할 수 있는 요인들을 전략적으로 분석해야 한다. 이러한 요인에는 원자재 조달의 편의성, 산출된 제품과 서비스의 시장근접 정도, 노동력 공급비용의 절감과 노동조합의 태도, 수송비용 및 사회간접시설, 직원들의 삶의 질, 공공 기반시설의 이용가능성 등이 있으며, 경영자들은 여러 가지 입지요인을 분석하여 단계적인 의사결정을 내리게 된다.

따라서 생산운영시설의 입지분석은 기업이 제품과 서비스의 생산원가를 절감하고 고객에 대한 서비스를 향상시킴으로써 경쟁력을 강화시킬 수 있는 중요한 의사결정이라고 할 수 있다. 오늘날 많은 제조업체들이 해마다 새로운 공장을 신설하고, 기존의 공장을 확장하는 추세를 보이고 있다. 또한 수많은 상점, 사무용 건물, 창고, 서비스산업 시설의 신축과 증축도 늘어나고 있다.

이와 같이 생산설비, 서비스시설, 여러 조직의 지점과 대리점 등의 위치를 결정하는 입지결정은 전략적으로 중요한 문제이다. 왜냐하면 생산설비의 입지결정은 기업의 운영비용, 제품과 서비스의 가격, 시장에서의 경쟁력에 큰 영향을 미치기 때문이다. 특히 대부분의 서비스는 고객과의 직접적인 접촉이 요구되므로 서비스업의 입지문제는 사업의 성패를 결정짓는 중요한 문제라고 할 수 있다.

입지선정은 기업의 경쟁력에 직접적인 영향을 미치는 중요한 의사결정문제로서 입지결정의 영향력을 경쟁우위요소와 관련하여 살펴보면 다음과 같다.

① 생산원가와 제품의 가격

입지는 생산원가와 제품의 가격에 직접적인 영향을 미친다. 재료비와 노무비, 운송비와 같은 변동비와 시설 및 토지가격 등과 같은 고정비는 생산원가와 제품의 가격에 직접적인 영향을 미친다. 예를 들면, 소비시장에 근접한 입지는 운송비의 절감과 신속한 납품 등으로 생산원가와 가격을 낮출 수 있다.

② 제품의 품질

입지는 제품과 서비스의 품질에도 영향을 미친다. 예를 들면 시간의 흐름에 따라서 제품의 품질이 떨어지는 야채나 생선 등의 식품류는 소비시장 근처에 입지하는 것이 좋은 품질의 유지에 도움이 되며, 우수한 노동력이나 품질이 좋은 원재료를 확보할 수 있는 곳의 입지도 품질 향상에 도움을 준다.

③ 시간

입지는 수요에 대한 신속한 반응에도 영향을 미친다. 즉, 원자재 공급지역이나 제품의 수요지역 가까이에 입지하면 고객 수요에 대해 더욱 신속하게 반응할 수 있다.

④ 유연성

입지는 유연성에도 영향을 미친다. 예를 들면 고객이나 시장 근처에 다수의 공장을 세울 경우 고객요구에 대한 유연성이 증대되어 경쟁력이 높아진다. 원자재를 비롯한 투입요소의 신속한 접근은 고객요구에 신속하게 대응할 수 있게 한다.

4.2 입지선정의 과정

입지선정의 과정은 기업의 규모와 생산하는 제품과 서비스의 특성에 따라 접근방법이 다르다. 일반적으로 중소기업은 경영자의 활동영역 내에서 입지를 결정하지만, 대기업은 보다 넓은 지역을 대상으로 입지선정을 하며 정형적인 접근방법을 많이 활용한다. 일반적인 입지선정의 과정은 다음과 같다.

① 1단계 : 생산능력의 규모 결정

입지의 결정을 위하여 선행되어야 할 조건은 생산량, 즉 생산능력(capacity)의 규모를 어느 정도의 크기로 하느냐를 결정해야 한다.

② 2단계 : 입지대안의 평가요인 선정

입지를 결정하는 데 어느 곳이 가장 적합한가를 평가하기 위한 요인들을 결정해야 한다. 일반적인 입지결정요인에는 고객과의 근접성, 비즈니스 환경, 삶의 질, 사회간접시설, 노동의 질, 공급자 및 자원근접성 등이 있으나, 이러한 입지요인들은 기업의 활동범위나 산출하려는 제품 혹은 서비스의 특성에 따라 달라질 수 있다.

③ 3단계 : 입지결정요인의 중요도 결정

입지의 결정에는 많은 요인들이 영향을 미친다. 그러나 때로는 한두 가지의 입지요인이 결정을 좌우할 수 있을 정도로 각 입지요인간의 중요도는 다르다. 예를 들면, 원료의 근접성은 제조공장의 입지를 결정하는 데 중요한 요인이 된다. 특히 시멘트 공장은 원료 생산지의 위치가 입지결정의 주요한 요인이다. 서비스 시설의 입지를 결정하는 주요한 요인으로는 교통의 편리성, 고객근접성, 시장의 근접성 등이 있다. 이러한 입지결정요인들의 중요도를 고려하여 입지 결정에 활용한다.

④ 4단계 : 입지대안의 제시

생산하려고 하는 제품 혹은 서비스의 특성을 고려하여 몇 가지 대안을 검토한다. 이러한 입지대안들은 생산시스템의 운영뿐만 아니라 기업 전체의 이익을 실현하기 위한 보다 종합적인 측면에서 제시되어야 한다.

⑤ 5단계 : 각 대안의 평가 및 최적안 선택

입지결정요인과 중요도를 명확히 하고, 각 대안들을 평가하여 그 결과에 따라 가장 적합한 최적안을 선정한 후에 선택된 최적안의 입지가 기업의 목적과 일치되는 장소인지를 검토하여 최종적인 입지를 선택한다.

제 5 절 입지선정의 영향요인

입지선정에 영향을 주는 요인들은 주어진 설비에 대한 투입물, 산출물, 환경간의 상호관계에 의해 결정된다. 본 절에서는 일반적인 입지요인들을 제조업과 서비스업으로 구분하여 살펴본다.

5.1 제조업의 입지요인

제조업의 입지는 기업활동 전반에 장기적인 영향을 줄 뿐만 아니라 시장, 경쟁자, 주변환경 등 많은 요소들의 동태적인 변화와도 관련되므로 전략적으로 다루어져야 한다. 제조업의 입지요인은 일반적으로 다음과 같은 사항을 검토해야 한다.

① 노동환경

임금수준, 교육의 필요 정도, 작업에 대한 태도, 작업자의 생산성, 노동조합의 분위기 등의 노동환경이 특히 노동집약적인 산업에서는 중요한 입지요인이 된다.

② 시장근접성

일반적으로 산출된 제품 혹은 서비스에 대한 수요가 큰 곳을 시설입지로 선정하게 된다. 즉, 제품의 부피와 중량이 크고 단가가 상대적으로 저렴하면 수송비 부담이 크므로 시장근접성이 중요한 요인이 된다.

③ 삶의 질

교육여건, 문화적 환경, 생활비 등이 삶의 질(quality of life)을 결정한다. 특히 하이테크분야에서 우수한 인력의 확보를 위해서는 이러한 요인이 중요하다.

④ 자원과 시설의 근접성

원료공급지 접근이 보다 유리한 산업, 즉 부피가 크거나 중량이 많이 나가는 원자재에 의존하는 산업에서는 자재수송비용의 부담이 크기 때문에 공급자 및 자원의 근접성을 강조한다. 또한 모기업의 다른 시설과의 근접성이 비용절감에 중요한 영향을 미친다. 많은 기업에서 공장들은 다른 부문에 부품을 공급하거나 다른 부문의 경영진이나 스탭의 지원에 의존하기도 하기 때문에 이러한 활동들은 거리가 멀어지면 어려워질 수 있다.

⑤ 수송의 효율성

원자재를 원산지나 공급지로부터 공장까지 옮기거나 제품을 수요지 시장으로 운송하는 수송문제는 입지선정의 중요한 요인이며, 여기에서는 자원의 수송에 필요한 수송시간과 수송비용이 주요 결정변수가 된다.

⑥ 토지 및 건설비용, 공공서비스, 세금

에너지, 전화, 물과 같은 공공서비스와 세금 및 금융지원, 이전비용과 토지 및 건설비용 등도 제조업의 입지요인으로 중요하다.

⑦ 기타 요인

상기의 입지요인 외에도 설비확장의 여유공간, 다양한 수송수단의 이용가능성, 보험비용, 지역의 법규, 지역사회의 인식, 기후조건 등 많은 요인들이 고려의 대상이 될 수 있다.

5.2 서비스업의 입지요인

서비스업의 입지는 제조업의 입지요인에 추가하여 판매와 고객만족에 미치는 영향도 고려하여야 한다. 고객들은 보통 서비스 설비가 가까운 곳을 선호한다. 특히 고객과의 접촉이 많은 시설은 입지요인에서 고객과의 근접성이 가장 중요하다.

① 고객과의 근접성

서비스업의 입지요인으로는 고객들이 얼마나 편리하게 거래할 수 있는 위치인가가 핵심적 요인이다. 즉, 주거밀도, 교통량, 소득수준 등이 매출액 추정에 절대적인 영향을 미치기 때문에 서비스 시설의 입지요인으로 고객과의 근접성은 매우 중요하다. 예를 들면 은행, 호텔, 식당 등은 고객이 많이 모여드는 장소가 주요 입지결정 기준이 된다.

② 수송비용 및 시장근접성

창고와 유통활동에 있어서는 시장근접성이 대단히 중요하다. 창고가 시장에 가까이 있으면 기업은 재고를 고객과 가까운 곳에 보유함으로써 인도시간을 줄이고 판매를 촉진할 수 있다. 왜냐하면 적시인도시스템이 경쟁우위를 확보할 수 있는 중요한 요인이기 때문이다.

③ 경쟁업체의 입지

산업에 따라서 경쟁자의 근처에 입지하는 것이 유리할 수도 있으므로 경쟁자의 현재 입지가 자신들의 새로운 입지에 미칠 수 있는 영향도 고려되어야 한다.

④ 입지위치의 특성

소매업의 경우에는 상업활동의 수준, 주거밀도, 교통의 흐름 및 가시성(visibility) 등도 고려해야 한다. 고객은 종종 충동적으로 구매하는 경우가 있기 때문에 해당지역의 상업활동의 수준이 중요하며, 또한 대부분의 고객이 자동차를 이용하여 구매활동을 하기 때문에 교통의 흐름과 주차시설, 가시성 등은 입지선정에 중요한 요인이 될 수 있다.

⑤ 대응시간

소방서, 파출소, 병원 응급실 등의 긴급시설이나 응급시설의 경우에는 대응시간이 가장 중요한 입지요인이다.

⑥ 주요 시설과의 근접성

변호사, 세무사 등의 전문직종은 가장 많은 시간을 보내는 지역 가까이에 입지를 선정하게 된다. 즉 변호사는 법원, 세무사는 세무서 근처에 사무실을 개설한다.

제 6 절 입지결정을 위한 기법

본 절에서는 입지선정을 위해 일반적으로 사용되고 있는 손익분기분석방법, 요인평가법, 수송계획법 등과 같은 기본적인 방법들에 대하여 간략히 살펴본다.

6.1 입지 손익분기분석방법

입지 손익분기분석(locational break-even analysis)방법은 입지대안을 경제적으로 분석하는 데 활용할 수 있다. 이 방법은 각 입지대안에 대한 입지요인을 고정비와 변동비로 구분하여 생산량의 변동에 따라 이들 비용의 변화를 나타내는 손익분기도표를 작성하여 최소비용을 나타내는 입지를 찾는 것이다.

그림 6-2 | 입지분석을 위한 손익분기점분석

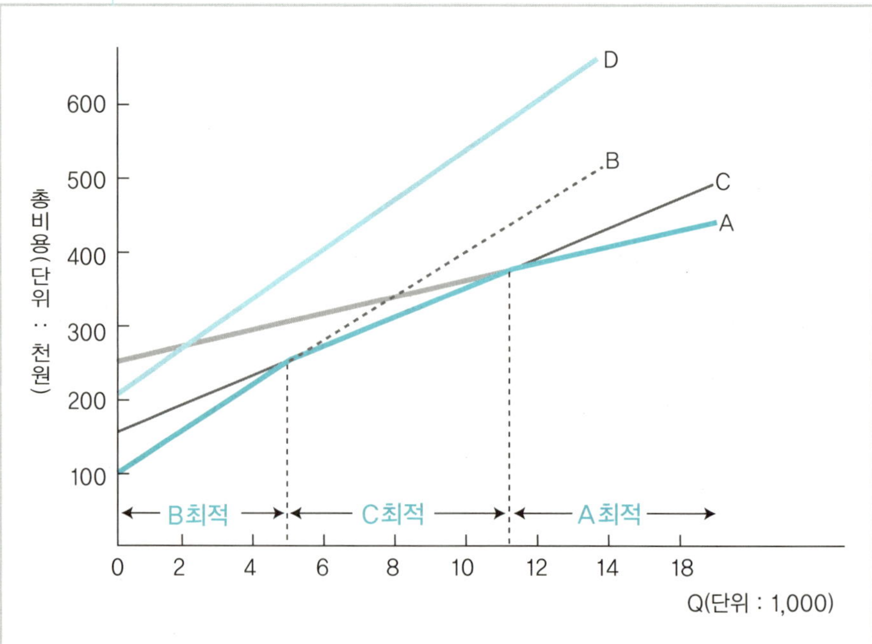

이 분석은 대수적 그리고 도표적 방법을 이용하며, 다음의 절차를 거쳐 수행된다.

- 각각의 입지대안에 대하여 고정비와 변동비를 산출한다.
- 모든 입지대안에 대한 총비용선을 그린다.
- 각 대안의 기대산출수준에 대하여 최저총비용구간을 찾는다.

6.2 요인평가법

요인평가법(factor rating method)은 분석대상의 입지를 여러 가지 기준에 대하여 평가하는 방법이다. 즉 입지결정에서 고려해야 할 여러 가지 요인들을 선정한 다음, 이들 요인들의 상대적 중요도에 따라 가중치를 부여하여 평가하고, 각 요인의 평가점수에 가중치를 곱한 다음 이를 합산하여 각 후보지의 총점을 계산하여 가장 높은 점수를 얻은 후보지가 선정된다. 요인평가법의 구체적인 절차는 다음과 같다.

- 중요한 입지요인들을 선정한다.
- 각각의 입지요인에 대하여 상대적 중요도에 따른 가중치를 할당한다.
- 후보로 거론되고 있는 위치에 대하여 입지요인별로 평점을 부여한다.
- 각 입지요인의 상대적 가중치와 평점을 곱한 후에 이를 합산하여 각 후보지의 총평점을 계산해서 가장 높은 총평점을 갖는 입지가 최적 입지로 선정된다.

표 6-5 입지요인과 평가결과

입지요인	입지 A	입지 B
노동력의 공급	우	수
수송의 편의성	미	양
지역사회의 태도	수	우
정부의 규제	가	미
생활여건	우	미
연간 투자수익률	미	수

| 표 6-6 | 입지요인의 가중치와 평가점수

입지요인	가중치	점수	
		입지 A	입지 B
노동력의 공급	15	8	10
수송의 편의성	5	6	4
지역사회의 태도	5	10	8
정부의 규제	5	2	6
생활여건	10	8	6
연간 투자수익률	60	6	10

6.3 수송계획법

대부분의 입지분석기법은 주로 단일공장의 입지를 결정할 때 사용되는 분석기법이다. 이러한 기법들은 특정제품의 시장과 공장을 여러 곳에 가지고 있는 기업에서 복수공장의 입지를 결정하는 복수시설의 입지선정(multiple-facility location decisions)문제에는 적합하지 않다. 이러한 복수시설의 입지결정에 이용되는 분석방법이 선형계획법의 특수형태인 수송계획법(transportation method)이다. 수송계획법의 응용은 여러 입지간의 관계에서 총수송비가 최소가 되도록 각 시설을 배분하는 경우에 이용된다.

제 7 절 글로벌 입지결정

오늘날처럼 경영의 세계화가 진전된 시대에는 세계시장을 무대로 기업활동을 전개하지 않을 수 없게 되었다. 왜냐하면 기업들이 기업의 가치사슬의 여러 활동 중에서 필요한 활동부문을 여러 나라에 활동의 근거지를 확보하여 더욱 더 큰 가치를 실현함으로써 고객만족을 실현해야 하기 때문이다. 본 절에서는 글로벌 생산시설의 운영에 관해 살펴본다.

7.1 글로벌화의 진전

경영의 세계화로 인하여 기업이 어떤 나라에 공장을 설치할 것인가에 대한 의사결정은 비용과 투자만의 문제가 아니고 법적, 사회적 및 정치적 문제 등을 포함하는 복잡한 의사결정문제이다. 과거에는 같은 산업에 속한 기업들이 특정한 지역에 밀집하는 경향이 있었으나 최근에는 산업들이 특정한 지역에 밀집하려는 경향보다는 지리적으로 분산되는 경향이 강해지고 있다. 특히 전자우편, 팩스, 화상회의, 특송회사 등의 기술발전에 따라 위치나 거리문제는 입지와 관계가 점차 낮아지고 있다.

서비스의 세계화도 광범위해지고 있으며 세계무역에서 서비스업이 차지하는 비중도 점차로 커지고 있다. 특히 은행업, 법률서비스, 정보서비스, 항공업, 교육서비스, 컨설팅서비스 등이 두드러진다. 이러한 세계화는 수송 및 통신기술, 금융기관에 대한 규제완화, 수입제품 혹은 서비스에 대한 수요증대, 수입쿼터와 무역장벽 저하 등 여러 가지 요인에 의해 더욱 촉진되고 있다.

그러나 해외에서의 생산활동에는 불이익이 따를 수도 있다. 기업이 부품을 해외의 협력업체에 의존하고 원하는 품질과 원가의 목표를 달성하기 위해서 특허기술을 포기해야 하는 경우도 있다. 또한 외국의 노동인력의 기능수준이 낮아 추가적인 교육훈련이 필요할 수도 있다. 예를 들면 우리나라 기업들 중에서 신발 생산공장을 임금이 싼 중국이나 인도네시아 등으로 이전하는 기업들이 있지만 높은 수준의 기능을 요하는 등산화와 롤러스케이트 등은 우리나라에서 직접 생산하고 있다. 그리고 기업의 생산활동이 해외의 여러 나라에서 이루어질 경우 고객에 대한 반응시간이 늦어질 수도 있다.

7.2 글로벌 생산시설의 운영

많은 기업들이 해외에 공장을 설립하는 이유로 원자재 확보의 용이성, 저렴한 노동력의 이용, 해외시장의 개척 및 확보, 시장규제의 완화, 관세 및 수송비의 절감, 연구 및 기술개발 등을 들고 있다. 기업이 해외입지를 결정할 때 그의 투자효과가 장기적으로 지속되어야 하며 큰 위험부담이 없이 운영될 수 있는 지역을 선정하는 것이 중요하다. 이를 위해서는 해외에 공장을 세우려는 특정 국가에 관한 요인과 그곳에서 생산하려는 특정 제품에 관한 요인들을 신중하게 분석해야 한다.

특정국가에 관한 요인으로는 그 나라의 시장규모, 투자환경, 기술수준, 경쟁국과의 거리 등으로 구분할 수 있다. 시장규모는 그 나라의 1인당 국민소득이나 제품의 생산액이 척도가 되며, 투자환경이란 그 나라의 투자여건으로써 경제적, 정치적, 법률적, 사회적 환경 등으로 볼 수 있다. 그리고 진출하려는 국가의 기술수준이 높은 경우 비교적 짧은 기간에 기술개발이 가능하기 때문에 기술수준이 낮은 국가에 비해서 모방기간이 더 짧다. 또한 해외시장과의 거리가 멀수록 경쟁국이나 현지에서 생산하는 것보다 불리한 경우가 많다. 특히 수송기간이 많이 소요되거나 수송비가 많은 비중을 차지하는 제품의 경우 경쟁면에서 불리하다.

해외공장에서 생산하려는 특정제품에 관한 요인으로는 수송비용, 경제적 생산규모, 생활필수품인가 고급품인가의 여부 등을 들 수 있다. 해외입지에 있어서 가장 중요한 요인은 수송비이다. 그리고 생산규모가 적으면 비교적 적은 자본으로 시장규모가 적은 국가에서도 쉽게 경쟁자가 진출할 수 있기 때문에 경제적 생산규모가 상대적으로 적은 경우에 모방기간이 짧다. 또한 일반적으로 생활필수품은 모방기간이 짧다.

해외입지선정에 있어서 현지 정부의 정책, 소비자들의 기호, 종업원들의 기능 및 문화적 차이점 등도 중요한 고려사항이며, 이외에도 언어장벽, 규범과 관습의 차이, 경영관행의 차이, 익숙하지 않은 법과 규제, 원가구성의 차이 등을 극복하는 것도 중요한 과제로 대두되고 있다.

국제입지선정에 영향을 미치는 요인들을 계량적 요인과 정성적 요인으로 구분하여 정리하면 [표 6-7]과 같다.

표 6-7 국제입지선정에 영향을 미치는 요인

계량적 요인	질적 요인
노동력비용	정치적 안정 정도
원재료비용	경제적 환경
간접비용	정부의 규제
세금	현지의 법규
운송비용	국내 기업의 이미지
보험료	문화적 차이
포장비용	언어 문제
관세	투자와 회수 제약
환율	무역장벽
정부의 인센티브	노동조합의 특성

사 례 생산능력과잉, 향후 수년간 중국경제에 부담

과도하게 많은 생산설비가 향후 중국 경제에 큰 부담이 될 수 있다는 우려가 제기됐다. 이 같은 '생산능력과잉(overcapacity)'은 비효율적인 투자와 자원배분의 왜곡을 초래함은 물론 자칫 기업 부실화와 대량파산으로 이어질 수 있는 요인이다.

중국의 생산능력과잉은 투자 확대를 제약하며, 해소 과정에서 보호주의 경향을 강화시킬 우려가 있다. 수출시장인 선진국 경제의 회복이 늦어질수록 생산능력 과잉 문제의 부작용은 더욱 커질 것이다.

생산능력과잉은 불확실한 미래수요에 대한 전망하에 시장점유율을 높이기 위해 치열한 경쟁을 벌여야 하는 시장경제에서 으레 생기는 문제다. 계획경제에서처럼 정부가 투자조정을 하지 않다 보니, 한 기업의 입장에서는 적정하고 합리적인 투자가 산업 전체로 볼 때는 과도한 투자로 귀결되는 경우가 있다.

올해 8월 기준 중국의 생산능력과잉 업종 수는 19개로, 2005년(10개) 대비 두 배 가까이 증가했다. 해당 업종으로는 강철, 시멘트, 평판유리, 석탄화공, 다결정실리콘, 풍력발전설비 등이다.

이에 대해 중국 정부도 발 벗고 나선 상태다. 생산능력과잉 문제에 대한 중국정부의 종합대책이 국가발전개혁위원회 주도로 성안중이며, 조만간 발표될 예정이다.

다만 글로벌 경기, 특히 선진국 경기 회복이 더뎌질 경우 생산능력과잉 문제는 산업구조조정이나 내수 확대를 통해 해결하는 길밖에 없을 것이다.

생산능력과잉 부문이 중국 전체 고정자산투자에서 차지하는 비중이 5~10%에 이른다면서 퇴출, 신규진입 제한 등을 골자로 하는 산업 구조조정은 상당기간 투자 확대를 제약하는 요인이 될 것이다.

아울러 내수확대의 열쇠를 쥐고 있는 소비가 올 들어 꾸준한 증가세를 보이고는 있지만 구조적 장애요인들이 많아 올해 투자가 했던 성장의 견인차 역할을 단기간 내 대신하리라고 낙관하기 힘들다"면서 "생산능력과잉 문제는 중국 경제에 산업구조 전환의 과제를 던져주고 있을 뿐 아니라 향후 3~4년간의 경제성장에도 부정적인 영향을 줄 것이다.

자료 : 아시아경제(2009. 11. 1), "생산능력과잉, 中에 독 될 것" 제하 기사의 요약 정리

연 습 문 제

1. 생산능력의 개념에 관하여 설명하시오.

2. 설계능력과 유효능력을 비교 설명하시오.

3. 유효능력의 결정요인을 설명하시오.

4. 생산시스템의 설계시 생산능력에 관한 의사결정이 중요한 이유를 설명하시오.

5. 생산능력계획의 절차를 간단히 설명하시오.

6. 생산능력의 단기조정방법에 관해 설명하시오.

7. 장기적인 생산능력의 조정방법에 관해 설명하시오.

8. 입지선정에 관한 의사결정은 기업의 전략적 차원에서 다루어져야 하는 이유를 설명하고, 중요한 입지요인을 제조업과 서비스업으로 구분하여 비교 · 설명하시오.

9. 대학 주변의 서비스시설(병원, 백화점, 슈퍼마켓, 식당 등)을 업종별로 세 곳을 선정하여 각각의 입지요인을 설명하시오.

10. M맥주의 생산관리자가 신규공장의 입지 A, B, C에 대한 관련비용이 다음과 같을 때 각 입지가 바람직하게 되는 수요량의 범위를 얻기 위하여 총비용곡선을 그래프에 그리고 입지 손익분기분석을 이용하여 세 지역에 대한 생산량의 범위를 계산하시오.

입지지역	연간 고정비	단위당 변동비
A지역	20,000	50
B지역	40,000	30
C지역	80,000	10

11. 박씨는 한정식 식당을 운영하기 위해 A와 B 두 곳의 입지를 고려하고 있다. 중요한 고려요인은 잠재고객의 수, 건축비와 운영비용, 주변환경과 주차공간 등이다. 박씨는 두 입지에 대해 이러한 입지요인들을 아래의 표와 같이 평가하였다. 가중치가 모두 같다고 할 경우 두 입지를 요인평가법에 의해 평가하시오(수=10점, 우=8점, 미=6점, 양=4점, 가=2점으로 계산하고 숫자로 나타나는 평가치에 대해서는 더 좋은 쪽부터10점, 8점 순으로 하여 환산할 것).

구분	입지 A	입지 B
잠재고객의 수/년	10,000	11,000
비용(백만원/년)	48	52
주변환경	미	우
주차공간	수	미

12. 해외공장의 입지문제와 국내공장의 입지문제 특성과 차이점에 관해 설명하시오.

CHAPTER 7

공급사슬관리

오늘날 급변하는 기업환경에서 성공적으로 경쟁하기 위해서는 경영자는 공급자와 고객에 대하여 많은 것을 알아야 한다. 경영자는 공급자로부터의 제품과 서비스의 투입이 고객의 욕구를 충족시키는 조직의 역량에 중요한 영향을 미치게 됨을 인식함으로써 공급사슬관리를 사업전략의 핵심요인 중의 하나로 고려해야 한다. 공급사슬은 원자재 공급자로부터 고객에 이르기까지의 여러 가지 기능과 활동을 조직적으로 연결시킨 네트워크이다.

공급사슬관리의 궁극적인 목적은 공급사슬 구성요소 중 어느 한 개별기업 단위의 최적화에서 탈피하여 공급사슬 구성요소들 간에 이루어지는 공급관련 프로세스를 획기적으로 개선하여 공급사슬 전체의 최적화를 달성하는 것이다. 즉, 원자재 공급자에서 고객에 이르는 모든 공급사슬 구성 요소들 사이에 물적 흐름인 원자재와 부분품뿐만 아니라 정보와 자금 등을 통합 관리하여 전체 최적화를 이루며 궁극적으로 공급사슬 총비용의 최소화와 고객만족 향상을 달성하는 것이다.

제 1 절 공급사슬관리의 개요

기업의 경영구조가 다양화되고 고객만족을 통한 기업의 경쟁우위 확보가 매우 어려운 상황 속에서 많은 기업들은 고객들이 원하는 다양한 형태의 가치를 효율적으로 제공하기 위하여 기업 내부의 기능별 경계뿐만 아니라 기업 외부의 공급자 및 고객들과의 경계를 무너뜨릴 수 있는 운영관리시스템을 새롭게 개발해야 할 필요성을 절실히 느끼고 있다. 이는 공급사슬관리가 사업전략의 핵심요인 중의 하나로 인식되고 있음을 뜻한다.

본 절에서는 공급사슬관리의 기본개념, 공급사슬관리의 중요성, 공급사슬관리의 목적, 공급사슬관리의 효과 등에 대해 살펴본다.

1.1 공급사슬관리의 기본개념

기업 외부의 공급자 및 고객은 구체적으로 [그림 7-1]에서와 같이 원자재 공급자, 부품 제조업체, 완제품 제조업체, 창고/물류센터, 소매업체 등으로 구성되며 이를 공급사슬(supply chain)이라 부른다.

예를 들면 공급사슬은 원자재 공급자가 철광석, 목재, 원유 등을 원자재 가공업체에 공급하는 것으로부터 시작한다. 원자재 가공업체는 부품 제조업체의 주문과 사양에 따라 원자재를 가공하여 구리, 철판, 알루미늄, 목재 등을 생산한 후 이를 부품 제조업체에 납품한다. 부품 제조업체는 완제품 제조업체의 주문과 사양에 따라 전선, 볼트, 너트, 합판, 플라스틱 부품 등과 같은 중간부품을 생산하여 완제품 제조업체에 공급한다. 완제품 제조업체는 완제품을 생산하여 창고나 물류센터에 보관하거나 소매업체에 판매하고 마지막으로 소매업체는 완제품을 최종고객에게 판매한다. 최종고객은 자신들의 요구와 기대수준에 미치지 못한 제품에 대해서는 제품을 반품하거나 보증수리를 요청할 수 있으며 또한 기사용 중인 제품의 재활용 및 폐기처리를 요청할 수 있는데 이와 관련된

그림 7-1 | 공급사슬

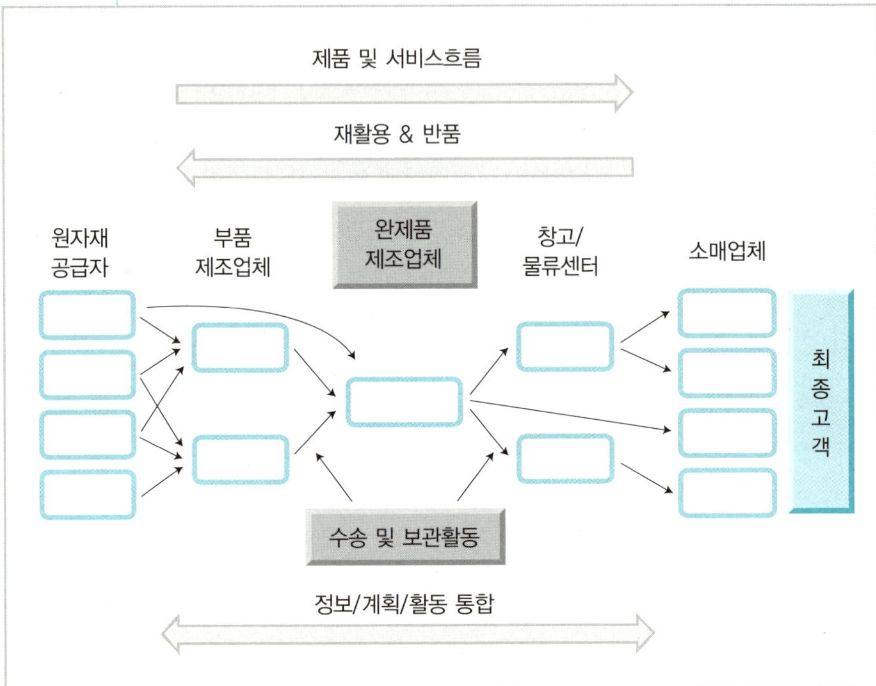

활동을 역물류(reverse logistics) 활동이라고 하며 이것도 공급사슬에 포함된다.

결과적으로 모든 제품은 자신만의 고유한 공급사슬을 통하여 최종고객에게 전달되며 또한 기업의 궁극적인 목표가 고객에게 가치를 제공할 수 있는 운영관리시스템을 개발하여 운영하는 것이라고 볼 때 공급사슬의 효율적인 관리는 매우 중요하다고 할 수 있다.

공급사슬관리(supply chain management : SCM)는 다음과 같이 매우 다양하게 정의되고 있다.

■ The Institute for Supply Management의 정의

최종소비자의 니즈를 충족시키기 위하여 조직의 경계를 초월하여 이음매 없는 부가가치 프로세스를 설계하고 관리하는 것이다.

■ The Supply Chain Council의 정의

수요와 공급의 관리, 원자재와 부품의 조달, 제조 및 조립, 제품보관과 재고 추적, 수주 및 주문관리, 공급사슬 경로간의 배송, 그리고 고객에게 배달하는 것 등을 말한다.

■ The Council of Logistics Management의 정의

공급사슬관리와 유사한 개념인 로지스틱스관리(logistics management)는 고객의 요구를 만족시키기 위하여 출발점에서부터 소비점까지의 전 과정에 걸쳐 원재료, 재공품 및 완제품과 이와 관련된 정보의 효율적이고 비용효과적인 흐름과 보관을 계획 · 실행 · 통제하는 프로세스이다.

이러한 다양한 정의들을 종합하여 공급사슬관리를 다음과 같이 정의한다.

공급사슬관리는 고객서비스 수준을 만족시키면서 시스템 전반에 걸친 총비용을 최소화할 목적으로 제품이 적절한 수량으로, 적절한 장소에, 적절한 시간에 생산되어 분배되어지도록 공급자, 제조업자, 창고, 물류센터, 소매업자들을 효율적으로 통합하는 데 이용되는 일련의 접근법이다.

위와 같이 정의된 공급사슬관리는 가치사슬 관점(value chain perspective), 흐름 관점(flow perspective), 프로세스 관점(process perspective), 정보기술 관점(IT perspective) 등으로 세분화하여 살펴볼 수 있다.

① 가치사슬[1] 관점

고객의 고객(customer's customer)에서 공급자의 공급자(supplier's supplier)까지 전 프로세스에 걸친 가치사슬의 최적화 및 이를 통합한 가상기업(virtual corporation)의 구현이다. 공급자의 공급자에서 시작하여 구매, 제조,

1 가치사슬(value chain)이란 Porter(1985)에 의해 주창된 것으로 기업활동에 관련된 연구개발, 인프라, 시제품제작, 생산 · 판매 · 소비의 모든 주체의 활동을 포괄하는 개념이다.

그림 7-2 가치사슬의 흐름도

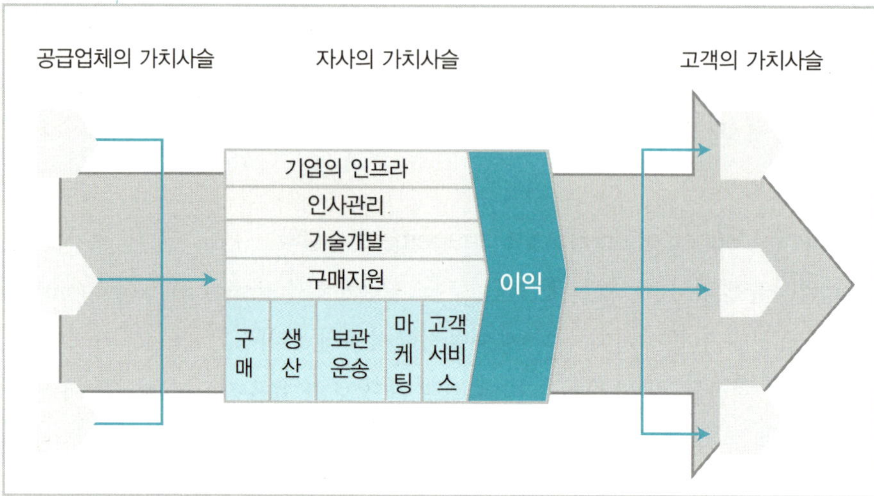

자료 : Michael Porter, *Competitive Advantage*, 1985.

분배, 유통을 거쳐 소비자에게 이르는 모든 재화 및 서비스 그리고 그들의 흐름에 수반되는 가치의 흐름을 통합하고 연계하여 전체적인 시스템으로 이해하고 분석하려는 경영 패러다임으로써 우리가 택하고 있는 관점이다. 이는 포터의 가치사슬을 확장시켜 비즈니스 흐름상의 각 기업의 비즈니스시스템을 통합함으로써 하나의 거대한 사슬을 구축하는 것이다. [그림 7-2]는 공급사슬에서 공급업체의 가치사슬로부터 고객의 가치사슬에 이르는 가치사슬의 흐름도를 나타내고 있다.

② 흐름 관점

원재료에서 고객에 이르는 공급사슬의 모든 과정에서 각 구성요소들 사이의 재화, 정보, 자금의 흐름을 총체적으로 관리하여 공급사슬의 효율을 증가시키는 전략이다.

③ 프로세스 관점

공급사슬관리는 속도와 확실성을 보장하며 관련된 프로세스를 통해 추가로 발생하는 가치를 극대화하여 조직의 이익과 효율을 증가시키는 방법이다.

④ 정보기술 관점

공급사슬관리는 자재구매를 위한 의사결정과 계획, 생산일정계획, 고객 배송, 재고를 최적화하는 과정까지를 지원하는 소프트웨어의 확장된 개념이다.

1.2 공급사슬관리의 중요성

공급사슬관리가 최근에 중요한 이슈로 부각되고 있는데 여기에는 다음과 같은 몇 가지 이유가 있다.

- 기업경쟁의 심화
- 높은 물류비용
- 예측의 불확실성
- 경영활동의 세계화
- 대량고객화(mass customization)

① 기업경쟁의 심화

오늘날 기업간 경쟁이 치열해짐에 따라 비용 및 납기의 개선이 요청되고 있으며 또한 고객지향, 고객만족, 시장요구에 적응하기 위해서 공급사슬의 혁신 요구가 증대되고 있다. 특히 HP, Dell, Wall-Mart, 미국 섬유산업, 식료품산업, 의류산업, 자동차산업 등에서 공급사슬관리의 성공사례들이 계속 발표되면서 이에 대한 확산을 더욱 촉진시키고 있다.

② 높은 물류비용

지금까지 대부분의 기업들은 적시생산(just in time : JIT), 린생산(lean manufacturing), 품질경영(total quality management : TQM) 등과 같은 새로운 제조기술 및 전략을 활용하여 현실적으로 가능한 범위 내에서 제조비용을 최대로 줄여 왔다. 그러나 공급사슬에서 운송비용과 재고비용 등 제조과정 외부의 물류비용이 부가가치의 60~70%를 차지한다는 사실을 인식하기 시작했다.

③ 예측의 불확실성

2.2절에서 상세히 논의할 채찍효과(bullwhip effect)에 의해 고객주문 및 수요성향에 대한 예측정보가 소매업체, 도매업체, 물류센터, 제조업체, 공급자 방향으로 전달되는 과정에서 지연이나 왜곡현상이 발생하여 재고부족, 과잉재고 등의 문제가 발생하므로 이에 대한 효율적인 관리가 절실히 요청되고 있다.

④ 경영활동의 세계화

기업활동이 세계화되면서 공급사슬상의 리드타임이 길어지고 불확실해졌으며 또한 부품조달비용, 인건비, 금융비용, 생산성, 운송비용 등은 국가별 지역별 편차, 관세 및 환율 법규의 국가별 차이, 지역별 제품사양의 차이 등을 감안해야 하므로 물류 과정도 복잡해지고 있다.

⑤ 대량고객화

대량고객화(mass customization)는 20세기에 보급된 두 가지 생산 패러다임인 수공생산(craft production)과 대량생산(mass production)의 장점만을 취하고자 하는 개념이다. 오늘날 기존의 표준화된 제품을 대량생산하여 고객에게 밀어내던 방식을 탈피하여 고객의 다양한 요구에 맞추어 다양한 제품을 합리적으로 낮은 가격에 생산하여 납품하는 대량고객화 서비스가 보편화되고 있다. 결과적으로 대상품목이 많아지면서 재고 및 물류관리를 비롯하여 주문관리, 생산계획, 정보관리 및 추적관리가 복잡해짐에 따라 공급사슬관리의 중요성이 부각되고 있다.

1.3 공급사슬관리의 목적

공급사슬관리의 궁극적인 목적은 공급사슬 구성요소 중 한 개별기업 단위의 최적화에서 탈피하여 공급사슬 구성요소들 간에 이루어지는 공급관련 프로세스를 획기적으로 개선함으로써 공급사슬 전체의 최적화를 달성하고자 하는 것이다. 즉, 원자재 공급자에서 고객에 이르는 모든 공급사슬 구성요소들 사이에 물적 흐름인 원자재와 부분품뿐만 아니라 정보와 자금 등을 통합 관리하여 전체 최적화를 이루며 궁극적으로 공급사슬 총비용의 최소화와 고객만족 향상을 달성하고자 하는 것이다. 공급사슬관리가 추구하는 기본적인 목표들에 대해 좀 더 구체적으로 살펴보면 다음과 같다.

① 전체 공급사슬의 최적화

공급사슬관리의 중요한 해결과제 중의 하나는 순차적인 계획수립 프로세스를 전체 최적화로 대체하는 것이다. 순차적인 계획 프로세스에서는 공급사슬 구성요소들이 다른 구성요소에 미치는 영향을 고려하지 않고 단지 자신들의 이익만을 최적화하고자 한다. 반면에 전체 최적화의 목적은 공급사슬 성과를 최대화하도록 공급사슬의 활동들을 조정하는 것이다.

그러나 공급사슬의 구성요소들은 각각 상이하고 상충되는 목적들을 가질 수 있다. 심지어 동일한 구성요소 내에서도 재고감소와 수송비용 간에, 제품 다양성의 증가와 재고수준의 감소 간에 상충관계가 있을 수 있다. 따라서 공급사슬의 전체 최적화를 달성하기 위해서는 공급사슬 내에 있는 가용정보를 잘 활용하여 공급사슬 내에 존재하는 다양한 상충관계들을 효율적으로 해결해 나가야 하며 이는 공급사슬관리의 가장 기본적인 목표 중의 하나이다.

② 공급사슬로부터 생성되는 총가치의 최대화

공급사슬이 생성하는 가치는 고객이 구매한 최종 완제품의 가치와 공급사슬이 고객요구를 충족시키는 데 소요한 노력에 대한 가치와의 차이이다. 다시 말해 대부분의 공급사슬에서 가치는 공급사슬 수익성(supply chain profitability)의 개념과 밀접한 관련이 있는데, 이는 고객이 지불한 제품 구입비의 총합인 공급사슬 수입과 공급사슬 전체에 걸쳐 발생된 총비용의 차이로 정의된다.

예컨대, Dell사로부터 컴퓨터를 구입한 고객이 2,000달러를 지불하면 이는 공급사슬이 받는 수입이 된다. 한편 Dell사와 공급사슬의 다른 구성요소들은 정보를 전달하고, 부품을 생산 · 저장 · 운송하고, 자금을 이체하는 등 여러 가지 활동과 관련된 비용이 발생한다. 이때 고객이 지불한 2,000달러와 공급사슬 상에서 발생된 비용의 총합과의 차이가 바로 공급사슬 수익성인 것이다. 따라서 공급사슬 수익성은 공급사슬의 모든 구성요소들에 걸쳐 공유되는 총이익의 개념이므로 공급사슬의 성공 여부는 공급사슬 구성요소인 각 개별기업 단위의 수익성 관점이 아닌 공급사슬 수익성 관점에서 측정되어져야 한다. 결과적으로 공급사슬 수익성이 크면 클수록 공급사슬이 생성하는 가치는 커지고 공급사슬은 더욱 더 효율적인 업무를 수행한 것으로 볼 수 있다.

③ 다양한 고객의 니즈와 제품공급과정의 효율적인 일치

다양한 고객의 니즈를 충족시키면서 동시에 공급사슬상의 총재고수준을 가능한 낮추고 총비용을 최소화하기 위해 공급사슬 구성요소 간의 활동들을 서로 일치시켜 나가야 한다. 즉, 고객을 가장 잘 이해하는 소매업체가 고객의 니즈에 자신의 활동을 일치시키고 또한 도매업체가 소매업체의 니즈에, 완제품 제조업체가 도매업체의 니즈에, 더 나아가 부품 제조업체가 완제품 제조업체의 니즈에, 원자재 공급자가 부품 제조업체의 니즈에 자신의 활동을 일치시키는 것이다. 이를 위해서는 공급사슬 구성요소 간의 밀접한 협력(partnership)이 필요하며 또한 전체 공급사슬 구성요소 간의 활동들을 일치시킴으로써 궁극적으로 고객만족을 극대화시키면서 동시에 고객으로부터 최대의 구매를 유도해 낼 수 있다.

1.4 공급사슬관리의 효과

공급사슬관리를 도입하면 과잉재고 및 재고부족의 위험을 줄이고 재고를 적정수준으로 유지할 수 있게 되어 재고비용과 관련된 보관비와 인건비 등이 절감되며 업무 프로세스를 단축할 수 있다. 또한 주문 정확도가 향상되어 안정적인 제품공급이 가능하고 생산원가를 절감할 수 있으며 최종적으로 고객에게 양질의 제품과 서비스를 제공할 수 있게 된다.

1980년대부터 1990년대 중반까지 미국에서 시행된 과거의 전통적인 공급사슬에서는 유통비용의 감소를 위해 도·소매업의 통합을 추구하였는데 이를 통해 국가 전체적으로 물류비의 약 3분의 1 정도를 절감한 것으로 알려져 있다. 또한 1990년대 후반 이후부터 인터넷 기반의 공급사슬관리가 태동하면서 물류비용 축소와 같은 소극적인 측면에만 치중한 것이 아니라, 산업 전체적으로 정보와 제품의 전달을 정확하고 빠르게 수행하면서 고객만족을 지향하고 있다.

현재까지 이러한 인터넷 기반의 공급사슬관리 효과에 대한 국가 전체적인 관점에서의 연구결과는 많지 않으나 미국 공급사슬관리 전문가들의 판단에 의하면 전통적인 공급사슬관리보다 훨씬 더 폭발적인 효과를 나타낼 것으로 예상하고 있다. 현재 우리나라의 공급사슬관리 수준은 현실적으로 미국과 적어도 20년 이상의 격차가 있는 것으로 판단되며, 현재의 GNP 대비 13%대를 넘어서는 국가 전체의 물류비가 미국처럼 GNP 대비 10% 미만으로 떨어지려면 국가 전체적으로 많은 노력을 해야 할 것이다.

제 2 절 불확실성 관리

공급사슬관리의 목적은 전체 공급사슬의 최적화를 추구하는 것이다. 그런데 공급사슬은 불확실한 환경하에서 설계되고 운영되기 때문에 전체 공급사슬의 최적화를 달성하기가 결코 쉽지만은 않다. 그러나 비록 불확실성이 완전히 제거될 수는 없다 하더라도 공급사슬 내에서 불확실성을 야기하는 요인들을 파악하여 이들의 영향을 최소화할 수 있는 다양한 방안을 마련하는 것은 반드시 필요하다.

본 절에서는 불확실성의 요인, 채찍효과의 정의 및 채찍효과 발생요인, 채찍효과에 대한 대처방안, 수요 및 공급의 불확실성과 공급사슬전략 등에 대해 간략히 살펴본다.

2.1 불확실성의 요인

공급사슬의 흐름은 고객의 주문에서부터 시작된다. 고객의 주문은 주문정보로써 공급사슬을 따라 각 상위단계로 올라가면서 전달되고, 이에 대한 대응으로써 물적 흐름이 공급사슬을 따라 각 하위단계로 내려가면서 이동하게 된다. 따라서 최종고객의 주문에 대한 제품과 서비스의 제공은 공급사슬 전체를 통한 프로세스를 거쳐 이루어지는 것이라 할 수 있다.

공급사슬에서 수요와 공급의 일치를 달성하는 것은 중요한 해결과제 중의 하나이다. 예컨대, 보잉(Boeing)사는 원자재 부족, 내부와 공급자 측의 재고부족과 생산성의 비효율성 등으로 26억 달러의 손해를 입었으며 IBM의 앱티바 피씨(Aptiva PC)는 출시되자마자 곧바로 매진되었는데 IBM은 이러한 물량의 부족으로 인해 몇 백만 달러의 잠재적 수익이 감소되었다. 이와 같이 공급사슬에서의 고객수요에 대한 공급자의 공급은 완전한 균형을 이루기가 힘들다.

하나의 기업 또는 조직에서도 기능 간의 문제가 발생하는 것처럼 공급사슬은 하나의 조직만으로 구성되는 것이 아니어서 구성원 간의 의사소통에 문제가 발생할 수 있다. 이와 같은 문제는 공급사슬에서 발생하는 불확실성이 존재하기 때문이다. 가장 근본적인 원인으로는 리드타임의 차이와 정보교류의 문제에 있다. 리드타임 차이라는 것은 공급사슬에서 조달하고 생산을 마쳐 고객에게 전달되는 전체 시간과 주문을 내고 제품과 서비스가 도달할 때까지 고객이 기다려 주는 고객주문 사이클과의 차이를 말한다.

또한 공급사슬이 독립적으로 운영되는 경우 배송기간이 길어져서 다단계 의사결정을 초래하므로 불확실성이 심화된다. 제조 산출량, 운송시간 그리고 구성요소의 가용성 등과 같은 것들도 모두 불확실한 요인들이며 공급사슬에 지대한 영향을 미칠 수 있다. 공급사슬이 더 크고 지리적으로 분산되어 있을수록 자연적, 인적 재해가 공급사슬에 엄청난 영향을 미칠 수 있으므로 이와 관련된 불확실성의 관리는 매우 중요하다고 할 수 있다.

2.2 채찍효과

채찍효과(bullwhip effect)는 고객으로부터 생성된 수요의 변동폭이 공급사슬을 따라 각 상위단계로 올라감에 따라 변동폭이 점점 더 증가한다는 개념이다. 채찍효과는 재고수준의 증가와 고르지 못한 생산능력 활용수준 등을 촉진함으로써 궁극적으로 비용의 증가를 가져오기 때문에 매우 중요한 관심사이다.

채찍효과가 어떻게 발생하는지를 이해하기 위해 고객, 소매업자, 유통업자, 제조업자, 공급자로 구성된 공급사슬을 고려해 보기로 한다. 먼저 고객은 소매업자에게 완제품을 주문하고 소매업자는 고객의 수요를 살펴 유통업자에게 주문을 낸다. 유통업자는 소매업자로부터 주문을 받아 제조업자에게 주문을 내는데, 만일 유통업자가 고객수요에 대한 정보를 가지고 있지 않다면 그의 주문량을 결정하기 위해 소매업자의 수요를 예측해야 한다.

이제 소매업자가 일시적으로 할인판매를 결정했다고 가정하자. 이때 소매업자는 예상되는 판매 증가에 대비하기 위해 유통업자에게 주문량을 증가시킬 것이다. 그러면 유통업자는 어떻게 대응하겠는가? 만일 유통업자가 소매업자의 할인판매에 대한 정보가 없다면 소매업자의 갑작스런 주문량 증가에 놀라게 될 것이며 또한 미래에는 심지어 지금보다도 더 많은 주문이 들어올 수도 있다고 판단할 수 있을 것이다. 따라서 유통업자의 자연스러운 대응은 제조업자에게 더 많은 주문을 하여 더 많은 안전재고를 확보함으로써 미래수요의 불확실성으로부터 자신을 보호하고자 할 것이다. 이러한 현상은 제조업자에게도 반복되어 결국 제조업자는 공급자에게 매우 많은 양의 주문을 내게 될 것이다.

만일 소매업자가 할인판매를 끝냈다고 가정하면 소매업자는 정상적인 적은 양의 주문으로 돌아갈 것이며 결과적으로 유통업자는 많은 양의 초과재고를 보유하게 될 것이다. 따라서 유통업자는 미래의 주문량을 과감하게 감소시키는 결정을 하게 될 것이며 이로 인해 제조업자 또한 공급자에 대한 주문량을 대폭 감소시킬 것이다.

[그림 7-3]에서 보는 바와 같이 공급사슬의 하위단계 끝단의 고객에게서 발생되는 수요의 작은 변동이 상위단계로 갈수록 주문량의 큰 변동을 만들어 낼

그림 7-3 채찍효과

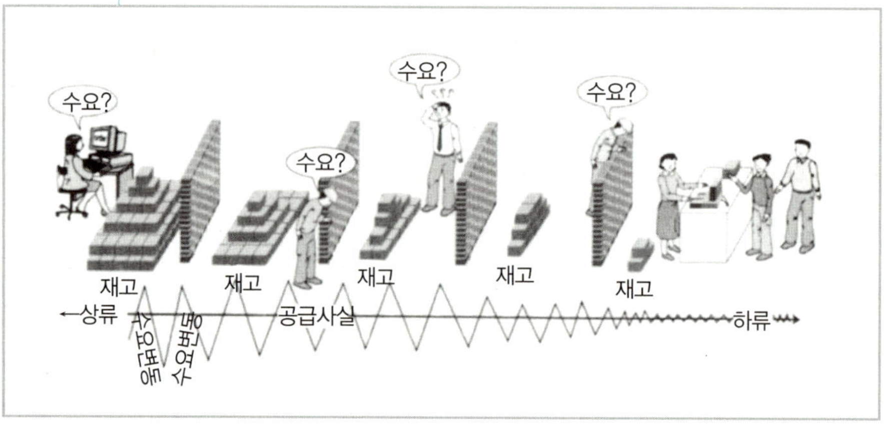

수 있다. 이는 정보의 부재로 인해 공급사슬 구성요소들이 주문량의 변화에 과잉반응하는 경향이 있기 때문이다. 이처럼 공급사슬의 단계를 통해 발생되는 변동의 증폭이 채찍효과이다.

2.3 채찍효과 발생 요인

앞절에서 논의한 바와 같이, 채찍효과는 공급사슬 전반에 미치는 파장이 크고 고비용을 초래할 수 있는 문제이다. 또한 채찍효과는 공급사슬 참여기업들이 통제해야 하는 수많은 요인들에 의해 발생한다.

① 수요예측의 갱신

구매자가 주문을 낼 때마다 공급자는 구매자의 주문정보를 미래의 수요예측에 사용한다. 공급자들은 이 정보에 기초하여 수요예측 및 구매자에 대한 주문을 갱신한다. 발주에서 납품까지의 리드타임이 길어질수록 안전재고 또한 증가하게 되고, 이들은 공급사슬을 따라 각 상위단계로 올라가면서 발주되는 주문에 포함된다. 이런 식으로 주문이 매 기간마다 달라지고 재고검토기간이 변함에 따라 변동이 증대되며, 따라서 수요예측을 자주 갱신하게 된다. 이러한 것들은 채찍효과의 주된 원인이 된다.

② 배치식 주문

구매자가 주문비용이나 수송비용을 절약하기 위해 트럭이나 컨테이너를 가득 채워 주문하려는 욕구는 주문간격을 길게 만들거나 주문간격을 불규칙하게 만든다. 결과적으로 공급자는 어느 시점에는 많은 양의 주문을 받지만 다음 주문 때까지는 공급자 물품에 대한 수요가 발생하지 않게 된다. 따라서 이러한 구매자의 배치식 주문은 수요변동성을 확대시키고 채찍효과를 증가시킨다.

③ 가격변동

공급자들이 판매촉진이나 수량할인 또는 그 밖의 가격할인을 시행할 경우, 이에 따른 가격변동은 낮은 가격을 이용하여 미리 재고를 확보하려는 구매자들 사이에 심각한 선구매(forward buying) 행위를 초래한다. 선구매는 공급사슬 각 단계에서의 판매촉진으로 인해 소매업자와 소비자, 유통업자와 소매업자, 제조업자와 유통업자 사이에서 발생하며, 불규칙적인 구매패턴과 그에 따른 채찍효과를 초래한다. 이러한 가격할인이 자주 시행되면 기업들은 가격이 할인될 때를 기다려 구매할 것이므로 채찍효과는 훨씬 더 심각해질 것이다. 이와 같은 수요의 급증현상에 대처하기 위해, 제조업자들은 직원들의 초과근무나 휴무일을 활용하여 생산능력을 조절하거나 많은 재고를 보관할 저장공간을 확보해야 하고, 운송비용을 더 부담해야 하며, 재고가 더 오랜기간 유지될 경우 높은 재고손실을 감수해야 하는 문제를 안게 될 것이다.

④ 할당과 부족분게임

할당(rationing)은 수요가 공급자의 완성품 재고를 초과할 때 발생할 수 있다. 이 경우 공급자는 구매자의 주문에 비례하여 공급량을 할당하게 된다. 즉 제품의 공급량이 전체 수요의 75%라고 한다면 구매자들은 그들이 주문한 양의 75%를 할당받게 될 것이다. 따라서 구매자들이 그들의 주문량과 공급량 사이의 이와 같은 관계를 파악한다면 그들은 필요한 양을 공급받기 위해 주문을 부풀릴 가능성이 많은데 이러한 전략을 부족분게임(shortage gaming)이라고 한다. 이러한 경우 공급자와 또 그들의 공급자들은 더욱 높아진 수요 수준을 만족시키기 위해 노력할 것이고, 그로 인해 공급문제는 더욱 악화될 것이 분명하다.

이러한 상황은 미국을 비롯한 세계 여러 나라의 가솔린 공급과 같은 문제에서 종종 발생하고 있다. 공급부족의 발생을 예측한 순간 소비자들은 탱크 가득 가솔린을 채우거나 비축하려고 하기 때문에 수요는 급격히 증가하게 되고, 그 결과 실제 공급량 부족현상이 발생하게 된다. 부풀려진 주문량으로 인해 이 같은 부족이 발생할 경우 공급자들은 더 이상 실수요를 판단할 수 없게 된다. 이는 결국 생산능력, 저장공간, 운송에 대한 불필요한 투자를 초래할 수 있다.

2.4 채찍효과에 대한 대처방안

기업은 일반적으로 채찍효과를 발생시키는 요인들을 완충재고(buffering), 지연(postponement), 정보공유(information sharing), 조정(coordination) 등의 네 가지 방법을 통해 처리한다.

① 완충재고

기업들은 안전재고(safety stock), 안전리드타임(safety lead time), 안전생산능력(safety capacity) 등과 같은 세 가지 형태의 기본 완충재고 중의 하나 이상을 이용하여 불확실성을 갖는 사건들로부터 운영시스템을 보호하고 있다.

- 안전재고는 수요 또는 공급량, 타이밍, 제품믹스 등에 있어서의 예상치 못한 변동으로부터 기업을 보호하기 위해 여분의 재고를 사용하는 것과 관련이 있다.
- 안전리드타임은 기업이 작업을 재조정하거나 예상치 못한 내부적인 지연에 대처할 수 있도록 고객에게 약속한 배달리드타임을 증가시킨다. 안전리드타임과 관련된 문제는 실제적인 리드타임이 늘어나고 또한 할당된 안전리드타임을 전부 소요하려는 경향이 있다는 것이다. 이는 직원들이 여분의 시간에 익숙해지게 되고 안전리드타임을 정규 스케줄의 일부분으로 이용하려고 하기 때문이다.

- 안전생산능력은 사용되지 않는 기계나 노동관련 초과생산능력으로써 계획되지 않은 주문의 변화를 수용하기 위한 것이다. 이는 가끔 가상생산능력(virtual capacity)이라고도 불리며 공급자와 하도급계약을 신속하게 수행하는 능력을 포함한다.

② 지연

지연은 연관된 불확실성이 해결될 때까지 서비스나 제품공급에 필요한 활동의 일부를 연기하는 것을 뜻한다. 예를 들어, 다양한 색상의 니트의류를 만드는 베네통(Benetton)사의 원래 생산공정에서는 먼저 실을 염색하고 다음 공정에서 뜨개질한 후 최종적으로 의류를 조립하였다. 최종 의류의 색상은 염색할 때 결정되므로 각 색상에 대한 수요가 염색하기 훨씬 전에 예측되어져야 했다. 이에 따라 특정 색상에 대한 수요예측치가 실제수요보다 훨씬 큰 경우에는 완제품에 대한 엄청난 과잉재고를 감수해야 했다.

그런데 베네통사가 뜨개질된 의류를 적절한 색상으로 염색할 수 있는 제조기술을 개발한 이후로는 원래의 생산공정을 염색되지 않은 실을 구매하여 뜨개질한 후 염색되지 않은 의류로 조립하는 생산공정으로 변환하였다. 아울러 판매시즌이 다가와도 손쉽게 의류를 염색할 수 있게 되었다. 사실 일부 염색공정은 설사 판매시즌이 시작되었다고 하더라도 수요를 매우 정확히 파악한 다음에야 비로소 수행되어진다.

결과적으로 베네통사는 니트의류의 색상 고객화를 지연시킬 수 있게 되었으며 또한 실을 구매할 때 모든 색상의 의류를 만드는 데 필요한 실에 대한 총괄수요만을 예측하는 것으로 충분하게 되었다. 즉, 베네통사는 완제품에 대한 염색공정을 정확한 수요가 발생되는 시점까지 지연시킴으로써 염색되지 않은 실에 대한 안전재고수준을 현저히 낮출 수 있게 되었다.

③ 정보공유

공급사슬과 관련된 불확실성은 공급사슬 구성요소들 간의 정보공유 부족의 산물이다. 고객들은 그들의 예측치, 판매자료, 생산일정계획, 향후 계획 등을 그들의 공급자들과 좀 더 긴밀하고 신속하게 공유할 때 불확실성을 감소시킨다. 또한 공급자들은 그들의 생산일정계획, 활용가능한 생산능력, 미래의 생산능력계획 등을 그들의 고객들과 공유함으로써 불확실성을 감소시킨다. 그러나 정보공유는 일면 간단해 보이지만 사실 매우 어려울 수 있다. 예컨대, 공급자가 수천 명의 고객과 정보를 공유해야 하는 시스템을 생각해 보자. 정보는 힘이다. 따라서 공급자와 그들의 고객들은 그들의 경쟁우위 확보를 위해 독점하고 있거나 또는 매우 중요한 정보를 서로 공유하는 것에 대해 상당히 신중한 모습을 보이고 있다.

④ 조정

공급사슬 파트너들이 스스로 어떤 활동들을 할 것임을 서로 약속함으로써 단순한 정보공유 차원이 아닌 보다 더 큰 조정을 이루어 낼 수 있다. 예컨대, 구매자는 공급자에게 예측정보를 제공하고 공급자는 구매자에게 생산일정계획과 활용가능한 생산능력수준에 대한 정보를 제공한다고 가정한다. 또한 구매자는 다음달에 실제 수요와는 상관없이 공급자로부터 일정수준의 구매를 하는 것에 동의하고, 공급자는 이 주문을 충족할 생산능력을 확보하는 것에 동의한다고 가정한다. 이때 공급자는 이러한 협약으로 인해 좀 더 높은 확실성을 가지고 생산을 계획할 수 있고 구매자는 공급가용성에 대한 좀 더 높은 확실성을 갖게 된다.

2.5 수요 및 공급의 불확실성과 공급사슬전략

수요와 공급의 불확실성은 공급사슬전략을 이해하는 데 좋은 프레임워크를 제공한다. 그러므로 공급사슬전략을 수립하기에 앞서 제품의 수요와 공급에 대한 특성을 파악하는 것이 중요하다. 제품은 수요의 패턴에 따라 기능적(functional) 제품과 혁신적(innovative) 제품으로 분류할 수 있다. 기능적 제품이란 일상용품이나 식료품과 같이 다양한 상점에서 구입 가능한 제품으로서, 인간의 기본적 욕구를 충족시키기 위하여 필요한 제품을 의미하는데, 수요가 안정적이고 예측가능하며 긴 제품수명주기를 보이는 특징을 갖고 있다. 반면에 유행감각이 뛰어난 의상이나 첨단 컴퓨터와 같은 혁신적 제품은 수익성은 높으나, 제품수명주기가 짧고 수요예측이 어렵다는 특징을 가진다. 이로 인해 기능적인 제품과 혁신적인 제품의 경우 근본적으로는 다른 형태의 공급사슬이 요구된다.

또한 올바른 공급사슬 전략 구축을 위한 선행요건으로 공급자 측면의 불확실성에 대한 고찰도 중요하다. 공급의 불확실성 정도에 따라 안정적(stable) 공급 프로세스와 진화적(evolving) 공급 프로세스로 구분할 수 있다. 안정적 공급 프로세스는 근원적인 기술 및 전환과정이 성숙기에 속하며 공급기반이 매우 잘 확립되어 있는 프로세스로 정의되는 반면, 진화적 공급 프로세스는 근원적인 기술 및 전환과정이 아직 초기 개발단계 또는 급변하는 환경에 속하여 있는 프로세스로 정의된다. 안정적인 공급 프로세스에서는 제조의 복잡성이 낮거나 관리가능한 범위 내에 있는 경향이 강하며, 따라서 제조 프로세스는 높은 수준의 자동화 및 장기적 공급계약이 효과적일 것이다. 반면에 진화적 공급 프로세스 환경에서는 제조 프로세스 자체가 잦은 조정을 필요로 하며, 기계의 고장 및 불확실한 수율 등이 종종 문제가 되곤 한다. 공급업체 자체도 프로세스의 혁신을 필요로 하기 때문에 공급기반 자체의 안정성도 떨어지게 되는 경향이 있다.

공급사슬전략은 네 가지의 유형으로 구분할 수 있는데, [표 7-1]은 수요와 공급의 불확실성이 다른 제품의 특성에 적합한 공급사슬 전략의 형태를 보여주고 있다.

| 표 7-1 | 공급사슬 설계 전략

		수요의 불확실성	
		낮음(기능성 상품)	높음(혁신성 상품)
공급의 불확실성	낮음 (안정적 프로세스)	식료품, 기본의류, 휘발유 효율적 공급사슬	패션의류, 퍼스널 컴퓨터 반응적 공급사슬
	높음 (진화적 프로세스)	수력발전, 일부 식품 위험회피 공급사슬	텔레콤, 반도체, 첨단 컴퓨터 민첩 공급사슬

① 효율적(efficient) 공급사슬

이 공급사슬의 경우는 가장 높은 비용효율성을 목표로 하는 전략을 사용하는 공급사슬로 이런 목표달성을 위해서는 부가가치를 창출하지 않는 활동들을 제거하여야 하며, 규모의 경제를 추구하고 생산과 유통에서 가용한 능력을 최대한 활용할 수 있도록 최적화 기법의 적용이 주요하다. 한편, 공급사슬에서 효율적이고 정확하며 비용효과적인 정보의 전달이 보장될 수 있는 정보의 연계가 확립되어야 한다.

② 위험회피(risk-hedging) 공급사슬

이 공급사슬의 경우는 공급사슬 내의 자원을 밀집하고 공유함으로써 공급단절로 인한 위험을 공유하는 목표를 사용한다. 단일 공급원의 경우는 공급단절 시 취약할 수 있으나, 다수의 공급원을 포함하고 있거나 공급원 대체가 가능한 경우는 공급단절로 인한 위험을 줄일 수 있다. 예를 들어 어떤 회사가 공급단절의 위험을 회피하기 위하여 핵심부품의 안전재고수준을 높이거나 다른 회사와 핵심부품의 재고를 공유한다면 재고유지비용을 공유할 수 있을 것이다. 이러한 전략은 재고를 공유할 수 있는 소매업종이나 딜러십에서는 매우 일반적이다. 이러한 경우에는 특히 정보기술의 역할이 매우 중요한데, 재고와 수요에 관한 실시간 정보가 재고를 공유하는 파트너들 간에 가장 비용효과적인 제품의 관리 및 이동을 보장하게 된다.

③ 반응적(responsive) 공급사슬

이 공급사슬의 경우는 고객이 유동적이고 다양한 욕구에 유연하게 대응하는 것을 목표로 한다. 반응적이기 위하여 회사는 고객의 특정 요구사항을 만족시킬 수 있는 주문생산 및 대량고객화 프로세스를 사용하게 된다.

④ 민첩(agile) 공급사슬

이 공급사슬의 경우는 고객의 욕구에 유연하게 대응하는 것을 목표로 하는 전략을 사용하지만, 재고 및 다른 자원들을 밀집하여 공유함으로써 공급 부족이나 단절을 회피하는 공급사슬이다. 이 경우는 위험회피 공급사슬 및 반응적 공급사슬의 장점을 결합한 전략을 사용하는 것이 필수적이다. 이 공급사슬의 경우는 변화가 심하며 예측 불가능한 고객의 수요에 매우 대응적이어야 하며, 공급단절의 위험을 최소화할 수 있도록 민첩하여야 한다.

제 3 절 공급자재고관리

최근에 많은 기업들이 지속적인 재고보충기법으로 잘 알려진 공급자재고관리(vendor managed inventory : VMI) 기법을 도입하여 실행하고 있다. VMI는 미국의 P&G사와 월마트(Wal-Mart) 간의 성공사례로부터 출발하여 현재 K-Mart, Dillard 백화점, JCPenney 등과 같은 미국의 많은 기업에서 매우 성공적으로 활용하고 있으며 우리나라의 백화점에서도 대부분의 제품에 대한 재고관리를 VMI 기법을 활용하여 수행하고 있다.

본 절에서는 공급자재고관리의 개요 및 공급자재고관리의 성공요소 등에 대해 간략히 살펴본다.

3.1 공급자재고관리의 개요

공급자재고관리는 제조업자의 창고관리를 공급자인 벤더가 직접 관리하는 것으로 공급사슬의 운영효율을 높이기 위하여 사용되는 대표적인 협력사간 전략 중의 하나이다. 공급자는 재고의 저장, 창고의 입출고 흐름의 통제, 보충주문의 수행 등을 포함하는 제조업자의 창고에 있는 재고에 대한 관리를 책임진다. 때때로 공급자는 고객이 제품을 구매할 때까지 재고의 소유권을 갖기도 하며 또한 재고가 저장되는 위치에 공급자의 대리인이 파견되기도 한다.

이러한 접근방법은 고객인 제조업자와 공급자에게 다음과 같은 몇 가지 중요한 이점을 제공한다. 첫째로, 고객은 자재 및 구매관리자에 의해 발생하는 노동비용을 포함한 재고관리 관련 비용을 절감할 수 있다. 둘째로, 고객의 일정과 품질요구를 보다 잘 이해하기 위해 파견된 공급자의 대리인이 생산일정관리자 및 다른 생산직원과 직접적으로 일하기 때문에 고객은 공급자로부터 보다 대응적인 서비스(responsive service)를 받을 수 있다. 셋째로, 공급자는 고객의 생산운영에 대한 통찰력을 얻을 수 있고, 주문일정을 제어함으로써 고객의 내부적 운영에서 발생하는 요구를 보다 잘 수용할 수 있다.

VMI의 효과는 고객의 수요정보나 재고정보, 혹은 생산계획정보 및 판촉정보를 공급자와 공유함으로써 공급자가 다수의 고객으로부터 발생하는 수요에 대한 가시성을 확보하여 수요예측의 정확도를 향상시킬 수 있으며, 이러한 정보에 기반한 효과적인 재고관리에 의해 공급사슬 전체의 재고수준감소와 고객서비스수준의 향상을 가져올 수 있다. 따라서 VMI는 기존의 공급사슬에서 발생할 수 있는 채찍효과를 감소시킬 수 있다.

3.2 공급자재고관리의 성공요소

VMI에서는 재고소유권을 명확하게 해야 한다. 일반적으로 구매자가 공급자로부터 제품을 수령하게 되면 재고에 대한 소유권도 구매자가 소유하게 되나 VMI에서는 비록 구매자가 공급자로부터 제품을 수령했다 하더라도 구매자가 제품을 판매하기 전까지는 공급자가 재고에 대한 소유권을 가진다. 공급자가 재고소유권을 가짐으로써 구매자는 재고비용 감소 등의 이점이 있는 반면 공급자는 효과적인 재고관리를 위해서 구매자와 재고수준에 관한 협의가 필요하다. 왜냐하면 구매자는 그들의 고객에 대한 서비스수준을 높이기 위하여 가능한 많은 재고를 보유하고자 하는 반면 재고에 대한 소유권을 가지고 있는 공급자는 가능한 적은 재고를 유지하고자 할 것이기 때문이다.

VMI를 성공적으로 도입하기 위해서는 구매자와 공급자간에 효과적인 정보공유가 필수적이다. 구매자의 변화하는 내부정보 중 필요한 정보가 실시간으로 공급자에게 전달되지 못할 경우 공급자가 일방적으로 재고부담을 감수해야만 하는 상황이 발생할 수 있다. 따라서 구매자와 공급자 간의 파트너십을 효과적으로 유지하기 위해서는 구매자와 공급자 모두에게 정보시스템이 필요하다. EDI 혹은 인터넷 기반 정보시스템의 구축은 구매자의 POS 정보를 공급자에게 전달하고 배송정보를 구매자에게 전달하고자 할 때 정보전달 시간을 줄이고 실수를 없애는 데 필수적이며 바코딩이나 스캐닝 또한 데이터의 정확성을 유지하는 데 절대적으로 필요하다.

제 4 절 공급사슬관리의 미래

오늘날 많은 회사들이 공급사슬관리가 제공하는 장점과 단점을 인식하기 시작하였다. 공급사슬관리는 공급사슬 구성원 간의 문화적 차이, 새로운 정보시스템에 대한 투자와 훈련, 공급사슬 구성원 간의 경쟁전략의 변화나 재조정 등을 포함하는 매우 복잡한 관리기법이다. 또한 공급사슬이 시장의 변화에 유연하게 대응하기 위해서는 공급사슬의 우선순위도 변화해야 한다. 이와 관련하여 공급사슬관리의 최근 동향과 미래의 추세를 살펴보면 다음과 같다.

4.1 공급사슬의 확장

오늘날 공급사슬을 세계적으로 확장하고자 하는 기업에게는 비용과 위험을 감수해야 하는 단점도 있지만 다른 한편으로는 많은 이점이 있다. 예를 들어 월마트는 공급사슬을 세계화함으로써 비싼 보험료, 높은 운송비용, 재고부족과 배송지연 등과 같은 높은 비용과 위험이 존재하는 반면 많은 이익을 얻고 있다.

글로벌 기업은 시장을 확대하고 시장의 환경변화에 대응하기 위하여 외국

기업과의 파트너십을 확대하고 있다. 글로벌 기업은 구매, 생산, 선적, 배송활동을 조정하기 위해 전 세계에 위치한 협력회사들과 함께 움직이고 있으며 공급사슬의 통제범위를 2차, 3차 공급업체와 고객까지 확대시키고 있다.

이러한 공급사슬의 확장은 두 가지 측면에서 발생하고 있다. 첫째는 외국 공급업체 및 고객뿐만 아니라 외국 제조업자, 사무실, 소매점 등을 포함시켜 공급사슬의 범위(breadth)를 확장하는 것이고, 둘째는 2차, 3차 공급업체와 고객을 포함시켜 공급사슬의 깊이(depth)를 확장하는 것이다.

통합기술, 제조, 수송 등의 발전과 향상에 따라 전 세계의 더욱 더 많은 기업들이 하이테크 부품과 완제품들을 생산하여 판매할 수 있는 능력을 갖게 되었으며 수요가 증가할 때마다 이들을 전 세계 시장으로 빠르게 이동시킬 수 있게 되었다. 또한 EU, WTO, NAFTA와 같은 무역협정은 시장의 확대를 가져왔으며 기업이 쉽게 공급기반과 시장을 확장할 수 있도록 하였다. 전자상거래 시장의 확대도 공급사슬을 쉽고 신속하게 확장하는 데 큰 역할을 하였다. 이처럼 지난 수년간 글로벌 시장 확대가 급속하게 이루어졌으며, 이러한 추세는 앞으로도 계속될 전망이다.

아울러 기업이 그들의 1차 공급업체와 고객과의 공급사슬 관계에서 자신감을 경험함에 따라 2차, 3차 공급업체 및 고객과의 관계를 구축함으로써 공급사슬의 범위 또는 깊이를 확장하려는 경향이 있다. 이러한 공급사슬의 확장 현상은 모든 산업분야에서 일어나고 있으며 공급사슬관리가 성숙함에 따라 지속적으로 증가할 것이다.

4.2 공급사슬의 대응성 증가

민첩생산(agile manufacturing), 적시생산시스템(just in time : JIT), 대량고객화(mass customization), 신속대응(quick response : QR) 등을 통해서 기업은 고객의 요구에 보다 유연하고 신속하게 대응하고 있다. 오늘날 경쟁이 더욱 치열해지면서 기업은 고객에게 더 신속하게 대응하는 방법을 찾고 있다.

고객에 대한 대응성을 높이려면, 공급사슬은 최종 고객의 니즈와 시장의 흐름을 파악할 수 있어야 하며 시장에서 성공적으로 경쟁할 수 있는 제품과 서비스를 선정해야 한다. 또한 이러한 요구사항들이 공급사슬 구성원들과 그들이 제공하는 중간제품과 서비스에 어떠한 영향을 미치는지 고려해야 한다. 일단 이런 과제들이 공급사슬 구성원들에게 잘 알려져 있다면, 제품과 서비스전달 시스템을 더 효과적이고 신속하게 설계함으로써 대응성을 높일 수 있다.

그러나 말은 쉽지만 실제로 고객 대응성을 높이기 위해서는 다음과 같은 많은 일들이 요구된다.

- 공급사슬 관계의 재평가
- 비즈니스 프로세스 리엔지니어링의 활용
- 창고의 재배치
- 신제품과 서비스의 설계
- 제품설계 주기의 단축
- 공정과 제품의 표준화
- 종업원의 다기능화 교육 수행
- 정보시스템의 구축

따라서 대응성을 통해서 높은 수준의 고객만족을 달성하기 위해서는 기업문화의 변화뿐만 아니라 공급사슬을 통해서 제품, 서비스, 정보 등을 제공하는 기술의 변화도 필요하다. 이것은 공급사슬의 효과성을 높이기 위해 중요한 과제이다.

4.3 공급사슬의 친환경화

오늘날 기업들은 글로벌 공급사슬이 다양한 수준의 환경규제와 준수에 관한 문제에 직면해 있음을 깨닫기 시작했다. 이를테면 한 나라의 느슨한 환경성과가 경제적인 관점에서 뿐만 아니라 환경책임 관점에서도 공급사슬의 나머지 부분에 악영향을 끼칠 수 있다는 것을 인식하고 있다. 제품을 생산하여 최종 고객에게까지 배송하는 과정에서 발생하는 폐포장재, 일산화탄소, 소음공해 및 기타 다양한 형태의 산업공해와 교통정체 등은 환경에 악영향을 미친다. 공급사슬관리가 보다 광범위해짐에 따라 공급사슬 구성원들은 이러한 환경문제를 최소화시키기 위하여 더욱 노력해야 할 것이다.

시간이 지남에 따라 환경친화적인 공정에 대한 소비자의 관심이 점점 더 커져 환경문제가 공급사슬을 관리하는 기업의 주요 관심사로 떠오르게 되었다. 최근 연구결과에 의하면 미국 소비자의 75%가 구매결정 시 환경에 관한 기업의 평판도를 고려한다고 응답했다. 또한 기업은 공해방지 활동과 쓰레기감소 활동 등을 통해서 제품의 원가를 줄이고 있다. 환경에 대한 소비자의 인식이 높아져 가는 이러한 상황에서 기업이 취할 수 있는 성공적 경쟁전략은 다음과 같다.

- 재사용이 가능한 재료의 사용
- 회수 및 재사용이 가능한 용기, 팔레트 포장재료의 사용
- 공급사슬상의 회수품에 대한 효율적인 관리
- 효과적인 수송, 저장, 포장분할, 재포장 전략의 설계
- 모든 공급사슬 구성원들의 환경경영시스템화

이러한 환경친화적인 활동의 이점으로는 조직 전반에 걸친 비용절감, 중복활동의 방지, 마케팅 이점, 낭비감소, 그리고 궁극적으로 고객만족 제고 등을 들 수 있다.

4.4 공급사슬의 비용절감

공급사슬관리의 목표 중에서 비용절감은 매우 높은 우선순위에 해당한다. 오늘날 공급사슬이 경쟁력을 유지하기 위해서는 고객의 요구사항을 충족시키면서도 동시에 지속적인 비용절감 노력을 수행해야 한다. 기업은 낭비절감, 구매비용절감, 과잉재고 및 비생산적인 활동 감축을 통하여 비용절감을 달성할 수 있다. 또한 공급사슬이 점차 성숙해 감에 따라 지속적인 개선 노력과 더욱 원활한 의사소통 및 공급사슬 프로세스의 통합을 통해 비용절감 측면에서 공

사 례 **도요타 리콜사태와 SCM전략**

2007년 미국의 GM을 제치고 생산대수 1위, 2008년 판매대수 1위로 세계 자동차시장 점유율 1위로 올라선 일본의 도요타자동차는 일본경제의 상징이자 일본 제조업의 상징이었다. 이처럼 업계의 선망을 받던 도요타자동차가 2009년부터 2010년에 걸쳐 발생한 가속페달 결함 문제로 인해 전 세계적으로 1,000만 대가 넘는 리콜을 단행하면서 그 파문이 확산되고 있다.

많은 전문가들이 도요타 사태의 요인으로 무리한 원가절감 정책과 과도한 해외생산 규모 확대를 지적한다. 즉, 도요타는 글로벌 경쟁이 심화됨에 따라 선도 기업으로서의 위치를 유지하고자 원가절감에 노력해 왔지만, 지나친 원가절감으로 설계, 부품조달, 조립에 이르는 전 과정에서의 품질관리에 소홀하게 되었다는 것이다. 또한 해외 라인에서의 비용절감을 위해 현지 생산라인을 가동하며, 부품을 현지에서 조달하였는데, 많은 수의 해외 부품업체들에 대한 체계적이고 효율적인 통제가 이루어지지 못하면서 품질관리에 실패했다는 것이다.

이처럼 도요타가 사상 최악의 리콜 사태를 맞으면서 도요타를 역할 모델로 삼아 왔던 국내 제조기업들에도 빨간불이 켜졌다. 특히 도요타는 생산성, 원가, 품질 세 마리의 토끼를 잡을 수 있는 SCM전략으로 제조업계 SCM의 벤치마킹 1위였기에 이번 도요타 사태를 반면교사로 삼아 국내 기업들이 SCM전략을 재검토해야 한다는 지적이 일고 있다.

업계에서는 이번 도요타 리콜 사태의 또 다른 원인이 외부(Outbound) SCM을 제대로 갖추지 못한 데 있다고 분석하고 있다. 도요타가 생산성과 품질을 챙기는 내부 SCM 역량은 매우 뛰어났지만 시장의 소리에 귀를 기울이고 수요에 판매와 생산이 함께 유연하게 대응하는 외부 SCM 역량의 한계가 발목을 잡았다는 것이다. 즉, 공급사슬관리에서 고객(시장)–도요타–협력사의 순환 구조가 이루어지지 못했기 때문으로, 고객 의견을 수용해 공급사슬에 반영하는 전략 부재가 원인이라는 것이다.

도요타는 고객들의 다양한 니즈를 충족시키기 위하여 불가피하게 생산 제품의 수를 증가시켰고 이는 필연적으로 조직과 생산과정이 복잡해지는 결과를 수반하여 협력업체를 포함한 전체 공급사슬의 복잡성이 증가하게 되었다. 결국 도요타 스스로 이를 통제하고 관리하기 어렵게 되어 궁극적으로 복잡성의 덫에 빠지게 되었다. 이에 따라 수요 파악 및 원자재 구매, 재고 관리 등 공급사슬 전반에 걸쳐 난항을 겪게 되었다. 도요타 리콜 사태의 궁극적 원인이자, 도요타의 잠재한 가장 큰 문제는 생산 제품의 증가에 따라 복잡해진 공급사슬관리에 총체적으로 실패하였다는 것이다.

요즘과 같이 기업 대 기업의 경쟁이 아닌 공급사슬 대 공급사슬의 경쟁으로 진화되고 있는 비즈니스 환경에서 이제 자기 자신만 잘한다고 기업 가치가 올라가지 않는다. 자신과 거래하는 모든 파트너들이 모두 함께 잘하지 않으면 일류 기업으로 남아 있을 수 없다. 이런 점에서 이번 도요타 사태는 국내 자동차 업계에 대해 완성차 업체와 중소 부품업체간 더욱 긴밀한 협력과 상생이 중요하다는 사실을 다시금 인식케하는 계기가 되었다.

자료 : 한국경제(2009. 12. 4), CIOBIZ+(2010. 2. 5), 동아비즈니스리뷰(2011. 2. 1)에서 일부 인용

급사슬성과를 향상시키고자 한다.

시간이 지나감에 따라 시행착오, 공급사슬 프로세스에 대한 지식 증대, 정보흐름과 의사소통을 개선하기 위한 기술의 사용, 성공적인 공급사슬에 대한 벤치마킹, 그리고 지속적인 개선 노력 등으로 인해 공급사슬 비용을 계속 감소시킬 수 있다.

연 습 문 제

1. 공급사슬관리를 정의하고 그 중요성을 설명하시오.

2. 공급사슬관리의 다양한 관점에 대하여 논하시오.

3. 채찍효과에 대해 정의를 내리고, 채찍효과의 원인과 대처방안에 대해 논하시오.

4. 효율적 공급사슬과 반응적 공급사슬의 특징을 비교하여 설명하시오.

5. 공급자재고관리의 정의 및 핵심은 무엇인가?

6. 공급사슬관리의 미래 추세에 대해 설명하시오.

CHAPTER 8

린생산

도요타는 최근 2~3년간 침체의 늪에 빠져 있다. 2011년 3월 동일본 대지진이나 도요타의 생산거점 중 하나인 타이의 최근 물난리 등은 고려하지 않더라도 지난 2009년 이후 반복된 무더기 리콜사태는 도요타의 판매실적에 큰 영향을 끼쳤다. 하지만 도요타는 '사람은 보물'이라는 철학을 가지고, 협력사와 한번 인연을 맺으면 끝까지 함께 한다는 기본 방침을 고수한다. 실제로 결함 부품을 납품한 협력사와 여전히 거래를 이어가고 있으며, 또한 리콜과 관련하여 별도의 대규모 문책성 인사도 없었던 것으로 알려져 있다. 요컨대, 도요타는 리콜사태로 인해 창사 이래 최대의 위기에 직면해 있지만 여전히 자동차산업에 있어서의 국제경쟁력은 막강하다는 것을 부인할 수 없으므로 오히려 그들의 강점을 최대한 습득하려는 노력이 절실히 요청된다.

린생산(lean production)은 일본의 도요타 자동차회사에 의해 시작되어 1970년대 후반 일본에서 보편화되었으며 미국에서는 1980년대 들어 자동차와 전자산업에 도입되기 시작하였다.

본 장에서는 린생산의 개념 및 효과와 린생산의 대표적인 방식인 도요타생산시스템, 적시생산 등을 간략히 설명하고 린생산과 대량생산과의 차이점, 칸반시스템 등에 대해 간략히 살펴보고자 한다.

제 1 절 린생산의 개요

린생산방식은 노동력, 자재, 에너지, 시간, 작업공간 등의 자원을 절약함으로써 조직 전체적인 차원에서 보다 적은 자원을 투입하여 보다 큰 가치를 갖는 제품을 설계하고 개발하여 고객에게 제공하는 시스템이다. 린시스템은 JIT시스템을 기초로 하여 구축되는데 이는 JIT시스템이 생산의 낭비적인 요인의 제거를 목표로 하고 있기 때문이다. 본 절에서는 린생산의 개념 및 효과에 대해 간략히 살펴보기로 한다.

1.1 린생산의 개념

2007년에 도요타는 지난 50년간 자동차 생산량 1위를 지켰던 GM자동차 사를 누르고 세계 최대의 자동차 제조업체로 부상하였다. 2003년에 크라이슬러를 누르고 자동차 생산량 3위에 오른지 4년만의 일이다. 도요타가 GM자동차를 누르고 최대의 자동차 생산업체로 성공할 수 있었던 여러 가지 이유 중의 하나로 도요타의 독특한 생산시스템을 들 수 있다. 적시생산(just in time : JIT), 칸반시스템(kanban system) 등으로 잘 알려진 도요타생산시스템(Toyoda Production System : TPS)은 대부분의 자동차 생산업체에서 벤치마킹하는 업계 표준이 되었다.

TPS는 도요타의 수석 엔지니어였던 오노가 기본 개념을 최초로 만들었다. 오노는 제2차세계대전 이후에 미국의 대량생산방식을 배우기 위해 미국을 방문했다. 당시 일본 자동차시장은 미국에 비해 매우 작은 규모였기 때문에 미국과 같은 대량생산이나 대량의 재공품 재고의 유지가 어려운 실정이었다. 오노는 미국방문을 통해 도요타 공장의 유연성이 더 필요함을 절실히 느꼈지만 안타깝게도 현실적으로 도요타 공장의 공간을 여유 있게 활용할 수 없다는 한계를 인식하였다.

이러한 경험과 낭비(waste)를 싫어하는 오노의 성향이 결합되어 TPS의 기본 아이디어와 절차가 개발되었다. 이후 그와 그의 동료들에 의해 JIT, 칸반시스템, 품질분임조 등의 개념을 만들어내면서 TPS를 발전시켜 나갔다. 1990년 MIT의 Womack과 Jones는 일본의 제조 경쟁력을 분석하면서 TPS를 '일체의 낭비를 허용하지 않는 군살 없는 린생산(lean production)' 이라고 정의하였다. 그 이후 1996년에 미국 MIT를 중심으로 린 실행 모델이 개발됨으로써 린생산의 아이디어가 보편화되기 시작하였다.

린생산이란 모든 형태의 낭비를 줄여 줄 수 있는 방법들을 이용하여 작업자와 작업장이 보다 유연하고 효율적이 되도록 생산체제를 정비하는 것을 뜻한다. 린생산의 기본 개념은 TPS에서 출발하였으며 이를 미국식 환경에 맞춰 재정립한 것이라고 할 수 있다. 따라서 린생산, TPS, 그리고 TPS의 중요한 요소 중의 하나인 JIT는 용어는 다르지만 기본 철학은 같기 때문에 종종 린 생산을 TPS 혹은 JIT와 혼용하여 사용하기도 한다.

1.2 린생산의 효과

린생산은 재고비용 감소, 리드타임 감소, 작업준비시간 감소 등으로 인해 생산성을 향상시킨다. 또한 린생산은 품질 · 규격 및 설계의 적합성, 신뢰성과 내구성, 기술성 등의 품질 향상에 영향을 준다.

린생산을 통해서 기업이 얻을 수 있는 효과를 좀 더 구체적으로 살펴보면 다음과 같다.

① 재고 감소를 통한 낭비 제거 및 비용감소

린생산은 모든 불필요한 재고 및 비용감소를 목표로 하며 재고 감소는 JIT를 이용해 달성한다. 또한 린생산은 부가가치를 창출시키지 않는 모든 작업이나 동작을 제거함으로써 비용을 감소시킨다. 예컨대, 린생산은 부가가치를 창출하지 않는 자재취급, 재고, 검사, 재작업과 같은 업무들을 완전히 제거하기 위해 최선을 다한다.

② 부품 공급자와의 관계 개선

구매업자와 공급업자는 서로의 니즈를 정확하게 이해하고 정보를 공유함으로써 보다 개선된 관계를 유지한다. 예컨대, 공급자의 품질 및 납품에 관한 제반 사항의 개선, 수요에 관한 정보공유 등을 통해 서로 간의 긴밀한 파트너십을 유지한다.

③ 노동력의 질 및 종업원들의 사기 향상

린생산은 지속적으로 직무설계를 개선하고 작업자들의 참여를 권장하며 계속적인 훈련과 교육을 실시한다. 또한 린생산은 종업원들의 권한과 책임을 강화시키고 자율권을 강화시킴으로써 종업원들의 사기를 향상시킨다.

④ 품질 향상과 불량품 감소

린생산은 자동화, 지속적인 개선 등을 통하여 생산품의 품질 향상을 달성하며 제품의 불량률도 줄어들게 한다.

⑤ 다양한 제품공급과 신속한 제품교체

린생산은 제품의 리드타임 단축, 작업준비시간 단축, 로트 크기의 최소화 등을 통해 다양한 제품의 공급 및 신속한 제품의 교체가 가능하다.

⑥ 소비자의 다양한 욕구충족

린생산은 기존의 대량생산방식과 달리 다양한 제품생산을 가능하게 함으로써 소비자의 다양한 욕구를 충족시킬 수 있다.

제 2 절 도요타생산시스템

도요타생산시스템은 JIT와 자동화(自働化, autonomation)로 구성된다. JIT는 필요한 제품을 필요한 때, 필요한 양만큼 생산하는 것으로 평준화 생산(uniform production), 칸반시스템, 풀시스템(pull system), 다기능공(多技能工, multifunctional worker)의 육성 등으로 대표되며, 자동화는 기계나 설비에 이상이 생기면 즉시 스스로 판단하여 정지하고 이상의 원인을 근본부터 제거하는 것으로 7대 낭비 발굴 및 개선, 5S활동, 안돈시스템, 표준화 등으로 대표된다. [그림 8-1]은 도요타생산시스템의 세 가지 구성요소인 JIT, 자동화, 인간존중(respect for people)을 나타내고 있다.

그림 8-1 | TPS 구성요소

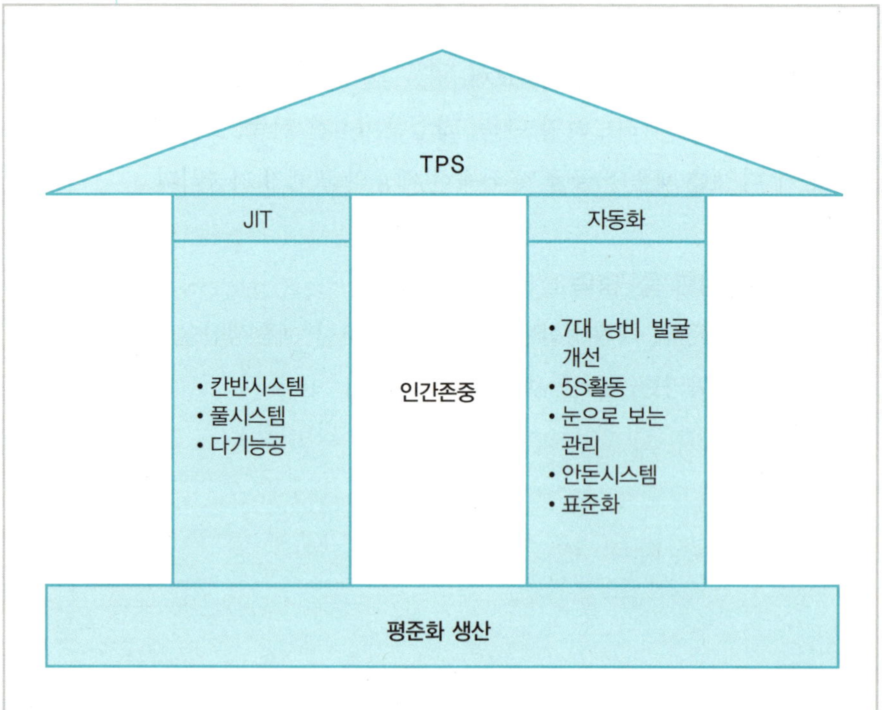

2.1 JIT

JIT는 "필요한 일을 필요한 장소에서 필요한 시간에 필요한 만큼만 한다면 불필요한 낭비를 제거할 수 있다"는 개념이다. JIT는 불량으로 인한 재작업 시간과 비용을 줄이며, 리드타임 단축으로 납품시기를 앞당길 수 있어 수요예측을 빨리 할 수 있다. 또한 완제품으로 조립되고 판매되기 위해 적시에 적량이 운반되고 생산되기 때문에 재고를 줄일 수 있다.

JIT시스템은 린생산의 대표적인 예로써, 지속적으로 프로세스를 향상시키고, 제품 혹은 서비스의 품질을 향상시키기 위해 프로세스의 비효율성과 비생산적인 시간을 줄인다. 종업원 참여와 가치를 이끌어내지 못하는 낭비활동을 최소화하는 것은 JIT 운영에 있어서 필수적이다. 이러한 JIT시스템은 다음과 같은 특징을 가지고 있다.

- 1개월부터 3개월까지의 월간 주일정계획으로 평준화되어 각 작업장이나 외주처가 생산계획을 수립할 수 있는 시간적 여유를 줄 수 있다.
- 작은 경제적 로트 크기를 사용하기 때문에 넓은 재고유지 공간이 필요하지 않아 공장 규모가 크지 않아도 무방하다.
- 외주처와의 관계를 파트너 관계로 인식하기 때문에 외주처로부터 조달되는 부품은 검사가 필요하지 않을 정도의 완벽한 품질이 요구된다.
- 생산준비비용과 시간을 경제적으로 통제한다.
- 다기능 작업자를 필요로 하며 품질분임조와 제안제도를 통해 모든 작업들이 문제해결에 적극 참여할 수 있는 환경을 조성한다.
- 그룹테크놀로지(group technology : GT)의 개념을 사용하므로 공장 내에서 자재가 효율적으로 이동된다.

기존 연구결과에서 린생산시스템을 도입한 제조기업들의 연간 재고회전율이 증가하고, 품질이 우수할 뿐만 아니라 비용감소효과가 있음을 실증하고 있다. 다음에서 JIT의 구성요소들에 대해 구체적으로 살펴보기로 한다.

2.1.1 칸반시스템

칸반(kanban)은 JIT에서 생산과 자재이동을 위해 사용되는 카드를 뜻한다. 칸반시스템은 카드와 컨테이너로 구성된 물리적인 생산통제시스템으로써 부품이 더 필요하다는 신호를 보내고 또한 그 부품이 다음 공정에 지장을 초래하지 않도록 적시에 생산되어야 함을 알리는 데 그 목적이 있다. 칸반시스템에 대해서는 제4절에서 좀 더 상세히 설명하고자 한다.

2.1.2 풀시스템

JIT는 풀시스템 방식의 자재흐름을 채택한다. 풀시스템은 후속공정에서 필요한 만큼 선행공정으로부터 가져오는 방식으로 공정별 자재의 양을 최소로 관리함으로써 낭비를 제거하는 대표적인 기법이다. 이와 대비되는 시스템으로 푸쉬시스템(push system)이 있다. 푸쉬시스템은 고객주문에 대한 납기일을 미래의 어느 시점으로 약속한 후 제품을 선행공정에서부터 생산하여 다음 후속공정으로 밀어내는 방식이다.

푸쉬시스템은 생산중심의 자재흐름 방식이며, 각 공정은 미리 결정된 작업계획서에 지시된 수량만큼 생산한다. 일단 생산된 제품은 후속공정의 상황을 고려하지 않고 보내지기 때문에 후속공정에 재고가 발생할 수 있다. 반면 풀시스템은 판매중심의 자재흐름 방식으로써 선행공정은 후속공정에서 요청하는 수량만을 생산하기 때문에 푸쉬시스템에 비해 후속공정의 재고가 현저하게 감소한다. [표 8-1]은 풀시스템과 푸쉬시스템의 차이점을 간략히 비교하고 있다.

표 8-1 | 풀시스템과 푸쉬시스템의 비교

	풀시스템	푸쉬시스템
초점	판매중심	생산중심
생산량	후속공정에 의해 결정	작업계획서에 의해 결정
재고량	재고가 없거나 매우 낮음	재고가 많음

2.1.3 다기능공의 육성

소품종 대량생산체제에서는 한 분야의 숙련공에게만 작업하도록 하면 충분했으나 다품종 소량생산체제에서는 다기능공(多技能工)들을 많이 보유하고 있어야 고객의 다양한 니즈를 충족시켜 줄 수 있다. 다기능공 육성의 효과는 회사와 직원의 입장으로 나누어 살펴볼 수 있는데, 회사 측면에서는 경계없는 조직 실현과 인력의 효율적 운영, 직원의 자아실현을 위한 교육기회 및 업무목표 달성기회 제공 등의 효과가 있으며, 직원 측면에서는 개인의 가치 향상과 기계·설비에 종속된 역할보다는 기계·설비를 지휘 통제하는 역할을 능동적으로 수행함으로써 일에 대한 보람을 느낄 수 있는 효과를 기대할 수 있다.

2.2 자동화

TPS에서는 사람 인(亻) 변이 붙은 '자동화'(自働化)를 추구한다. 자동화란 기계에 인간의 지혜를 가미한 것으로 불량이 발생되면 자동으로 멈추도록 하는 개념이다. '자동화'의 개념은 도요타의 시조인 도요타 사기치의 자동방직기에서 파생된 것으로 도요타식 자동방직기가 날실이 한 가닥 끊어지거나 씨실이 제대로 들어가지 않았을 때 작동이 바로 멈추도록 설계되었음에 착안하여 자동차 생산라인에서도 이상이 발생되면 작업자가 생산라인을 멈추게 함으로써 불량품의 발생을 방지하고 과잉생산을 억제할 수 있도록 한 것이다.

자동화의 효과는 자동화 설비의 특성상 이상이 발생하면 즉시 정지하기 때문에 별도의 감시인원이 필요없으므로 기계로부터 작업자를 독립시켜 다른 부가가치를 창출할 수 있는 일을 수행하게 할 수 있으며, 또한 고장 발생 시 그 원인 파악이 쉽고 불량품이 후속공정에 전달되지 않도록 하는 효과가 있다. 이제 자동화의 구성요소들에 대해 간략히 살펴보기로 한다.

2.2.1 7대 낭비 발굴 및 개선

낭비란 생산공정에서 부가가치를 창출하는 일 이외의 모든 활동을 말한다.

예컨대, 제조공정에서 변형, 변질, 분리, 결합 등과 같은 가공을 제외한 모든 활동들(운반, 정체, 검사, 감시 등)은 낭비적인 요소를 포함한다. 2002년에 도요타자동차의 회장이었던 푸지오 초(Fujio Cho)는 부가가치를 창출하지 못하는 낭비를 7가지로 정의하였으며, 이를 철저하게 제거하여 7가지 낭비를 '0' 에 가까운 상태로 만드는 것이 진정한 고객만족이라고 생각하였다.

[표 8-2]에서 7가지 낭비에 대한 정의를 소개하고 있으며, [그림 8-2]는 JIT에서 낭비를 발견하고 개선하기까지의 과정을 나타낸다. 1단계에서는 낭비를 찾기 위해서 현장실태를 파악하며, 2단계에서는 현장분석에서 나타난 낭비를 발견한다. 3단계에서는 낭비발생의 원인에 대해서 분석하고, 4단계에서는 낭비를 제거할 수 있는 아이디어를 도출하며, 5단계에서는 도출된 아이디어를 신속히 실행함으로써 낭비를 제거한다. 마지막으로 6단계에서는 1단계에서 5단계까지의 낭비제거 프로세스로부터 얻은 성과를 잘 정리해 둠으로써 추후에 다시 실행할 때 기초자료로 사용할 수 있게 한다.

표 8-2 | 7대 낭비에 대한 정의

낭비 명	정의
과잉생산의 낭비	팔린다는 보장이 없이 생산하는 반제품 또는 제품관련 낭비
재고의 낭비	여분의 것을 과잉생산하기 때문에 생기는 낭비
운반의 낭비	생산흐름 중 부가가치를 높이지 않고 사물의 위치만 이동하는 작업 때문에 생기는 낭비
대기의 낭비	반제품 또는 제품을 생산하지 않고 시간을 소비하거나 혹은 가공을 위해 각 공정에서 순서를 기다리는 데 소요되는 시간낭비
동작의 낭비	반제품 또는 제품을 생산할 때 비부가가치적인 사람의 행동이나 설비 · 기계의 동작 때문에 생기는 낭비
불량의 낭비	자료불량, 문서불량, 고객불만 등에 따른 재작업 관련 낭비
가공의 낭비	기술(설계, 가공)의 미숙에 의한 가공의 낭비

그림 8-2 | 낭비제거 프로세스

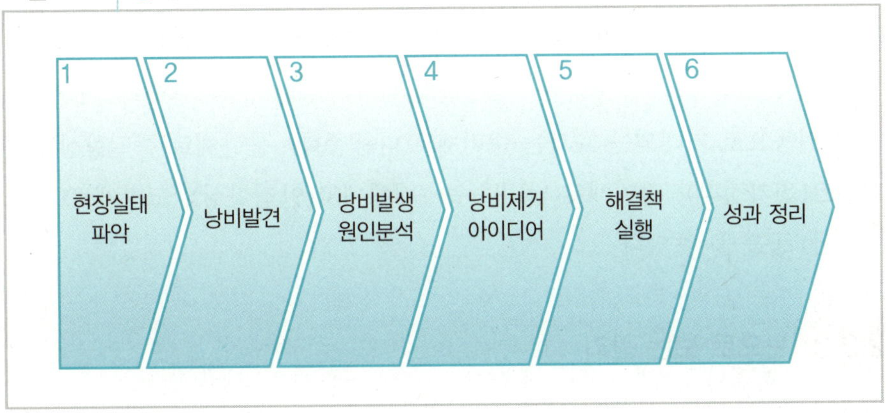

2.2.2 5S활동

5S활동은 1970년대 일본에서부터 시작된 생산성향상 운동으로 우리나라에도 도입되어 현재까지 대부분의 기업에서 적극적으로 추진하고 있다. 5S란 S로 시작되는 다섯 가지 일본어 어휘인 SEIRI(정리), SEIDON(정돈), SEISO(청소), SEIKETSU(청결), SHITSUKE(습관화)를 말하는데, 이는 제조현장에서 비효율과 낭비를 제거함은 물론 안전하고 효율적인 일이나, 업무수행이 가능하도록 하는 효과를 발휘하므로 생산성향상의 기본활동으로 인식되고 있다. 5S 활동은 하기로 되어 있거나 지키기로 되어 있는 일을 100% 지키는 습관을 갖게 하는 활동이며 명랑하고 쾌적한 생산현장의 분위기 조성에 필수적인 기본활동이다.

- 정리(整理, SEIRI) : 필요한 것과 불필요한 것을 구분하여 불필요한 것은 과감히 현장에서 제거하는 것
- 정돈(整頓, SEIDON) : 필요한 것을 필요한 때에 쉽게 사용할 수 있도록 적정량을 정해진 장소에 가지런히 놓아두는 것
- 청소(淸掃, SEISO) : 작업장의 바닥, 벽, 설비, 비품 등 모든 것의 구석구석을 닦아 깨끗한 환경을 유지하고 작은 결함을 발견하는 것
- 청결(淸潔, SEIKETSU) : 정리정돈, 청소된 상태를 유지 · 개선하여 문제점 발생 시 이를 한눈에 발견할 수 있는 상태로 유지하는 것

- 습관화(習慣化, SHITSUKE) : 회사의 규율이나 규칙, 작업방법 등을 정해진대로 준수하는 것이 몸에 익숙해져 무의식적으로도 지킬 수 있는 것

5S활동으로 기대되는 효과는 준비제로(다품종화), 불량제로(품질향상), 낭비제로(원가절감), 지연제로(납기준수), 재해제로(안전향상), 고장제로(가동률향상) 등을 들 수 있다.

2.2.3 눈으로 보는 관리

눈으로 보는 관리(visual management : VM)란 시시각각으로 변하는 생산현장의 상황을 정확하고 손쉽게 파악하여, 문제점이나 이상 상태가 발생하면 즉시 조치함으로써 정상상태로 유지하는 예방관리 수단이다. 눈으로 보는 관리는 현장설비, 생산시스템을 대상으로 생겨난 관리방식이지만, 물류나 공정간의 자재공수, 설비의 가동상태, 품질수준 등 공정관리에도 적용된다.

눈으로 보는 관리에서 중요한 것은 이상징후의 조기 발견에서부터 정확한 처리에 이르는 표준화된 프로세스 구축이다. 눈으로 보는 관리의 활용 분야는 현장관리, 생산관리, 품질관리 등으로 구분된다. 현장관리에서는 작업현장의 5S활동 상황을 토대로 안전하면서 효율적인 생산활동이 이루어지도록 알려 주는 것으로 정리정돈, 안내표시, 표준작업, 구획선 등에 활용된다. 생산관리에서는 생산일정이 계획대로 진행되고 있는지 여부를 파악할 수 있도록 하는 것으로 납기 이상 표시, 물류 및 적정 제공, 자재작업 현황판에 활용된다. 품질관리에서는 품질상황을 포함하여 현장의 정보를 모두 공개하여 모든 구성원이 공동의 목표를 향해 동참할 수 있도록 하는 것으로 클레임상황, 품질비용, 달성상황 등을 표시한다.

2.2.4 안돈시스템

안돈(行燈, andon)이란 '눈으로 보는 관리'의 대표적 예로써 생산현장에 걸린 '라인 정지 표시판'이다. 즉, 관리자 및 감독자가 항상 현장의 상황을 알 수 있도록 각 기계 또는 공정의 가동 유무 및 정지 원인을 색, 램프 등으로 표시

한 것이다.

안돈에는 호출 안돈, 이상 안돈, 가동 안돈, 진도 안돈이라는 4가지 종류가 있다. 호출 안돈은 특별한 용무로 감독자를 호출하거나 부품을 요구하는 안돈을 말한다. 이상 안돈은 불량발생이나 시간 내 생산이 어려울 때 사용하는 안돈이다. 가동 안돈은 기계의 가동상태를 나타내며 가동, 고장, 준비교체, 계획정지 등을 표시한다. 진도 안돈은 생산계획 수량과 실 생산현황을 실시간으로 알려주는 안돈이다.

도요타의 생산현장에 있는 안돈은 이와 같은 표시기능 외에도 생산흐름이나 품질 등에 문제가 발생되면 곧바로 현장의 작업자가 라인을 정지시킬 수 있는 권한을 부여하고 있다는 점이 특징이다.

2.2.5 표준화

도요타식 개선활동은 작업의 표준화에서부터 출발한다. 도요타의 표준화란 "생산자가 낭비 없이 가장 효율적으로 작업할 수 있는 방법"으로 정의하며 "작업자의 움직임으로부터 불필요하고 무리한 동작을 없애 가장 순조롭게 일할 수 있게 한다는 측면에서 오히려 작업자에게 도움이 된다"는 것이 도요타의

그림 8-3 | 표준화 사이클

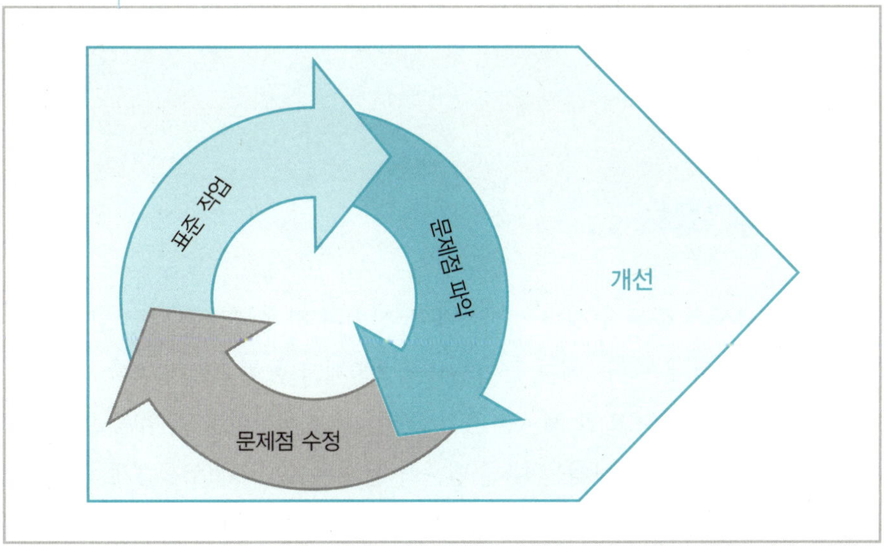

사상이다.

표준화는 현장에서 생산효율을 높이기 위한 기초가 됨은 물론 개선의 시작이다. [그림 8-3]에서 보는 바와 같이 표준 작업이 만들어지면 문제점을 파악하고 수정 · 보안하려는 개선활동을 통해서 지속적으로 발전해 나가는 표준화 사이클이 필요하다.

2.3 인간존중

오노는 JIT와 자동화 사상을 견고하게 지속적으로 전개하기 위해서는 인재육성이 필수적인 것으로 판단하였다. 도요타는 직원들에게 직무와 관련된 전문지식만으로 만족하지 말고 끝없는 개선안을 제안하는 창의성과 고객 및 경쟁사의 변화를 파악하고 이에 신속히 대응하려는 적극적인 자세를 갖도록 요구하고 있다. TPS에서는 지속적인 개선을 이루고 발전해 나가는 데 가장 중요한 역할은 인간에 의해서 이루어진다고 보고 있다. 또한 도요타는 경영상황이 악화되더라도 직원들에게 평생고용을 보장하며 직원들을 일만 하는 인간기계(human machine)로 간주하지 않고 회사의 중요한 자산(asset)으로 간주한다. 아울러 직원들은 회사 상황에 따라 1년에 2회에 걸쳐 보너스가 지급된다는 사실을 알고 있기 때문에 회사의 목표 달성을 위해서 기꺼이 그들의 최선을 다하고자 노력한다.

2.4 평준화 생산

평준화 생산은 품목 구성과 생산량을 항상 비슷하게 함으로써 작업장의 일별 수요를 균일하게 한다. 예를 들어 A품목 200개, B품목 150개, C품목 100개를 각각 생산해야 한다고 할 때 A품목 200개를 전량 생산한 후, B품목 150개, C품목 100개를 차례로 생산하는 대신 평준화 생산은 A를 4개, B를 3개, C를 2개씩 소로트로 생산하는 과정을 50번 반복해서 생산하는 것이다. 소로트 생산으로 인한 평준화 생산의 장점은 다음과 같다.

- 고객들이 원하는 것을 원하는 시간에 생산할 수 있는 유연성 때문에 재고를 많이 보유하지 않아도 되며 창고를 유지하는 비용을 걱정할 필요가 없다.
- 노동력과 장비의 활용을 균일하게 함으로써 효율적이고 균형있는 작업이 가능하다.
- 관련 공정과 부품업체에 대한 수요를 균일화시킴으로써 부품업체는 재고에 대한 부담이 없이 안정적인 주문을 받을 수 있으며, 안정적으로 생산계획과 납품계획을 세울 수 있어서 결과적으로 납기지연을 줄일 수 있다.

그러나 평준화 생산에서는 소로트 생산으로 인해 품목을 자주 변경해야 하기 때문에 작업준비시간이 많이 소요되어 생산성을 저하시킬 수 있으며 또한 부품업체들은 잦은 납품(frequent delivery)을 감수해야 하므로 이에 대한 문제점들을 잘 파악하여 적절히 대처하는 것이 필수적이다.

TPS에서 평준화는 JIT와 자동화의 기초를 제공한다. 도요타는 생산량을 평준화함으로써 생산계획 수립을 용이하게 하고 작업실행을 표준화시킬 수 있으며 또한 도요타의 부품업체로 하여금 필요한 양을 적시에 납품할 수 있게 한다.

제 3 절 대량생산과 린생산의 비교

포드(Ford)는 T형 자동차 생산라인에 이동조립방식을 최초로 도입하였다. 이러한 이동조립방식은 자동차의 대량생산방식의 시작이라고 볼 수 있다. 포드는 대량생산방식을 도입하여 낮은 가격에 높은 품질의 자동차를 대량으로 생산할 수 있게 되었으며, 이를 계기로 세계적인 자동차 회사로 도약할 수 있었다.

대량생산방식에서는 최소의 시간으로 최대한 많은 자동차를 생산하기 위해 작업자들이 마치 기계나 로봇처럼 쉬지 않고 일해야 한다. 즉, 대량생산방식에서는 작업장을 하나의 컨베이어 벨트로 연결하고 작업자를 그 벨트를 중심으로 일렬로 서서 단순하며 반복적인 일들을 계속해서 수행하도록 한다. 대량생산방식의 핵심은 부품이나 제품의 완벽하고 일관된 호환성과 단순성, 표준화된 부품, 표준화된 작업, 전문화된 기계와 공구에 있다. 이런 특성으로 인해 대량생산방식은 수공업생산방식이 가지고 있던 높은 생산비용과 낮은 생산성 문제를 해결할 수 있게 되었다. 그러나 대량생산방식은 장비의 작업준비시간이 길고 많은 양의 재고를 가지고 있어야 하는 단점이 있다. 또한 제품설계의 변경이 어려우며 제품의 단순화를 통해 생산원가를 낮출 수 있을지는 모르지만 시장의 변화나 다양한 수요에 대한 유연성이 떨어질 수 있다.

린생산은 수공업생산방식과 대량생산방식의 장점을 결합한 것으로써 수공업생산방식의 원가상승 및 대량생산방식의 유연성 부족문제를 해결하였다. 이를 위해 린생산에서는 조직의 모든 부문에서 다기능공 팀을 편성하여 유연성 있는 자동화 기계를 사용하여 다양한 제품을 적정량씩 생산한다. 린생산은 대량생산방식에 비해서 노동력, 생산에 필요한 면적, 공작기계 투자액, 신제품개발 소요시간, 재고량, 불량률 등을 감소시키는 효과가 있다.

[표 8-3]은 대량생산과 린생산의 차이를 보여주고 있다. 대량생산은 소품종 대량생산에 적합한 반면, 린생산은 다품종 소량생산에 적합하다. 대량생산은 원활한 생산을 위해서 일정수준의 재고를 필요로 하며 이를 통해 생산흐름의 유연성을 확보하게 된다. 그러나 린생산에서 재고는 낭비로 인식되기 때문에

표 8-3 | 대량생산과 린생산의 비교

대량생산	린생산
일정수준의 재고유지	최소재고유지
납기지연 발생	적시납기
일정수준의 불량률 인정	완벽한 품질
푸쉬방식	풀방식
단순공	다기능공
정해진 작업만을 수행	지속적인 개선을 추구

가능하면 재고를 최소화해야 한다. 따라서 린생산에서는 완벽한 품질의 제품 생산이 요구되며 원자재나 부품의 납기는 정확히 지켜져야 한다. 그러나 대량생산에서는 완벽한 품질을 요구하기보다는 어느 정도의 불량률을 인정하며 일반적으로 합격품질 수준(acceptable quality level : AQL) 이상의 부품을 요구한다.

대량생산은 푸쉬시스템을 사용하는 반면 린생산은 풀시스템을 사용한다. 대량생산에서는 작업자의 작업이 철저히 분업화되고 표준화 · 단순화되어 있기 때문에 각 작업자가 단순작업을 여러 차례 반복하는 반면, 린생산에서는 공정의 유연성과 문제해결능력을 높이기 위해 한 작업자가 여러 가지 작업을 수행할 수 있어야 한다. 또한 대량생산에서 작업자는 단순히 정해진 작업만을 하는 수동적인 존재인 반면, 린생산에서는 작업장 안에서 낭비를 제거하고 품질과 생산성을 끊임없이 개선하며, 작업자가 능동적으로 정리정돈을 스스로 실행해야 한다.

제 4 절 칸반시스템

4.1 칸반시스템의 개요

칸반(kanban)은 JIT시스템에서 생산허가와 자재이동을 위한 방법이다. 일본어로 칸반은 연속된 공정을 거치는 작업의 순서를 통제하는 데 사용되는 카드를 의미하며, 후속공정에서 선행공정에 부품을 요청하는 신호로써 사용된다.

칸반은 그 기능에 따라 인출칸반(withdrawal kanban)과 생산칸반(production kanban)으로 구분되며 [그림 8-4]와 같은 정보들을 포함하고 있다. 인출칸반은 컨테이너를 이동시킬 수 있는 권한 부여하고 생산칸반은 작업장에서 부

그림 8-4 인출칸반과 생산칸반

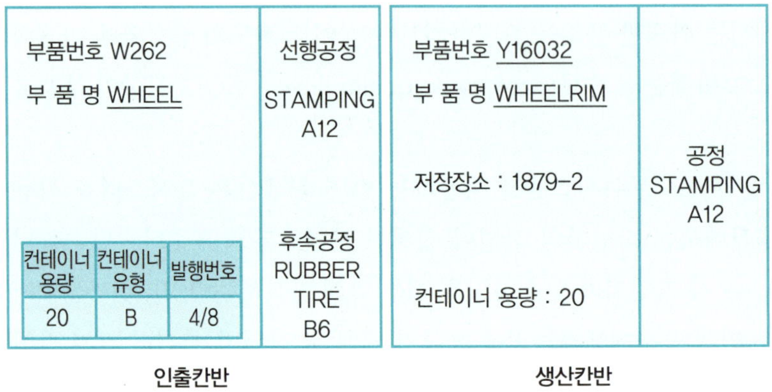

자료 : 이상범, 현대 생산운영관리, 경문사, 2000, p.412 참조

품을 생산할 수 있는 권한을 부여한다.

칸반시스템의 목적은 부품이 더 필요하다는 신호를 보내고 그 부품이 다음 공정에 지장을 초래하지 않도록 적시에 생산되어야 함을 알리는 데 있다. 이는 최종 조립라인으로부터 각 생산공정을 거꾸로 거슬러 올라가며 연속적으로 부품을 끌어옴으로써 이루어진다. 오직 최종조립라인만이 생산계획부서로부터 일정계획을 전달받으며, 이 일정계획은 매일매일 거의 비슷하다. 모든 다른 작업장과 납품업자는 후속공정으로부터 칸반에 의해 생산주문을 받는다. 만일 후속공정에서 생산이 일시적으로 중단되면 선행공정은 칸반을 받지 못하므로 역시 생산을 곧 중단하게 된다. 예를 들어, [그림 8-5]에서와 같이 조립라인이 하나 있고 조립라인에 부품을 공급하는 작업장이 하나 있는 2카드 칸반시스템을 생각해 보자. 여기서 2카드는 인출칸반과 생산칸반을 뜻한다. 작업장에서 생산된 부품은 컨테이너에 담겨져 작업장과 조립라인 근처에 위치한 자재저장소에 보관된다. 작업장 근처에 있는 자재저장소에 보관된 컨테이너에는 생산칸반이 부착되어 있으며 조립라인 근처에 있는 자재저장소에 보관된 컨테이너에는 인출칸반이 부착되어 있다. 인출칸반과 생산칸반은 서로 다른 사이클을 형성하며 이동하고 이 두 사이클을 따라 다음과 같은 5가지의 상황이 전개된다.

그림 8-5 2카드 칸반시스템

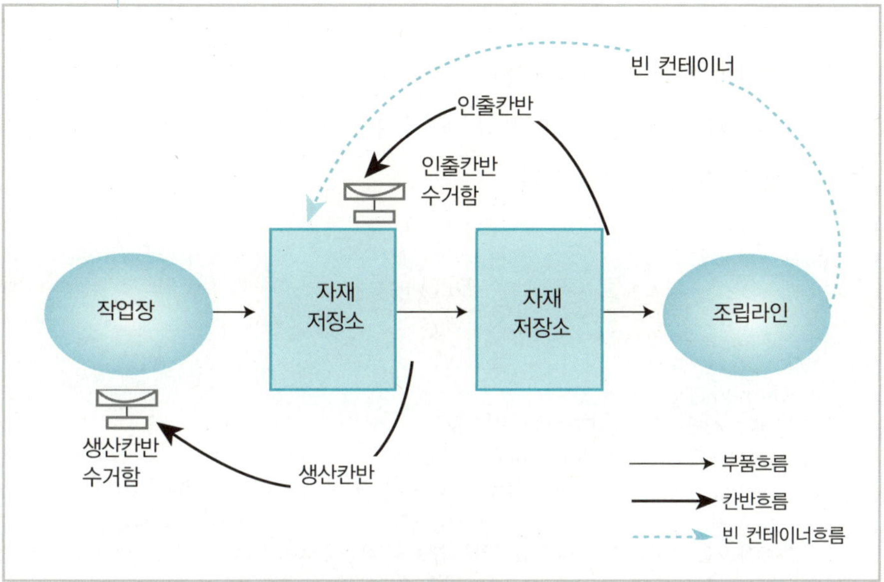

- 조립라인 근처의 자재저장소에 있는 부품이 가득 찬 컨테이너에서 인출칸반을 떼어서 작업장 근처의 자재저장소에 있는 인출칸반 수거함으로 보낸 후 컨테이너를 꺼내 조립라인에 공급한다.
- 조립라인으로부터 부품이 모두 소요된 후 나온 빈 컨테이너는 작업장 근처의 자재저장소로 보내진다.
- 작업장 근처의 자재저장소에 있는 부품이 가득 찬 컨테이너에서 생산칸반을 떼어서 작업장에 있는 생산칸반 수거함으로 보낸 후 컨테이너를 꺼내 인출칸반을 부착하여 조립라인 근처의 자재저장소로 보낸다.
- 작업장에 있는 생산칸반 수거함으로부터 생산칸반을 하나 꺼내 작업장 근처의 자재저장소에 있는 빈 컨테이너에 부착하여 이를 작업장으로 투입한다.
- 작업장으로부터 부품이 가득 찬 컨테이너가 나오면 이를 작업장 근처의 자재저장소로 보낸다.

4.2 컨테이너 수의 결정

한 작업장의 운영에 필요한 컨테이너의 수는 후속작업장의 수요율, 안전재고율, 컨테이너의 크기 및 컨테이너의 순환시간(circulating time)등에 의해 결정되며 다음과 같이 구할 수 있다.

$$n = \frac{DL(1+s)}{C}$$

여기서
n : 컨테이너의 수
D : 부품을 사용하는 후속작업장의 수요율
C : 컨테이너의 크기. 즉 컨테이너 1대에 담을 수 있는 부품의 수
L : 컨테이너 1대가 한번 순환하는 데 걸리는 시간. 즉 부품을 채우고, 기다리고, 이동하여 사용되고, 다시 돌아올 때까지 걸리는 시간(리드타임이라고도 함)
s : 안전재고율(리드타임 동안에 발생하는 수요의 백분율로 표시됨)

예를 들어, [그림 8-5]에서 조립라인에서의 부품 수요율은 1분당 4개라 하고, 부품에 대한 안전재고를 리드타임 동안 발생하는 총수요의 10%(즉, 안전재고율을 10%)로 유지한다고 하자. 그리고 컨테이너 1대에 담을 수 있는 부품의 수는 50개라고 하고, 컨테이너 1대가 조립라인에서 작업장으로 가서 다시 조립라인으로 돌아오는 데 걸리는 순환시간(즉, 모든 생산준비시간, 생산시간, 이동시간 및 대기시간을 포함)은 100분이라고 가정한다면 필요한 컨테이너의 수는 다음과 같이 9대가 된다.

$$n = \frac{DL(1+s)}{C} = \frac{4 \times 100(1+0.1)}{50} \approx 9\text{대}$$

또한 시스템의 최대 재고량은 모든 컨테이너가 채워졌을 때의 총부품의 수가 되므로

$$최대\ 재고량=(컨테이너의\ 수)\times(컨테이너\ 1대의\ 크기)=nC$$

가 된다.

따라서 위의 예에서 최대재고는 $nC=9\times 50=450$이 되며 일반적으로 재고는 컨테이너의 수를 줄임으로써 감소시킬 수 있다. 이는 컨테이너의 순환시간을 구성하는 생산준비시간, 생산시간, 대기시간 및 이동시간 중 어느 것이라도 단축되면 칸반의 수를 줄일 수 있으며, 결과적으로 이에 해당되는 만큼의 컨테이너 수가 줄어들게 된다.

JIT시스템에서 컨테이너의 순환시간을 단축시켜 재고를 감소시키는 것은 경영자와 작업자의 중요한 임무 중의 하나이다.

4.3 칸반시스템의 일반적인 운영규칙

칸반시스템을 위한 운영규칙은 간단하며, 재고수준을 통제하면서 부품흐름을 원활하게 조절한다.

- 각 컨테이너에는 반드시 칸반이 부착된다.
- 부품은 항상 조립라인이 부품을 생산하는 작업장으로부터 가져간다. 부품을 생산하는 작업장은 조립라인에 부품을 스스로 보낼 수 없는데 이는 생산에 필요하지 않은 부품을 밀어내는 것을 방지한다.
- 칸반을 먼저 수거함에 넣지 않고는 부품 컨테이너를 저장소 밖으로 가져갈 수 없다.
- 컨테이너에는 항상 동일한 양의 부품을 담는다. 규격화되지 않은 컨테이너를 사용하거나 양이 불규칙하게 적재되면 조립라인의 생산흐름이 혼란스러워진다.
- 부품의 총생산량은 시스템 내의 칸반수에 따라 허용된 총수량을 초과할 수 없다.

사 례 실리콘밸리에 부는 '린 창업' 바람

미 실리콘밸리에서는 '린 창업 방식(lean start-up system)'이 새로운 창업 모델로 각광받고 있다. 이 개념은 2년여 전부터 실리콘밸리의 인터넷 소프트웨어 개발 기업에서 적용되기 시작해 점차 미국 전역의 컴퓨터 관련 및 바이오테크닉, 청정에너지 분야 벤처 업계로 급속히 확산 중이다.

린 창업 방식에서 '린(lean)'은 낭비적 요소를 제거해 기업을 날씬하고 날렵한 상태로 만들어가는 과정을 뜻한다. 도요타의 생산라인처럼 창업단계에서도 낭비적 요소를 최대한 배제한 채 군살 없이 신속하게 기업을 설립해야 한다는 게 린 창업 모델의 핵심개념이다. 뉴욕타임스(NYT)는 최근 '발 빠른 창업방식의 부상'이라는 제목의 기사에서 어떻게 이 개념이 벤처 업계에서 확산되고 있는지, 성공요인은 무엇인지 소개했다.

린 창업 모델의 주창자는 에릭 라이스와 스티븐 블랭크다. 에릭 라이스는 실리콘밸리에서 소프트웨어 개발과 기업 경영에 참가한 경험을 바탕으로 벤처기업들의 성공요인을 정리하면서 자신의 블로그에서 이 단어를 처음 사용했다. 블랭크는 1978년부터 실리콘밸리에서 8개 기업을 창업하면서 성공과 실패를 경험한 벤처 창업계의 노익장이다. 그는 현재 캘리포니아주의 스탠퍼드와 UC버클리대학에서 '벤처창업론'을 가르치면서 이 개념을 설파하고 있다.

린 창업 모델에서 중요한 개념은 '속도(speed)'와 '비용(cost)'이다. 최소비용으로 최단시간 내에 고객이 원하는 제품을 가장 간단한 형태의 제품으로 만들어 시장에 내놓아야 벤처기업이 성공할 수 있다는 것이다. 린 창업 방식은 크게 제품개발과 마케팅, 고객관리 등 세 가지 과정에 적용된다. 에릭 라이스는 특히 제품개발 과정에서 "고객들이 원하는 바를 파악해 이를 재빨리(agile) 개발한 후 시장에 내놓고 반응을 알아봐야 한다"고 강조하고 있다. 그러기 위해서는 처음부터 돈을 많이 들여 완벽한 제품을 개발하지 말고 소규모 인원이 신속하게 제품을 개발하고 지속적으로 이를 업데이트하는 과정이 필요하다는 것이다. 이 같은 제품 개발방식으로 성공한 대표적인 케이스가 인터넷 소셜 네트워킹 서비스 업체인 '페이스북(facebook)'이다. 페이스북의 창업자인 마크 주커버그는 2004년 하버드대 기숙사에서 이 프로그램을 만들었다. 그는 처음엔 핵심적인 메시징 기능만 만들었다가 사용자들로부터 폭발적인 호응을 얻자 그 후 새로운 기능들을 차례로 첨가하는 방식으로 성공했다.

한편 미 언론들은 린 창업 방식 같은 새로운 창업 모델이 유행하는 등 미 벤처 업계엔 10년여 만에 부흥의 기미가 완연하다고 보도했다. 일부에서는 최근엔 '소셜(social)'이나 '모바일(mobile)'이란 단어만 들어가도 엔젤투자자들이 몰린다며 '2차버블(bubble)' 가능성까지 거론하고 있다.

자료 : 한경Business 제753호(2010. 5. 12), '10년 만의 벤처 붐 조짐 '신바람'
- 실리콘밸리에 부는 '린 창업' 바람' - 기사자료 요약

연 습 문 제

1. 린생산시스템의 특징에 대해 간략히 설명하시오.

2. JIT의 구성요소에 대해서 설명하시오.

3. 대량생산과 린생산을 비교 · 설명하시오.

4. 2카드 칸반시스템의 원리를 설명하시오.

5. 부품을 생산하는 작업장과 이 부품을 조립하는 조립라인으로 구성된 칸반시스템에서 조립라인의 부품 수요율이 시간당 100단위이고 안전재고율이 10%라고 한다. 또한 컨테이너 1대에 담을 수 있는 부품의 수는 25단위이고 컨테이너 1대의 순환시간은 180분이라고 할 때 다음을 구하시오.
   (1) 이 시스템을 운영하는데 필요한 컨테이너의 총 수는 얼마인가?
   (2) 최대 재고수준은 얼마인가?

PART 3

생산운영 시스템의 관리와 통제

CHAPTER 9

수요예측

기업경영의 여러 가지 의사결정은 예측활동으로부터 시작된다. 기업은 제품과 서비스를 생산하여 시장에 판매하는 활동을 수행하기 때문에 시장과 관련된 자료를 수집 · 분석하여 앞으로의 수요를 예측하는 것이 필수적인 경영활동의 하나이다. 수요예측(demand forecast)이란 불확실한 미래에 대한 일정기간 동안의 기업의 제품과 서비스에 대한 수요를 예측하는 것이다. 기업이 미래의 사업계획을 결정해야 할 시점은 '현재'이므로 사업계획의 제1단계는 기업의 제품과 서비스 및 그에 필요한 자원에 대한 미래의 기대수요를 '예측'하는 것이다. 이러한 수요예측을 바탕으로 미래의 판매량을 추정하는 판매예측이 이루어지며, 이러한 수요예측을 통한 판매예측 자료는 구매계획, 생산계획, 시설계획, 재무계획, 자재계획, 인력계획 등과 같은 의사결정에 중요한 기초자료가 된다.

본 장에서는 수요예측의 의의와 중요성을 살펴보고 정성적 예측방법과 정량적 예측방법을 설명하며, 또한 예측오차의 측정방법과 다양한 예측기법들의 효율적인 선택기준들에 대해 살펴보기로 한다.

제 1 절 수요변화의 예측

1.1 수요예측의 의의와 중요성

수요예측이란 기업의 산출물인 제품 혹은 서비스에 대한 미래의 시장수요의 수량, 시기, 장소 등을 추정하는 과정이라 할 수 있다. 수요예측이 정확하면 생산능력을 효율적으로 활용할 수 있고, 생산소요시간의 단축이나 재고의 감축이 가능하다.

미래 사회는 불확실성과 동태성, 복잡성을 특징으로 하므로 미래의 수요에 영향을 주는 모든 요인들을 고려하여 정확한 예측을 한다는 것은 매우 어려운 일이다. 그러나 경영자 입장에서는 자기 기업의 제품이나 서비스에 관해서 언제, 얼마나, 어디에서 수요가 발생할 것인지 예측할 수 있어야 한다. 즉, 경영자가 경영활동의 성과를 높이기 위해서는 예측대상이 되는 제품과 서비스에 대해서 정확한 예측을 수행하는 것이 중요한 일이다.

특히 오늘날과 같이 경쟁이 심하고 환경이 동태적으로 변화하는 사회에서는 미래상황에 대한 정확한 예측은 절대적으로 필요하다. 따라서 정치적, 사회적, 경제적 그리고 기술적 환경의 변화가 심한 사회에서 제품과 서비스에 대한 수요를 제대로 만족시키기 위하여 불확실한 미래에 대한 계획을 수립해야 하는 모든 조직에서는 수요예측이 하나의 중요한 경영관리기능이 되었다. 이러한 수요예측은 모든 경영활동 계획의 기초가 된다. 즉, 수요예측을 통해서 판매예측이 이루어지고, 생산계획을 비롯하여 재무계획, 인력계획, 설비계획, 구매계획, 마케팅계획 등이 모두 수요예측 자료로부터 수립된다.

1.2 수요예측의 방법

예측은 예측하려는 대상기간에 따라 일반적으로 단기예측(short-range forecast), 중기예측(medium-range forecast), 장기예측(long-range forecast)으로 구분된다. 단기예측은 보통 앞으로 6개월 이내의 월별, 주별, 일별예측을 뜻한다. 예를 들면 특정 제품의 다음 주 생산량과 재고량 혹은 다음 달의 자재나 인력의 소요량 등에 관한 의사결정 등은 단기예측에 속한다.

중기예측은 일반적으로 수개월에서 2년 정도의 기간을 대상으로 하는 예측을 말한다. 예를 들어, 제품과 서비스에 대한 수요가 매달 변화하면 생산율도 이러한 수요의 변화에 따라 조정되어야 한다. 따라서 경영자는 매달 변화하는 수요에 맞춰 생산율을 조정할 수 있는 충분한 시간을 확보하기 위해 중기예측을 필요로 한다.

장기예측은 일반적으로 2년 이상 지속되는 미래상황을 예측하는 것을 뜻한다. 장기예측은 생산운영관리에서의 제품, 공정, 기술 및 설비계획에 관한 전략적인 의사결정을 의미하며, 이러한 의사결정들은 기업의 장기적인 성공에 매우 중요하기 때문에 경영자는 기업의 장기예측 수립에 많은 관심을 갖는다.

또한 수요는 여러 가지 요인들에 의해 영향을 받기 때문에 항상 변동적이며 불확실하다. 이러한 수요의 특성 때문에 경영자는 제품과 서비스의 미래수요를 예측하기 위하여 적절한 객관적인 예측기법과 개인의 주관이나 판단 또는 여러 사람들의 의견 등과 같은 주관적 요소에 입각한 추측을 결합하여 사용한다.

수요에 영향을 미치는 요인들은 보통 내부적인 요인과 외부적인 요인으로 구분된다. 내부적인 요인은 경영자가 직접 통제할 수 있는 요인으로써 제품과 서비스의 설계, 가격, 품질, 판촉활동, 판매지역의 확장과 축소 등을 들 수 있으며, 외부적인 요인은 경영자가 직접 통제할 수 없는 요인으로써 경제상황, 정부의 조치, 경쟁자의 노력과 가격, 고객의 기호 등을 들 수 있다.

수요예측방법은 일반적으로 정성적 예측방법(qualitative forecasting method)과 정량적 예측방법(quantitative forecasting method)으로 나눌 수 있으며, 정량적 예측방법으로는 시계열분석기법(time series analysis)과 인과형 예측기법(causal forecasting method)이 대표적이다.

제 2 절 정성적 예측방법

정성적 예측방법은 개인의 주관이나 판단 또는 여러 사람의 의견을 바탕으로 하여 주어진 데이터와 정보를 신중하게 검토한 후 판단을 내리는 예측방법으로, 주로 중 · 장기예측에 많이 이용된다. 여기에 속하는 대표적인 기법으로는 델파이법, 위원회합의법, 판매인력조사법, 자료유추법, 시장조사법 등이 있다.

2.1 델파이법

1950년 RAND사의 N.C. Dalkey에 의해 개발된 델파이법(delphi method)은 다수의 전문가들로 구성된 전문가그룹을 대상으로 몇 차례의 설문지를 배부하여 예측사안에 대한 의견을 수렴함으로써 일치된 예측치를 얻기 위하여 실시하는 순환적인 집단질문과정이다. 원래 이 방법은 기술예측을 위해 개발되었으나 오늘날에는 일반적인 중 · 장기예측이나 판단에 의한 예측이 필요한 상황에도 널리 사용되고 있다.

델파이법은 참석자들의 직접적인 관계가 배제되므로 설득력 있는 한 특정인에 의하여 결과가 영향을 받지 않는다는 장점이 있지만 전문가그룹의 규모나 설문지 배부 횟수에 따라서 상당한 비용과 시간이 소요되는 단점이 있다. 그러나 데이터가 전혀 없거나 예측의 불확실성이 클 때 델파이법을 사용하면 크게 어긋나지 않는 예측치를 얻을 수 있다.

델파이법은 일반적으로 다음과 같은 진행단계를 통해 수행된다.

단계 1 : 예측을 수행할 전문가그룹을 구성하여 각 전문가들에게 개별적으로 예측 사안에 대한 설문지를 돌려 익명으로 응답하도록 한다. 이때 설문지는 예측에 필요한 충분한 정보를 포함하여야 한다.

단계 2 : 각 응답을 모아 정리하여 통계량(평균, 표준편차, 중앙값 등)을 구한 다음, 이 결과가 포함된 보고서를 각 전문가에게 보내 이전에 주어진 질문에 대한 그들의 의견을 다시 묻는다. 이때 각 전문가들은 자신들의 종전 의견을 수정할 수 있다.

단계 3 : 이러한 새로운 의견들을 다시 정리하여 통계량을 수정한 다음, 이 결과가 포함된 보고서를 각 전문가에게 보내 이전과 똑같은 질문에 대해 그들의 의견을 다시 묻는다.

단계 4 : 위와 같은 과정을 전문가들 간의 의견이 충분히 수렴될 때까지 반복한다. 보통 3~6회를 반복하면 충분히 수렴된 의견에 도달할 수 있으며 마지막에 얻은 결과를 예측치로 사용한다.

2.2 위원회합의법

위원회합의법(panel consensus)은 사내의 다양한 부서로부터 경험과 지식이 풍부한 전문가들로 위원회를 구성하여, 공개적으로 자유로운 토론을 통해 의견일치를 도출해 냄으로써 미래의 예측치를 구하는 방법이다. 이 방법은 여러 사람의 의견이 교환되므로 극단적인 오류를 피할 수 있고 신속하고 저렴하게 예측을 할 수 있다는 장점이 있는 반면, 영향력 있는 한 위원에 의해 토론이 지배될 수 있고, 예측이 타협이나 절충의 산물로 얻어짐으로써 정확도가 떨어지는 단점도 있다.

2.3 판매인력조사법

판매인력조사법(survey of sales force)은 판매원들로 하여금 그들이 담당하고 있는 지역 내의 수요를 예측하게 한 다음, 모든 판매원들이 예측한 자료를 종합하여 전체 수요를 예측하는 방법이다. 이 방법도 신속하고 저렴하게 예측할 수 있다는 장점이 있지만, 유능한 판매원이 반드시 유능한 예측자는 아니라는 점과 판매원들의 예측이 최근의 동향에 의해 크게 지배되는 경향이 있다는 점 등과 같은 단점이 있다. 즉, 최근에 판매량이 증가했다면 낙관적 예측을 하기 쉽고 반대로 판매량이 저조했다면 비관적 예측을 하기 쉽다는 것이다.

2.4 자료유추법

자료유추법(historical analogy)은 기존의 특정자료가 없을 경우에 사용하는 방법이다. 예를 들면, 기존제품과 유사한 새로운 제품의 수요를 예측하고자 할 경우 기존제품과 관련된 과거의 자료를 분석하여 새로운 제품에 대한 미래 수요를 예측할 수 있다. 이러한 방법은 비용이 적게 드는 반면에 여러 해에 걸친 유사제품에 대한 자료가 있어야 하며 주로 중 · 장기 수요예측에 많이 이용된다.

2.5 시장조사법

시장조사법(market surveys)은 실제 조사하고자 하는 내용에 대한 가설을 세운 다음, 설문지, 전화 인터뷰, 현장 인터뷰 등을 통하여 소비자들로부터 자료를 수집하고, 수집된 자료를 여러 가지 통계적 분석을 통해서 설정된 가설을 검증하는 방법이다. 시장조사법은 전문지식과 통계기법을 바탕으로 조사의 설계, 실시, 분석을 수행하므로 비교적 정확한 예측을 할 수 있다는 장점이 있으나 상당한 비용과 시간이 소요되는 단점이 있다. 이 방법은 신제품 및 현재 시판 중인 제품이 새로운 시장에 소개될 때 주로 이용된다. 이 방법은 질적 방법 중에서 가장 정교하고 가장 계량적인 방법이라 할 수 있다.

제3절 정량적 예측방법

정량적 예측방법에서는 경영자의 경험, 판단력, 직관 등과 같은 주관적 요소는 계량화할 수 없기 때문에 제외시키고, 예측하고자 하는 품목에 관한 과거의 객관적 자료를 활용하므로 객관적 방법이라고도 한다.

3.1 시계열 분석법

시계열이란 일별, 주별, 월별, 분기별, 연도별 등과 같이 일정한 시간간격을 두고 과거의 자료를 수집하여 발생 순으로 나열한 것이다. 시계열 분석법(time series forecasting method)은 이러한 시계열자료에 나타나 있는 수요의 형태 또는 패턴을 분석하여 미래의 수요를 예측하는 기법으로써 과거 수년간의 자료가 존재하고 수요패턴이 비교적 안정되어 있는 단기 또는 중기예측에 적합하다.

시계열 분석법에서 시계열은 대체로 어떤 패턴을 가지며, 이러한 패턴은 추세변동(trend variation : T), 순환변동(cyclical variation : C), 계절적 변동(seasonal variation : S), 우연변동(random variation : R) 혹은 불규칙 변동 등의 네 가지 요소로 구성되어 있다고 전제한다.

추세변동이란 수요의 장기적 · 점진적인 변동을 뜻한다. 예를 들어 인구변동, 소득수준의 변화, 물가변동 등은 수시로 작은 폭의 변동을 나타낼 수 있지만 장기적으로는 일정한 비율로 증가 또는 감소하는 경향을 보인다. 순환변동은 1년 이상의 장기간에 걸쳐 수요가 상하로 순환적으로 변하는 것을 나타내며 주로 경제적, 정치적, 사회적 또는 기술적 요인의 결합에 의해 발생한다. 계절변동은 일반적으로 1년을 주기로 하여 반복되는 추세선 상하로의 수요변동을 말하며 주로 기후, 명절 또는 휴가 등의 요인에 기인한다.

우연변동 혹은 불규칙변동이란 수요변동을 추세변동, 계절변동, 순환변동

그림 9-1 | 시계열의 네 가지 구성요소

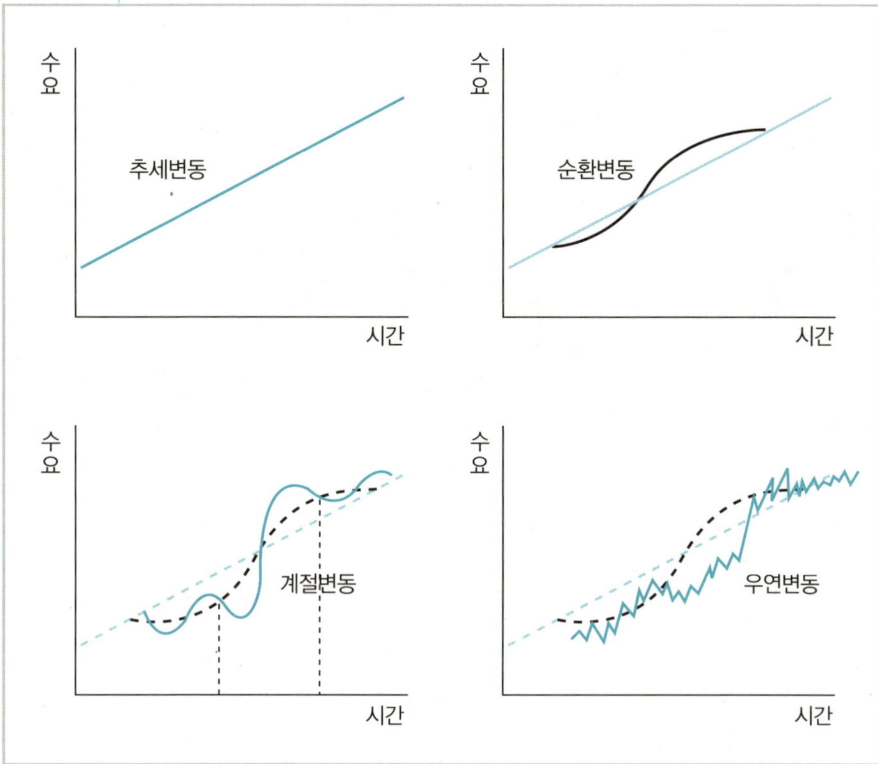

에 의해 규명하였을 때 나머지 설명할 수 없는 변동으로써 천재지변, 전쟁, 유류파동 등과 같은 우연한 요인에 의해 발생하므로 예측 및 통제가 불가능하다.

이상에서 설명한 시계열의 네 가지 구성요소는 [그림 9-1]에 잘 나타나 있다. 시계열 분석법에서는 수요를 이와 같은 네 가지 요소의 복합작용으로 파악하고, 수요를 시계열의 네 가지 구성요소의 함수, 즉

$$Y = f(T, C, S, R)$$

로 나타내며 구성요소들의 결합방법에 따라 가법모형(additive model)과 승법모형(multiplicative model)으로 구분한다. 가법모형은 수요를 시계열의 네 가지 구성요소의 합으로 취급하여

$$Y = T + C + S + R$$

로 나타내고, 승법모형은 수요를 시계열의 네 가지 구성요소의 곱으로 취급하여

$$Y = T \cdot C \cdot S \cdot R$$

로 나타낸다.

가법모형에서는 모든 요소들을 동일한 단위로 표시해야 하는 어려움이 있는 반면, 승법모형에서는 Y와 T는 동일한 단위이지만 기타 구성요소는 T에 대한 비율로 표시하기 때문에 일반적으로 가법모형보다는 승법모형이 더 많이 사용되고 있다.

시계열 분석법에는 단순이동평균법(simple moving average method), 가중이동평균법(weighted moving average method), 지수평활법(exponential smoothing method), 추세조정 지수평활법(trend-adjusted exponential smoothing method) 등이 있다.

① 단순이동평균법

단순이동평균법은 예측하고자 하는 기간의 직전 일정기간(이동평균기간)에 해당하는 시계열의 평균값을 미래의 예측치로 이용하는 방법이다. 이 방법은 시계열(수요)에 명확한 추세나 계절적 영향이 없고 우연변동만이 작용할 경우의 수요예측에 유용하다.

단순이동평균법을 수식으로 나타내 보면 다음과 같다.

$$F_t = \frac{Y_{t-1} + Y_{t-2} + \cdots + Y_{t-N}}{N}$$

여기서, F_t : 기간 t의 예측치
N : 이동평균기간
Y_{t-i} : 기간 $t-i$의 실제수요, $i=1, 2, \cdots, N$

예제 9-1

H병원을 이용한 환자 수가 다음과 같이 주어져 있다고 할 때 3개월의 이동평균기간을 이용하여 12월에 대한 H병원 이용환자 수를 단순이동평균법으로 예측하시오.

월	9	10	11	12
환자 수	112	108	120	?

| 풀이 |

단순이동평균법에 의한 12월의 H병원 이용환자 예측치는 다음과 같이 계산된다.

$$F_{12} = \frac{Y_{11}+Y_{10}+Y_9}{3} = \frac{120+108+112}{3} = 113.3\text{명}$$

그러므로 12월에 대한 H병원 이용환자 수는 113명으로 예측된다.

② 가중이동평균법

가중이동평균법은 단순이동평균법에서처럼 평균하는 각 실제치에 동일한 가중치를 부여하지 않고, 미래에 가까운 실제치에 높은 가중치를 부여하고 먼 과거의 실제치에는 점차로 낮은 가중치를 부여하는 방법이다. 과거의 시계열 자료에서 추세 또는 어떤 패턴이 나타날 경우에는 과거 자료보다 최근의 자료에 높은 가중치를 부여함으로써 수요의 변화에 빨리 대응하도록 하는 방법이다.

가중이동평균법을 수식으로 나타내 보면 다음과 같다.

$$F_t = W_{t-1}Y_{t-1} + W_{t-2}Y_{t-2} + \cdots + W_{t-N}Y_{t-N}$$

여기서, F_t : 기간 t의 예측치
N : 이동평균기간
Y_{t-i} : 기간 $t-i$의 실제수요, $i = 1, 2, \cdots, N$
W_{t-i} : 기간 $t-i$에 부여된 가중치, $t = 1, 2, \cdots, N$
$\sum_{i=1}^{N} W_{t-i} = 1$

예제 9-2

[예제 9-1]에서 11월, 10월, 9월의 가중치를 각각 60%(0.6), 30%(0.3), 10%(0.1)로 부여하였을 때 12월에 대한 H병원 이용환자 수를 가중이동평균법으로 예측하시오.

| 풀이 |

가중이동평균법에 의한 12월의 H병원 이용환자 수는

$$
\begin{aligned}
F_{12} &= W_{11}Y_{11}+W_{10}Y_{10}+W_{9}Y_{9} \\
&= 0.6\times 120+0.3\times 108+0.1\times 112 \\
&= 115.6\text{명}(\text{즉, } 116\text{명})
\end{aligned}
$$

으로 예측된다.

③ 지수평활법

지수평활법은 가중이동평균법의 일종으로써 지수함수적으로 감소하는 가중치를 이용하여 최근의 자료일수록 더 큰 비중을 부여하고, 과거로 거슬러 올라갈수록 더 작은 비중을 두어 미래의 수요를 예측하는 방법이다. 지수평활법에는 단순히 가장 가까운 과거의 자료에 가장 큰 가중치를 부여하는 단순지수평활법과 추세나 계절변동 등을 조정해 나가는 이중지수평활법이 있다. 여기에서는 단순지수평활법에 관해서 살펴보기로 한다. 단순지수평활법은 시계열 내에 추세나 계절적 요인이 없는 경우에 적절한 예측치를 제공한다.

지수평활법은 시계열분석법 중에서 단기예측에 많이 사용되는데, 이는 과거 N기간의 자료를 필요로 하는 가중이동평균법과는 달리 세 가지 자료(직전기간의 실제수요, 직전기간의 예측치, 평활상수(α))만을 이용하여 쉽게 계산을 할 수 있기 때문이다.

지수평활법을 수식으로 나타내 보면 다음과 같다.

$$F_t = \alpha Y_{t-1} + (1-\alpha)F_{t-1}$$

여기서, F_t : 기간 t의 예측치
$\alpha(0\leq\alpha\leq 1)$: 평활상수(smoothing constant)
Y_{t-1} : 기간 $t-1$의 실제수요
F_{t-1} : 기간 $t-1$의 예측치

또한 위의 식을 기간 t에 대해 연속적으로 전개시켜 보면 다음과 같은 식이 얻어진다.

$$F_t = \alpha Y_{t-1} + \alpha(1-\alpha)Y_{t-2} + \alpha(1-\alpha)^2 Y_{t-3} + \cdots + \alpha(1-\alpha)^{t-2}Y_1 + (1-\alpha)^{t-1}F_1$$

따라서 지수평활법에서는 최초의 예측치 F_1에 대한 값을 알아야 하는데 이는 기간 1 이전의 과거자료가 있으면 과거자료의 단순이동평균값이나 가중이동평균값을 F_1의 값으로 사용한다. 또한 각각 가중치는 모든 $\alpha(0 \leq \alpha \leq 1)$에 대하여

$$\alpha \geq \alpha(1-\alpha) \geq \alpha(1-\alpha)^2 \geq \cdots \geq \alpha(1-\alpha)^{t-2}$$

가 성립하므로 지수평활법에서는 가장 최근에 가장 큰 가중치를 부여하고 과거로 거슬러 올라갈수록 지수적으로 감소하는 가중치를 부여하여 미래수요에 대한 예측치가 계산되어짐을 알 수 있다.

예제 9-3

[예제 9-1]에서 평활상수를 α=0.9로 하였을 때 12월에 대한 H병원 이용환자 수를 지수평활법으로 예측하시오(단, F_9=118로 가정함).

| 풀이 |

지수평활법에 의한 12월의 H병원 이용환자 예측치는 11월, 10월, 9월에 실제로 H병원을 이용했던 환자 수와 9월에 대한 예측환자 수를 이용하여 다음과 같이 계산된다.

$$\begin{aligned} F_{12} &= \alpha Y_{11} + \alpha(1-\alpha)Y_{10} + \alpha(1-\alpha)^2 Y_9 + (1-\alpha)^3 F_9 \\ &= 0.9 \times 120 + 0.9 \times 0.1 \times 108 + 0.9 \times (0.1)^2 \times 112 + (0.1)^3 \times 118 \\ &= 118.6\text{명} \end{aligned}$$

그러므로 12월에 대한 H병원 이용환자 수는 119명으로 예측된다.

지수평활법에서 평활상수 α를 결정하는 한 가지 방법은 과거의 자료를 가지고 여러 가지의 α값을 대입하여 계산해 본 후에 그 중에서 예측오차(forecast error)를 최소로 하는 α값을 선택하는 것이다. 예측오차에 대해서는 제4절에서 자세히 다루기로 한다.

④ 추세조정 지수평활법

추세조정 지수평활법은 지수평활법에 의한 예측치에 추세의 추정치를 반영한 기법이다. 만약 시계열이 추세를 나타내고 있는데도 단순 지수평활법을 사용하면 예측치는 항상 실제의 수요보다 높거나 낮게 예측될 가능성이 크다. 이 방법을 사용하기 위해서는 α 이외에 다른 평활상수인 β를 결정해야 하고, 최초의 예측치와 추세 추정치는 과거 정보에 근거하여 계산하거나 경험에 의하여 추정해야 한다. 여기서 베타(β)는 실제값과 예측값의 오차의 영향을 감소시켜 주는 역할을 한다.

추세조정 지수평활법을 수식으로 나타내 보면 다음과 같다.

$$AF_t = F_t + T_t$$
$$F_t = \alpha Y_{t-1} + (1-\alpha)(F_{t-1}+T_{t-1})$$
$$T_t = \beta(F_t - F_{t-1}) + (1-\beta)T_{t-1}$$

여기서, AF_t : 기간 t의 (추세조정) 예측치
F_t : 기간 t의 평균추정치
T_t : 기간 t의 추세추정치
Y_{t-1} : 기간 $t-1$의 실제수요
F_{t-1} : 기간 $t-1$의 평균추정치
T_{t-1} : 기간 $t-1$의 추세추정치
$\alpha(0 \le \alpha \le 1)$, $\beta(0 \le \beta \le 1)$: 평활상수

예제 9-4

[예제 9-1]에서 α=0.1, β=0.2로 하였을 때 12월에 대한 H병원 이용환자 수를 추세조정 지수평활법으로 예측하시오(단, F_{11}=112, T_{11}=4로 가정함).

| 풀이 |

추세조정 지수평활법에 의한 12월 H병원 이용환자 예측치는 11월에 대한 예측환자 수와 추세추정치를 이용하여 다음과 같이 계산한다.

$$F_{12} = 0.1\times 120+0.9\times (112+4)=116.4$$
$$T_{12} = 0.2\times (116.4-112)+0.8\times 4=4.1$$
$$AF_{12}= F_{12}+T_{12}=116.4+4.1=120.5$$

그러므로 12월에 대한 H병원 이용환자 수는 121명으로 예측된다.

3.2 인과형 예측기법

인과형 예측기법은 과거의 자료로부터 수요와 밀접한 관계가 있는 요인들을 찾아낸 다음 수요와 이들 사이의 관계를 찾아서 예측을 하는 방법으로 그 대표적인 것으로는 회귀분석(regression analysis), 계량경제모형(econometric model), 투입산출모형(input-output model), 시뮬레이션모형(simulation model) 등이 있으나 본 절에서는 회귀분석에 대해서 설명하기로 한다.

회귀분석은 두 변수 또는 그 이상의 변수 간의 함수관계를 분석하는 통계적 방법으로, 이미 알고 있는 변수를 이용하여 모르는 변수를 예측할 수 있도록 변수 간의 관계식을 구하는 것이다. 회귀분석을 통하여 예측하고자 하는 변수를 종속변수(dependent variable)라 하고 종속변수에 영향을 주는 다른 변수들을 독립변수(independent variable)라고 하며 일반적으로 수요를 종속변수로, 가격, 품질 등과 같이 수요에 영향을 미치는 요인들을 독립변수로 놓고 양자의 관계를 파악하여 수요를 예측한다.

독립변수가 하나일 때의 분석을 단순회귀분석(simple regression analysis)이라고 하며, 독립변수가 둘 이상일 때의 분석을 다중회귀분석(multiple regression analysis)이라고 한다. 그리고 독립변수와 종속변수 사이에 선형관계(linear relationship)가 있으면 선형회귀분석(linear regression analysis)이라고 하고, 두 변수가 비선형관계(nonlinear relationship)에 있으면 비선형회귀분석(nonlinear regression analysis)이라고 한다. 본 절에서는 단순선형회귀분석에 대해서 살펴보고자 한다.

단순선형회귀분석에서는 수요를 종속변수 Y로, 수요에 가장 큰 영향을 미치는 한 요인을 독립변수 X로 각각 놓고 이들 사이의 관계를 다음과 같은 선형회귀방정식(linear regression equation)으로 나타내어 분석한다.

$$\hat{Y}=a+bX$$

여기서, $\hat{Y}$: 종속변수 Y의 예측치
a, b : 회귀계수(regression coefficients)

위 식에서 $\hat{Y}$과 X의 관계를 정확히 파악하기 위해서는 과거의 자료를 이용하여 회귀계수 a, b값을 결정해야 하는데 이는 최소제곱법(least squares method)에 의해 구해진다. 최소제곱법은 실제수요와 추세선상의 예측치와의 오차제곱의 총합이 최소가 되도록 추세선을 결정하는 기법이다. 즉, [그림 9-2]에서와 같이 과거 n기간 동안에 대해 독립변수 $X_t(t=1, 2, \cdots, n)$에 대응되는 실제수요 Y_t가 주어져 있다고 가정하고 추세선을 $Y_t=a+bX_t$라고 하면,

$$\sum_{t=1}^{N}\{Y_t-(a+bX_t)\}^2$$

을 최소화하는 a와 b의 값을 결정한다. 이때 a와 b의 값은 다음과 같이 구해진다.

$$b=\frac{n\sum_{t=1}^{n}X_tY_t-\left(\sum_{t=1}^{n}X_t\right)\left(\sum_{t=1}^{n}Y_t\right)}{n\sum_{t=1}^{n}X_t^2-\left(\sum_{t=1}^{n}X_t\right)^2}$$

$$a=\frac{\sum_{t=1}^{n}Y_t-b\left(\sum_{t=1}^{n}X_t\right)}{n}$$

예제 9-5

매주 특별가격으로 케익을 판매하고 있는 한 제과점의 경영자는 지난 몇 주 동안의 주별 판매량을 살펴보고 가격이 판매량에 영향을 미친다는 것을 알았다. 지난 5주 동안의 자료가 다음과 같이 주어졌을 때 가격을 8,500원으로 한다면 판매량은 얼마나 될 것인지를 예측하시오.

그림 9-2 | 과거 n기간 동안에 대한 실제 수요와 직선추세선

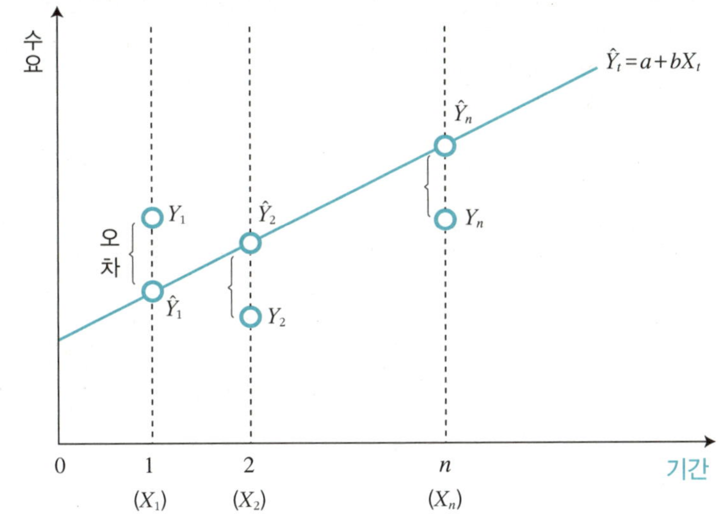

표 9-1 | 과거 n기간 동안에 대한 실제수요와 직선추세선

주	가격(원)	판매량(개)
1	7,500	50
2	8,000	40
3	7,000	70
4	9,000	25
5	8,800	30

| 풀이 |

가격을 독립변수 $X_t(t=1, 2, \cdots, 5)$, 판매량을 종속변수 Y_t로 각각 놓고 선형회귀방정식의 회귀계수 a, b를 구하기 위해 [표 10-2]와 같은 값들을 먼저 계산한다.

| 표 9-2 | 회귀계수를 구하기 위한 예비계산

t	X_t	Y_t	X_tY_t	X_t^2
1	7,500	50	375,000	56,250,000
2	8,000	40	320,000	64,000,000
3	7,000	70	490,000	49,000,000
4	9,000	25	225,000	81,000,000
5	8,800	30	264,000	77,440,000
합계	40,300	215	1,674,000	327,690,000

따라서 앞에서 구한 공식에 의해

$$b=\frac{5\times1{,}674{,}000-40{,}300\times215}{5\times327{,}690{,}000-(40{,}300)^2}$$

$$=-0.02$$

$$a=\frac{215-(-0.02)\times40{,}300}{5}$$

$$=204.2$$

이므로 구하고자 하는 선형회귀방정식은 $\hat{Y}_t=204.2-0.02X_t$이다. 그러므로 케익의 가격을 8,500원으로 하였을 경우 판매량은 $204.2-0.02\times8{,}500=34.2$(약 34개)로 예측된다.

제 4 절 예측오차의 평가와 기법의 선택

경영자가 예측기법을 선택할 때 고려해야 하는 대상 중 하나는 바로 예측오차에 의하여 측정되는 예측성과이다. 경영자는 예측오차를 측정함으로써 현재 사용 중인 예측기법의 적합성 여부를 평가할 수 있을 뿐만 아니라 여러 가지 예측기법 중 가장 정확한 예측기법을 선택하는 데에도 도움을 얻을 수 있다. 본 절에서는 예측오차의 측정방법과 예측기법을 선택할 때 고려해야 하는 요인들에 관해 살펴본다.

4.1 예측오차의 평가

예측에는 항상 오차가 있기 마련이며, 예측오차는 주어진 기간의 실제치에서 예측치를 뺀 값으로 다음과 같이 정의된다.

$$e_t = Y_t - F_t$$

여기서, e_t : 기간 t의 예측오차
Y_t : 기간 t의 실제치
F_t : 기간 t의 예측치

예측오차는 여러 가지 수요예측기법 중에서 하나를 선택하거나 또는 현재 사용 중인 예측기법의 적합성 여부를 평가하는 데 중요한 기준이 된다. 예컨대, 지수평활법에서 적절한 평활상수 α값을 선정하기 위해서는 몇 가지 α값을 사용하여 과거의 데이터를 예측해 보고 그 중에서 다음과 같이 구할 수 있는 누적예측오차(cumulative sum of forecast errors : CFE), 평균제곱오차(mean squared error : MSE), 평균절대오차(mean absolute deviation : MAD), 추적지표(tracking signal : TS) 등을 최소로 하는 α값을 최종적으로 선택하는 것이다.

누적예측오차 : $CFE = \sum_{t=1}^{N} e_t$

평균제곱오차 : $MSE = \dfrac{\sum_{t=1}^{N} e_t^2}{N}$

평균절대오차 : $MAD = \dfrac{\sum_{t=1}^{N} e_t}{N}$

추적지표 : $TS = \dfrac{CFE}{MAD}$

① 누적예측오차

누적예측오차는 이동평균기간 동안에 대한 예측오차를 누계한 값으로 0에 가까울수록 예측정확도가 높다. 누적예측오차는 예측의 편의(bias)를 측정하는 데 유효하다. 편의란 계속적으로 과대예측 또는 과소예측을 할 때, 즉 한쪽으로 치우친 예측을 할 때 발생하는 오차를 뜻한다. 만일 계속적으로 과소예측을 하게 되면 누적예측오차 값이 점점 증가하게 되는데 이는 예측방법에 구조적 결함이 있음을 뜻한다 .

② 평균제곱오차

평균제곱오차는 각 예측오차의 제곱의 합을 이동평균기간으로 나눈 평균값이다. 평균제곱오차에서는 오차가 작을 때보다 큰 경우에 더 많은 가중치가 부여되기 때문에 오차로 인한 비용, 예컨대, 재고나 생산능력의 과부족으로 인한 비용이 오차의 크기에 따라 급격히 증가하는 상황 등에 알맞은 척도라 할 수 있다.

③ 평균절대오차

평균절대오차는 절대오차의 평균값으로 오차의 크기가 작을수록 평균절대오차의 크기가 작아진다. 평균제곱오차보다 계산이 간편하여 많이 이용되고 있다. 이는 작은 오차보다 큰 오차에 더 많은 가중치를 부여하는 기법이다.

④ 추적지표

추적지표는 누적예측오차를 평균절대오차로 나눈 값이다. 현재 사용하고 있는 예측기법이 실제치를 잘 따르고 있으면 TS값은 0에 가까운 값을 갖는다. [그림 9-3]에서처럼 계산된 TS값들은 기업에 따라 사전에 결정된 관리한계와 비교된다. TS값이 관리한계 내에 있으면 그 예측결과는 좋으나 만일 관리한계를 벗어나면 수정조치를 취해야 한다.

그림 9-3 | 추적지표와 관리한계

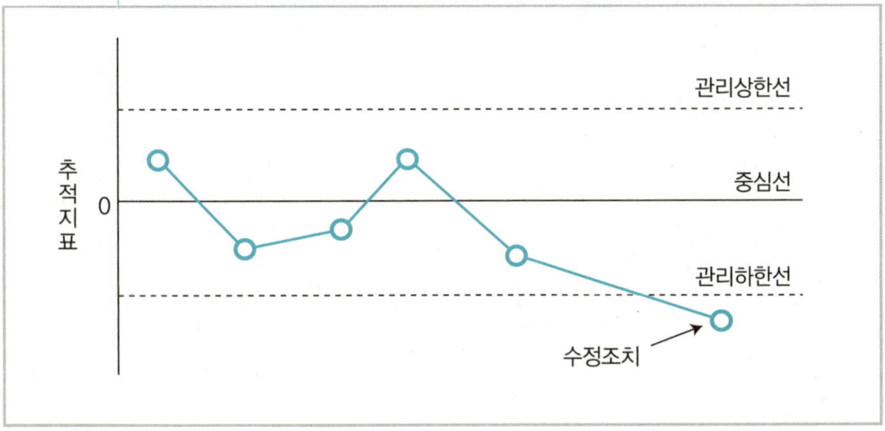

예제 9-6

[표 9-3]은 지난 6개월 동안 용봉체육사에서 판매한 농구공의 실제 판매량과 예측치를 나타낸다. 누적예측오차(CFE), 평균제곱오차(MSE), 평균절대오차(MAD), 추적지표(TS)를 각각 계산하시오.

표 9-3 | 월간 판매량과 예측치

월	판매량	예측치
1	6	10
2	8	10
3	15	13
4	12	13
5	10	12
6	13	12

| 풀이 |

먼저 주어진 데이터를 이용하여 각종 예측오차를 구하는 데 필요한 값들을 계산한 후 공식을 이용하면 구하고자 하는 예측오차들을 쉽게 계산할 수 있다.

월	판매량(Y_t)	예측치(F_t)	e_t	e_t^2	$\|e_t\|$
1	6	10	−4	16	4
2	8	10	−2	4	2
3	15	13	2	4	2
4	12	13	−1	1	1
5	10	12	−2	4	2
6	13	12	1	1	1
합계			−6	30	12

누적예측오차 : $CFE = \sum_{t=1}^{6} e_t = -6$

평균제곱오차 : $MSE = \frac{\sum_{t=1}^{6} e_t^2}{N} = \frac{30}{6} = 5$

평균절대오차 : $MAD = \frac{\sum_{t=1}^{6} |e_t|}{6} = \frac{12}{6} = 2$

추적지표 : $TS = \frac{CFE}{MAD} = \frac{-6}{2} = -3$

4.2 예측기법의 선택

수요예측기법을 선정할 때는 비용, 정확성, 시간범위, 제품 및 서비스의 특성 등과 같은 여러 가지 요소들을 고려해야만 한다.

예측기법을 선택할 때 비용과 정확성 사이에는 상충관계가 있을 수 있다. 즉, 좀 더 정확한 예측을 하기 위해서는 좀 더 많은 비용이 수반될 수 있다는 것을 의미한다. 왜냐하면, 높은 정확성을 가진 예측기법은 그만큼 많은 자료를 필요로 하고, 또 그 자료를 수집하기도 더욱 어려우며, 더군다나 그 모델을 설계하고 운영하는 데에는 더 많은 비용이 소모되기 때문이다. 예를 들면, 새로운 제품을 도입하는 경우 역사적 자료가 없기 때문에 델파이법과 시장조사법 등에 의존하는데 이는 보통 집행위원회동의법이나 역사적 유추법 등에 비해서 비용이 많이 든다. 그러므로 각 기업들은 그들 자신의 상황에 적합한 비용과 정확성 사이의 상충관계를 갖도록 노력해야 한다.

예측의 대상이 되는 생산자원의 특성도 적절한 예측기법을 선택하는 데 영향을 미친다. 예를 들어, 인력, 현금, 재고, 기계 등에 관한 일정계획은 실제로 단기간에 걸쳐 이루어지는데, 이는 이동평균법이나 지수평활법 등을 통해 예측될 수 있다. 한편, 공장 생산능력과 같은 장기적 생산자원에 대한 요구는 회귀분석, 집행위원회동의법, 시장조사법, 혹은 장기예측에 적합한 다른 기법들에 의해 추정될 수 있다.

많은 종류의 예측기법이 존재하지만 어떠한 상황에서도 가장 잘 기능하는 기법은 존재하지 않는다. [표 9-4]는 예측기법을 선정하는 지침을 제공하고 있다.

표 9-4 적절한 예측기법을 선정하기 위한 지침

예측기법	필요한 과거 자료의 양	자료 패턴	예측 범위
이동평균법	2~30개의 관측치	자료는 안정적이어야 함 (추세 및 계절성이 없어야 함)	단기
지수평활법	5~10개의 관측치	자료는 안정적이어야 함	단기
추세조정 지수평활법	10~15개의 관측치	안정적이며 추세가 있음	단기에서 중기
선형회귀분석	독립변수 1개당 10개의 관측치	복잡한 패턴을 처리할 수 있음	단기, 중기, 장기

4.3 다양한 기법의 활용

경영자는 여러 가지 예측기법 중에서 한 가지 예측기법에만 의존할 필요는 없으며, 상황에 따라서 여러 가지 기법들을 이용하여 최종 예측치를 구할 수도 있다. 여러 가지 예측기법을 동시에 사용하는 방식에는 결합예측과 초점예측이 있다.

① 결합예측

지난 수년간의 연구결과에 의하면 다양한 예측치를 결합하여 사용할 경우

에 예측결과가 더욱 정확해지는 경향이 있다. 결합예측(combination forecasting)은 여러 가지의 예측기법이나 자료를 이용하여 예측한 결과들의 평균을 구하여 미래의 예측치로 활용하는 방법이다. 즉, 가장 우수한 예측기법 한 가지로 예측한 것보다 결합예측이 더 정확한 예측결과를 가져올 수 있는 가능성이 더 크다는 것이다.

② 초점예측

초점예측(focus forecasting)도 다양한 예측기법을 활용하는 방법이며, 각각의 예측기법들이 산출한 예측치 중에서 가장 정확한 결과를 나타내는 예측기법을 활용하여 다음 기간의 수요를 예측하는 방법이다.

사 례 글로벌 의류업체 '자라(ZARA)'의 수요예측에 의한 경영사례

불과 몇 년 전만 하더라도 의류 소비자들은 "어떤 디자인의 옷을 입느냐"보다는 "어느 브랜드의 옷을 입느냐"를 중시하였다. 고가의 유명 브랜드의 옷은 상품의 스타일이나 기능에 무관하게 잘 팔리는 경향이 있었다. 하지만 최근 의류 소비자들이 변화하기 시작하였다. 명품 브랜드보다는 상품의 스타일을 중요시하게 되었고, 빠르게 변화하는 스타일의 유행에 맞추어 빠르게 옷을 소비하는 방향으로 소비자들의 패턴이 바뀌었다. 본격적인 패스트 패션(fast fashion) 시대가 도래하면서, 의류업계들은 보다 경쟁력 있는 경영시스템을 도입하기 위하여 노력하고 있다.

글로벌 의류업체 ZARA는 1975년 스페인에 첫 매장을 연 후 2011년 현재 전 세계적으로 77개국에 걸쳐 1,723개의 매장을 운영하고 있는 대표적인 패스트 패션 브랜드다. ZARA의 경우 1년에 2만 가지의 옷을 새로 디자인하여 상품으로 출시하고 있다. 기본적으로 1주일에 두 번씩 새로 디자인된 상품을 공급하고 있고, 각 판매 현장에서 인기 있는 스타일을 파악하여 소비자들의 취향에 맞추어 수요를 정확하게 예측하고 생산량을 조절하고 있다.

ZARA는 전 세계의 패션 트렌드를 실시간으로 감지하는 것으로 유명하다. 여기에는 크게 두 가지 방법이 활용되고 있는데, 먼저 디자인팀은 패션쇼나 전시회 관람, 경쟁사 제품정보 파악, 전세계의 패션 동향 분석, 그리고 타깃 마켓층에 대한 폭넓은 분석을 통해 정보를 구축한다. 이렇게 수집·분석된 정보들은 매우 유용하지만, 정작 더욱 더 중요한 정보들은 ZARA의 매장으로부터 수집된다. ZARA 본사에 있는 'product-shop팀'은 전 세계 매장의 현장 매니저들로부터 매일 신제품에 대한 반응이나 현재의 생생한 트렌드를 보고받는다. 그리고 이 정보는 자동적으로 구매부서, 디자인부서, 생산부서로 넘어가 지속적으로 업데이트되면서 소비자들의 요구에 부응하기 위한 새로운 제품 생산에 활용되는 것이다. 또 매장 매니저가 잘 팔리는 옷을 직접 발주할 수 있는 권한을 가지고 있어 소비자의 취향을 빠르게 반영하여 생산하기 때문에 급변하는 트렌드에 즉각적으로 대응할 수도 있다.

ZARA의 특별한 점은 본사에서 시장의 수요를 종합적으로 예측하기보다, 판매를 담당하고 있는 매장에서 직접 수요를 예측하여 필요량을 산정하면 그것이 곧 생산량이 될 수 있도록 한 것이다. 그 결과, 수요예측이 모든 경영 효율성의 근간이며 판매 담당자가 팔 수 있는 만큼 정확하게 수요를 예측하여 생산하여야 한다는 것을 기업 구성원들이 깨닫게 되었고, 이를 직접 경영 현장에 반영한 것이라고 할 수 있다.

자료 : 물류신문(2006. 7. 20), 시사저널(1047호, 2009. 11. 11)에서 일부 인용

연 습 문 제

1. 수요예측기법을 정성적 기법, 시계열 분석기법, 인과형 예측기법으로 분류하여 각 기법들의 특징과 용도를 비교 · 설명하시오.

2. 예측오차를 측정하는 방법과 각 방법들의 차이점에 관해 설명하시오.

3. 적합한 예측기법을 선택할 때 고려해야 할 요인들에 관해 설명하시오.

4. 어떤 제품에 대한 과거 실제수요가 다음과 같이 주어져 있다. 아래의 방법을 활용하여 7월의 수요를 예측하시오.

월	1	2	3	4	5	6
수요	65	67	90	97	110	127

(1) 4개월 단순이동평균법
(2) 가중치 0.4, 0.3, 0.2, 0.1을 부여하였을 때의 가중이동평균법
(3) 평활상수 a=0.2, 그리고 6월의 수요예측치가 120이었을 경우의 지수평활법
(4) 최소자승법

5. 특수한 상품을 파는 상점에서 광고가 판매량에 미치는 영향을 조사하기 위하여 비슷한 상황하에 있는 5개의 상점을 선정하여 이 상점들의 연간 광고비 및 총판매액에 대한 자료를 수집하여 다음과 같은 결과를 얻었다. 아래의 물음에 답하시오.

(단위 : 만원)

상점	광고비	총판매액
A	650	100
B	670	150
C	690	180
D	680	160
E	100	240

(1) 최소자승법을 이용하여 직선 추세선을 구하시오.
(2) 만일 상점 F가 연간 광고비로 150만 원을 투자한다면 연간 총판매액이 얼마나 될 것인지를 예측하시오.

6. 다음 표는 경영학과 K교수가 지난 3년 동안 자신의 수업을 수강한 학생에 대한 실제수강인원 및 예측수강인원을 정리한 것이다.

(단위 : 명)

학기	실제인원	예측인원
2004. 1	342	250
2004. 2	280	300
2005. 1	320	300
2005. 2	318	290
2006. 1	330	340
2006. 2	300	310

누적예측오차, 평균제곱오차, 평균절대오차, 추적지표를 각각 계산하시오.

CHAPTER 10

총괄계획과 주일정계획

제품과 서비스에 대한 수요는 시간에 따라 변동한다. 이러한 수요의 변동은 계절적인 요인에 의한 계절변동일 수도 있고 또는 불규칙적이고 우발적인 우연변동일 수도 있다. 총괄계획은 계절요인에 의한 수요의 변동을 만족시키기 위한 중기생산계획이다.

총괄계획을 수립하는 궁극적인 목적은 주어진 수요예측을 만족시키기 위해 적절한 시기에 적절한 양의 제품 및 서비스를 최소의 비용으로 생산해 내는 데 있다. 따라서 총괄계획은 생산부문 뿐만 아니라 기업의 모든 부문과 밀접한 관계가 있으므로 부문 간의 긴밀한 협조와 조정이 있어야 한다.

본 장에서는 총괄계획의 의의 및 수립과정, 총괄계획전략의 유형, 총괄계획의 기법 등에 대해 살펴보고, 마지막으로 주일정계획의 의의와 기본전략에 대해 간략히 살펴보고자 한다.

제 1 절 총괄계획의 의의 및 수립과정

총괄계획은 시장수요를 충족시키기 위해 기업의 총생산능력을 거시적으로 파악하여 생산활동의 수준과 생산자원의 사용을 개략적으로 설계하는 종합적인 계획이다. 본 절에서는 총괄계획이 무엇이고, 왜 기업이 총괄계획을 필요로 하는지, 그리고 총괄계획을 수립하는 과정을 살펴본다.

1.1 총괄계획의 정의

생산계획(production planning)은 계획기간에 따라 장기(long-range), 중기(medium-range), 단기(short-range) 생산계획으로 구분된다. 총괄계획(aggregate planning)은 보통 1개월에서 12개월을 계획기간으로 하는 중기생산계획으로써 변동하는 수요를 경제적으로 만족시키기 위해 필요한 고용수준, 작업수준, 재고수준, 기계설비의 능력, 하청수준 등과 같은 자원의 최적 결합을 결정하는 생산계획을 말한다.

총괄계획에서는 개별제품의 생산을 위한 세부계획을 수립하기보다는 공통의 처리과정이나 자원을 필요로 하는 다수의 제품을 하나의 제품군(product family)으로 정의하거나 전 품목을 일괄하여 생산수량과 생산시기를 결정하는 것이다. 총괄계획은 생산수준의 계획뿐 아니라 사용할 자원의 배합도 결정한다. 따라서 이러한 제품군에 대한 총괄수요(aggregate demand)를 적절히 나타내기 위해서는 표준화된 측정단위, 즉 총괄단위(aggregate unit)가 요구되는데, 이는 쉽게 선정될 수도 있지만, 또한 선정하기가 어려운 경우도 있다. 예컨대, 가정용 페인트를 외부용과 내부용으로 나누어 생산하는 회사에서는 페인트의 종류에 상관없이 '톤' 또는 '갤런'을 총괄단위로 사용하여 총생산량을 표시할 수 있다. 하지만 선풍기, 전열기, 다리미 등 여러 가지 전기제품을 생산하는 회사에서는 '노동시간'이나 '기계시간' 등과 같은 적절한 총괄단위를 개발하여 사용하는 것이 바람직하다.

1.2 총괄계획의 목적

총괄계획의 기본 목적은 수요량과 생산량 간의 균형을 유지함으로써 비용의 최소화, 재고의 최소화, 서비스 수준의 최대화, 고용수준의 안정, 시설 및 설비 이용의 최대화, 생산량 변동 최소화 등을 도모하고자 하는 것이다. [그림 10-1]은 총괄계획의 목적을 보여준다.

① **비용의 최소화** : 제품의 수요량에 영향을 미치지 않고 이윤을 최대화하려면 비용을 최소화해야 한다.

② **재고의 최소화** : 재고가 쌓이게 되면 재고관리 비용이 증가한다.

③ **서비스수준의 최대화** : 적시에 납품하기 위해서는 인력이나 설비능력, 재고량을 더 늘려야 할 수도 있다.

④ **고용수준의 안정** : 신규 채용자가 정상 생산수준을 유지하기 위해서는 오랜 시간이 소요되므로 잦은 고용수준의 변동은 생산성이 떨어질 수 있다.

⑤ **시설 및 설비이용의 최대화** : 라인공정에서는 공장과 설비의 가동률을 높고 균일하게 유지할 수 있어야 한다.

⑥ **생산량 변동 최소화** : 생산량을 자주 변화시키면 자재공급을 균일하게 유지하기 어려워지고, 생산라인을 재조정하여야 한다.

그러나 이러한 목표들 사이에는 서로 상충관계가 있다. 예컨대, 신속한 배달에 의한 서비스수준의 최대화는 필요 이상의 재고수준을 유지함으로써 달성될 수 있으며, 또한 비용을 최소화하는 고용정책의 사용은 고용수준의 안정이나 서비스수준의 최대화는 기대할 수 없다. 따라서 총괄계획 담당자는 이러한 다양한 목적들 사이의 상충관계들을 잘 분석하여 최적의 균형점을 찾아야 한다.

그림 10-1 | 총괄계획의 목적

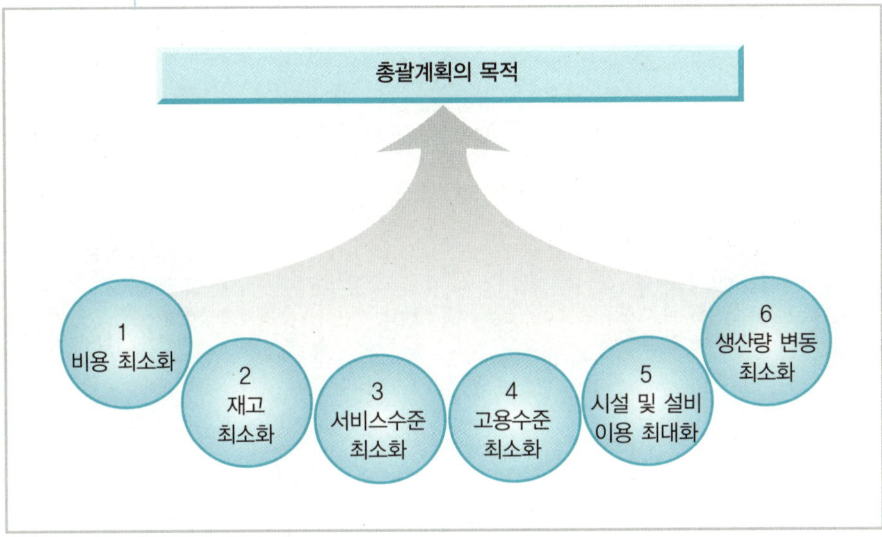

1.3 총괄계획의 중요성

총괄계획은 단지 생산부문의 담당자에 의해서만 수립되는 것이 아니라 예산, 인력, 마케팅과 같은 기업 내 다른 부문과도 긴밀한 협조와 조정을 필요로 한다. 예컨대, 예산은 총생산량, 고용수준, 재고수준, 구매수준 등에 입각하여 수립되므로 총괄계획은 최초 예산의 수립이나 수정에 기초가 된다. 또한 총괄계획은 고용, 해고, 초과근무 및 단축근무 등에 대한 의사결정을 포함하기 때문에 인력계획에도 크게 영향을 준다. 특히 재고가 존재하지 않는 서비스업의 경우에는 총괄계획 자체가 예산 및 인력계획이 된다.

마케팅기능도 총괄계획과 밀접한 관계가 있는데, 이는 제품의 공급량이나 서비스의 수준이 총괄계획에 의해 결정되기 때문이다. 즉, 합리적인 총괄계획은 여러 부문 간 긴밀한 협조와 조화를 이루기 위해 다양한 대안을 고려해야 한다. 이러한 대안에 대해서는 제2절에서 자세히 다루고자 한다. [그림 10-2]는 총괄계획 수립 시 필요한 여러 부서의 고려사항들을 나타낸다.

그림 10-2 | 총괄계획 수립 시 필요한 고려사항

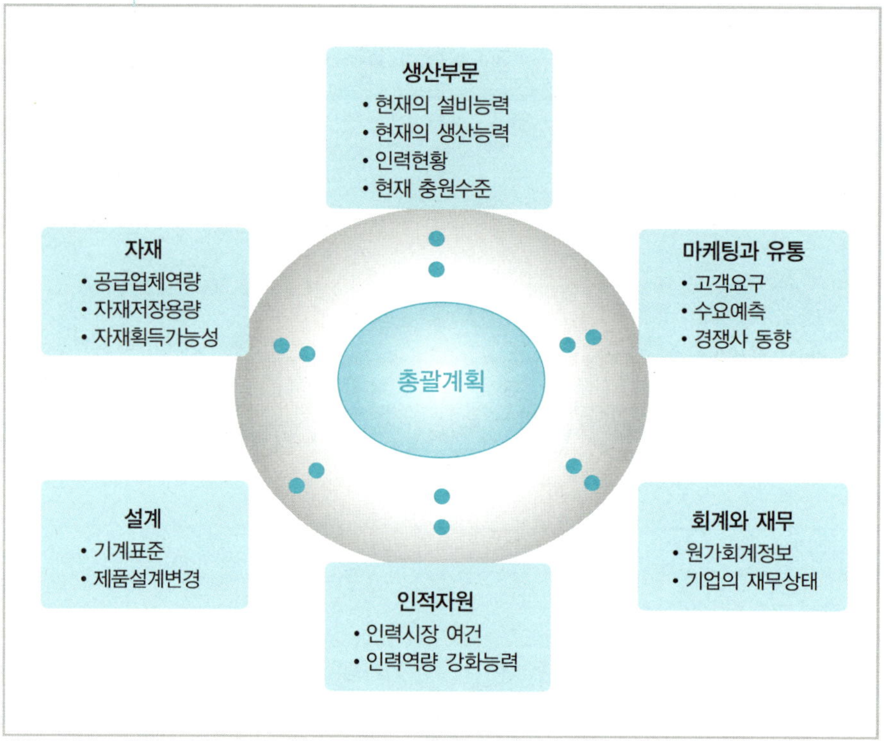

1.4 총괄계획의 수립과정

총괄계획의 수립은 총괄수요와 관련하여 생산전략을 수립하는 것이다. 총괄계획을 수립하기 위한 구체적인 과정은 기업이 어떠한 제품군과 서비스를 제공하느냐에 따라 달려 있다. 기업의 제품군에 대한 수요의 예측을 통해서 총 생산량 및 판매량을 결정해야 한다. 총괄계획의 수립과정은 [그림 10-3]과 같다.

① 단계 1 : 제품군의 형성

일반적으로 총괄계획의 수립은 먼저 제품군을 형성하여야 한다. 제품군은 공통의 공정처리과정, 인력 및 자재소요를 갖는 제품끼리 군을 형성한 것이다.

그림 10-3 | 총괄계획의 수립과정

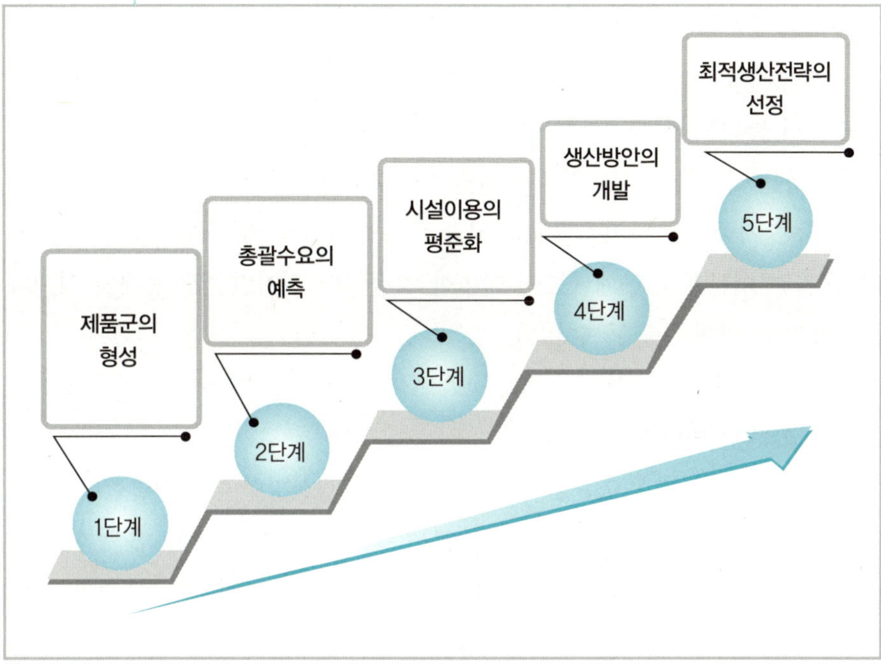

② 단계 2 : 총괄수요의 예측

이와 같이 제품군이 형성되면 계획대상기간(planning horizon)의 각 기간별로 총괄단위를 이용하여 각 제품군의 총괄수요를 예측한다. 정확하고 실천적인 수요의 예측은 자원활용의 최적화와 기업의 경쟁력 확보를 위한 생산계획 수립에 매우 중요하다.

③ 단계 3 : 시설이용의 평준화

생산시설이 전 기간에 걸쳐 고르게 이용되도록 하기 위해 다음과 같은 방법들을 사용하여 계절성을 갖는 수요의 변동폭을 조절한다.

첫째는 가격을 조정하는 방법이다. 수요가 많을 때에는 가격을 높여서 수요를 줄이고 수요가 적을 때에는 가격을 낮춰서 수요를 늘리도록 하는 방법이다. 예를 들면, 야간전화료의 할인이나 여름철의 겨울옷 할인판매 등이다.

둘째는 수요주기는 다르지만 비슷한 자원 및 생산기술을 요구하는 보완적 제품 혹은 서비스(complementary products or services)를 개발하는 방법이다. 예컨대, 에어컨과 난방장치를 생산하는 기업에서는 여름철과 겨울철의 공장 부하를 평준화할 수 있는 것이다.

셋째는 수요형태를 바꾸는 방법이다. 즉, 비수기에는 광고나 판촉활동을 통해 수요를 늘리고, 성수기에는 주문을 먼저 받아 놓고 추후에 납품을 하는 주문적체정책을 사용하여 성수기의 수요를 비수기의 수요로 이동시킨다. 예를 들어, 전자는 겨울철에 아이스크림 광고를 하여 수요를 늘리는 경우를 들 수 있으며, 후자는 여름철의 판매급증에 대비한 겨울철의 에어컨 예약판매의 실시나 콘서트의 표 예매 등을 들 수 있다.

④ 단계 4 : 생산방안의 개발

제품과 서비스의 수요변동에 대처하기 위한 생산방안들을 개발한다. 생산방안을 개발할 때 고려할 수 있는 변수로는 종업원의 고용과 해고를 통한 고용수준의 조정, 초과근무와 단축근무에 의한 작업시간의 조정, 재고수준의 조정, 주문적체정책 및 하청의 사용 등이 있다.

⑤ 단계 5 : 최적생산전략의 선정

모든 가능한 생산방안들 중에서 개발에 관련된 비용이 최소인 생산전략을 선정한다.

총괄계획이 수립되면 이를 기초로 하여 개별품목에 대한 주일정계획(master production scheduling : MPS)을 작성한다. 주일정계획은 계획대상기간 동안 생산될 각 제품이 언제 얼마만큼 생산되어야 하는가를 월별 또는 주별로 나타낸다. 주일정계획에 대한 상세한 설명은 제4절과 5절에서 하기로 한다.

제 2 절 총괄계획전략의 유형

총괄수요는 항상 불규칙하게 변동하기 때문에 총괄계획을 수립한다는 것은 그리 쉬운 일이 아니다. 총괄계획을 수립함에 있어서 수요변동에 대처하기 위해서는 앞에서 언급한 총괄계획의 여러 가지 상충되는 기본목표들을 균형 있게 만족시킬 전략의 수립이 필요하다.

총괄계획전략에는 순수전략(pure strategy)과 혼합전략(mixed strategy)이 있고 순수전략은 추종전략(chase strategy)과 평준화전략(level strategy)으로 나누어진다. 생산능력을 조정하여 수요변동에 대응하는 것을 "수요변동을 흡수(absorb)한다"라고 표현할 때, 생산방안의 개발 시 고려하는 고용수준, 작업시간, 재고수준, 주문적체 및 하청 등의 변수들 중에서 하나의 변수만을 사용하여 수요변동을 흡수하는 전략을 순수전략이라 하고, 두 개 이상의 변수를 혼합하여 사용하면 혼합전략이라 한다.

현실적으로 기업이 모든 전략을 동시에 사용할 수는 없다. 따라서 각 기업은 자신이 처한 환경과 상황을 고려하여 수요변동을 효과적이고 또한 경제적으로 흡수할 수 있는 적절한 전략을 선택해야 한다.

2.1 추종전략

추종전략이란 계획대상기간 동안의 수요변동을 만족시키기 위해 생산율이나 고용수준을 조정하는 전략이다.

첫째 방법으로는 생산율을 수요에 맞게 변경하는 전략이다. 고용수준 변경 이외에도 추가적인 대안을 활용한다. 노동력 활용의 정도나 시기는 잔업과 같은 초과근무나 단축근무, 휴가 등을 통해서 활용수준을 변경하기도 하고, 때로는 하청을 사용할 수도 있다.

둘째 방법으로는 고용수준을 수요에 맞게 변경하는 전략이다. 이는 고용수준 변경이라는 대안만을 사용한다. 이는 고용이나 해고를 통해서 고용수준의 정규시간을 수요량에 맞춘다. 이 전략은 재고, 잔업, 단축근무가 없어도 되는 장점이 있지만, 고용인력의 잦은 교체로 인한 생산성저하와 품질저하를 가져오는 단점도 가지고 있다. 즉, 추종전략에서는 생산율이나 고용수준에 관련된 자원을 수요변동에 맞추기 때문에 매 계획기간마다 수요량과 산출량이 일치한다.

이 전략의 특징은 예상재고(anticipation inventory)나 단축근무가 사용되지 않는다는 것이다. 반면에 작업자들을 고용하거나 해고할 수 있으며, 잔업이나 하청 등의 방법이 사용될 수도 있다. 따라서 추종전략은 수요변화에 매우 유동적으로 대응할 수 있고 재고와 주문적체를 줄일 수 있다는 있다는 장점을 가지고 있는 반면, 모든 계획대상기간마다 작업자수의 증감에 따른 비용이 발생하고, 종업원의 사기저하로 인한 생산성의 감소 및 품질저하 등의 단점도 있다.

2.2 평준화전략

평준화전략이란 계획대상기간 동안에 생산율이나 고용수준을 일정하게 유지하는 전략이다. 이 전략의 기본개념은, 첫째로 고용수준을 항상 일정하게 유지하면 생산율의 증감은 잔업이나 단축근무를 이용하여 조절된다는 것이고, 둘째로, 생산율과 고용수준을 일정하게 유지하면 수요변동은 재고의 증감을 통해 만족되어질 수 있다는 것이며, 셋째로 수요를 즉시 만족시킬 수 없을 때에는 주문적체나 하청을 이용할 수 있다는 것이다.

이와 같이 평준화전략은 평준화된 생산율과 안정적인 고용수준을 유지함으로써 수요를 만족시키는 반면, 재고투자, 단축근무, 잔업 및 주문적체 등에 관련된 비용의 증가를 초래한다.

2.3 혼합전략

혼합전략은 추종전략과 평준화전략의 요소를 혼합한 것으로 생산방안의 개발 시 고려하는 고용수준, 작업시간, 재고수준, 주문적체 및 하청 등의 변수들 중에서 두 가지 이상의 변수를 이용하여 수요변동을 흡수하는 전략이다. 현실적으로 대부분의 기업에서는 순수전략보다 혼합전략을 더 많이 사용하며, 구체적으로 어떤 변수들을 혼합하여 사용하느냐 하는 것은 각 기업이 처한 상황에 따라 달라진다.

생산관리자는 총괄계획의 세 가지 전략 중에서 최소의 비용으로 총괄계획을 수립할 수 있는 전략을 선택하여야 한다. 이때 고려해야 할 관련된 비용들은 다음과 같다.

① **정규시간비용** : 정규시간에 작업한 종업원에게 지불되는 임금(정규임금)에 부가급부(건강보험, 사회보장, 퇴직기금, 유급휴가, 기념일, 특정유형의 결근 등)를 추가한 비용

② **잔업비용** : 정규시간을 초과하여 작업할 때 정규임금 이상으로 지불되는 비용으로 보통 정규임금의 1.5~2배에 해당하는 비용

③ **고용비용** : 구인광고비용, 면접비용, 교육훈련비용, 미숙련 작업으로 인한 생산성 손실비용 등으로 구성된 비용

④ **해고비용** : 퇴직수당과 같은 해고에 관련된 제반비용

⑤ **재고유지비용** : 재고에 묶여 있는 자본에 대한 기회비용, 저장 및 창고의 변동비용, 분실과 진부화의 비용, 보험료, 세금 등으로 구성된 비용

⑥ **재고부족비용** : 재고고갈비용(stockout cost), 주문적체비용, 신용상실비용, 생산독촉비용, 특별운송비용 등으로 구성된 비용

⑦ **하청비용** : 자체 생산능력의 부족으로 외부에 하청을 주었을 때 하청업체에게 지불되는 비용으로 자체 생산비용보다 클 수도 있고 작을 수도 있다.

다음의 예제를 통하여 총괄계획의 전략들에 대하여 살펴보기로 한다.

예제 10-1

(주)용봉은 아파트공사와 관련된 여러 가지 건설 업무를 수행하는 작업자를 고용하려고 한다. 이 회사는 반드시 모든 서비스 주문을 착수한 분기 내에 완료하도록 하는 정책을 갖고 있다. 이 회사의 각 작업자는 분기당 500시간의 정규근무시간을 가지며 추가적으로 100시간의 잔업을 할 수 있다. 생산부서에서는 내년에 필요한 서비스를 위해 다음과 같은 분기당 인력소요시간을 예측하였다.

분기	1	2	3	4
수요(시간)	12,000	23,000	32,000	15,000

임금은 분기당 550만원이며 잔업임금은 시간당 2만원이다. 새로운 종업원 한 명을 고용하고 훈련시키고 장비를 갖추어 주는 데에는 700만원이 소요되며 해고비용은 종업원당 200만원이다. 생산부문의 능력유지를 위하여 (주)용봉은 현재 45명을 고용하고 있다.

① 서비스의 지연이 없고 단축근무를 최소화하는 평준화전략을 세우고 총비용을 구하시오.

② 잔업이 없는 추종전략을 사용하여 계획을 제안하고 이 계획의 총비용을 구하시오.

③ 혼합전략을 사용하여 개선된 계획을 제안해 보고 이 계획의 총비용을 구하시오.

| 풀이 |

① 최대수요(인력소요시간)는 3분기의 32,000시간이고 각 종업원은 분기당 600시간(즉, 500시간의 정규근무 + 100시간의 잔업)을 일할 수 있기 때문에 서비스 지체가 없고 단축근무를 최소화하는 평준화인력은 32,000/600 = 53.33명, 즉 54명이다. 그런데 (주)용봉은 현재 45명을 이미 고용하고 있기 때문에 평준화전략에서는

| 표 10-1 | 단축근무를 최소화하는 평준화전략

분기	1	2	3	4	합계
수요(시간)	12,000	23,000	32,000	15,000	82,000
인력요구량	24	46	64	30	164
평준화인력	54	54	54	54	216
고용	9	–	–	–	9
해고	–	–	–	–	0
잔업	–	–	5,000	–	5,000
단축근무	15,000	4,000	–	12,000	31,000

1분기 초에 9명을 새로 고용하고 해고는 없다. 54명으로는 매 분기에 (54명)(500시간) = 27,000시간의 정규근무를 할 수 있기 때문에 1분기, 2분기, 4분기에 각각 15,000시간, 4,000시간, 12,000시간씩의 단축근무가 발생하므로 총 단축근무시간은 15,000 + 4,000 + 12,000 = 31,000시간이다. 또한 3분기에는 32,000 − 27,000 = 5,000시간의 잔업이 필요하다. 이를 정리해 보면 [표 10-1]과 같다. 각 분기별 인력요구량은 각 분기별 수요를 정규작업시간(500시간)으로 나눈 값이다. 이 계획의 총비용은 다음과 같이 구할 수 있다.

총비용 = 정규시간비용 + 잔업비용 + 고용비용
= (550만원)(216명) + (2만원)(5,000시간) + (700만원)(9명)
= 13억 5,100만원

② 잔업이 없는 추종전략을 사용하기 위해서는 각 분기별 인력요구량을 추종전략 인력으로 택하면 되기 때문에 각 분기마다 고용이나 해고가 발생할 수 있다. 즉, 현재 (주)용봉에는 45명이 이미 고용되어 있으나 1분기 인력요구량은 24명이므로 추종전략에서는 1분기 초에 21명을 해고한다. 그런데 2분기 인력요구량이 46명이고 1분기 추종전략인력은 24명이므로 2분기 초에 22명을 새로 고용해야 한다. 이와 같은 방법으로 산출된 각 분기별 고용 및 해고자 수를 정리해 보면 [표 10-2]와 같다.

표 10-2 | 잔업이 없는 추종전략

분기	1	2	3	4	합계
수요(시간)	12,000	23,000	32,000	15,000	82,000
인력요구량	24	46	64	30	164
추종인력	24	46	64	30	164
고용	–	22	18	–	40
해고	21	–	–	34	55

이 계획의 총비용은 다음과 같이 구할 수 있다.

총비용 = 정규시간비용 + 고용비용 + 해고비용
= (550만원)(164명) + (700만원)(40명) + (200만원)(55명)
= 12억 9,200만원

③ 다음의 혼합전략 계획은 앞의 계획들보다 비용을 절감하기 위해 잔업, 고용, 해고를 이용한다. 이 계획은 시행착오법에 의해 수립되었기 때문에 더 개선할 수도 있을 것이다.

이 계획의 총비용은 다음과 같이 구할 수 있다.

총비용 = 정규시간비용 + 고용비용 + 해고비용 + 잔업비용
= (550만원)(192명) + (700만원)(9명)
+ (200만원)(8명) + (2만원)(5,000시간)
= 12억 3,500만원

표 10-3 | 혼합전략

분기	1	2	3	4	합계
수요(시간)	12,000	23,000	32,000	15,000	82,000
인력요구량	24	46	64	30	164
혼합전략인력	46	46	54	46	192
고용	1	–	8	–	9
해고	–	–	–	8	8
잔업	–	–	5,000	–	5,000
단축근무	11,000	–	–	8,000	19,000

제 3 절 총괄계획의 기법

효율적인 총괄계획을 수립할 수 있도록 여러 가지 기법들이 개발되어 있는데 이들은 크게 도표기법(graphical and charting techniques), 수리적 기법(mathematical techniques), 휴리스틱기법(heuristic techniques) 등으로 분류할 수 있다. 또한 수리적 기법에는 수송모형(transportation model), 선형계획법(linear programming), 선형결정규칙(linear decision rule : LDR), 목표계획법(goal programming) 등이 있고 휴리스틱기법에는 경영계수모형(management coefficients model), 매개변수에 의한 생산계획모형(parametric production planning model), 탐색결정규칙(search decision rule : SDR) 등이 있다.

본 절에서는 이 중에서 간편하고 널리 이용되는 도표기법에 대해서만 자세히 설명하고 나머지 기법에 대해서는 간략히 소개만 하거나 생략한다.

3.1 도표기법

도표기법은 많은 기법 중에서 전문적인 지식이 없어도 사용할 수 있는 방법으로 도표를 이용하여 예측된 수요와 기존의 생산능력을 비교하는 기법이다. 도표기법은 시행착오적 방법으로 몇 가지 대안 중에서 총비용이 최소가 되는 대안을 선택하며 생산할 제품의 품목수가 많지 않거나 제조공정이 별로 복잡하지 않을 때 사용한다. 이 기법은 이해가 쉽고 간편한 장점이 있는 반면에 다양한 계획안을 평가해야 하고 최적안을 보장해 주지 못하는 단점이 있다.

다음의 예제를 이용하여 도표기법을 간략히 설명하기로 한다.

예제 10-2

용봉(주)에서는 다음 6개월 동안의 총괄계획을 수립하고자 한다. 이 회사는 월간 예측수요의 10%를 안전재고로 보유하고 잔업을 금지하는 정책을 사용하고 있다. 따라서 작업자당 1일 작업시간은 항상 8시간이다. 그리고 1월 초의 고용인원 및 기초재고는 각각 20명, 60개이다. 총괄계획 수립에 필요한 추가정보가 다음과 같이 주어져 있을 때 고용수준을 변동시켜 매월 생산소요량만큼만 생산하는 계획에 대한 총비용을 도표기법을 이용하여 구하시오.

월	1	2	3	4	5	6
예측수요(단위 : 개)	200	320	250	500	570	300
작업일수	17	20	22	22	20	22

[추가정보]

① 정규시간임금 : 500원/시간
② 고용비용 : 4,000원/1인
③ 해고비용 : 5,000원/1인
④ 재고유지비용 : 200원/개/월
⑤ 주문적체비용 : 400원/개/월

⑥ 하청비용 : 2,000원/개
⑦ 개당 소요작업시간 : 4시간/단위

| 풀이 |

매월의 기초재고량은 이전 월의 안전재고량과 같고 또한 생산소요량은 예측수요량과 계획된 안전재고를 충족시키기 위하여 생산되어야 할 수량으로서 다음과 같이 계산되어진다.

생산소요량 = 예측수요량 + 안전재고 − 기초재고

예컨대 1월의 생산소요량은 200 + 20 − 60 = 160이다. 이와 같이 계산된 월간 생산소요량은 [표 10-4]에 나타나 있다.

| 표 10-4 | 월간 생산소요량

월	1	2	3	4	5	6
예측수요	200	320	250	500	570	300
안전재고	20	32	25	50	57	30
기초재고	60	20	32	25	50	57
생산소요량	160	332	243	525	577	273
작업일수	17	20	22	22	20	22

고용수준을 변동시켜 매월 정확히 생산소요량만큼 생산하는 경우에는 재고는 발생하지 않지만 매월 고용과 해고가 발생할 수 있기 때문에 매월의 생산소요량을 생산하는데 필요한 작업자 수를 다음과 같이 계산하여 매월의 고용 및 해고인원을 파악한다.

월 필요작업자수 = 월 필요작업시간 ÷ 작업자당 월간 작업시간
= (월 생산소요량 × 개당 필요작업시간)
÷ (월 작업일수 × 작업자당 1일작업시간)

예컨대, 1월의 필요작업자수는 (160개 × 4시간) ÷ (17일 × 8시간) ≒ 5명이다. 그런데 1월 초의 작업자수는 20명이므로 15명을 1월 초에 해고해야 한다. 이때 정규시간임금 및 해고비용이 발생하는데 이는 다음과 같이 계산된다.

1월의 정규시간임금 = 1월의 필요작업자수 × 작업자당 월간 작업시간 × 시간당 정규시간임금
= 5명 × (17일 × 8시간) × 500원
= 340,000원

1월의 해고비용 = 1월의 해고인원×1인당 해고비용
= 15명×5,000원
= 75,000원

이와 같은 방법으로 월간 필요작업자수, 해고인원, 고용인원, 정규시간임금, 해고비용, 고용비용, 총비용 등을 구하여 정리하면 [표 10-5]와 같다. 여기서 총비용은 정규시간임금, 해고비용, 고용비용의 합을 나타낸다.

표 10-5 | 총괄계획 관련비용 (금액단위 : 천원)

월	1	2	3	4	5	6	합계
생산소요량	160	332	243	525	577	273	2,110
작업일수	17	20	22	22	20	22	123
필요작업자수	5	9	6	12	15	7	
해고인원	15	–	3	–	–	8	
고용인원	–	4	–	6	3	–	
정규시간임금	340	720	528	1,056	1,200	616	4,460
해고비용	75	–	15	–	–	40	130
고용비용	–	16	–	24	12	–	52
총비용	415	736	543	1,080	1,212	656	4,642

3.2 수리적 기법

수리적 기법은 도표기법이 가지고 있는 시행착오적인 계획수립을 개선하는 기법이다. 즉 생산계획에서 비용과 관련되는 요소들을 추출하여 일정한 형태를 갖춘 수학적 모형을 만들고 정해진 규칙에 따라서 최소의 비용을 발생시키는 최적의 생산계획을 찾아내려는 방법이다. 수리적 기법에는 수송모형, 선형계획법, 선형결정모형, 목표계획법 등이 있으나 본 절에서는 그 중에서 가장 대표적인 수송모형에 대해서만 간략히 설명하고자 한다.

수송모형이란 Bowman이 1956년에 개발한 방법으로 주어진 수요와 생산능력을 제약조건으로 하여 생산비용, 재고비용, 하청비용 등으로 구성된 총비용을 최소화하면서 수요와 공급을 일치시키는 총괄계획 문제를 수송문제

(transportation problem)로 모형화한 것으로 생산비용, 재고비용, 하청비용 등이 선형인 경우에만 사용할 수 있다. 수송문제는 수송표(transportation tableau)를 이용하여 푸는데, 이 표의 열(column)은 수요량을 나타내고 행(row)은 정상작업시간, 잔업 또는 하청에 의한 공급량을 나타낸다. 이 모형은 이해가 쉽고 활용이 간단하며 일정한 제약조건하에서 최적해(optimal solution)를 얻을 수 있으나 생산량(조업도)의 변화에 따른 작업자의 고용 · 해고비용과 재고부족이 발생했을 때의 기회손실을 고려하지 못하며 비용함수가 선형임을 가정함으로써 비현실적인 문제점을 안고 있다.

3.3 휴리스틱 기법

휴리스틱 기법은 문제를 해결하기 위한 모든 과정을 수학적인 사고에만 의존하지 않고 인간의 직관이나 경험을 활용하는 방법으로 과학적인 시행착오법(scientific trial and error method)이라고도 한다.

앞 절에서 설명한 수리적 기법은 총괄계획의 최적해를 구하는 기법이지만 복잡한 계산과정을 거쳐야 하므로 시간과 비용이 많이 드는 경향이 있다. 반면에 휴리스틱기법은 일정한 결정기준을 사용하여 복잡한 문제를 단순한 문제로 만들어 풀기 때문에 최적해는 보장할 수 없지만 비용과 수익을 비교해 볼 때 결과적으로는 매우 유리한 근사최적해(near-optimal solution)를 구할 수 있다는 것이 장점으로 간주된다.

제 4 절 주일정계획의 의의

총괄계획을 수립하면 이를 기준으로 보다 구체적으로 각 제품에 대한 생산 시기와 수량을 나타내는 생산계획을 다시 수립하는데 이를 주일정계획(master production schedule : MPS)이라고 한다. 주일정계획은 총괄계획보다 세밀하고 구체적인 계획으로 보통 1주일을 단위로 6개월 또는 1년 정도를 계획의 범위로 한다. 또한 총괄계획이 미래수요의 예측에 입각하여 수립되는 반면, 주일정계획은 실제 실현된 수요에 효과적으로 대응하기 위해서 수립되는 것이다. 예를 들어, 화장품을 생산하는 용봉미인(주)에서는 스킨로션과 밀크로션을 제품군 A로 하여 생산한다고 하자. 이때 [그림 10-4]는 이 회사의 총괄계획과 주일정계획과의 관계를 잘 나타내 주고 있다.

주일정계획은 생산의 시발점이므로 가장 중요한 계획이라 할 수 있다. 적절한 재고수준을 유지하고, 생산준비시간을 단축하여 생산원가를 절감하기 위해서는 세밀한 분석과 대응을 통해 효과적인 주일정계획을 수립해야 한다.

주일정계획을 수립하는 데에는 몇 가지 유의할 점이 있다.

첫째, 주일정계획은 총괄계획을 토대로 하여 수립해야 한다. 총괄계획은 주일정계획의 수립을 위한 중요한 입력자료이며 제약조건이다.

둘째, 주일정계획은 최종 완제품에 대한 계획이므로 완제품의 납기와 부품의 조달기간 등이 고려되어야 한다. 예컨대, 납기리드타임이 짧은 주문을 뒤로 미룬다거나 시간여유가 많은 작업에 우선순위를 부여해서는 안될 것이다.

셋째, 주일정계획은 상황의 변화에 따라 신속하고 적절하게 수정되어야 한다. 수요예측의 수정, 신규주문의 발생, 기존주문의 변경 또는 취소, 작업지연 등의 상황이 발생하면 그에 따라 주일정계획을 수정해야 한다.

서비스업에서의 주일정계획의 수립은 수요예측을 하는 것으로부터 시작된다. 서비스업에서는 서비스 능력이 예상수요를 만족시킬 수 있도록 주일정계획을 수립해야 한다. 이때 유의할 점은 전체수요만을 고려할 것이 아니라 시간대별 수요의 변동을 흡수할 수 있도록 해야 한다. 결과적으로 서비스업에서의

그림 10-4 총괄계획과 주일정계획과의 관계

제품군 A의 총괄계획

월	1	2	3	4	5	6
생산계획	20,000	25,000	22,000	35,000	30,000	28,000

1월의 주일정계획
(스킨로션 : 합계 8,000)

주	1	2	3	4
생산계획	2,000	2,000	2,000	2,000

(밀크로션 : 합계 12,000)

주	1	2	3	4
생산계획	2,000	3,000	4,000	3,000

주일정계획은 시간별, 일별, 혹은 주별 인원 및 장비 등의 서비스 자원을 할당하는 세부 일정계획을 수립하는 것이다.

다음의 예제를 이용하여 주일정계획의 수립과정을 설명하기로 한다.

예제 10-3

바디로션을 생산하는 용봉미인(주)에서는 1월과 2월에 대한 주일정계획(MPS)을 준비하기를 원한다. 마케팅부서는 1월에 120개, 2월에 140개의 바디로션을 예상 수요로 예측했다. 이것들은 고르게 각 달의 4주에 걸쳐서 배분되었다. 즉, [표 10-6]에서

표 10-6 기초재고, 수요예측치, 고객주문

	1월				2월			
기초재고=30	1	2	3	4	5	6	7	8
수요예측치	30	30	30	30	35	35	35	35
고객주문(약속된)	40	27	25	8	0	0	0	0
예상보유재고								
MPS								
ATP재고 (약속되지 않은)								

표시된 바와 같이 1월에 주당 30개, 2월에는 주당 35개로 배분되었다. 현재 재고(기초재고)로 30개의 바디로션이 있고 반드시 충족되어야 할 약속된(예약된) 고객주문이 있다고 가정하자. 바디로션의 생산 로트크기(lot size)는 150개이고 리드타임(lead time)은 1주이며, 특별히 안전재고는 고려하지 않는다고 가정할 때 아래의 주일정계획을 작성하시오.

| 풀이 |

주일정계획 과정은 예상보유재고(projected on-hand inventory)의 사전 계산으로 시작된다. 이것은 언제 추가적 재고(즉, 생산)가 필요할 지를 보여준다. 다음의 산식을 이용하여 예상보유재고가 음(−)의 값이 될 때까지 계산한다.

예상보유재고 = 이전 주로부터 이월한 기초재고 − 현재 주의 요구량

여기서 현재 주의 요구량(requirement)은 수요예측치와 약속된 고객주문량 중에 더 큰 것을 말한다. 따라서 첫째 주의 예상보유재고는 30 − 40 = −10이 된다.
예상보유재고가 음의 값을 갖게 될 때, 이것은 재고를 보충하기 위해 생산이 필요하다는 신호이다. 그러므로 150개(로트크기)의 생산을 통해 10개의 바디로션이 부족하다는 예상치를 충족하고 미래의 수요를 위해 140개(즉, 150−10)의 바디로션을 재고로 남겨두게 된다.
이러한 계산은 전 일정에 대해서 계속된다. 예상보유재고가 음의 값을 가질 때마다 150개의 또 다른 바디로션 생산 로트가 일정에 추가된다. [표 10-7]은 이와 같이 계산하여 얻는 전체 일정의 각 주에 대한 MPS와 예상보유재고를 보여주고 있다.
[표 10-7]에서 첫째 주의 MPS는 150인데 이를 계획하지 않으면 10의 재고부족이 발

| 표 10-7 | MPS와 예상보유재고의 계산

주	기초재고	소요량	MPS 이전의 순재고	MPS	예상보유재고
1	30	40	-10	+150	140
2	140	30	110		110
3	110	30	80		80
4	80	30	50		50
5	50	35	15		15
6	15	35	-20	+150	130
7	130	35	95		95
8	95	35	60		60

생하기 때문이다. 바디로션의 리드타임이 1주일이므로 이미 1주일 전에 150개의 바디로션 생산이 시작되도록 일정 계획되어야 한다. 마찬가지로 150개의 바디로션 생산이 다섯째 주에 시작해야만 여섯째 주에 그것을 고객에 배송할 수 있는 것이다.

이제 약속되지 않은(고객에게 할당되지 않고 남아 있는) 재고량을 결정할 수 있는데 이것이 ATP(available-to-promise)이다. 몇 가지 방법이 실제로 사용되고 있는데 여기서는 다음과 같은 절차로 계산한다.

- 계획의 첫 기간에는 전기로부터 이월된 현재고(기초재고)와 첫 기간의 MPS를 합치고, 이 값에서 첫 기간부터 다음 MPS 직전 기간까지의 고객주문량의 합을 뺀다. 즉,

  첫째 주 ATP = 기초재고보유량 + MPS 수량 − 차기 MPS 도래전 확정 주문량
- 다음 기간부터는 MPS가 잡혀 있는 주에 대해서만 ATP를 계산한다(MPS가 없는 기간의 ATP=0이다). 해당 기간의 MPS 값에서 다음 MPS가 잡힌 기간 직전 기간까지 모든 기간의 고객주문량을 뺀다. 이때 예상보유재고는 고려하지 않는다. 즉,

  MPS가 계획된 주의 ATP = MPS 수량 − 차기 MPS 도래전 확정 주문량

이러한 절차에 따라 각 주의 ATP 재고를 계산한 결과는 [표 10-8]과 같다. 여기서 첫 주의 ATP 재고(80개)는 다음 MPS 이전인 1주부터 5주 사이에 한꺼번에 혹은 분할하여 고객에게 추가로 공급약속할 수 있는 바디로션의 수를 의미한다.

표 10-8 | ATP 재고량의 계산

	1월				2월			
기초재고=30	1	2	3	4	5	6	7	8
수요예측치	30	30	30	30	35	35	35	35
고객주문(약속된)	40	27	25	8	0	0	0	0
예상보유재고	140	110	80	50	15	130	95	60
MPS	150					150		
ATP재고(약속되지 않은)	80*					15**		

* 첫째 주의 ATP=(30+150)−(40+27+25+8+0)=80

** 여섯째 주의 ATP=150−(0+0)=150

제 5 절 주일정계획의 기본전략

주일정계획은 총괄계획으로 표시된 기업의 광범위한 전략을 좀 더 상세한 전술계획으로 연결하여 기업의 목표를 달성할 수 있게 한다. 주일정계획의 기본전략에는 재고생산전략(make to stock strategy), 주문조립전략(assemble to order strategy), 주문생산전략(make to order strategy) 등 세 가지가 있는데, 이들은 기업의 경쟁우선순위 확보에 도움이 되는 재고관리를 가능하게 해주며 또한 어떤 전략이 선택되느냐에 따라 관리자의 주일정계획에 대한 접근법도 달라진다.

5.1 재고생산전략

재고생산전략은 고객인도시간(customer delivery times)을 최소화하기 위해 기업이 완제품을 재고로 보유하는 전략으로, 주로 제품중심기업(product-focused firms)에서 사용하는 경향이 있다. 이 전략은 대부분의 제품중심기업들이 대체로 정확한 예측을 할 수 있고 또한 상대적으로 적은 종류의 표준화된 제품들을 생산하기 때문에 실행가능하다. 재고생산전략으로 생산된 제품에는 정원기구, 전자부품, 화학제품 등이 있다. [그림 10-5]에서 보듯이 재고생산전략하에서는 다양한 원자재로부터 적은 종류의 완제품이 생산됨을 알 수 있다.

5.2 주문조립전략

주문조립전략은 표준부품과 중간조립품으로부터 고객주문에 따라 다양한 종류의 완제품을 생산하는 전략이다. 예를 들어, 자동차 제조업자는 고객들이 요구하는 사양과 액세서리를 조합하면 아주 다양한 종류의 차를 생산할 수 있다. 그 외에도 주문조립전략으로 생산되는 제품에는 햄버거, 장식가구, 현금자동지급기 등이 있다.

주문조립전략은 고객화와 빠른 인도시간의 두 가지 경쟁우선순위에 연결된다. 생산부문은 주요 조립품과 부품을 재고로 보유하고 있다가 상세한 주문이 들어오면 완제품을 생산한다. 이 전략에서는 고객의 선택사양을 정확히 예측할 수 없기 때문에 완제품을 재고로 쌓아두는 것은 바람직하지 않다. [그림 10-5]에서 보듯이 주문조립전략하에서는 다양한 원자재로부터 적은 종류의 중간조립품이 생산되며 또한 이러한 중간조립품으로부터 다양한 완제품이 생산됨을 알 수 있다.

그림 10-5 기본전략별 주일정계획의 적정수준

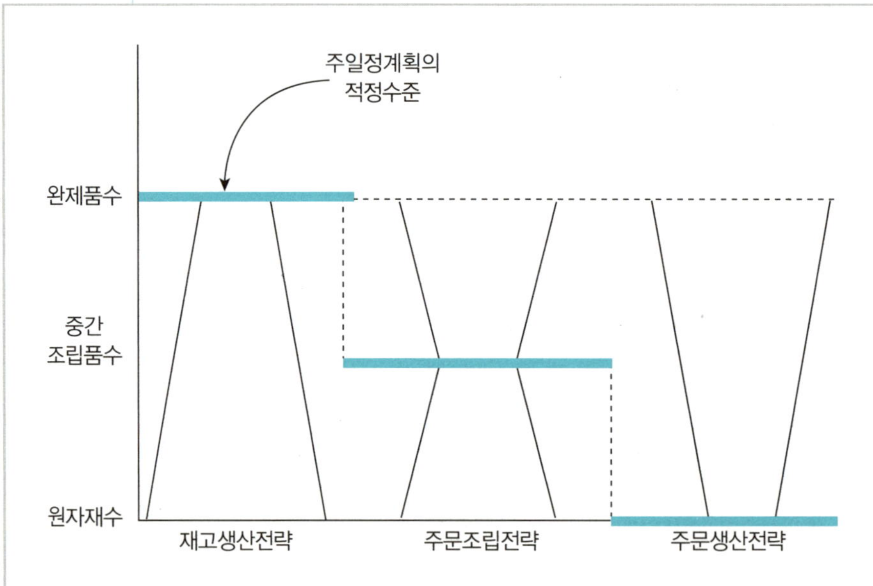

5.3 주문생산전략

주문생산전략은 주로 공정중심기업(process-focused firms)에서 사용하는 전략으로 생산부문은 고객이 요구한 명세서에 따라 완제품을 생산하므로 높은 수준의 고객화를 제공한다. [그림 10-5]에서 보듯이 이 전략하에서는 상대적으로 적은 종류의 원자재와 구매부품으로부터 다양한 완제품, 중간조립품, 부품들이 생산된다. 주문생산전략으로 생산된 제품의 예로는 특수 의료기기, 금형, 플라스틱병 등이 있다.

일반적으로 이 전략하에서의 주일정계획은 표준부품에 대한 주문과 핵심공정들에 대한 일정(교대횟수, 잔업 등)으로 구성되는데, 이는 완제품이나 주요 중간조립품에 대한 수요를 예측하는 것보다 과거의 경험을 바탕으로 하여 부품구매량과 설비사용시간 등을 예측하는 것이 더 용이하기 때문이다. 다만, 제품인도시간이 충분히 긴 고객주문에 대해서는 완제품에 대한 일정계획의 수립도 가능하다.

사 례 **제너럴 뉴트리션 센터의 생산계획**

세계 최대의 영양보충제 소매업체인 제너럴 뉴트리션 센터(General Nutrition Centers : GNC)는 펜실베니아주 피츠버그에서 초라한 가게 하나로 출발했다. 얼마 후 랙줌(Lackzoom)이라는 건강식품 가게로 전환했는데 처음에는 이익이 별로 높지 않았다. 하지만 사람들이 건강에 관심을 쏟기 시작한 1960년대가 도래하자 창업자 David Shakarian은 다른 주로 사업을 확장할 수 있었다. 회사의 이름을 한차례 더 바꾸어 GNC로 정하고 영향보충제뿐만 아니라 식품과 음료수 그리고 화장품까지 생산하기에 이르렀다. 현재 이 회사의 영업망을 보면 5,000개 이상의 미국 내 점포를 비롯하여 해외에도 46개국에 830개 이상의 점포가 있다. “건강하게 사세요(Live Well)”라는 회사의 구호를 보면 짐작할 수 있듯이 GNC는 고객들에게 더욱 더 건강한 라이프스타일을 추구하도록 북돋우는 고급 제품 생산에 집중한다. GNC는 제품의 우수성을 확보하기 위하여 과학적 연구와 신제품 개발을 비롯하여 원료 공급자들에게 원료의 안정성을 투명하게 제시할 것을 요구하는 등 여러 가지 노력을 기울인다.

GNC에서 제조를 담당하는 사업부인 뉴트라 매뉴팩처링(Nutra Manufacturing)은 사우스캐롤라이나주 그린빌 소재 공장에서 각종 영양보충제를 생산하는데 이 공장의 생산능력은 연간 130억 개에 달한다. 이 공장에서 생산된 제품들은 약 50km 정도 떨어진 같은 주의 앤더슨에 있는 공장으로 옮겨져 포장된다. 뉴트라 매뉴팩처링은 생산과 관련하여 여러 가지 어려움이 있다. 첫째, 제조공정은 극도로 섬세하고 복잡하며 제품에 따라 여러 가지 부품을 바꾸기도 해야 한다. 제품별로 대략 여덟 가지 주요 단계가 있고, 각 단계별로도 몇 가지 작업이 있을 수 있다. 둘째, 제품의 가지 수가 너무 많기 때문에 생산계획 수립이 매우 어렵다. 셋째, 영양보충제의 수명주기는 매우 짧으며 인구 구성이 변함에 따라 새로운 영양보충제가 재빨리 등장하여 유행한다.

뉴트라 매뉴팩처링은 이런 어려움을 타개하기 위하여 새로운 계획 수립 및 정보 기술이 필요했다. 회사 내에 프로젝트팀을 조직하여 생산계획 방법을 개선했다. 여러 가지 소프트웨어 솔루션들을 평가한 다음 이 팀은 애틀란타 소재 공급사슬 최적화 솔루션 공급자인 로질리티(Logility)의 보이저 매뉴팩처링 플래닝(Voyager Manufacturing Planning)시스템을 도입하기로 결정했다. 가격이 적당했고 사용이 편리한 점이 선정의 주된 이유였다. 이 솔루션을 가지고 뉴트라 매뉴팩처링은 공급사슬 구성원들과 계획, 조달, 제조, 물류 등 제반 활동을 협조하여 수행하고 동기화할 수 있다. 내부적으로는 제조부서가 제약사항을 고려한 생산능력계획과 기준생산계획을 신속하게 수립할 수 있다. 더욱이, 이 솔루션은 잉여 생산능력을 찾아 주었고, 이것은 다른 고객에게 팔 수 있다.

회사 내부의 여러 관계자들에게 생산계획이 집행 가능한 일정계획이 될 수 있다는 믿음을 높여 줌으로써 이 솔루션은 금방 그 가치를 입증했다. 이 솔루션을 이용하여 여러 가지 영양보충제들의 포장 공정을 표준화했으며, 주문잔고 수준, 수요 추계, 예산 대비 생산계획의 성과 등을 포함한 여러 가지 주요 사항을 분석할 수 있다. 이것은 이전에 마이크로소프트 엑셀을 이용한 생산계획과 일정계획 수립에 비하면 눈부신 발전이었다. 엑셀을 사용한 이전의 계획 시스템은, 제약조건을 반영할 수 없다든지, 최적 생산일정계획을 찾을 수 없다든지, 생산계획을 그래픽으로 분석할 수 없다든지, 그리고 무엇보다 중요한 것으로, 수립한 계획이 집행할 수 없는 경우도 발생하는 등 여러 가지 심각한 단점이 있었다. 뉴트라 매뉴팩처링의 새로운 계획 시스템 도입에 따른 또 하나의 눈에 띄는 점은 GNC의 전사적자원관리 시스템과의 통합이 가능한 점이다. 이 통합을 통하여 워크플로우, 재고 회전, 기업 내부의 부문 간 정보공유를 개선했고 전사적자원관리시스템에서 생성되는 소중한 자료를 사업계획과 의사결정에 활용할 수 있게 되었다.

자료 : "Taking Manufacturing Planning to the Next Level," APICS Magazine, 17, No.7 (July/August 2007): 52-53.

연 습 문 제

1. 총괄계획의 정의 및 기본목표는 무엇인가?.

2. 총괄계획의 수립과정을 간략히 설명하시오.

3. 총괄계획전략의 유형을 들고 각각의 특성을 설명하시오.

4. 서호유치원의 향후 2년 동안의 서비스에 필요한 인력소요량은 다음과 같이 추정된다.

학기	2007. 1	2007. 2	2008. 1	2008. 2
수요(시간)	5,000	7,200	4,500	8,000

자격교사 1인당 정규근무시간은 학기당 800시간이며 초과근무는 100시간까지 할 수 있다. 정규시간임금은 한 학기에 1인당 5백만 원이고 잔업수당은 시간당 1만 원이다. 교사를 신규채용하는 데 드는 고용비용은 7백만 원이고, 해고비용은 1인당 2백만 원이다. 상지유치원에는 현재 6명이 근무하고 있다.

(1) 서비스의 지연이 없고 단축근무를 최소화하는 평준화전략을 세우고 이 전략에 대한 총비용을 계산하시오.

(2) 잔업이 없는 추종전략을 사용하여 계획을 제안하고 이 계획의 총비용을 계산하시오.

(3) 비용을 더 줄일 수 있는 혼합전략을 제시하고, 이 계획의 총비용을 계산하시오.

5. 서광기업은 난방기구를 생산하여 판매하고 있다. 이 기업의 현재 재고량과 향후 6개월 간의 월별 수요예측치는 다음과 같다.

월	1	2	3	4	5	6
기초재고	100					
예측수요	450	700	780	500	600	520

이 회사는 현재(1월초) 12명이 근무하고 있고 월간 예측수요의 5%를 안전재고로 보유한다. 또한 잔업을 금지하므로 1인당 1일 작업시간은 8시간이며 월간 작업일수는 22일이다. 아울러 이 회사에 대한 추가정보 및 관련비용이 아래와 같이 주어져 있을 때 고용수준을 변동시켜 매월 정확히 생산소요량만큼만 생산하는 계획에 대한 총비용을 도표기법을 이용하여 구하시오.

〈추가정보 및 관련비용〉

① 정규시간임금 : 1,000원/시간

② 고용비용 : 3,000원/1인

③ 해고비용 : 5,000원/1인

④ 재고유지비용 : 100원/단위/월

⑤ 주문적체비용 : 200원/단위/월

⑥ 하청비용 : 2,000원/개

⑦ 단위당 소요작업시간 : 4시간/단위

CHAPTER 11

일정계획

일정계획은 제품과 서비스를 고객이 요구한 납기에 맞춰 공급하기 위하여 주어진 생산능력과 자원을 각 작업장에 할당하고, 계획된 작업을 정해진 시간 내에 완료하도록 통제하는 것이다. 일정계획은 총괄계획을 품목별로 세분한 것으로써 언제, 어디서, 누가, 무엇을, 얼마나, 어떻게 작업할 것인가를 구체적으로 명시해 놓은 작업계획이다.

일정계획문제는 생산현장에서 대단히 중요한 문제인데 그 이유는 잘못된 일정계획으로 인하여 자원의 낭비를 가져오게 되어 많은 비용의 증가로 인한 원가상승을 초래하게 되며, 시장에서 제품의 가격경쟁력을 떨어뜨릴 수 있게 된다. 따라서 본 장에서는 일정계획의 의의, 제조업과 서비스업에 대한 일정계획을 살펴보기로 한다.

제 1 절 일정계획의 의의

일정계획이란 고객이 원하는 납기를 준수하기 위하여 언제, 어디서, 누가, 어떤 장비를 이용하여 어떤 작업을 수행해야 하는가를 결정하는 시간표를 의미한다. 일정계획문제는 생산현장에서 대단히 중요한 문제인데 그 이유는 잘못된 일정계획은 생산자원의 많은 낭비를 가져오게 되어 많은 비용의 증가로 인한 원가상승의 요인을 초래하기 때문이다. 이러한 비용의 증가는 이익의 감소뿐만 아니라 시장에서 제품의 가격경쟁력을 떨어뜨려 기업의 흥망을 좌우 할 수도 있다. 본 절에서는 일정계획의 개념과 종류에 대해 간단히 살펴보기로 한다.

1.1 일정계획의 개념

일정계획(scheduling)은 주어진 기간에 정해진 생산 자원(노동력, 설비, 재료)을 운영하여 고객이 원하는 납기를 준수하기 위하여 총괄계획에 의해 확보된 생산능력이 자원을 생산활동에 최대한 활용하기 위한 계획이다. 그리고

그림 11-1 | 생산계획 순서

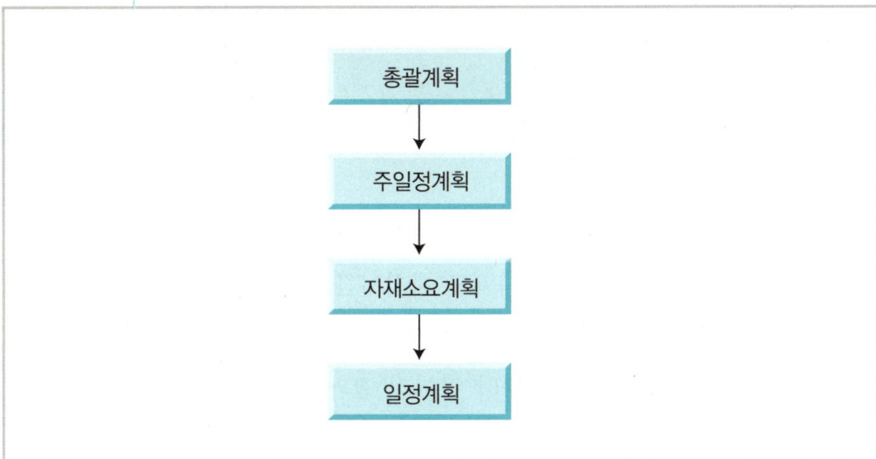

일정계획은 주일정계획의 생산목표를 작업자의 일일작업내용으로 구체화하는데 필요한 세부지침을 포함한다.

[그림 11-1]은 생산계획이 총괄계획, 주일정계획, 자재소요계획(material requirements planning : MRP), 일정계획의 순서로 이루어지고 있음을 보여준다. 자재소요계획은 완제품의 주일정계획을 기초로 하여 제품생산에 필요한 원자재 및 구성부품의 종류, 주문량, 주문시기 등을 계획하는 것이고 일정계획은 대개 일일단위로 작업지시를 내리고 작업량과 작업순서 등을 계획하는 것이다. 자재소요계획에 대해서는 제14장에서 자세히 살펴보기로 한다.

일정계획의 목표에는 능률성, 고객에 대한 서비스향상, 낮은 재고수준 등과 같이 서로 상충되는 경우가 많은데, 이들을 동시에 만족시키는 일정계획의 수립은 거의 불가능하다. 예컨대, 높은 능률성은 장비, 인력, 시간 등의 높은 자원이용률에 의해 가능한데, 이를 위해서는 충분한 자재가 확보되어야 하므로 그만큼 재고비용의 증가를 초래한다. 그러므로 능률성과 재고수준 사이에는 상충관계가 존재하게 된다. 결과적으로 일정계획의 궁극적인 목표는 이러한 상충되는 목적들 사이에서 만족스런 균형을 찾아내는 것이다.

일정계획의 수립은 일반적으로 제조업에서만 필수적인 것으로 강조되고 있으나, 서비스업에서도 그 중요성을 무시할 수 없다. 서비스업에서는 재고가 존재하지 않으며 인력 의존도가 매우 높다. 따라서 서비스업의 일정계획은 단기적 서비스 능력과 수요를 일치시키려는 목적으로 인력수준과 작업일정을 결정하는 인력일정계획이 매우 중요한데, 이는 본 장의 제3절에서 다루기로 한다.

1.2 일정계획의 종류

총괄계획의 내용을 직접적이고 구체적인 생산활동으로 나타내는 것을 일정계획이라고 할 때, 일정계획 자체도 계획기간의 장단과 계획내용의 구체화 정도 따라 대일정계획과 운영일정계획으로 나누어 볼 수가 있다.

대일정계획은 총괄계획으로부터 얻어진 결과에 따라 특정의 제품을 언제까지 얼마만큼 생산할 것인가를 결정하는 것으로 보통 11개월 또는 24개월 정도의 장기간에 걸친 계획이다.

대일정계획의 주요 내용은 제품별 생산계획을 구체화시키는데 필요한 원자재의 조달계획 및 노동과 기계설비의 운용과 관련된 작업능력계획이며, 이들과 대일정계획 사이에는 실현가능성 여부에 따른 피드백(feed back)과정이 있게 된다.

이와 같은 내용을 나타낸 것이 [그림 11-2]이다.

그림 11-2 | 일정계획의 수립과정

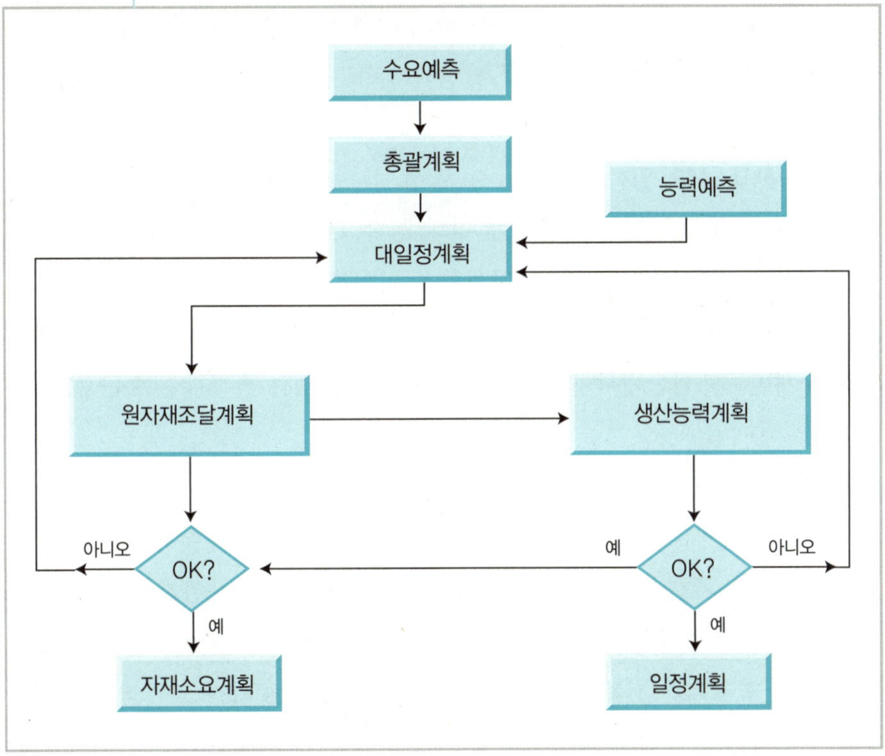

[그림 11-2]에서 보는 것과 같이 일단 대일정계획이 결정되면 그에 따라 원자재의 조달을 위한 자재소요계획이 세워지며, 다른 한편으로는 개별적이고 구체적인 작업일정을 정하는 일정계획이 세워진다.

일정계획은 특정의 제품을 어떤 작업 또는 공정에 의해 언제 얼마나 생산할 것인가를 계획하는 것으로 특정제품의 세부적인 기계별 작업할당 및 작업순위를 결정하는 것과 같은 문제를 포함하므로 비교적 상당히 짧은 단기간(보통은 1주일단위)을 대상으로 한 계획이다.

이 같은 일정계획은 생산시스템의 유형이 어떤 방식의 생산형태를 가지고 있는가에 따라 다음과 같이 세 가지로 크게 분류될 수 있다.

① 단속생산시스템의 일정계획

일반적으로 생산이 주문에 따라 이루어지는 다품종소량생산형태를 갖는 단속적 생산시스템에서의 일정계획을 의미하며, 제품의 종류가 다양하고 각각의 제품을 생산하는데 필요한 작업이 각기 다를 때 필요한 모든 작업을 기계별로 적절히 할당하고 그 작업순위를 결정해야 하는 복잡한 문제를 가지고 있다.

② 연속생산시스템의 일정계획

표준화된 제품을 제품별 라인에 의해 계속적으로 생산하는 소품종 대량생산 형태의 생산시스템에서의 일정계획을 의미하며, 여기서는 제품의 형태가 표준화되어 있으므로 하나의 제품을 생산하기 위한 라인의 공정균형문제가 해결되면 개별주문생산에서와 같은 일정계획상의 문제는 생각할 필요는 없다.

③ 대규모 1회 프로젝트의 일정계획

단속적 생산시스템의 특수한 형태라 할 수 있는데, 이 경우에 문제는 공장에서 소규모의 제품을 생산하는 문제와는 그 성격상 많은 차이가 있다. 일반적으로 규모가 크고 복잡한 발전소의 건설, 우주계획, 연구개발프로젝트 등과 같은 사업의 경우에는 전체공정의 진척을 시간의 흐름에 따라 효과적으로 계획하고 통제하기 위한 네트워크 모델에 의한 분석을 실시하게 되는데, 이를 위해 개발된 기법은 PERT/CPM으로 제12장에서 자세히 설명하기로 한다.

제 2 절 제조업의 일정계획

제조업의 일정계획은 작업장에 작업을 할당하고 운영되는 순서를 결정한다. 그러므로 생산시스템의 형태에 따라 일정계획의 문제를 접근하는데 서로 다른 양상을 보이며, 이에 따라 일정계획에 이용되는 기법 및 도구도 달라진다. 소량생산 시스템이나 단속적인 생산 시스템의 경우는 주문에 부하나 순서에 관심을 준다. 하지만 연속적인 생산 시스템의 경우, 즉 대량생산시스템의 경우에는 조립공정의 균형이 중점적인 문제이다. 그래서 본 절에서는 제조업의 생산시스템을 단속생산시스템(intermittent production system)과 연속생산시스템(continuous production system)으로 나누어 살펴보고자 한다.

2.1 단속생산시스템의 일정계획

단속생산시스템 혹은 개별생산(job shop)시스템은 고객의 주문에 따라 다양한 제품을 소규모로 생산하는 다품종소량생산시스템으로써 각 작업장(work center)의 설비배치(facility layout)가 공정별 배치(process layout)로 구성된다. 단속생산시스템에서는 각 주문마다 사용자재, 생산순서, 납기 등이 다르기 때문에 작업의 흐름이 일정치 못하고 공정이 바뀔 때마다 작업 중단과 대기가 자주 발생할 수 있다. 따라서 일정계획 수립 담당자는 작업대기시간이나 납기 지연을 최소화하면서 작업의 흐름을 최대로 촉진시킬 수 있는 일정계획을 수립해야 한다.

단속생산시스템의 일정계획은 부하할당(loading), 작업순서의 결정(sequencing) 등을 내용으로 하는데 여기에서는 이들을 차례로 살펴보기로 한다.

2.1.1 간트도표에 의한 부하할당

간트도표는 1917년에 세계대전 중 병기 생산을 위해 미국의 일정계획 전문가인 Henry L. Gantt에 의하여 공정관리 기법으로 고안되었다. 간트도표는 종축에 각 작업장명을 생산순서에 따라 배열하고, 횡축에 날짜를 표기한 다음 제품별 생산의 시작과 끝을 횡선의 길이로써 소요시간에 대응시켜 생산 작업의 진행상황을 도표화하여 일정의 계획을 관리하는 기법이다. 예컨대 어느 공장에서 세 종류의 제품 A, B, C가 밀링, 드릴링, 그라인딩, 조립의 4개의 작업장을 거쳐 생산된다고 한다. 각 제품생산에 필요한 작업장 및 작업소요시간이 [표 11-1]과 같이 주어져 있을 때 이를 간트도표로 나타내 보면 [그림 11-3]과 같다.

표 11-1 | 작업장 및 작업소요시간 (단위 : 일)

제품 / 작업장	A	B	C	계
밀링	2	8	4	14
드릴링	6	4	6	16
그라인딩	4	6	2	12
조립	2	4	4	10

그림 11-3 | 간트부하도

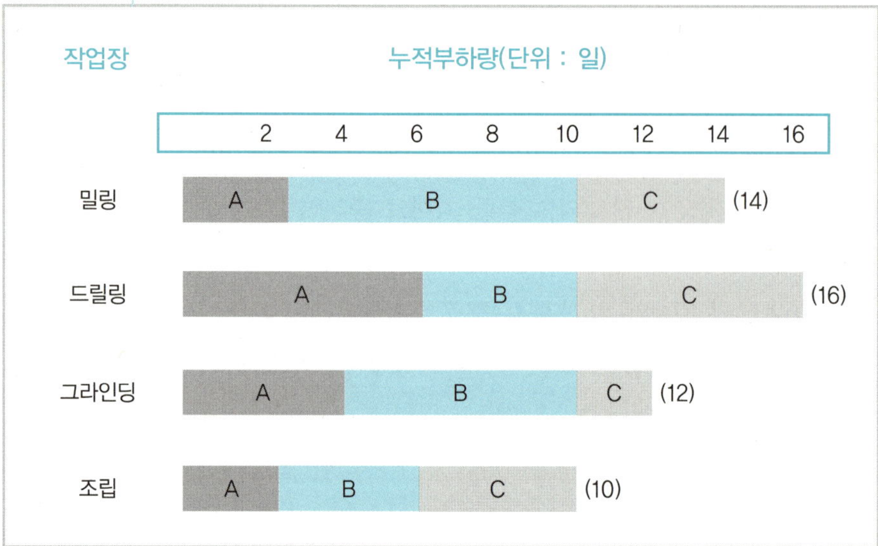

간트도표는 각 작업장에 대한 부하량을 명확히 보여 주지만 각 제품이 어떤 작업순서로 언제까지 생산될 수 있는지는 나타내 주지 않는다. 또한 간트도표는 새로운 작업이 추가되거나 현재까지의 작업에 대한 시간추정치가 변경될 경우를 위해 주기적으로 갱신되어야 한다.

2.1.2 작업순서의 결정

부하할당에 의해 일단 작업이 각 작업장에 할당되면 다음에는 각 작업장에서 처리해야 할 작업의 우선순위를 나타내는 작업순서(job sequence)를 결정해야 한다. 작업순서를 결정하는 문제는 작업의 수와 작업장의 수가 많을수록 더욱 복잡해진다. 예컨대 한 작업장에서 처리해야 할 작업수가 4개인 경우에 총 가능한 작업순서의 수는 4! = 24가지인 반면, 작업수가 5개인 경우에는 5! = 120가지나 된다. 어떤 작업순서를 선택하느냐에 따라 작업장의 능률성이 좌우되므로 작업순서의 결정은 매우 중요한 의사결정문제가 된다.

작업순서를 결정하는 기법에는 여러 가지가 있으나 본 절에서는 한 개의 작업장만을 거치는 여러 작업의 작업순서를 결정하는 우선순위규칙(priority sequencing rule) 또는 배정규칙(dispatching rule)과 두 개의 작업장을 동일한 순서로 거치는 여러 작업의 작업순서를 결정하는 존슨의 규칙(Johnson's rule)에 관해서 설명한다.

① 우선순위규칙

우선순위규칙이란 한 개의 작업장에 여러 가지 작업이 대기 중인 경우 다음에 처리할 작업을 결정하는 규칙이며 작업의 도착순서, 처리시간, 납기 등 여러 가지 기준에 따라 다음과 같은 규칙들이 많이 사용되고 있다.

- **선착순규칙**(first come, first served : FCFS) : 주문이 들어온 순서에 따라 작업순서를 결정하는 방법이다. 주문의 긴급도나 작업지연을 고려하지 않기 때문에 문제점은 있으나 가장 단순한 순서결정법이다.
- **최단처리시간규칙**(shortest processing time : SPT) : 작업완료 시까지 작업처리시간이 가장 짧은 순으로 작업순서를 결정하는 방법이다.

- **최소여유시간규칙**(slack time remaining rule : STR) : 납기까지 남아 있는 시간에서 남아 있는 작업시간을 뺀 값을 여유시간이라고 하며 이 여유시간이 짧은 순으로 작업순서를 결정하는 방법이다.
- **최소납기일규칙**(earliest due date : EDD) : 납기일이 빠른 순으로 작업순서를 결정하는 방법이다.
- **긴급률규칙**(critical ratio : CR) : 긴급률이란 현재부터 납기일까지 남아 있는 시간을 남아 있는 작업시간으로 나눈 값이다. 즉, 긴급률은 다음과 같이 구해진다.

$$\text{긴급률(CR)} = \frac{\text{잔여납기시간}}{\text{잔여작업시간}}$$

이 규칙은 긴급률이 작은 순으로 작업순서를 결정하는 방법이다.

② 존슨의 규칙

앞에서는 한 개의 작업장만을 통과하는 여러 작업의 작업순서 결정규칙에 대해 설명하였으나 여기서는 여러 작업이 동일한 순서로 두 개의 작업장(예컨대, 작업장 1 → 작업장 2)을 통과하는 경우를 살펴보기로 한다. 이 경우에는 Johnson에 의해 개발된 존슨의 규칙을 이용하는데, 이는 총소요시간을 최소로 하는 작업순서를 결정해 주며 또한 두 작업장의 총유휴시간(idle time)도 최소로 하는 규칙이다. 존슨의 규칙은 다음과 같은 단계를 거쳐 [예제 11-1]과 같이 최적순서를 결정한다.

단계 1 : 각 작업마다 작업장에서 필요로 하는 처리시간을 나열한다.

단계 2 : 최단 작업처리시간을 갖는 작업을 선택한다. 동률이 발생하면 임의로 선택한다. 만일 최단 작업처리시간이 작업장 1에서 발생하면 그 작업을 가능한 한 앞 순서에 놓고, 작업장 2에서 발생하면 가능한 한 뒷 순서에 놓는다.

단계 3 : 단계 2에서 순서가 결정된 작업은 고려대상에서 제외시킨다.

단계 4 : 모든 작업의 순서가 결정될 때까지 단계 2와 3을 반복한다.

예제 11-1

용봉산업에서는 모든 주문이 작업장 1에서 작업장 2의 순서로 처리된다. 다섯 개의 주문에 대한 처리시간 추정치가 다음과 같다고 할 때 존슨의 규칙을 적용하여 작업장의 유휴시간이 최소가 되도록 하는 작업순서를 결정하고 이 순서의 총소요시간을 계산하시오.

(단위 : 시간)

작업장 \ 주문	A	B	C	D	E
작업장 1	3	5	4	9	4
작업장 2	2	5	3	8	7

| 풀이 |

① 최단처리시간은 작업장 2에서 발생하는 주문 A의 2시간이므로 주문 A를 맨 뒤에 놓는다. ([ ][ ][ ][ ][A])

② 주문 A를 제외한 후 최단처리시간을 찾으면 주문 C의 3시간이고, 이 역시 작업장 2에서 발생하므로 가능한 한 뒷쪽에 놓는다. 따라서 주문 C를 주문 A 바로 앞에 둔다. ([ ][ ][ ][C][A])

③ 다음으로 주문 A, C를 제외한 나머지 주문 중 최단처리시간은 주문 E의 4시간이고, 작업장 1에서 발생하므로 가능한 한앞에 놓인다. 따라서 주문 E를 맨 앞에 둔다. ([E][ ][ ][C][A])

④ 이제 주문 A, C, E를 제외한 주문 중 최단처리시간은 주문 B의 5시간이고 작업장 1과 2에서 동률이 발생하므로 임으로 작업장 1을 선택한다. 따라서 주문 B를 주문 E 바로 뒤에 둔다. ([E][B][ ][C][A])

⑤ 결과적으로 작업장의 유휴시간을 최소로 하는 작업순서는 E-B-D-C-A이다. 또한 [그림 11-4]에 나타나 있듯이 총 소요간은 31시간이다.

그림 11-4 | 존슨의 규칙에 의한 작업일정 (▒ : 유휴시간)

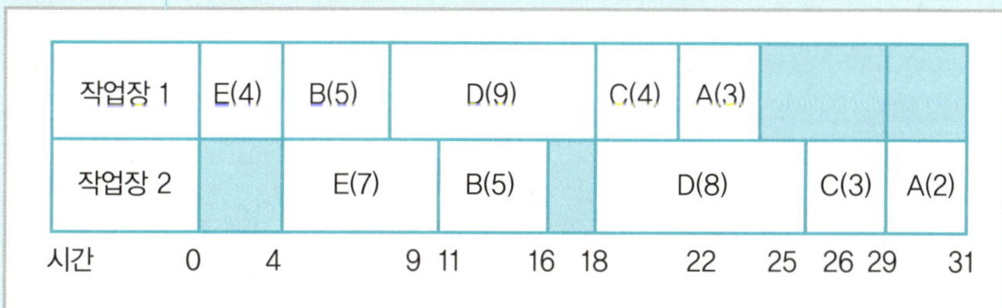

③ 작업순서의 평가기준

우선순위규칙에 의해 결정된 작업순서를 비교 · 평가하는 데 다음과 같은 여러 가지 기준이 사용된다.

- **총소요시간(makespan)** : 모든 작업이 완료되는 시간, 즉 최종작업이 완료되는 시간을 말하며 이는 짧을수록 좋다.
- **평균흐름시간(mean flow time)** : 흐름시간이란 한 작업이 작업장에 도착하여 완료될 때까지의 경과시간을 말하며, 이는 처리시간과 대기시간으로 구성된다. 평균흐름시간은 모든 작업의 흐름시간의 합을 작업수로 나눈 것으로 짧을수록 좋다.
- **평균작업지연시간(average job tardiness)** : 작업지연시간이란 납기보다 늦게 완료된 작업의 지연시간을 말하며, 평균작업지연시간은 모든 작업의 작업지연시간의 합을 작업 수로 나눈 것으로 작을수록 좋다.
- **시스템 내 평균작업수(average number of jobs in the system)** : 작업장 내에 머무르고 있는 작업수의 평균으로, 이는 모든 작업의 흐름시간의 합을 모든 작업의 처리시간의 합으로 나눈 값과 같다. 시스템 내 평균작업수가 많다는 것은 평균 재공품재고(work-in-process inventory : WIP)가 많음을 의미한다.

$$\text{시스템 내 평균작업수} = \frac{\text{총흐름시간}}{\text{처리시간}}$$

- **유휴시간(idle time)** : 유휴시간이란 일정계획이 잘못되어 쉬게 되는 시간, 즉 의도하지 않은 낭비시간을 의미한다. 기계나 작업자, 작업장의 유휴시간은 짧을수록 좋다.

2.2 연속생산시스템의 일정계획

연속생산시스템의 가장 큰 특징은 표준화이다. 연속생산시스템은 표준화된 장비와 활동을 통하여 표준화된 제품을 대량으로 생산하는 것으로 자동차, 냉장고, 텔레비전, 정유, 화학제품 등의 생산시스템 등이 좋은 예이다. 연속생산시스템에서는 작업순서가 고정되어 있고 반복적이기 때문에 일정계획은 공정설계의 과정에서 해결된다.

한 생산라인에서 단일제품만을 생산하는 경우에는 생산수량을 결정하고 생산속도를 통제하는 것으로 충분하므로 일정계획은 매우 간단하다. 그러나 한 생산라인에서 상이한 모형이나 크기를 갖는 다수의 제품을 생산하는 경우에는 라인의 생산능력을 서로 다른 제품에 할당해야 하므로 생산순서의 결정과 같은 다소 복잡한 일정계획문제가 발생한다.

생산순서의 결정을 위해 여러 가지 수리적 모형이 개발되어 있으나 이들 모형의 대부분은 수요의 불확실성을 고려하지 않고 있으므로 실용성이 거의 없다고 볼 수 있다. 따라서 본 절에서는 일종의 휴리스틱기법으로서 매우 간단하면서도 수요의 불확실성을 고려하는 소진기간법(runout time method)과 단기일정법(short interval scheduling)을 살펴보고자 한다.

2.2.1 소진기간법

소진기간이란 현재 가지고 있는 재고가 완전히 없어질 때까지의 기간을 뜻한다. 소진기간법은 각 제품을 경제적 로트크기로 생산하되 각 제품의 수요와 재고량을 비교하여 생산우선순위를 결정하는 기법으로 기본 아이디어는 소진기간이 짧은 제품을 먼저 생산하는 것이다. 즉, 재고가 미래수요에 비해 상대적으로 낮은 제품을 높은 제품보다 먼저 생산하는 것이다. 제품 i의 소진기간은 다음과 같이 계산된다.

$$\text{제품 } i\text{의 소진기간} = \frac{\text{제품 } i\text{의 현재고량}}{\text{제품 } i\text{의 단위기간당 수요량}}$$

소진기간을 이용하여 제품의 생산순서를 결정하는 [예제 11-2]에서 과정은 다음과 같은 단계를 거쳐 이루어진다.

단계 1 : 각 제품의 소진기간을 계산한다.

단계 2 : 소진기간이 가장 짧은 제품을 경제적 로트크기만큼 생산한다.

단계 3 : 로트의 생산이 완료되는 시점에서 각 제품에 대해 소진기간을 재계산한 후 단계 2를 수행한다.

단계 4 : 모든 제품에 대한 생산순서가 결정될 때까지 단계 2와 단계 3을 반복한다.

예제 11-2

어떤 조립라인에서는 3가지의 서로 다른 제품을 생산하고 있다. 각 제품의 경제적 로트크기, 생산율, 재고량, 수요예측 등이 [표 11-2]와 같이 주어져 있을 때 소진기간법을 이용하여 각 제품의 생산순서를 결정하시오.

표 11-2 | 기초자료

제품		A	B	C
수요자료	재고량(개)	200	900	550
	주당 수요(개)	50	150	100
공급자료	로트크기(개)	150	500	500
	주당 생산율(개)	150	1,000	250

| 풀이 |

표 11-3 | 소진기간의 재계산

제품	1주말		3주말	
	재고량	소진기간	재고량	소진기간
A	300	6	200	4
B	750	5	450	3
C	450	4.5	750	7.5

먼저 각 제품의 소진기간을 계산한다.

$$제품 A의 소진기간 = \frac{200}{50} = 4$$

$$제품 B의 소진기간 = \frac{900}{150} = 6$$

$$제품 C의 소진기간 = \frac{550}{100} = 5.5$$

제품 A의 소진기간이 4주로 가장 짧으므로 가장 먼저 제품 A를 한 로트 생산한다. 제품 A의 경제적 로트크기는 150개이고 주당 생산율도 150개이므로 제품 A를 한 로트 생산하는 데는 1주의 시간이 소요된다.

다음에는 제품 A의 한 로트 생산이 끝나는 1주말 시점에서 각 제품에 대한 재고량과 소진기간을 다시 계산한다. 생산이 일어난 제품 A의 1주말 재고량은 다음과 같이 구해진다.

$$\begin{aligned} 제품 A의 1주말 재고량 &= 기초재고 + 생산량 - 1주 동안의 수요량 \\ &= 200 + 150 - 50 = 300개 \end{aligned}$$

또한 생산이 일어나지 않은 제품 B, C의 1주말 재고량은 각 제품의 기초재고에서 1주 동안의 수요량을 빼 줌으로써 얻어지므로 제품 B, C의 1주말 재고량은 각각 750개, 450개가 된다. 따라서 1주말 시점에서 제품 A, B, C의 소진기간을 재계산하여 비교하면 제품 C의 소진기간이 4.5주로 가장 짧으므로 제품 C를 경제적 로트크기만큼 생산한다.

제품 C를 한 로트 생산하는 데는 2주의 시간이 소요되므로 다시 1주 + 2주 = 3주말에 시점에서 각 제품에 대한 재고량과 소진기간을 재 계산한다. [표 11-3]에 나타난 것처럼 제품 A, B, C에 대한 재고량은 각각 200개, 450개, 750개이고 소진기간은 각각 4주, 3주, 7.5주로 제품 B의 소진기간이 가장 짧으므로 제품 B를 경제적 로트크기만큼 생산한다. 따라서 각 제품의 생산은 A – C – B 순으로 이루어진다. 그러나 이러한 생산순서는 완전히 고정되는 것이 아니라 상황의 변화에 따라 계속적으로 재고와 소진기간을 재 계산함으로써 조정되어져야 한다.

2.2.2 단기일정법

일반적으로 매월 단위로(계획기간은 몇 개월 또는 1년 이상), 장기적인 일정계획은 주로 생산능력과 부하 간의 관계에 초점을 맞추어 품목별 월간 생산량 (Product Mix)을 결정하며, 경우에 따라 라인 또는 설비별 생산량 할당도 이루어지게 되고 설비소요계획, 투자계획, 인원계획 등에도 이용되지만, 단기일정법(short term scheduling)은 매일단위 또는 주간단위로 개별장비 또는 공정별로 품목별 로트(Lot)의 할당, 로트의 투입순서, 로트의 작업시작 시점 등을 계획하는 것이다. 경우에 따라서는 각 공정 또는 작업장(workstation) 정도로만 일정계획을 수립하고 각 장비별로 계획하도록 구분하기도 한다.

다시 말하면 작업자가 다음에 어느 로트를 작업할 것인가를 결정하는 문제라고 할 수 있으며, 이 단계의 일정계획은 일반적으로 각 기계 또는 공정, 라인별로 사이클 타임, 제조소요시간, 재공재고, 기계가동률, 납기준수도 등의 작업측정의 주요한 관심사가 된다. 업종에 따라서는 주어진 생산량을 완료하는 데 소요되는 총제조소요시간의 단축이 관심사일 수도 있다.

단기일정법은 작업자와 작업장의 업무를 효과적으로 결합시키고, 그때그때 일어나는 변동이 짧은 기간을 토대로 분석 · 검토함으로써 사전 또는 동시통제가 가능하도록 일정계획과 결과를 효율적으로 일치시킬 수 있으며, 일반적인 절차는 다음과 같다.

- 시간당 작업량을 현실적으로 파악하여 표준시간을 정한다.
- 작업장별 작업내용을 정확히 하고 통제효과가 있도록 분류한다.
- 경제적 로트크기를 결정하고 납기지연을 잘 파악한다.
- 비반복적 작업이나 특별작업에 대한 처리규정을 마련한다.
- 중앙집권적 작업분배방법을 써서 작업통제를 신속히 할 수 있게 한다.
- 학습곡선을 따라 작업시간을 파악한다.
- 작업별 공정을 잘 파악하고 작업순위도 미리 숙지하고 있어야 한다.

이러한 단기일정법은 제품과 재공품의 재고를 균형 있게 유지할 수 있고, 납기 준수율이 높아지며, 인원 및 원자재 계획의 정확성이 높아진다. 또한 문제점에 대한 재빠른 분석과 조치가 가능해서 표준 작업측정이 문제공정을 기준으로 이루어질 수 있어 전체공정에 대한 감독이 용이하고 작업자에 대한 감독과 능률자극의 효과가 크다.

2.2.3 학습곡선효과

연속생산시스템 일정계획의 작업시간을 결정함에 있어서는 이에 영향을 미칠 수 있는 여러 가지 요인을 고려하여야 한다. 이 중 가장 중요한 영향요인 중의 하나는 노동집약적인 작업을 완성시키기 위한 단위당 작업시간인데, 생산량이 증가할수록 점차 시간이 감소된다고 하는 학습현상이다. 이러한 생산량의 함수로써 나타내어지는 작업능률의 향상이 학습곡선효과이다.

일정계획에서는 이러한 학습곡선효과를 반드시 고려하여야 한다. 이를 고려하지 않은 일정계획에서는 과잉재고 또는 유휴작업시간과 같은 계획의 불균형이 일어나게 된다.

일반적으로 누적생산량이 2배가 될 때마다 소요되는 작업시간은 일정비율로 감소한다고 한다. 예를 들어 [그림 11-5]와 같이 한 작업이 80%의 학습곡선효과를 갖는 경우 첫 번째 단위를 생산하는 데 필요한 시간이 100시간이라면 두 번째 단위는 80시간, 네 번째는 64시간, 여덟 번째 단위는 51.2시간이 된다.

생산 경영자는 이러한 학습효과를 일정계획에 반영하기 이전에 가능한 한 자신의 기업이나 산업으로부터 이러한 현상의 타당성을 경험을 통해 확인될 수 있어야 할 것이다. 항공산업과 같은 산업들은 이미 잘 입증된 데이터를 가지고 있으며, 그 학습곡선효과는 평범하고도 당연한 현상으로 받아들일 수 있다. 그러나 다른 산업에서는 이러한 전형적인 효과를 나타내지 않을 수도 있다는 점을 유의하여야 한다.

그림 11-5 | 80% 학습곡선

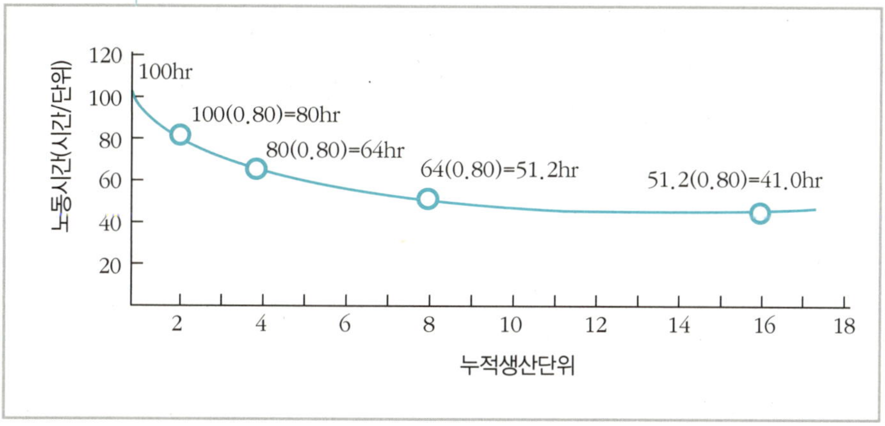

제 3 절 서비스업의 일정계획

서비스업에서는 수요의 불확실성에 대비하여 서비스를 재고로 유지할 수 없기 때문에 서비스업과 제조업의 일정계획에는 상당한 차이가 있다. 서비스업에서는 서비스 수요가 공급을 초과하는 경우 제한된 서비스 공급자원을 이용하여 최대로 고객을 만족시키도록 해야 하며, 반대로 서비스 수요가 공급에 미치지 못할 경우 서비스 공급과잉으로 인한 비용부담을 감수해야 한다. 이와 같은 서비스 수요와 공급의 불균형은 일정계획의 수립을 어렵게 하므로 가능하다면 서비스 수요와 공급을 균형있게 유지하는 것이 매우 중요하다.

본 절에서는 서비스 수요조절과 인력 일정계획에 대해 간단히 살펴보기로 한다.

3.1 서비스 수요의 조절

서비스 수요를 조절하는 기법으로는 여러 가지가 있으나 주로 약속시스템(appointment system), 예약시스템(reservation system), 주문적체(backlog) 등이 있다.

3.1.1 약속시스템

약속시스템은 고객에게 특정 서비스시간을 할당하여 고객들이 기다려야 하는 시간을 줄이고 서비스 제공인력을 최대한 활용할 수 있는 효과적인 방법으로서 의사, 변호사, 컨설턴트, 자동차수리공장 등이 많이 사용한다. 약속시스템에서는 약속시간보다 늦게 도착하는 고객, 불참고객, 긴급상황 또는 약속 없이 나타나는 고객 등의 다양한 문제가 발생할 수 있다.

3.1.2 예약시스템

예약시스템은 고객의 욕구를 충족시키기 위해 고객 서비스와 관련된 인력과 장비를 동시에 사용할 경우에 이용된다. 음식점, 여행사, 숙박시설 및 위락시설 등에서 자주 이용되며 예약을 통하여 미래수요를 잘 파악할 수 있고 고객에 대한 서비스를 차질 없이 공급하기 위한 인력과 장비의 일정계획을 수립할 수 있다.

3.1.3 주문적체

주문적체는 서비스 수요가 서비스 공급능력보다 훨씬 클 경우에 사용되는 방법으로 서비스 공급능력이 제한되어 있을 때 고객에 대한 서비스를 지연시키는 방법으로 고객은 언제 서비스가 제공될지를 정확하게 알지 못하며, 전자제품수리점, 은행, 레스토랑 등에서 자주 이용된다. 예를 들면, 은행에서는 고객에게 순서를 나타내는 번호표를 교부하여 대기하도록 유도하고 선착순규칙에 따라 서비스를 제공한다.

3.2 인력일정계획

서비스는 인력에 의해 실행되어 제공되므로 서비스 활동의 공통적 특징은 인력 의존도가 높다는 것이다. 따라서 인력일정계획(work-force schedule)은 서비스업에 있어서 매우 중요하며 우편배달부, 간호원, 경찰관 등 교대근무가 이루어지는 서비스업에서 주로 사용된다.

인력일정계획은 순환일정계획(rotating schedule)과 고정일정계획(fixed schedule)으로 나눌 수 있다. 순환일정계획은 작업자들의 근무일과 휴무일을 순환시키는 일정계획이고, 고정일정계획은 작업자가 항상 같은 근무일과 휴무일을 갖게 하는 일정계획이다. 순환일정계획은 모든 작업자에게 주말 및 공휴일 휴무, 초과근무 및 잔업 등에 있어서 동등한 기회를 부여하기 때문에 고정일정계획보다 더 많이 사용되고 있다.

인력일정계획 문제는 제약조건에 따라 매우 다양하나 여기에서는 모든 작업자에게 연휴를 보장하는 인력일정계획 문제만을 다루기로 하며, [예제 11-3]에서의 일정계획 수립절차는 다음과 같은 단계를 거쳐 인력일정계획이 결정된다.

단계 1 : 수요가 가장 작은 요일을 포함하는 연속된 이틀의 조합을 찾는다. 이 중 수요의 합이 최소인 조합을 선택한다.
단계 2 : 수요의 합에 동률이 발생하면 우선순위를 결정한다.
단계 3 : 한 작업자에게 선택된 이틀을 연휴로 준다.
단계 4 : 이 작업자가 근무하는 모든 요일의 수요에서 1을 뺀다.
단계 5 : 수요가 만족될 때까지 단계 1에서 단계 4까지를 반복한다.

예제 11-3

한 가게의 요일별 인력수요가 다음과 같다고 할 때

요일	월	화	수	목	금	토	일
수요	5	4	4	3	4	7	8

모든 작업자에게 주5일 근무와 연휴를 보장하면서 동시에 수요를 충족시키는 인력일정계획을 수립하라. 단, 모든 작업자들의 연휴는 임의로 주어질 수 있다고 가정한다.

| 풀이 |

수요가 가장 적은 요일은 목요일이고 이를 포함하는 연속된 이틀의 조합은 '수요일–목요일'과 '목요일–금요일'로 각 조합의 수요의 합이 똑같이 4+3=3+4=7이다. 본 예제에서는 연휴에 대한 우선순위규칙이 없으므로 임의로 '수요일–목요일'을 선택하여 한 작업자(작업자 1)에게 선택된 이틀을 연휴로 주고 이 작업자가 근무하는 모든 요일의 수요에서 1을 빼면 다음과 같은 잔여인력수요가 얻어진다.

작업자 1 (연휴 : 수, 목)	요일	월	화	수	목	금	토	일
	잔여수요	4	3	4	3	3	6	7

같은 방법으로 수요의 합이 가장 작은 '목요일–금요일'을 작업자 2의 연휴로 선택하고 작업자 2가 근무하는 모든 요일의 수요에서 1을 빼면 다음과 같은 잔여인력수요가 얻어진다.

모든 수요가 만족될 때까지 이와 같은 방법을 반복하면 다음과 같은 결과를 얻게 된다.

(근무 : ○, 휴무 : ×)

작업자	월	화	수	목	금	토	일	합계
1	○	○	×	×	○	○	○	
2	○	○	○	×	×	○	○	
3	×	×	○	○	○	○	○	
4	○	×	×	○	○	○	○	
5	○	○	○	×	×	○	○	
6	×	×	○	○	○	○	○	
7	○	○	○	×	×	○	○	
8	○	○	○	○	×	×	○	
총수요	5	4	4	3	4	7	8	35
능력	6	5	6	4	4	7	8	40
여유	1	1	2	1	0	0	0	5

이 일정계획에서 보듯이 월요일부터 목요일까지는 여유인력을 확보하고 있으므로 경영자는 일부 작업자에게 임시직으로 일하도록 요청할 수 있다. 예를 들어 작업자 2는 토요일과 일요일에만 근무하게 하고, 작업자 6은 금요일과 토요일, 일요일에만 근무하게 할 수 있다. 이렇게 수정된 계획하에서의 일정계획은 여유인력이 없게 된다.

사 례 최고의 품질과 납기준수로 성공한 중소기업, (주)성광

세계 최고수준의 국내 플랜트 요소 기술 중 하나인 '배관제작'을 특화해 불황 극복 원동력으로 삼은 중소기업이 있다. 2003년 설립돼 8년 만에 급성장한 ㈜성광(대표 김영욱)이다.

자본금 5,000만 원을 바탕으로 소형 선박용 파이프제작 사업에 뛰어들어 총면적 1만 8,150㎡의 본사 사무실과 4개의 생산 공장을 갖춘 발전, 석유화학, 해양플랜트용 배관제작 업체로 급성장했다. 2009년 기업부설연구소를 설립하고 한국무역협회 300만 달러 수출탑을 수상했다. 2011년 11월에는 500만 달러 수출탑 수상이 확정됐다.

그동안의 경기침체 국면에서도 이처럼 사업을 크게 확장할 수 있었던 이유는 배관기술을 특화시켜 국내 · 외 발전 및 석유화학 및 해양 플랜트 설치 및 제작 업체 등에 공급했기 때문이다. 이와 더불어 김영욱 대표는 또 다른 성공요인으로 고객들에게 최고 품질의 제품을 공급하고 납기준수 약속을 반드시 지킨 점을 손꼽았다.

자료 : 한국경제, Biz®CEO 기획특별판(2011. 10. 26)

연 습 문 제

1. 생산시스템의 유형에 따라 분류되는 일정계획을 설명하시오.

2. 용봉기업에서는 모든 주문이 작업장 1에서 작업장 2의 순서로 처리된다. 다섯 개의 주문에 대한 처리시간 추정치가 다음과 같다고 할 때 존슨의 규칙을 적용하여 작업장의 유휴시간이 최소가 되도록 하는 작업순서를 결정하고 이 순서의 총소요시간을 계산하시오.

(단위 : 시간)

작업장＼주문	A	B	C	D	E
작업장 1	4	4	6	8	5
작업장 2	2	3	6	7	9

3. 한 조립라인에서는 4가지의 서로 다른 제품을 생산하고 있다. 각 제품에 대한 데이터가 다음과 같이 주어져 있을 때 소진기간법을 이용하여 다음 4주간의 각 제품의 생산순서를 결정하시오.

제품		A	B	C	D
수요자료	재고량(개)	3,000	1,000	6,000	1,600
	주당 수요(개)	750	500	2,000	500
공급자료	로트크기(개)	3,000	1,000	4,000	1,500
	주당 생산율(개)	3,000	2,000	4,000	1,500

4. 어떤 작업장에 대기 중인 다섯 개 작업의 도착순서, 처리시간 및 납기일이 다음과 같다.

작업	도착순서	처리시간(일)	납기일(일)
A	1	7	4
B	2	4	10
C	3	2	12
D	5	8	15
계		32	

모든 작업은 즉시 작업시작이 가능하다(즉, 유휴시간이 없다)고 가정할 때 여러 가지 우선순위규칙에 따라 작업순서를 결정해 보고 또한 여러 가지 평가기준을 이용하여 이들 작업순서를 평가해 보시오.

5. 용봉유통센터의 일용직 하역작업자에 대한 요일별 인력수요가 다음과 같다고 할 때

요일	월	화	수	목	금	토	일
수요	12	7	9	9	5	3	6

모든 작업자에게 주5일 근무와 연휴를 보장하면서 동시에 수요를 충족시키는 인력일정계획을 수립하시오. 단, 모든 작업자들의 연휴는 임의로 주어질 수 있다고 가정한다.

CHAPTER 12

프로젝트관리

프로젝트란 고층빌딩, 새로운 공장 등의 건설이나 항공기, 선박, 대형기계의 제작과 같은 독특한 제품을 단일단위로 생산하는 대규모 사업이다. 이러한 대규모 사업은 비반복적이고 일회적인 성격을 가지며, 많은 인력, 설비, 물자들이 요구된다. 또한 그 규모가 커서 수많은 활동들로 구성되는데, 이러한 많은 활동들은 서로 관련성을 가지므로 매우 복잡하다. 프로젝트는 시간이 한정되어 있는 일회성 생산활동이므로 프로젝트관리는 반복적인 생산활동과 근본적으로 성격이 다르다. 작업의 내용이 다르기 때문에 관리하는 방법에도 차이가 있어야 할 것이다. 프로젝트의 일정을 계획하고 통제하기 위해 특별히 개발된 네트워크 모형이 PERT/CPM이다. PERT/CPM에서 중요한 문제 중의 하나는 프로젝트의 완료시간을 결정하는 주공정을 찾아 이 경로상의 활동들을 잘 관리하는 것이다.

본 장에서는 프로젝트관리의 의의와 활동시간의 추정, 프로젝트의 일정계획과 신뢰성에 대해 살펴보기로 한다.

제 1 절 프로젝트관리의 의의

프로젝트란 고층빌딩, 새로운 공장 등의 건설이나 항공기, 선박, 대형기계의 제작과 같은 독특한 제품을 단일단위로 생산하는 대규모 사업이다. 이러한 대규모 사업은 비반복적이고 1회적인 성격을 가지며, 많은 인력, 설비, 물자들이 요구된다. 또한 그 규모가 커서 수많은 활동들로 구성되는데, 이러한 많은 활동들은 서로 관련성을 가지므로 매우 복잡하다.

이처럼 복잡한 프로젝트가 필요한 시간과 비용 및 기술적 제약을 만족시키면서 완성되도록 인력, 장비, 자재 등의 자원을 계획하고 통제하는 모든 활동이 프로젝트관리이다.

본 절에서는 프로젝트관리의 수단과 프로젝트관리에 사용되는 네트워크기법의 구성에 대해 살펴보기로 한다.

1.1 프로젝트관리의 수단

프로젝트관리에는 오랫동안 제11장에서 살펴본 바와 같이 간트도표가 이용되어 왔다. 그러나 간트도표에서는 활동들 간의 선후관계를 정확하게 인식하지 않고, 프로젝트를 제 시간에 완료하는 데 핵심되는 활동을 밝혀주지 않는 한계 등으로 인하여 대형 프로젝트의 경우 간트도표의 이용이 어려워진다.

1950년대에 대형 프로젝트관리에 있어서 간트도표의 한계를 극복하기 위해 PERT(Program Evaluation and Review Technique)와 CPM(Critical Path Method)이라고 하는 두가지 네트워크 계획 모형이 개발되었다. 두 방법 모두 프로젝트를 네트워크 도표에 도시할 수 있는 상호관련 활동의 집합으로 활동들 간의 관계를 마디(node : 원으로 표시)와 가지(arc : 화살표로 표시)로 나타낸 것이다.

PERT와 CPM의 초기의 차이점은 시간추정치와 관련된 것이었다. PERT기법은 1950년 말에 3,000건 이상의 계약 및 공급기관을 포함하는 미해군의 폴라리스 미사일 프로젝트를 위해 개발되었다. 이 프로젝트의 단위활동 중 상당수가 이전에 수행된 적이 없었으므로 PERT는 불확실한 시간추정치를 처리할 수 있도록 개발되었다. 이 기법으로 프로젝트의 완료시간을 18개월 이상 단축시키는 효과를 보았다. 이와 같이 처음에는 시간 단축을 목적으로 개발되었으나 후에 PERT기법을 사용하면서 비용을 줄이는 측면이 중요해져서 비용감축을 위한 PERT기법도 개발되었다. 이렇게 되자 이들을 구별하기 위하여 시간을 고려하는 경우를 PERT/TIME, 그리고 비용을 고려하는 경우를 PERT/COST기법이라고 명명하였다.

CPM은 1957년 미국의 듀퐁(Du Pont)사에 의하여 개발되었다. 듀퐁사는 미국의 대규모 화학회사로서 중화학분야는 막대한 투자액때문에 설비의 가동율을 높여야 할 필요가 있는 분야로 매년 설비보전을 위하여 공장을 가동 중단해야 하는 특성을 가지고 있다. 그러므로 설비보전에 들어가는 시간을 최소화시키는 것이 대단히 중요해진다. 이러한 이유때문에 듀퐁사의 워커(M. R. Walker)와 레밍톤 랜드(Remington Rand)사의 켈리(J. E. Kelly)는 CPS(Critical Path Scheduling)라는 기법을 개발하였다. 이 기법을 설비보전에 적용한 결과 평균 125시간이 소요되는 설비보전을 73시간으로 단축시켜서 100만 달러의 원가절감을 달성하였다. 듀퐁사는 이 기법을 공장건설에도 적용하였으며 이 기법의 이름을 CPM으로 바꾸었다. CPM의 특징은 PERT와 달리 그 대상이 기존에 있었던 임무이기 때문에 활동들에 대한 상당히 정확한 시간 추정치를 얻을 수 있다는 점이다. 그러므로 CPM은 프로젝트의 달성이 문제가 되는 것이 아니라 어떻게 하면 가장 최소의 시간과 비용으로 프로젝트를 완성하는가에 그 목적이 있다.

PERT의 목적은 시간의 통제를 목적으로 개발된 반면에 CPM은 각 작업활동의 시간단축과 비용감소를 목적으로 개발되었다. 그러나 PERT도 후에는 PERT/COST와 같이 CPM에서 달성하려는 목적을 추구하는 등 두 기법의 차이가 없게 되었다. 그러므로 요즈음에는 두 기법을 PERT/CPM으로 통합하여 부르고 있다.

1.2 네트워크기법의 구성

네트워크란 활동들 사이의 연관성과 선후관계를 나타내는 그림이다. 복잡한 프로젝트의 경우에서 선후관계 설정의 잘못이나 선후관계의 누락은 작업을 지연시켜 비용을 야기하는 원인이 되므로 이러한 작업은 매우 중요한 것이다. 네트워크는 마디(node)와 가지(arc 혹은 branch)로 구성되어 있다. 아래의 그림에서 ○은 마디이고 →는 가지이다.

네트워크에서는 마디와 가지를 이용하여 프로젝트의 활동(activity)과 단계(event)를 표시하는데 프로젝트활동이란 프로젝트를 완성시키는 데 시간과 자원을 소비하는 작업을 말하며 단계란 이러한 활동의 시작과 끝을 의미한다. 네트워크에서는 [그림 12-1]에서 보는 바와 같이 마디와 가지를 이용하여 어떠한 모형화 기법이 채택 되었는가에 따라 두가지 방법으로 구분한다.

첫째는 활동−가지 네트워크(Activity-On-Arc Network : AOA)로 활동을 가

그림 12-1 활동 간의 관계에 대한 AOA 및 AON방식

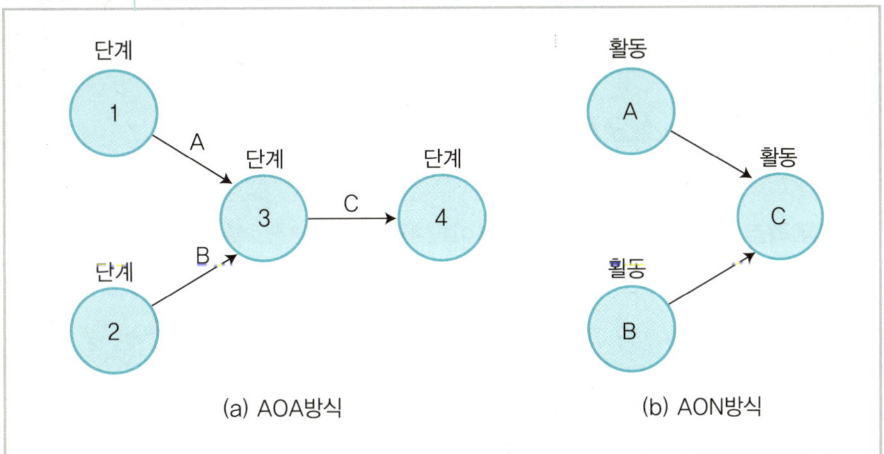

지로 표현하고 마디는 단계를 나타내도록 표현한다. 여기에서 단계는 하나 이상의 활동이 완료되고 다른 활동이 시작되는 점을 말하며, 시간이나 자원을 필요로 하지 않는다. [그림 12-1] (a)에 나타난 바와 같이 선후관계는 모든 선행활동이 완료되기 이전에는 단계가 완료될 수 없음을 나타낸다.

두 번째 방법은 활동-마디 네트워크(Activity-On-Node Network : AON)로 활동을 마디로 표현하고 가지는 수행순서를 나타낸다. [그림 12-1] (b)에서 선후관계는 모든 선행활동이 완료되기 이전에는 다음 활동을 시작할 수 없음을 나타내고 있다.

제 2 절 활동시간의 추정

프로젝트관리에서는 각 활동의 수행시작과 완료시기에 따라 계획을 하기 때문에 각 활동의 소요시간을 정확하게 알아야 할 필요가 있다. 각 활동의 소요시간을 정확하게 추정하는 것은 전체 프로젝트 완료시간을 지연없이 수행할 수 있도록 하기 때문에 본 절에서는 각 활동의 기대시간 추정방법과 활동시간의 불확실성에 대해 간단히 살펴보고자 한다.

2.1 활동의 기대소요시간 추정

프로젝트의 대부분은 과거의 데이터를 종합적으로 분석하여 소요시간을 거의 정확히 예측할 수 있다. 하지만 비반복적이고 1회적이며 변화의 정도를 예측할 수 없는 경우, 즉 프로젝트의 수행을 한 번도 해 본 적이 없는 경우에는 추정시간의 정확한 예측이 어렵다.

PERT에서는 다음과 같이 세 가지 허용시간을 구하여 기대시간을 추정한다.

- 낙관시간치(optimistic time : a) : 이것은 작업을 완수하는 데 소요되는 시간을 가장 낙관적인 입장에서 측정한 것으로 예상되는 소요시간 중에서 최단 시간치를 말한다.
- 정상시간치(most likly time : m) : 이것은 모든 상황이 정상적으로 진행될 때 걸리는 시간으로서 최빈값이 된다.
- 비관시간치(pessimistic time : b) : 이것은 모든 상황에서 많은 장애가 생겨서 가장 늦게 진행될 때 걸리는 최장시간을 말한다.

이들 3개의 시간추정치가 정해지면 낙관적인 값(a)과 비관적인 값(b)은 소요시간의 최소치와 최대치를 의미하기 때문에 소요시간에 대한 모든 가능한 추정치는 반드시 이 최대값과 최소값의 범위 내에 속해야만 한다. 소요시간의 세 추정치 중 m은 보통 중간, a는 왼쪽, b는 오른쪽에 위치하게 되기 때문에 [그림12-2]에서와 같이 a와 b를 최저, 최대값으로 하고 최빈값을 m으로 하는 베타분포를 가정할 수 있게 되어, 이들을 가중 평균하여 기대소요시간(expected time : te)을 다음의 근사식으로 구한다.

$$te = \frac{a + 4m + b}{6}$$

그러나 반복작업이나 경험이 있는 사업 등에서는 가장 빈번히 발생할 확률이 높은 m을 기대소요시간으로 추정하여 사용할 수 있다.

용봉기업의 사무실 이전 프로젝트의 낙관시간 · 정상시간 · 비관시간이 [표12-1]과 같다면 이를 이용하여 활동의 기대소요시간을 다음과 같이 구할 수 있다.

그림 12-2 | 분포에 의한 추정시간

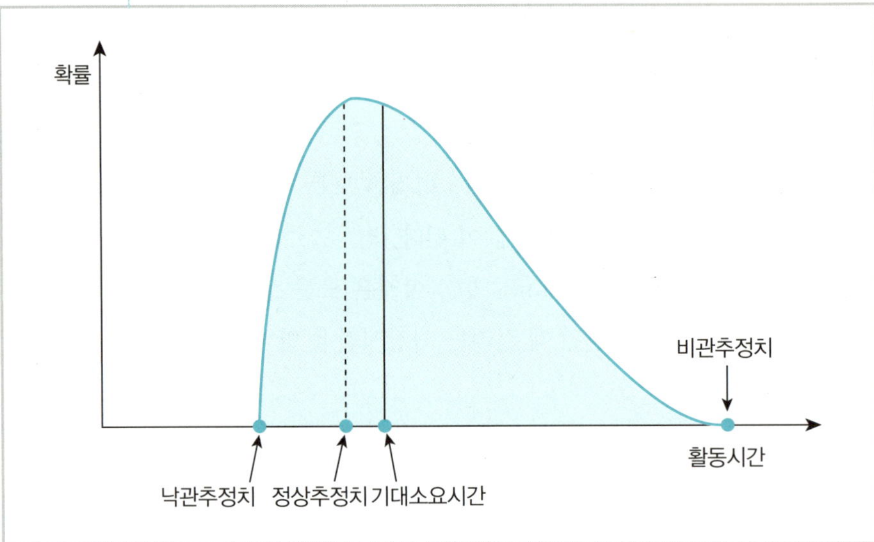

| 표 12-1 | 용봉기업 사무실이전 추정시간

활동시간(일)				
활동	낙관시간(a)	정상시간(m)	비관시간(b)	기대소요시간(te)
A. 새 사무실 선정	6	9	18	10
B. 새 사무실 구입	9	14	19	14
C. 새 사무실 수리	7	10	13	10
D. 이전 준비	5	14	23	14
E. 이전	2	2	2	2
F. 이전 후 정리	5	7	9	7

2.2 활동시간의 불확실성

PERT/CPM에서 기대소요시간치를 3개의 시간추정치로 사용하기 때문에 te의 불확실성 정도(degree of uncertainty)를 가늠할 필요가 있다. 그리고 각 활동시간의 분산(σ^2)을 다음 식으로 구해 각 활동의 불확실성 정도를 가늠

한다.

$$\sigma^2 = \left(\frac{b-a}{6}\right)^2$$

te에서는 m을 중요시했으나 σ^2 에서는 m과 관계없이 곡선의 퍼짐 정도를 구하고자 하는 것이기 때문에 a와 b만이 관계되어 있다.

분산이 크면 클수록 그 활동에 대한 불확실성은 크다고 볼 수 있으며 또한 그 활동의 완료에 소요되는 시간에 대한 불확실성도 크다고 할 수 있다.

반면에 분산이 작으면 그 활동을 완료하는 시일에 대한 추정치는 좋은 정도를 가지고 있다고 볼 수 있으며 a와 b의 간격이 좁아진다.

용봉기업의 사무실 이전 프로젝트의 낙관시간 · 비관시간으로 분산을 구하면 [표 12-2]와 같다. 불확실성이 큰 활동은 D, A, B의 순으로 D활동이 가장 기대소요시간에 대한 불확실성이 크다고 할 수 있다.

표 12-2 | 용봉기업 사무실이전 기대소요시간과 분산

활동의 기대소요시간과 분산					
활동	낙관시간(a)	정상시간(m)	비관시간(b)	기대소요시간(te)	분산(σ^2)
A. 새 사무실 선정	6	9	18	10	4
B. 새 사무실 구입	9	14	19	14	2.8
C. 새 사무실 수리	7	10	13	10	1
D. 이전 준비	5	14	23	14	9
E. 이전	2	2	2	2	0
F. 이전 후 정리	5	7	9	7	0.4

제3절 프로젝트의 일정계획

프로젝트의 일정계획을 수립하는 데는 다음과 같은 사항을 파악해야 한다.

- 프로젝트를 빨리 끝낸다면 언제 끝낼 것인가?
- 프로젝트의 완료를 지연시키는 중요한 활동들은 어떤 것인가?
- 각 활동의 작업착수시점과 완료시점은 언제이어야 하는가?

이러한 사항을 파악하기 위해서는 전진계산법과 후진계산법을 사용하여 각 활동의 시작시간과 완료시간을 산출하여 전체 네트워크의 최단완료시간을 구한다. 이렇게 구한 각 활동들 중에서 시작을 늦추면 그만큼 전체 네트워크의 완료시점이 늦추어지는 활동들을 찾아내는 것이 두 번째 작업이다. 이렇게 찾아진 활동들을 주공정이라 하며 네트워크에서 공정시간이 가장 긴 경로이다. 네트워크상에서 주공정은 굵은선으로 표시하여 중점관리하며, 프로젝트의 완료시간을 단축시키기 위해서는 이 주공정상의 활동을 먼저 단축시켜야 한다.

각 활동의 기대소요시간(te)의 계산이 끝나면, 그 다음은 각 활동의 기대소요시간을 집계하여 프로젝트의 일정을 산정하여 일정계획을 수립하게 된다. 다시 말해서 어떤 작업 활동을 행하는 혹은 어떤 단계에 도달하는 가장 이른 시각과 완료해야 될 시각을 계산하는 것이다.

본 절에서는 단계중심으로 계산하는 방식과 활동중심의 방식에 대해 살펴보고자 한다.

3.1 단계중심의 일정계획

3.1.1 단계중심의 일정계산(AOA방식)

단계중심의 일정계산방식에 대해 살펴보면 다음과 같다.

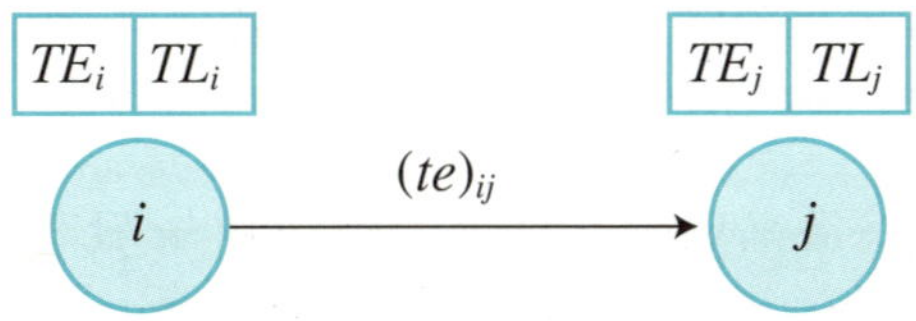

- $(te)_{ij}$=선행단계(i)와 후속단계(j)의 활동(i, j)에 소요되는 시간
- TE_i =단계 i에서 시작할 수 있는 가장 빠른 시간(earliest event time)
- TL_i= 전체 프로젝트의 완료시간을 지연시키지 않는 범위에서 단계 i에서 시작할 수 있는 가장 늦은 시간(latest event time)
- TE_j =단계 j에서 완료 혹은 시작할 수 있는 가장 빠른 시간(earliest event time)
- TL_j =전체 프로젝트의 완료시간을 지연시키지 않는 범위에서 단계 j에서 완료 혹은 시작할 수 있는 가장 늦은 시간(latest event time)

① 가장 빠른 시간(earliest event time : TE_i)의 계산

각 단계에서 가장 빨리 시작될 수 있는 시간으로 선행단계 TE_i에 그 다음의 활동소요시간 te_{ij}를 가산하여 최종단계까지 계산하여 나간다. 따라서 이를 가리켜 전진계산이라 한다.

a) 최초단계의 TE_i는 영(零)이다.

b) 후속단계의 TE_j는 선행단계의 TE_i에 두 단계 사이의 활동 te_{ij}를 더하여 구한다.

c) 합병단계(merge event)는 선행단계의 TE_i에 두 단계 사이의 활동 te_{ij}를 더하여 구한 수치 중 최대치를 사용한다.

② 가장 늦은 시간(latest event time : TL_i)의 계산

예정달성기일(projected completion date : TP)을 지연시키지 않으면서 가장 늦게 활동을 착수할 수 있는 시간으로 TL_i의 계산은 최종완료일로부터 거꾸로 후진하면서, 후속단계 TL_j에서 선행활동의 te_{ij}를 빼서 최초단계까지 거슬러 올라간다. 따라서 이를 가리켜 후진계산이라 한다.

a) 최종단계의 TL_i은 예정달성기일의 지시가 없는 한 최종단계의 TE_i와 동일하다.

b) 선행단계의 TL_i은 후속단계의 TL_j로부터 이들 두 단계 사이의 활동 te_{ij}를 빼서 구한다.

c) 분기단계는 후속단계의 TL_j로부터 이들 두 단계 사이의 활동 te_{ij}를 빼서 구한 수치 중 최소치를 사용한다.

- 명목상의 활동의 경우는 활동시간 $te_{ij} = 0$을 적용한다.

3.1.2 주공정(critical path)의 발견

주공정은 세부공정일정에서 가장 긴 공정을 가진 공정으로 각 단계에서 여유시간($TL_i - TE_i$)이 최소인 활동을 연결하여 구한다. 이들 최소의 여유를 갖고 있는 활동들은 계획일정보다 늦어지면 최종단계의 프로젝트의 일정이 그만큼 지연되므로 이들 주공정을 애로공정이라고도 부른다.

따라서 네트워크상에서 주공정은 굵은선으로 표시하여 중점관리를 한다. 네트워크상에서 주공정은 1개 이상이 존재할 수 있고, 주공정은 도중에 끊어져서는 안 되며 반드시 최초단계와 최종단계에 연결되어야 한다.

예제 12-1

용봉 프로젝트의 수행에 필요한 계획공정도가 [그림 12-3]과 같이 작성되고 활동시간이 추정되었을 때 각 단계의 TE_i과 TL_i, 그리고 프로젝트의 주공정을 구하고자 한다.

그림 12-3 용봉 프로젝트의 계획공정도 (단위 : 일)

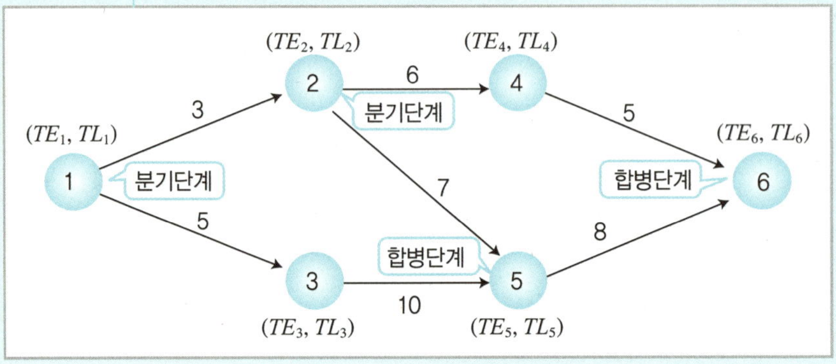

| 풀이 |

1) 가장 빠른 시간(TE_i)의 일정계산

전진계산방식으로 i단계의 가장 빠른 시간 TE_i를 계산한다.

① 최초단계인 1단계의 TE_1은 0이다.($TE_1 = 0$)

② $TE_2 = TE_1 + te_{1,2} = 0 + 3 = 3$

$TE_3 = TE_1 + te_{1,3} = 0 + 5 = 5$

$TE_4 = TE_2 + te_{2,4} = 3 + 6 = 9$

③ 활동이 합병되는 5단계와 6단계의 일정계산은 각 경로(path)별로 선행단계의 TE_i에 활동소요시간 te_{ij}를 더하여 구한 수치 중에서 최대치를 사용한다.

$TE_5 = \mathrm{Max}(TE_2 + te_{2,5}, TE_3 + te_{3,5}) = \mathrm{Max}(3+7, 5+10) = 15$

$TE_6 = \mathrm{Max}(TE_4 + te_{4,6}, TE_5 + te_{5,6}) = \mathrm{Max}(9+5, 15+8) = 23$

2) 가장 늦은 시간(TL_i)의 일정계산

후진계산방식으로 i단계의 가장 늦은 시간 TL_i를 계산한다.

① 최종단계인 단계 6의 TL_6은 예정달성기일의 지시가 없을 때는 최종단계의 TE_6와 동일하다($TL_6 = TE_6 = 23$).

② $TL_4 = TL_6 - te_{4,6} = 23 - 5 = 18$

$TL_5 = TL_6 - te_{5,6} = 23 - 8 = 15$

$TL_3 = TL_5 - te_{3,5} = 15 - 10 = 5$

③ 활동이 분기되는 단계 2와 단계 1의 일정계산은 후속단계의 TL_j로부터 경로별로 활동소요시간 te_{ij}를 빼서 구한 수치 중 최소치를 사용한다.

$TL_2 = \mathrm{Min}(TL_4 - te_{2,4}, TL_5 - te_{2,5}) = \mathrm{Min}(18-6, 15-7) = 8$

$TL_1 = \mathrm{Min}(TL_2 - te_{1,2}, TL_3 - te_{1,3}) = \mathrm{Min}(8-3, 5-5) = 0$

3) 용봉 프로젝트의 주공정의 계산

용봉 프로젝트의 계획공정도에서 각 경로에 대한 일정을 계산하면 [표 12-3]과 같이 된다.

| 표 12-3 | 용봉 프로젝트의 각 경로 일정계산

경로	소요일정계산
A경로 : 1−2−4−6	3+6+5=14일
B경로 : 1−2−5−6	3+7+8=18일
C경로 : 1−3−5−6	5+10+8=23일

[표 12-3]의 일정계산에서 C경로가 가장 긴 23일이고 각 단계의 여유시간이 가장 작

으므로 주공정이 된다. 프로젝트관리에서 주공정은 계획공정도에서 굵은선으로 표시하고 중점관리한다.
이러한 일정계산결과를 가지고 계획공정도를 작성하면 [그림 12-4]와 같다.

그림 12-4 | 완성된 용봉 프로젝트의 계획공정도

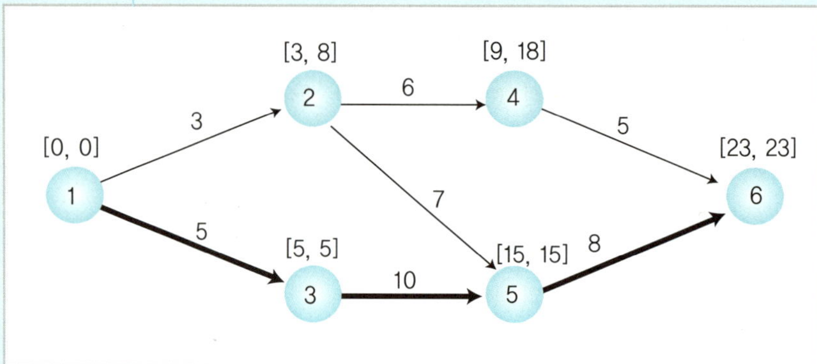

3.2 활동중심의 일정계획

3.2.1 활동중심의 일정계산(AON방식)

활동중심의 일정계산방식에 대해 살펴보면 다음과 같다.

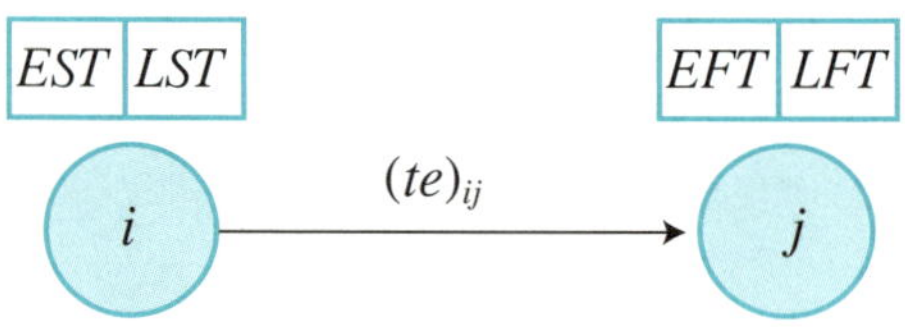

- $(te)_{ij}$ = 선행활동(i)과 후속활동(j)의 활동(i, j)에 소요되는 시간
- EST = 단계 i에서 시작할 수 있는 가장 빠른 시간(earliest start time)
- LST = 전체 프로젝트의 완료시간을 지연시키지 않는 범위에서 단계 i에서 시작할 수 있는 가장 늦은 시간(latest start time)
- EFT = 단계 j에서 완료 할 수 있는 가장 빠른 시간(earliest finish time)

- LFT = 전체 프로젝트의 완료시간을 지연시키지 않는 범위에서 단계 j에서 늦어도 완료해야 될 한계시간 (latest finish time)

① 가장 빠른 개시시간(earliest start time : EST)

어떤 활동이 개시될 수 있는 가장 빠른 시간을 의미하는데, 단계중심의 일정계산에서 TE와 같다. [$EST = TE_i$]

② 가장 늦은 개시시간(latest start time : LST)

어떤 활동이 개시될 수 있는 가장 늦은 시간을 의미하며, 이 시간이 늦게 시작하면 일정에 영향을 주는 한계시간이다. [$LST = LFT - (te)_{ij}$]

③ 가장 빠른 완료시간(earliest finish time : EFT)

가장 빠른 개시시간에 활동을 개시했을 경우 그 활동이 완료될 수 있는 가장 빠른 예정완료시간을 의미한다. [$EFT = EST + (te)_{ij}$]

④ 가장 늦은 완료시간(latest finish time : LFT)

어떤 활동이 늦어도 완료해야 될 한계시간을 의미하며, 단계중심 일정계산에서 후속단계의 TL_j와 같다. [$LFT = TL_j$]

⑤ 활동의 여유시간

- 총여유시간(total float : TF)

  한 활동이 전체 프로젝트의 최종완료일에 영향을 주지 않고 지연될 수 있는 최대시간

  $TF_{ij} = LST - LST = LFT - EFT$

- 자유여유시간(free float : FF)

  일련의 공정에 있어 모든 활동이 가급적 빨리 개시될 때 해당 활동에 대한 이용 가능한 활동 여유시간

  FF = 다음 단계의 $EST - EFT$

- 간섭여유시간(interfering float : IF)

  총 여유시간과 자유여유시간과의 차를 의미하며 자유여유시간을 넘는 간섭여유시간을 사용하면 그만큼 후속활동의 여유시간이 감소된다.

  $IF = TF - FF$

예제 12-2

'토끼와 거북이 경주' 의 이솝우화에서 주력이 뛰어난 토끼가 느림보 거북이에게 패했다는 이야기

그림 12-5 토끼와 거북이 경주

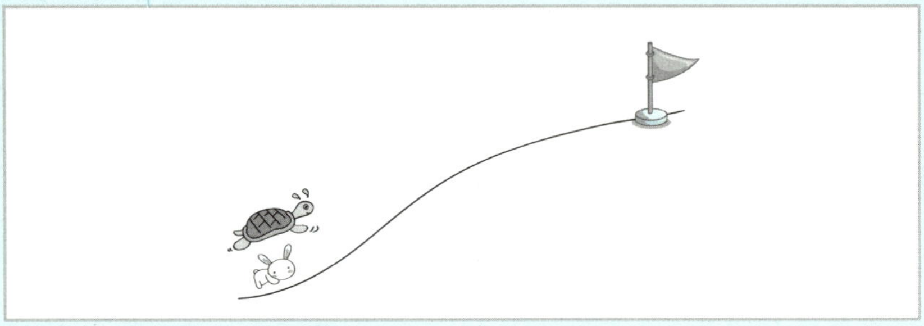

토끼가 낮잠을 자되 최소한 거북과 비길 수 있는 만큼 잘 수 없는가?
가령 목적지까지 뛰는데 거북은 60분, 토끼는 10분 소요된다. 이 경우 토끼가 1시 정각에 출발하면 낮잠 안자고 뛰어서 1시 10분에 도착하고 목적지에서 50분 여유가 생기며, 토끼가 낮잠을 자고 뛴다면 최소한 1시 50분에는 출발해야만 2시에 목적지에 도착할 수 있다.

① 가장 빠른 개시시간(earliest start time : *EST*)은 오후 1시
$EST =$ 1시(경주 시작시간)

② 가장 빠른 완료시간(earliest finish time : *EFT*)은 오후 1시 10분
$EFT = EST + (te)_i =$ 1시 + 10분 = 1시 10분

③ 가장 늦은 개시시간(latest start time : *LST*)은 오후 1시 50분
[$LST = LFT - (te)_{ij} =$ 2시 − 10분 = 1시 50분

④ 가장 늦은 완료시간(latest finish time : *LFT*)은 오후 2시
$LFT =$ 2시(거북이 도착시간)

따라서 토끼가 낮잠을 즐길 수 있는 시간은 50분이다.

그림 12-6 경주의 토끼 일정계산

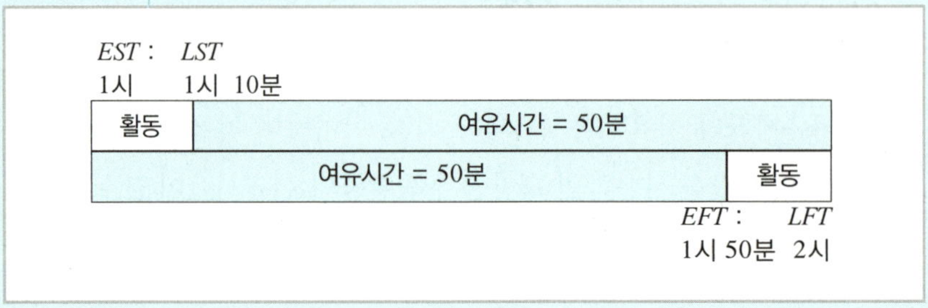

예제 12-3 경주의 토끼 일정계산

[표 12-4]는 용봉기업의 신제품 시생산에 대한 프로젝트 활동표이다. 활동중심의 일정계획을 수립하고자 한다. 네트워크를 그리고 각 활동의 일정계산과 그리고 프로젝트의 주공정을 구하고자 한다.

표 12-4 | 용봉기업 신제품 시생산 프로젝트의 활동표

활동	내용	활동시간(일)	직전 선행활동
A	제품 설계	3	–
B	중간조립품 X제작	3	A
C	중간조립푸 Y제작	5	A
D	중간조립품 X시험	3	B
E	중간조립품 Y시험	2	C
F	최종조립	4	D, E
G	시험작동	1	F

| 풀이 |

① 네트워크

그림 12-7 | 완성된 네트워크

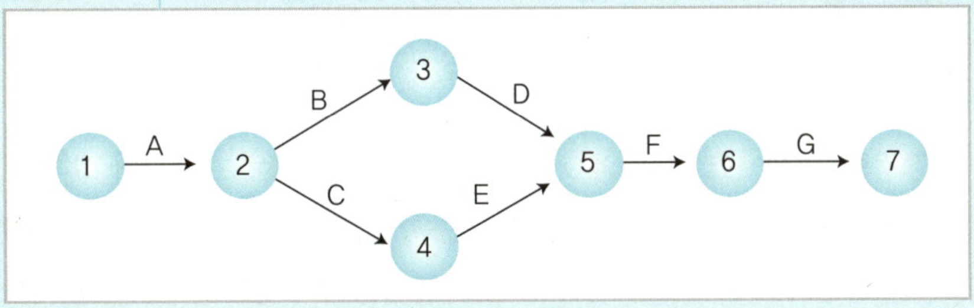

② 활동중심의 일정계산과 여유시간(TF)의 계산

| 표 12-5 | 활동중심 일정계산

활동	활동단계	te(일)	EST	LST	EFT	LFT	TF	주공정
A	1–2	3	0	0	3	3	0	★
B	2–3	3	3	4	6	7	1	
C	2–4	5	3	3	8	8	0	★
D	3–5	3	6	7	9	10	1	
E	4–5	2	8	8	10	10	0	★
F	5–6	4	10	10	14	14	0	★
G	6–7	1	14	14	15	15	0	★

③ 주공정 : A–C–E–F–G (1–2–4–5–6–7)

제 4 절 프로젝트 완료시기의 신뢰성

주공정의 결정, 프로젝트 완료시간은 기대소요시간이 고정되어 있다고 가정하고 계산하였지만 기대소요시간 역시 불확실한 값이며 주공정의 각 활동의 완료시간도 신뢰도가 떨어진다. 프로젝트 전체시간의 불확실성은 프로젝트관리에 많은 어려움을 준다. 시간에 대한 불확실성에 대하여 어느 정도 신뢰할 수 있고 그 신뢰도를 통해 프로젝트 전체의 수정과 계획을 다시 고려해 볼 필요성도 갖게 된다. 그래서 본 절에서는 프로젝트 완료의 기대시간과 분산, 완료시기의 확률에 대해 살펴보고자 한다.

4.1 프로젝트 완료의 기대소요시간과 분산

네트워크가 구성되면 모든 활동을 수행하는 데 소요되는 시간을 추정해야 된다. 추정된 활동시간은 프로젝트의 완료시간을 추정하는 데 도움이 될 뿐만 아니라 특정 활동의 일정계획을 수립하는 데도 도움을 준다. 추정된 활동시간을 활용하여 프로젝트 완료의 총기대소요시간과 분산을 구하면 프로젝트 완료의 확률분포를 구할 수 있다.

프로젝트 완료의 총기대소요시간(TE)는 주공정상의 각 활동의 기대소요시간(te)의 합이 되며, 분산은 주공정상의 분산(σ^2)을 합하여 구하면 된다.

- 프로젝트 완료의 총기대소요시간 $(TE) = \Sigma(te)_{ij}$,
- 프로젝트 완료시간의 분산($\Sigma\sigma^2 cp = \sigma^1 + \sigma^2 + \cdots + \sigma^n$) = (여기서 1, 2, …, n은 주공정활동)

제2절에서 예를 들던 용봉기업의 사무실 이전 프로젝트에 대한 완료의 총기대소요시간(TE)을 다음과 같이 구할 수 있다.

총기대소요시간은 주공정상의 기대소요시간의 합이므로 총기대소요시간 (TE) = 10+14+10+14+2+7 = 57(일)이며, 프로젝트 완료일은 57일 정도이다.

그리고 프로젝트의 완료시간에 대한 분산($\Sigma\sigma^2 cp$)은 주공정상의 분산(σ^2)의 합이므로 주공정상의 분산의 합($\Sigma\sigma^2 cp$) = 4+2.8+1+9+0+0.4 = 17.2이다. 그래서 주공정상의 표준편차(σ) = $\sqrt{17.2}$ = 4.15이다.

위와 같은 기대소요시간과 표준편차를 계산하기위해서는 주공정에 포함된 모든 활동이 서로 독립적이라는 가정에 의해서만 가능하다. 여기서 독립적이라는 의미는 한 활동의 수행시간이 다른 활동의 수행시간에 의존하지 않을 때 독립적이라고 판단한다.

프로젝트 완료시간의 확률분포를 구하기 위해 주공정상의 활동들의 수행시간이 프로젝트의 완료시간을 결정한다고 가정할 때 활동수행시간이 서로 독립적이므로, 독립적인 동일한 확률변수의 합은 확률변수의 수가 증가함에 따라 정규분포로 근사한다는 중심극한정리를 이용할 수 있다.

따라서 용봉기업 프로젝트에 있어 완료시간의 분포는 [그림 12-8]에서와 같이 평균 57일, 표준편차 4.15일의 분포임을 알 수 있다.

그림 12-8 용봉기업 프로젝트의 분포

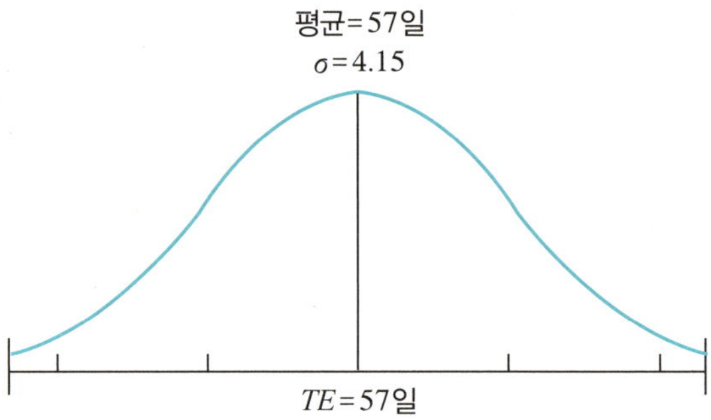

4.2 프로젝트의 완료기대확률

주공정의 총기대소요시간과 분산이 결정되면 주어진 프로젝트를 일정한 시간 내에 끝낼 기대확률을 구할 수 있다.

프로젝트의 최종완료일에 대한 예정완료시간(TP)가 주어졌다면 그 시간 내에 완료할 수 있는 기대확률은 다음 식에 의해 표준화 값을 구한 후 표준정규분포표에서 확률을 구하면 된다.

$$Z = \frac{TP - TE}{\sqrt{\Sigma\sigma^2 cp}}$$

여기서, Z : 표준정규분포의 표준화 값
TP : 프로젝트 특정완료시간
TE : 주공정의 총기대소요시간
$\Sigma\sigma^2 cp$: 주공정활동의 분산 합

미국 IBM에서는 완료기대 확률이 구해지면 다음 기준에 따라서 프로젝트

의 재수립을 검토하고 있다.

a) $P < 0.3$: 중대한 위험을 초래할 우려가 있으므로 근본적으로 계획을 재수립할 필요가 있다.

b) $0.3 \leqq P \leqq 0.4$: 지연의 영향이 크지 않는 사업을 제외하고는 재고할 필요가 있다.

c) $0.4 < P \leqq 0.65$: 합리적이므로 계획공정도 그대로 작업을 진행시킨다.

d) $P > 0.65$: 자원의 여유가 너무 많은 것을 의미하며 계획을 재수립할 필요가 있다.

예제 12-4

용봉기업 프로젝트의 완료일 57일이 늦어도 특정완료일 60일까지 완료할 수 있는 기대확률을 구해보자.
평균이 57일이고 표준편차가 4.15인 정규분포에서 프로젝트의 특정완료일 60일보다 작거나 같을 경우의 확률을 구하면 된다.

$$Z = \frac{(60 - 57)}{4.15} = 0.72$$

표준정규분포표에서 $P(Z \leqq 0.72)$을 구하면 $P = 0.764$
주공정을 60일 이내로 끝낼 수 있는 완료기대확률은 76.4%이다. 이를 그림으로 나타내면 [그림 12-9]와 같다.
기대확률이 0.76이므로 IBM기준에 의하면 자원의 여유가 너무 많으므로 이 프로젝트의 계획을 재수립할 필요가 있다.

그림 12-9 | 주공정 60일까지 완료기대확률

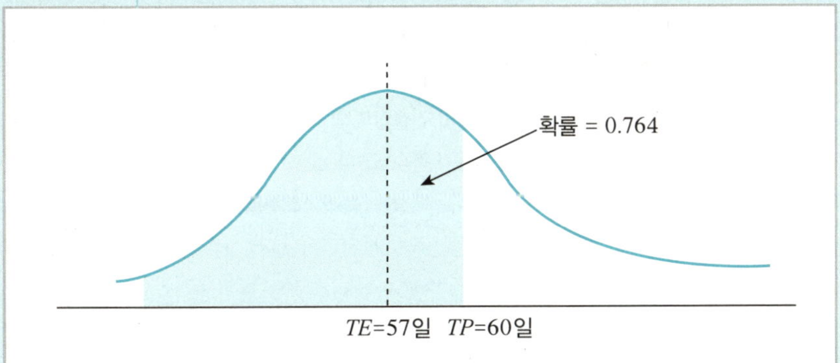

사 례 PERT/CPM 기법 등으로 인한 공기단축 및 공사원가 절감(현대건설의 이라크 철도공사)

1980년대에 이라크의 북부지방을 동서로 관통시키는 K-B-H 철도공사(Kirkuk-Baiji-Hadidha RAILWAY)는 공사기간 7년, 공사금액이 미화 10억불(철도차량 공급제외), 철도 구간 길이 272km, 최고설계속도 250km/hr로서 당시만 해도 세계최대 고속철도공사였으며 우리의 경부고속철도공사에 버금가는 대형 종합 프로젝트였다. 이 공사의 발주처는 이라크 신철도 공단(NRIA)이었으며, 설계회사는 독일 DEC사가 맡고, 건설 및 유지관리는 현대콘소시엄이 건설사업관리(CM)를 담당하였다.

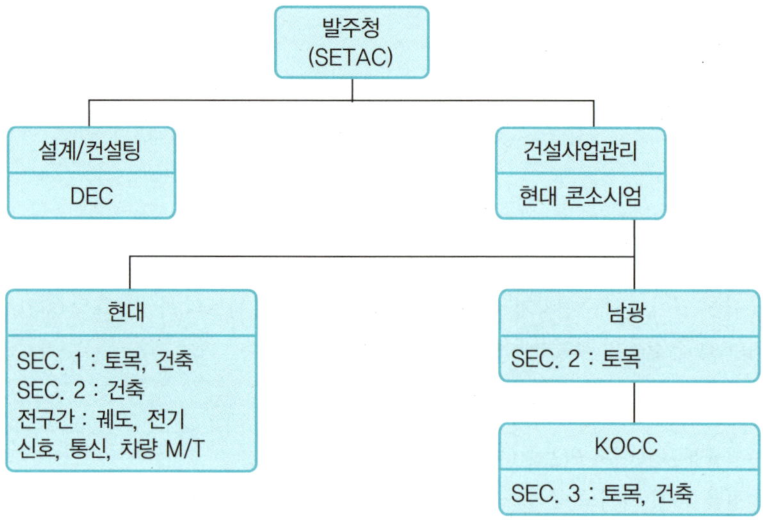

이 사업의 건설기간이 사업규모에 비해서 충분하지 못하였기 때문에 건설초기부터 설계-입찰-시공으로 이루어지는 순차적 작업을 겹침(overlap)으로써 프로젝트 일정을 단축시키는 기법인 FAST TRACK 기법을 적용, 설계에서부터 시공-시운전-유지관리 공사 전 과정에 걸쳐 PERT/CPM 기법과 TIME DISTANCE기법을 최대한 연계하여 자원투입의 최적화(JIT), 공법 및 기술개발을 통한 고품질 확보, 공기단축 등으로 인한 공사원가를 절감하였다. 이라크정부 역시 고속철도망 구축에 있어서 세계 강대국대열에 진입하겠다는 야심찬 계획에 의거하여 정책사업으로 추진하였고 또한 현대콘소시엄도 이에 부응하여 과감히 특수공법을 개발, 현장에 적용함으로써 기술의 선진화를 이룩하였고, 이를 기반으로 우리 건설업체 역시 세계에서 몇 안 되는 고속철도관련 기술보유회사가 되었고 많은 기술적인 노하우가 축적되었다.

출처 : 윤재호, 건설사업관리자의 업무, 현대건설(1996).

연 습 문 제

1. 네트워크를 구성하는 두가지 방식에 대해 설명하시오.

2. 용봉 프로젝트의 수행에 필요한 각 활동의 추정시간이 다음과 같을 때 각 단계의 TE_i과 TL_i을 계산하여 그림을 완성하고, 그리고 프로젝트의 주공정을 구해 굵은선으로 표시하시오.

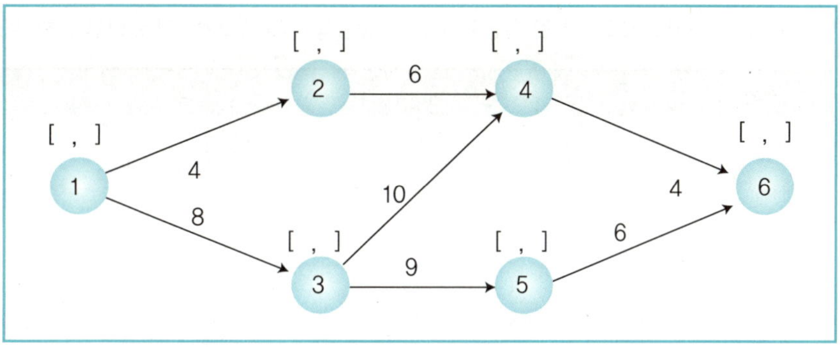

3. 어떤 프로젝트에 대해 다음과 같은 자료가 주어졌다.

활동	선행활동	활동시간(일)
A	-	3
B	-	4
C	-	5
D	-	4
E	A	7
F	B, C, D	2
G	E, F	4
H	F	6
I	E, G	4
J	G	3
K	H	3

AON방식의 네트워크를 그려보고 이 프로젝트의 주공정을 구하시오.

4. 용봉 프로젝트 네트워크의 일정과 분산이다. ( )안은 기대소요일자이다.

① 주공정을 구하고 완료가능 일자를 구하시오.

② 예정달성기일 30일을 앞당길 경우 완료기대확률을 구하시오.

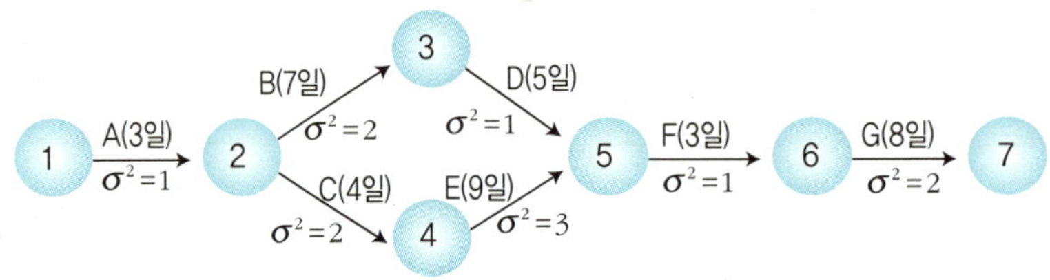

5. 용봉기업의 Y프로젝트의 시간 추정치이다. 각 활동의 기대 소요시간과 분산을 구하시오.

활동	낙관추정	정상추정	비관추정
1	3	5	7
2	3	4	5
3	5	8	12
4	3	5	10
5	4	6	11
6	3	5	7
7	2	3	4
8	5	6	7
9	6	8	9

CHAPTER 13

재고관리

재고란 유휴상태의 모든 자원을 말한다. 전체 자산 중에서 재고자산이 차지하는 비중은 업종에 따라 다양할 수 있으나 제조업의 경우 10~25% 정도의 재고자산을 보유하고 있으며, 이러한 재고자산을 유지하고 관리하는 데 소요되는 비용이 상당부분을 차지한다.

따라서 재고관리는 생산운영관리의 중요한 기능 중의 하나로 간주되고 있으며, 생산운영관리자들은 소비자들의 수요를 충족시키고 기업의 생산성을 높이기 위해서 충분한 재고수준을 유지해야 하는 한편, 가능한 한 최소의 재고비용을 유도해야 한다. 이와 같이 서로 상충되는 두 측면을 고려하여 가장 적정한 재고수준을 얼마나 보유하는 것이 기업의 경쟁력을 높일 수 있을 것인가가 재고관리의 주요 과제이다.

이를 위해 본 장에서는 재고관리의 기본적인 개념과 재고관리의 기본모형인 확정적 재고모형, 확률적 재고모형, 단일기간 재고모형과 재고자산의 차별적 관리방식 등에 관해 살펴본다.

제 1 절 재고관리의 의의

재고란 유휴상태의 모든 자원을 의미하며, 대부분의 기업에서는 이러한 재고자산을 유지하고 관리하는 데 소요되는 비용이 상당부분을 차지하고 있다. 생산운영관리자들은 소비자들의 수요를 충족시키고 기업의 생산성을 높이기 위해서 충분한 재고수준을 유지해야 하는 한편, 가능한 한 최소의 재고비용을 유도해야 한다. 이와 같이 서로 상충되는 두 측면을 고려하여 가장 적정한 재고수준을 얼마나 보유하는 것이 기업의 경쟁력을 높일 수 있을 것인가가 재고관리의 주요 과제이다.

본 절에서는 재고의 유형 및 목적, 재고관련 비용분석, 재고관리의 의의와 기본모형 등에 관해 살펴본다.

1.1 재고의 개념

재고(inventory)란 미래에 생산 · 판매 또는 사용을 위해서 기업이 보유하고 있는 유휴상태의 모든 자원(idle resources)으로 정의될 수 있다. 이러한 재고자산의 종류로는 원재료, 부분품, 공정품, 반제품, 완제품, 소모품 등의 물적 자원뿐만 아니라 인적자원, 자본, 에너지 등도 포함된다.

① 원자재 및 구매부품(raw materials)

생산활동에 사용하기 위하여 외부로부터 구매하는 자재, 부품 등 모든 품목들이다.

② 구성품(components)

최종조립을 기다리고 있는 반조립품 또는 부품군을 말한다.

③ 재공품(work-in-process)

생산활동 사이에 또는 공정의 여러 단계에서 생산현장에 놓여 있는 반제품, 반조립품 등 모든 자재들을 말한다.

④ 완제품(finished goods)

유통되기 위하여 또는 고객들의 구매를 기다리는 최종제품을 말한다.

⑤ 필요물자(supplies)

생산활동이나 사무기능을 지원하는 데 사용되는 모든 품목들을 말한다. 예를 들면, 연장, 천공기, 사무실 집기 등이다.

1.2 재고의 유형 및 목적

재고는 기능과 수요의 특성에 따라 다음과 같이 분류할 수 있다.

1.2.1 기능에 따른 분류

재고는 기능에 따라 다음과 같이 분류할 수 있다.

① 안전재고(safety stock) 또는 완충재고(buffer stock)

원자재, 재공품 및 완제품 등의 재고는 미래의 불확실성에 대비해 보호역할을 수행한다. 운송의 지연이나 생산 중단 또는 예기치 못한 고객수요의 증가 등에 대비하여 보유하고 있는 재고를 안전재고 또는 완충재고라고 한다.

② 재공품재고(work-in-process stock)

생산율을 동일하게 맞춰 나갈 수 없는 공정이나 작업들 사이에 필요한 재고이다. 재공품 재고가 없으면, 한 공정에 이상이 발생했을 때 후속공정에 영향을 미치게 되어 생산공정 전체가 중단되는 사태가 발생한다. 재공품 재고는 이러한 도미노 현상을 방지하고 각 공정이 계획에 따라 운영될 수 있게 한다.

③ 예상재고(anticipation stock)

예상재고를 비축함으로써 생산수요를 평활화할 수 있다. 특히, 계절변동을 나타내는 제품인 경우에 성수기의 수요에 대비해 비수기 동안에 생산하여 재고를 비축하는 경우가 이에 해당된다. 예상재고는 미리 장래에 대비하는 예비재고이다.

④ 운송중재고(pipeline stock)

주문은 이루어졌지만 아직 납품이 이루어지지 않고 운송 중에 있는 재고를 말한다. 대부분의 수입자재는 상당한 조달기간을 필요로 하며, 수송 중에 있지만 대금을 이미 지불했기 때문에 재고자산으로 취급한다. 운송 중 재고는 공급지와 수요지가 떨어져 있기 때문에 나타날 수 있는 재고로, 운송거리가 짧을수록 운송속도가 빠를수록 줄어들 수 있다.

1.2.2 수요의 특성에 따른 분류

재고품목에 대한 수요는 수요의 특성에 따라 독립수요와 종속수요로 분류할 수 있다. 독립수요(independent demand)란 대부분의 완제품 또는 수리 부분품 등에 대한 수요와 같이 외부의 시장상황에 따라 결정되는 수요를 말한다. 따라서 독립수요품목에 대한 수요는 정성적이거나 정량적인 수요예측이 필요하다.

종속수요(dependent demand)란 최종제품의 생산에 소요되는 각종 원자재, 부품, 구성품 등과 같이 모품목(parent item)의 수요에 종속되어 있는 품목의 수요를 말한다. 종속수요품목에 대한 수요는 모품목의 생산계획에 따라 결정된다.

예를 들어, 컴퓨터라는 최종제품에 대한 수요는 시장의 수요상황에 따라 결정되어지는 독립수요품목이며, 컴퓨터 생산에 소요되는 메인보드(main board), 하드디스크(hard disk), 모니터, 키보드, 마우스 등과 같은 각종 부품 및 구성품에 대한 수요는 컴퓨터의 수요에 의해 결정되어지는 종속수요품목이 된다. 종속수요품목에 대한 수요의 시기 및 수요량에 대한 예측은 모품목인 컴퓨터의 생산계획에 의해 결정된다.

이와 같은 관리대상품목의 수요가 독립적인가, 종속적인가에 따라서 재고관리의 방법이 달라진다. 본 장에서는 독립수요품목의 재고관리를 살펴보고, 종속수요품목의 재고관리는 제14장 전사적 자원관리에서 다루기로 한다.

1.2.3 재고의 목적

재고를 유지하고 관리하는 데는 많은 비용이 소요됨에도 불구하고 기업이 일정수준의 재고를 보유하는 목적은 다음과 같다.

① 생산활동의 독립성 유지

원자재가 부족하면 생산활동은 제약을 받게 되며, 생산된 완제품에 대한 재고가 부족하면 외부의 수요변화에 적절하게 대응할 수 없게 된다. 생산활동의 독립성을 유지하기 위하여 적절한 양의 재고가 필요하다.

② 수요변화에 대한 대응

제품에 대한 수요를 정확히 예측할 수 있다면 재고를 보유할 필요가 없겠지만 일반적으로 수요는 확실하게 알려져 있지 않으며 이러한 수요변동을 흡수하기 위해서 안전재고나 완충재고가 필요하다.

③ 생산일정의 탄력성 유지

적절한 재고수준을 유지함으로써 생산일정을 탄력적으로 운영할 수 있다. 보다 긴 조달기간(lead time)을 가질 수 있어 생산계획이 원활해질 수 있으며, 더욱 경제적인 로트의 생산을 통해 단위당 비용을 줄일 수 있다.

④ 조달기간의 변화에 대한 대응

제품이나 원자재의 조달기간은 여러 가지 이유로 지연될 수 있으므로 이에 대비하여 안전재고를 유지하는 것이 필요하다.

⑤ 경제적 주문량에 의한 이익증가

재고품목의 주문비용에는 고정비의 성격을 가지는 여러 가지 비용이 발생한다. 경제적 주문량은 재고와 관련된 비용을 감소시킬 수 있고 수량할인이나 수송비의 절감을 통해 이익을 증가시킬 수 있다. 경제적 주문량에 대해서는 본장 2.1에서 상세히 설명하기로 한다.

재고는 위와 같은 여러 가지 목적을 달성하기 위해 보유하지만 재고의 보유는 비용을 발생시키기 때문에 재고와 관련된 총비용을 최소로 하는 적정재고수준을 결정하는 것이 재고관리의 기본과제이다.

1.3 재고비용 분석

전통적인 재고이론에서는 수리적인 모형을 사용하여 재고관련 총비용을 최소화하는 최적주문량 또는 최적생산량을 결정한다. 재고의사결정과 관련된 비용에는 주문비용(작업준비비용), 재고유지비용 및 재고부족비용 등이 있다.

1.3.1 주문비용 또는 작업준비비용

주문비용(ordering cost)이란 재고품목을 외부에서 구입할 때 소요되는 여러 가지 경비와 관리비를 말하며, 주문량의 크기와는 관계가 없는 고정비의 성격을 지닌다. 주문비용으로는 사무처리비용, 통신비용(전화, 우편 등), 거래처 및 가격조사비용, 입고품의 검사비용, 입고비용 등을 들 수 있다.

한편 재고품목을 외부에서 구매하지 않고 기업 내에서 생산하여 사용하는 경우에는 주문비용은 발생하지 않고, 생산공장에서 생산하기 위한 준비가 필요하게 되는데 이때 소요되는 비용을 작업준비비용 또는 작업변경비용(changeover cost)이라 한다. 이러한 작업준비비용은 생산라인의 정리, 공구의 교체와 원료의 준비, 작업원의 재배치 등에 소요되는 비용을 의미하며 비용의 특성상 주문비용과 같다고 볼 수 있다.

이상에서 설명한 주문비용과 작업준비비용은 주문량이나 생산량의 크기에 관계없이 일정하게 발생하는 고정비로 취급된다.

1.3.2 재고유지비용

재고유지비용(inventory holding cost)은 재고품목을 보관하고 유지하는 데 소요되는 비용으로 재고에 묶인 자본의 기회비용, 저장시설에 대한 비용, 취급비용, 보험료, 도난, 파손, 진부화에 의한 비용, 감가상각비, 세금 등이 포함된다. 재고유지비용은 일반적으로 재고품목 한 단위를 일정기간 동안 유지하는 데 드는 비용으로 표시되거나 또는 재고품목 한 단위의 구입가격에 대한 백분율(%)로 표시되며 재고량의 증가에 따라 비례적으로 변동하는 비용이라 볼 수 있다.

1.3.3 재고부족비용

재고부족비용(inventory shortage cost)은 재고가 부족하여 발생하는 비용을 의미하며, 재고부족이 발생될 경우, 사후에 재고가 보충되어 수요가 충족되는가 또는 취소되는가에 따라 주문적체비용(back order cost)과 고객상실비용(stock-out cost)으로 분류된다. 주문적체에 의해 수요가 충족되었을 경우에는 제품인도의 지연으로 인한 벌과금, 생산독촉비용, 신용상실 등의 비용이 발생하게 되며, 이러한 비용을 주문적체비용 또는 미납품재고비용이라고 한다.

한편 재고부족으로 수요가 취소되면 고객상실비용이 발생한다. 고객상실비용은 수요를 충족시킬 때 얻을 수 있는 이익의 상실, 신용의 상실 등으로 인한 모든 기회비용을 포함한다. 이와 같은 재고부족비용은 객관적으로 측정하기가 어렵기 때문에 관리자의 주관적인 경험이나 추정에 의해 평가되는 것이 일반적이다.

1.4 재고관리의 의의와 모형

1.4.1 재고관리의 의의

대부분의 기업에서 막대한 재고비용을 지출하면서도 상당한 양의 재고자산을 보유하고 있는 이유는 필요한 시기에 필요한 수량을 필요로 하는 곳에 조달하기 위함이다. 즉 재고는 고객의 수요를 만족시키기 위해서 필요하지만, 한편으로는 이들 재고를 유지하는 데 비용이 수반된다.

따라서 재고관리의 기본 목적은 적시 적량의 재고로 고객에 대한 서비스 수준을 최대로 하며, 이에 따르는 제 비용을 최소로 하는 것이다. 이와 같이 효과적인 재고관리는 기업의 성공에 필수적인 요소가 된다.

1.4.2 고정주문량모형

고정주문량모형(fixed-order quantity model)은 재고가 일정수준(재주문점, reorder point : *R*)에 이르면 고정량을 주문하는 모형이다. 재주문점에 도달하는 시기는 재고품목의 수요에 따라 달라지므로 고정주문량시스템에서는 주문 간격이 일정하지 않다. 그리고 재고수준이 재주문점 *R*에 도달하였는지를 알기 위해서는 계속적으로 재고수준을 검토해 보아야 하므로 고정주문량모형은 계속실사시스템(continuous review system)이라고도 불린다. 또한 고정주문량모형에서는 주문간격은 일정하지 않지만 주문량이 매번 일정하기 때문에 고정주문량 *Q*와 연관지어 *Q*시스템이라고도 한다.

1.4.3 고정주문기간모형

고정주문기간모형(fixed-order period model)은 일정한 시점이 되면 정기적으로 적당한 양을 주문하는 방식이다. 고정주문기간모형에서는 주문시점마다 필요한 양을 주문하는데, 보통은 목표재고수준(target inventory level) 또는 재고보충수준을 미리 정해놓고 주문시점의 재고수준과 목표재고수준과의 차이만큼 주문하게 된다. 따라서 수요변화에 따라 주문량은 매번 달라진다. 고정주문기간모형에서는 계속적으로 재고수준을 검토할 필요가 없으며, 매 주문시점마다 주문량을 결정하기 위하여 정기적으로 재고수준을 검토한다. 이와 같은 특성 때문에 고정주문기간모형은 정기실사시스템(periodic review system)이라고 불리며, 또한 주문기간과 주문간격이 매번 일정하다고 해서 주문간격 P와 연관지어 P시스템이라고 한다.

1.4.4 확정적 모형과 확률적 모형

재고는 미래의 수요를 만족시키기 위해서 유지되므로 수요의 특성을 예측해야 한다. 만일 어떤 제품에 대한 연간 수요량이 확정적으로 알려져 있다면 이는 확정적 수요라 할 수 있다. 그러나 수요량이 일정하지 않고 각 수요량이 발생할 확률을 알 수 있다면 이는 확률적 수요라 한다. 조달기간도 확실하게 알려져 있으면 확정적 조달기간이라 하고 확률분포로 나타나면 확률적 조달기간이라고 한다. 재고관리모형은 수요와 조달기간이 확정적인가 또는 확률적인가에 따라서 확정적 모형과 확률적 모형으로 구분된다.

제 2 절 확정적 재고모형

확정적 재고모형은 수요와 조달기간이 확정적인 재고모형이다. 본 절에서는 고정주문량모형의 대표적 모형인 경제적 주문량모형과 이의 변형인 경제적 생산량모형에 관해 살펴본다.

2.1 경제적 주문량모형

경제적 주문량(economic order quantity : EOQ)모형은 흔히 EOQ모형이라고 하며 재고모형 중 가장 기본적인 모형이다. 이 모형은 연간 재고유지비용과 주문비용의 합을 최소화하는 1회 주문량을 구하는 모형으로 이때의 주문량의 크기를 경제적 로트크기(economic lot size)라고 한다. 이 모형에서는 수량할인은 없다고 가정하므로 품목의 단위당 원가는 주문의 크기에 영향을 받지 않는다. EOQ모형은 다음과 같은 몇 가지의 가정을 전제로 한다.

2.1.1 모형의 기본가정

- 수요와 조달기간은 알려져 있고 일정하게 발생한다.
- 제품의 단위당 가격은 일정하다.
- 주문비용 또는 생산준비비용은 고정비로서 일정하다.
- 주문량은 조달기간이 지나면 일시에 전량이 들어온다.
- 모든 수요는 재고부족 없이 충족된다.

그림 13-1 | 경제적 주문량모형

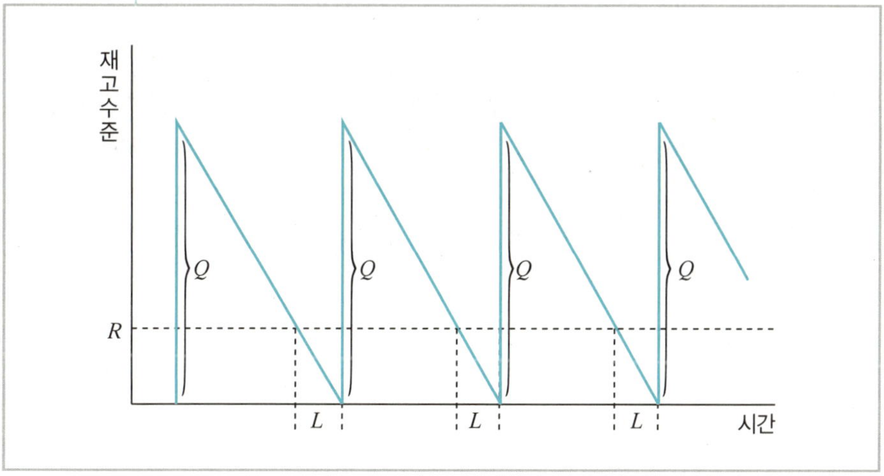

재고주기는 주문량(Q)이 입고된 날부터 시작되고 재고수준은 시간이 지남에 따라 일정률로 감소한다. 재고수준이 계속 감소하여 재주문점 R에 도달하게 되면 공급업자에게 Q단위의 주문을 한다. 수요와 조달기간이 변하지 않는다고 가정하기 때문에 주문품은 재고수준이 0이 되는 순간에 정확하게 도착한다. [그림 13-1]은 이와 같은 경제적 주문량모형을 보여주고 있다.

2.1.2 경제적 주문량의 도출

최적주문량은 재고유지비용과 주문비용 간의 상충관계를 고려하여 구할 수 있다. 주문량이 적으면 평균재고수준은 적어지고, 결과적으로 재고유지비용이 적어지지만 주문의 빈도는 많아지게 되어 연간 주문비용은 높아진다. 반대의 경우에는 많은 양을 주문하는 대신에 주문의 빈도가 적어지게 되어 연간 주문비용은 낮아지지만 높은 평균재고수준으로 인해 재고유지비용은 상승한다. 그러므로 최적주문량은 재고유지비용과 주문비용의 합을 최소로 하는 주문량이다.

연간 재고유지비용은 연간 단위당 재고유지비용에 평균재고를 곱해서 계산하며 평균재고는 주문량의 반이다. 이는 재고수준이 Q에서 0까지 일정하게 감소할 경우에 평균재고는 $(Q + 0)/2$, 즉 $Q/2$가 되기 때문이다. 따라서 연간 단위당 재고유지비용을 H라고 하면, 연간 총재고유지비용은 다음과 같다.

$$\text{연간 총재고유지비용} = \frac{Q}{2} \times H$$

여기에서 재고유지비용은 Q의 선형함수이므로 주문량의 변화에 비례하여 증가하거나 감소한다([그림 13-2] 참조).

한편 D를 연간 수요량, 주문비용을 S, 1회 주문량을 Q라 하면 연간 주문횟수는 D/Q가 되며 연간 주문비용은 다음과 같이 계산된다.

연간 주문비용 = 연간 주문횟수 × 주문비용

$$= \frac{D}{Q} \times S$$

그림 13-2 | 재고비용과 주문량과의 관계

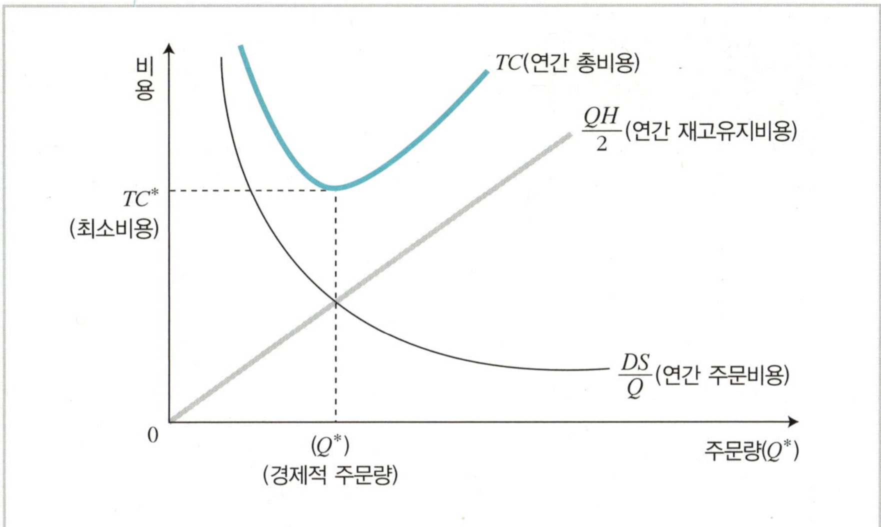

참고로, 연간 주문비용은 1회 주문량과 반비례 관계에 있음을 알 수 있다.

결과적으로 연간 총재고비용은 다음과 같이 연간 재고유지비용과 연간 주문비용의 합으로 나타낼 수 있다.

연간 총재고비용 = 연간 재고유지비용 + 연간 주문비용

$$TC = \frac{Q}{2} \times H + \frac{D}{Q} \times S$$

여기서, TC : 총비용

D : 수요량(일반적으로 연간 단위량으로 표시)

Q : 주문량

S : 주문비용/주문

H : 연간 재고유지비용/단위

[그림 13-2]에 나타난 바와 같이 총비용곡선의 최소점을 나타내는 Q^*, 즉 경제적 주문량은 총비용 TC를 Q에 관해 미분한 다음 이를 0으로 놓고 Q에 관해 풀면 된다.

즉,

$$\frac{dTC}{dQ} = \frac{H}{2} - \frac{DS}{Q^2} = 0$$

$$\Rightarrow \frac{H}{2} = \frac{DS}{Q^2}$$

$$\Rightarrow Q^2H = 2DS$$

$$\Rightarrow Q^2 = \frac{2DS}{H}$$

$$\therefore Q^* = \sqrt{\frac{2DS}{H}}$$

이다. 따라서 연간 수요량, 1회 주문비용, 연간 단위당 재고유지비용이 주어지면 경제적 주문량을 구할 수 있다.

한편 연간 최적주문횟수(N^*)와 최적주문주기(T^*)는 다음과 같다.

$$N^* = \frac{D}{Q^*} = \sqrt{\frac{DH}{2S}}$$

$$T^* = \frac{1}{N^*} = \frac{Q^*}{D} = \sqrt{\frac{2S}{DH}}$$

또한 재주문점(R)은 조달기간 동안의 수요량에 해당하므로

d = 일간 수요

L = 조달기간(일)

으로 나타내면 R은 다음과 같다.

$R = d \cdot L$

예제 13-1

어느 타이어회사의 지역 판매점은 타이어의 연간 수요가 약 9,600개 정도가 될 것이라고 예상하고 있다. 이 타이어의 연간 재고유지비용은 단위당 16,000원이고 주문비용은 75,000원이다. 이 판매점은 1년에 288일 영업한다. 이 판매점의 경제적 주문량과 연간 최소비용 및 최적주문횟수, 주문 사이의 주기를 구하시오.

| 풀이 |

(1) 경제적 주문량

$$Q^* = \sqrt{\frac{2DS}{H}} = \sqrt{\frac{2(9,600)(75,000)}{16,000}} = \sqrt{90,000} = 300\text{개}$$

(2) 연간 최소비용

$$TC^* = \frac{Q^*}{2} \times H + \frac{D}{Q^*} \times S$$

$$= \frac{300}{2} \times 16,000 + \frac{9,600}{300} \times 75,000 = 4,800,000\text{원}$$

(3) 최적주문횟수

$$N^* = \frac{D}{Q^*} = \frac{9,600}{300} = 32\text{회/년}$$

(4) 최적주문주기

$$T^* = \frac{1}{N^*} = \frac{1}{32}\text{년} = \frac{1}{32}\text{년} \times 288\text{일} = 9\text{일}$$

2.2 경제적 생산량모형

EOQ모형에서는 주문량이 일시에 전량이 들어오는 것을 전제로 하였다. 그러나 기업이 자체 공장에서 어떤 품목을 생산하여 사용하는 경우에는 1회 생산량 전부가 일시에 생산되는 것이 아니라 어떤 생산기간 동안 일정한 생산율로 생산되어 나온다. 한편 수요는 계속적으로 발생하므로 생산기간 동안은 생산과 수요가 동시에 일어난다. 이와 같은 상황에서 1회 생산량 또는 1회 주문량을 결정하는 모형을 경제적 생산량(economic production quantity : EPQ)모형이라고 한다.

EPQ모형에서는 경제적 생산량을 결정하기 위해 고전적인 EOQ모형에 두 개의 변수를 더 추가한다. p를 1일 생산율, d를 1일 수요율이라고 가정해 보자. 또한 고전적인 EOQ모형에서와 같이 Q를 1회 생산량, H를 연간 단위당 재고유지비용이라고 가정해 보자. 경제적 생산량모형에서는 재고주기가 두 단계로 구성되어 있다. 첫째 단계인 생산기간 동안에는 매일 p의 비율로 생산되어 나오고 d의 비율로 소비되어지므로 생산율과 소비율의 차이인 $(p-d)$가 재고로 남게 된다. 둘째 단계인 비생산기간 동안에는 생산활동은 이루어지지 않고 소비활동만 매일 d의 비율로 일어나 재고를 소진시킨다.

[그림 13-3]은 이와 같은 재고 유형을 가진 경제적 생산량모형을 보여주고 있다.

그림 13-3 경제적 생산량모형

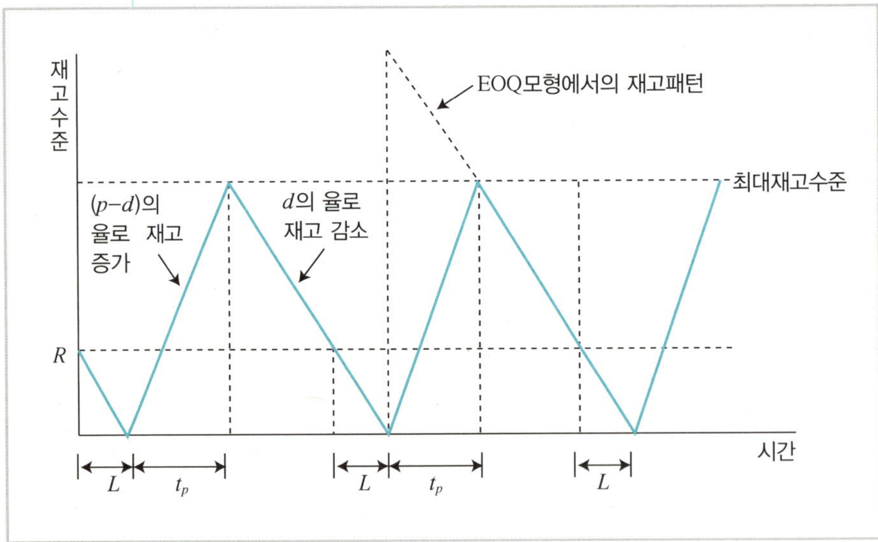

EPQ모형에서 연간 총비용은 다음과 같다.

연간 총비용 = 연간 생산준비비용 + 연간 재고유지비용

연간 생산준비횟수는 $\frac{D}{Q}$이고 1회 생산준비비용은 S이므로 연간 생산준비비용은 다음과 같다

$$\text{연간 생산준비비용} = \frac{D}{Q} \cdot S$$

한편, 연간 재고유지비용은 연간 재고로 유지하는 양, 즉 평균재고에 연간 단위당 재고유지비용을 곱한 값이다. 먼저 평균재고를 구해 보자.

생산기간 tp는 1회 생산량 Q를 p의 비율로 생산하는 기간이므로 $tp = \frac{Q}{p}$가 된다.

생산기간 동안 재고는 $(p-d)$의 비율로 증가하므로 최대재고수준은 다음과 같다.

$$\begin{aligned}\text{최대재고수준} &= (p-d)tp \\ &= (p-d)\frac{Q}{p}\end{aligned}$$

평균재고수준은 최대재고수준의 1/2이므로 다음과 같다.

$$\text{평균재고수준} = \frac{(p-d)Q}{2p}$$

따라서 연간 재고유지비용은 다음과 같다.

$$\text{연간 재고유지비용} = \frac{(p-d)QH}{2p}$$

그러므로 연간 총비용 TC는 다음과 같이 표현된다.

$$TC = \frac{DS}{Q} + \frac{(p-d)QH}{2p} \tag{13.1}$$

경제적 생산량 Q^*를 구하는 방법은 EOQ모형에서와 같이 총비용 TC를 Q에 관해 미분한 다음 이를 0으로 놓고 Q에 대해 풀면 된다.

$$\frac{dTC}{dQ} = -\frac{DS}{Q^2} + \frac{(p-d)H}{2p} = 0$$

$$\Rightarrow Q^2 = \frac{2pDS}{(p-d)H}$$

$$\therefore Q^* = \sqrt{\frac{2DS}{H}\left(\frac{p}{p-d}\right)} \qquad (13.2)$$

한편 연간 총비용의 최소값 TC^*는 식 (13.1)에 Q^*의 값을 대입하여 다음과 같이 구할 수 있다.

$$TC^* = \sqrt{2DSH \cdot \left(\frac{p-d}{p}\right)}$$

예제 13-2

어느 장난감회사는 승용차 장난감을 생산하기 위해 고무바퀴를 매년 48,000개 사용한다. 이 회사는 고무바퀴를 자체 생산하는 데 하루 800개의 비율로 생산할 수 있다. 장난감 승용차는 연중 일정한 비율로 조립된다. 재고유지비용은 1년에 한 단위당 1,000원이다. 바퀴 생산을 위한 준비비용은 45,000원이다. 회사는 1년에 240일 가동한다. 다음 사항을 계산하시오.

(1) 경제적 생산량

(2) 연간 총최소비용

(3) 생산주기

(4) 생산기간

| 풀이 |

D = 48,000개 S = 45,000원

H = 연간 한 단위당 1,000원

P = 하루 800개

d = 48,000개/240일 또는 하루 200개

(1) 경제적 생산량

$$Q^* = \sqrt{\frac{2DS}{H} \cdot \left(\frac{p}{p-d}\right)} = \sqrt{\frac{2(48,000)(45,000)}{1,000}\left(\frac{800}{800-200}\right)} = 2,391\text{개}$$

(2) 총최소비용

$$TC = \sqrt{2DSH \times \left(\frac{p-d}{p}\right)} = \sqrt{2(48,000)(45,000)(1,000) \times \left(\frac{800-200}{800}\right)}$$

$$= 1,800,000\text{원}$$

(3) 생산주기 $= \frac{Q^*}{d} = \frac{2,391}{200} \fallingdotseq 12$일

바퀴는 12일마다 생산된다.

(4) 생산기간 $= \frac{Q^*}{p} = \frac{2,391}{800} \fallingdotseq 3$일

매번 생산을 마치려면 3일이 소요된다.

제 3 절 확률적 재고모형

확정적 재고모형에서는 수요가 확실하게 알려져 있으며, 일정하다고 가정한다. 그러나 대부분의 경우 수요는 확정적이 아니며 확률적으로 발생하기 때문에 실제로는 재고부족(품절)을 방지하기 위해 필요한 수준의 안전재고를 유지해야 한다.

본 절에서는 수요가 확률적인 경우의 재고모형을 고정주문량모형과 고정주문기간모형으로 나누어 살펴본다.

3.1 확률적 고정주문량모형

확률적 고정주문량모형은 수요의 불확실성에 대비하여 안전재고를 어느 정도 확보해야 하며, 언제 주문해야 할 것인가를 결정하는 모형이다.

안전재고의 수준은 서비스수준(service level)에 의해 결정되어진다. 서비스수준이란 고객의 욕구에 대응하여 만족을 주는 재고수준이다. 예를 들어, 어느 제품에 대한 연간 수요가 100개인 경우에 재고를 100개 모두 가지고 있다면 서비스수준은 100%가 된다. 그러나 95개를 가지고 있다면 서비스수준은 95%가 되고, 품절될 확률은 5%가 된다, 즉 서비스수준이란 어느 품목이 조달기간 동안 품절되지 않을 확률이다. 서비스수준을 높이면 고객에게 만족감을 줄 수 있으나 안전재고량이 늘어나 재고유지비가 증가한다.

고정주문량모형에서는 재고수준이 재주문점(R)에 도달하면 주문을 한다. 일반적으로 R은 0보다 크므로 품절이 발생할 수 있는 기간은 조달기간뿐이다. 따라서 특정 서비스수준을 만족시키는 R의 값을 결정하기 위해서는 조달기간 동안의 수요의 확률분포를 알아야 한다. 여기서는 조달기간 중의 수요가 정규분포(normal distribution)를 이루는 것으로 가정한다.

그림 13-4 | 조달기간 동안의 수요와 확률분포

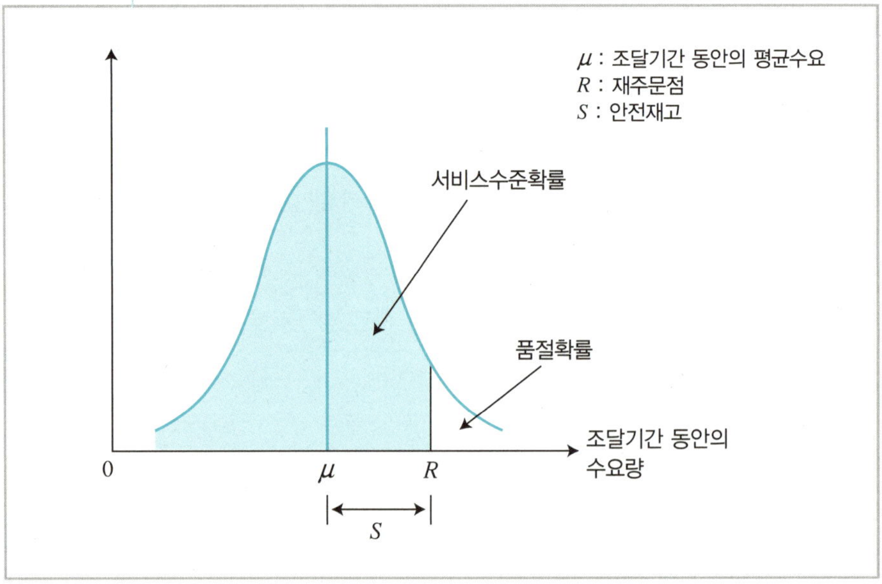

[그림 13-4]는 조달기간 동안의 수요의 확률분포를 나타내고 있다. 이 그림에서 R은 조달기간 동안의 평균수요 μ_L에 안전재고 S를 더한 값이다. 그리고 컬러망으로 칠해진 부분은 조달기간 동안의 수요가 R보다 작거나 같을 확률, 즉 서비스수준을 나타내는 확률이며, 나머지 부분은 조달기간 동안의 수요가 R보다 클 확률, 즉 품절확률을 나타낸다.

이때 어떤 특정 서비스수준을 충족시키기 위한 재주문점은 다음과 같이 계산된다.

$$Z = \frac{R - \mu_L}{\sigma_L} \tag{13.3}$$

여기서, R : 재주문점
μ_L : 조달기간 동안의 평균수요
σ_L : 조달기간 동안의 표준편차

따라서 재주문점 R은 다음과 같다.

$$R = \mu_L + Z \times \sigma_L \tag{13.4}$$

여기서 $Z \times \sigma_L$은 안전재고를 나타낸다. 재주문점과 서비스수준은 식 (13.4)에서 표준편차의 배수 Z값에 의해 조정되며, Z값을 크게 할수록 재주문점과 서비스수준은 높아진다.

3.2 확률적 고정주문기간모형

확률적 고정주문량모형에서는 조달기간 동안에만 품절의 위험이 있는 반면에, 확률적 고정주문기간모형에서는 주문주기 T와 조달기간 L 전체에 걸쳐 품절의 위험이 발생한다. 고정주문기간모형에서는 목표재고수준 M으로 다음 주문주기 T와 조달기간 L 동안의 수요를 충족시키기 때문이다. 목표재고수준 M은 $(T + L)$기간 동안의 특정 서비스수준에 의해 결정된다. 따라서 특정 서비스수준을 유지하기 위한 M의 값은 $(T+L)$기간 동안의 평균수요에 안전재고를 더한 값으로 표시된다. 즉,

$$M = \mu_{T+L} + Z \cdot \sigma_{T+L} - I$$

여기서, M : 목표재고수준
μ_{T+L} : $(T+L)$기간 동안의 평균수요
$Z \cdot \sigma_{T+L}$: $(T+L)$기간 동안의 안전재고
I : 현재재고수준

예제 13-3

어느 제품의 1일 평균수요는 10개, 표준편차는 4개로 정규분포를 보이고 있다, 정기실사기간은 매달 말일(편의상 30일 간격으로 가정)이며, 조달기간은 7일이다. 서비스수준은 90%이며, 현 재고는 230개이다. 재고보충을 위한 주문량을 계산하시오.

| 풀이 |

$\mu_1 = 10, \sigma_1 = 4, T = 30, L = 7$이므로
$\mu_{T+L} = 10 \cdot (30 + 7) = 370$
$\sigma_{T+L} = \sqrt{4^2(30+7)} = 24.33$이다.

또한 서비스수준이 90%이므로 Z값은 1.28임을 알 수 있으며, $I = 230$이다.
따라서 $M = \mu_{T+L} + Z \cdot \sigma_{T+L} - I$
$= 370 + 1.28 \times 24.33 - 230 \fallingdotseq 172$개

3.3 *Q*시스템과 *P*시스템의 비교

*Q*시스템과 *P*시스템 중에서 어떤 시스템을 선택할 것인가 하는 문제는 각 시스템의 장점과 단점을 살펴보는 것이 도움이 될 수 있다. 아래에서는 *Q*시스템과 *P*시스템의 장점을 살펴본다. 한 시스템의 장점은 다른 시스템의 단점도 된다.

먼저 *Q*시스템의 주요 장점으로는 다음과 같은 것들이 있다.

- 품목별로 조사 빈도를 달리 할 수 있다. 품목별로 적정한 조사 빈도를 정하면 주문비용과 재고유지비용을 절감할 수 있다.
- 고정 로트크기는 수량할인으로 나타나기도 한다. 자재처리방식, 선반의 크기, 운반차량의 용량 등의 물리적 제한 때문에 로트크기를 제한하기도 한다.
- 안전재고 수준이 낮아져서 비용을 절감할 수도 있다.

P시스템의 주요 장점으로는 다음과 같은 것들이 있다.

- 주기적으로 재고를 보충하기 때문에 관리하기가 쉽다. 종업원들은 정기적으로 일정한 시간 동안 이 업무에 집중하게 되기 때문에 주문간격이 고정되면 배달시기와 배달경로를 표준화할 수 있다.
- 동일한 공급자로부터 구매하는 여러 품목을 한꺼번에 주문할 수 있기 때문에 공급자로부터 가격할인을 받을 수도 있고, 주문비용이나 수송비용이 줄어든다.
- 재고를 조사할 때에만 재고상태를 파악하면 된다.

그러나 두 시스템 중에서 어느 것이 더 나은지는 분명하지 않고, 각각의 장 · 단점 중에서 어떤 것이 더 중요한가는 상황에 따라 달라지므로 경영자는 각 대안을 면밀히 검토하여 최선의 시스템을 선택해야 하며, 현실에서는 두 시스템의 특성을 조합한 여러 가지 혼합 형태가 사용되기도 한다.

제 4 절 단일기간 재고모형과 ABC 재고관리

앞에서 살펴본 EOQ모형이나 EPQ모형들은 연속수요를 전제로 하는 연속기간 재고모형(multi-period inventory model)이다. 본 절에서는 수요가 일회적이며 재고기간이 짧은 상품들에 대한 단일기간 재고모형과 재고품목의 중요도에 따라 차별화하여 관리하는 ABC 재고관리에 관해 살펴본다.

4.1 단일기간 재고모형

단일기간 재고모형(single-period inventory model)은 수요가 일회적이며 재고기간이나 수명이 짧은 상품들의 주문량(생산량)이나 재고수준을 결정하는 모형이다.

단일기간 재고모형은 부패성 상품(과일, 채소, 생선 등)이나 사용기간이 제한된 상품(신문, 잡지 등), 유행 및 계절상품(패션의류, 크리스마스트리 등), 한시적인 서비스상품(열차 및 항공기 좌석예약, 연휴일의 호텔예약 등) 등의 경우에 적용될 수 있다.

이러한 상품들은 일정기간이 지나면 상품으로서의 가치가 없어지거나 떨어지게 되어 폐기하거나 헐값에 처분해야 한다. 따라서 주문이 그 기간 동안 단 1회만 발생하게 되므로 한 번의 최적주문량을 어떻게 결정하느냐가 중요한 문제가 된다. 주문량(생산량)이 수요량보다 적을 때는 품절로 인한 기회손실이 생기고, 반대일 경우에는 잉여재고로 인한 손실이 발생한다. 따라서 적정주문량의 문제가 발생하는데, 단일기간 재고모형에서는 주문이 단 1회 이루어지기 때문에 주문비용이 크지 않고 재고기간이 짧기 때문에 EOQ모형에서처럼 주문비용이나 재고유지비용이 중요한 문제가 되지 않으며, 재고부족비용(shortage cost : C_S)과 재고과잉비용(excess cost : C_E)이 문제가 된다. 재고부족비용과 재고과잉비용의 합이 최소가 되는 주문량 내지 재고수준을 결정하는 것이 이 모형의 목적이다.

재고부족비용과 재고과잉비용의 균형문제는 한계이익(marginal profit : *MP*)과 한계손실(marginal loss : *ML*)의 균형을 추구하는 한계분석으로 구할 수 있다. 한계분석은 고전경제학에서 한계이익과 한계손실이 일치하는 점에서 총이익은 최대가 된다는 접근방법이다. 한 단위의 추가주문(생산)으로 발생하는 한계이익이 그로 인해 발생하는 한계손실보다 크거나 같아야 한다.

$$MP \geq ML$$

한 단위를 추가로 주문(생산)해서 판매할 확률을 p라고 하면 기대되는 한계이익은 $p(MP)$이며, 이것을 팔지 못했을 때 기대되는 한계손실은 $(1-p)ML$이다.

이 경우에

$p(MP) \geq (1-p)(ML)$이므로

$$p \geq \frac{ML}{ML+MP}$$

이다.

여기서 한계이익 MP와 한계손실 ML은 다음과 같이 계산한다.

MP = 한계수익 − 한계비용

ML = 한계비용 − 잔존가치 + 처분비용

이다. 이 식이 의미하는 바는 최종단위가 팔릴 확률이 $\frac{ML}{ML+MP}$보다 크거나 같으면 그 단위는 주문량에 포함되어야 한다는 것이다.

단위당 재고부족비용(C_S)을 한계이익으로 보고 단위당 재고과잉비용(C_E)을 한계손실로 보면 위의 식은 적정 품절률을 산정하는 모형으로 바꿀 수 있다.

$$\text{품절률} = \frac{\text{재고과잉비용}(C_E)}{\text{재고과잉비용}(C_E) + \text{재고부족비용}(C_S)}$$

따라서 1 − 품절률로 정의되는 서비스율(서비스수준)은 다음과 같다.

$$서비스율 = \frac{재고부족비용(C_S)}{재고부족비용(C_S) + 재고과잉비용(C_E)}$$

예제 13-4

점심시간에 곰탕만을 파는 '나주곰탕'은 그날 준비한 곰탕만을 판다. 곰탕 한 그릇은 4,000원인데, 재료비용은 한 그릇에 2,600원이다. 곰탕의 하루 평균 판매량은 100그릇 정도이고 표준편차는 20그릇인 정규분포를 이룬다고 한다. 팔리지 않은 곰탕은 대중식당에 2,000원을 받고 넘길 수 있다. '나주곰탕'에서는 곰탕을 몇 그릇이나 준비해야 할 것인가?

| 풀이 |

먼저 MP와 ML을 구해보면 다음과 같다.

$MP = 4{,}000 - 2{,}600 = 1{,}400$(원)

$ML = 2{,}600 - 2{,}000 = 600$(원)

따라서

$$p \geq \frac{ML}{MP + ML} = \frac{600}{1{,}400 + 600} = 0.3$$

최종단위가 팔릴 확률이 0.3보다 크거나 같을 때까지 준비해야 하므로 [그림 13-5]와 같은 수요의 정규분포에서 컬러망으로 칠해진 부분의 확률이 0.3이 되는 양, Q^* 만큼

그림 13-5 | 수요의 정규분포

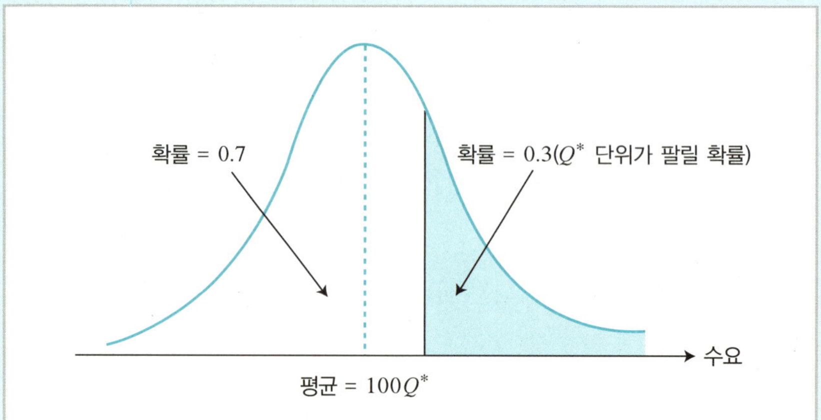

주문하면 된다. Q^*의 값을 표준정규분포의 확률변수의 값으로 고쳐보면 $\frac{Q^*-100}{20}$이 된다. 빗금친 부분의 확률이 0.3이 되는 표준정규분포의 확률변수 Z의 값을 부표에서 찾아보면 약 0.524가 되므로 다음과 같이 최적준비량 Q^*값을 구할 수 있다.

$$\frac{Q^*-100}{20} = 0.524$$

$$Q^* = 100 + (0.524)(20)$$

$$Q^* = 110.5\text{그릇} = 111\text{그릇}$$

4.2 ABC 재고관리

생산운영활동에는 수많은 원자재와 부품들이 필요하게 되고 각 품목들은 그 가치나 중요도가 다르다. 따라서 재고관리의 중요성도 각 재고품목에 따라서 다를 수밖에 없기 때문에 재고품목을 차별화하여 관리하는 데 사용되는 일반적인 방법이 ABC 재고관리시스템이다.

ABC 재고관리시스템에서는 재고품목의 중요도에 따라 재고품목을 세 가지 등급으로 분류한다. 재고품목을 연간 사용금액(연간 수요량×단가)에 따라 A, B, C등급의 세 가지 유형으로 나누어 재고관리의 노력을 차별화하는 기법이다. 어느 기업에서나 수많은 품목 중에서 몇 개의 중요한 품목이 재고투자의 대부분을 차지하고 다수의 품목은 금액의 측면에서 볼 때 미미하므로 이 기법은 재고관리에 있어서 중요한 품목을 가려내어 집중적인 재고관리를 할 수 있는 유용한 기법이라고 할 수 있다.

재고품목을 A, B, C등급으로 분류하는 기준은 기업의 상황에 따라서 다르

표 13-1 A, B, C등급의 분류기준

등급	내용	전품목에 대한 비율	총사용금액에 대한 비율
A	고가치품목	10~20%	70~80%
B	중가치품목	20~40%	15~20%
C	저가치품목	40~60%	5~10%

겠지만 대체로 [표 13-1]과 같다.

[표 13-2]를 예로 들어보자. 품목들 간의 중요도를 명확히 하기 위해 재고품목들은 중요도에 따라 내림차순으로 정리되어 있다. 각각의 품목들이 연간 총사용금액에서 차지하는 비율에 따라 A, B, C등급으로 분류하여 보면, 품목 1과 품목 2가 총사용금액의 72% 정도를 차지하고 있어 A등급으로 분류할 수 있음을 알 수 있다. 품목 3, 품목 4, 품목 5, 품목 6은 B등급에 속한다. 품목 7에서 품목 12까지는 연간 사용금액이 총사용금액의 1%도 채 안되므로 C등급에 속한다. 본 예에서는 위의 ABC 분류기준에서의 비율이 엄격하게 지켜지지는 않고 있지만 각각의 품목들에 대한 재고관리나 통제의 엄격도에 대한 많은 시사점을 제공해주고 있다.

A품목에 대해서는 재고관리를 엄격하게 해야 한다. 재고수준을 계속적으로 검토하고, 안전재고를 줄이며, 기록의 정확성을 유지할 수 있는 고정주문량시스템과 같은 엄격한 재고관리시스템을 사용해야 한다. 반면에 C품목에 대해서는 느슨한 재고관리시스템을 사용한다. 여러 품목을 한데 묶어 정기적으로 한 공급자에게 주문하는 고정주문기간시시템(P시스템)을 사용할 수 있으며 기

표 13-2 재고품목별 연간 사용금액

품목	연간 수요량	단위당 비용 (원)	연간 사용금액 (원)	총금액에서 차지하는 비율(%)
1	1,000	4,300	4,300,000	39.3
2	5,000	720	3,600,000	32.9
3	1,900	500	950,000	8.7
4	1,000	710	710,000	6.5
5	2,500	250	625,000	5.7
6	2,500	192	480,000	4.4
7	400	200	80,000	0.7
8	500	100	50,000	0.5
9	200	210	42,000	0.4
10	1,000	35	35,000	0.3
11	3,000	10	30,000	0.3
12	9,000	3	27,000	0.2

록의 정확성도 덜 요구된다. 한편 B품목에 대해서는 중간 정도의 엄격도를 가진 재고관리시스템을 사용한다.

재고와 관련된 비용을 줄이기 위해서는 시간과 노력을 연간 사용금액이 큰 품목에 집중시켜야 한다. 본 예에서는 연간 총사용금액에 따라 분류하였으나, 경우에 따라서는 고도로 부패성이 강한 품목이라든가 조달기간이 매우 긴 품목이라든가, 비록 연간 사용금액이 적더라도 어떤 품목의 확보가 전체시스템의 운영에 크게 영향을 미칠 수 있는데, 이러한 경우에는 그 품목을 A유형에 넣거나 또는 ABC 분류와는 관계없이 그 품목에 집중적인 관심을 기울여야 한다

사 례 **선진 재고관리시스템 도입**

선진국의 앞서가는 소매업체들은 현재 어떤 품목의 재고가 언제 얼마나 필요한지를 정확히 예측할 수 있는 방법을 찾아내기 위하여 최신 기술을 활용한 다양한 기법들을 도입하고 있다.

스웨덴에 본사를 두고 있는 홈 인테리어 업체인 이케아(IKEA)는 전통적으로 재고관리에 어려움을 겪어왔던 많은 생산지향적 소매업체들과 마찬가지로 지난 1990년대부터 여러 재고 문제에 직면해 왔다. 원료로부터 최종 생산품까지 제반 생산과정을 모두 관리하는 이케아는 강력한 예측시스템을 가동하지 않았기 때문에 생산을 미래의 수요와 결합시키는 것이 쉽지 않았다.

1990년대 중반 이후 재고관리 비용이 급속히 증가함에 따라 이케아는 재고관리 모델을 확고히 정립하고, 새로운 개념의 물류센터를 빠른 속도로 구축하기로 결정했다. 2000년대에 들어와서 이케아는 생산과 수요의 균형을 맞춤으로써 재고수준을 감소시킬 수 있는 새로운 프로세스가 필요하게 되었다. 수요부문은 지난 2002년 미국 메릴랜드주에 본사를 둔 매뉴지틱스(Manugistics) 컨설팅회사와 제휴하여 예측솔루션을 도입했으며, 생산부문 솔루션인 '풀필먼트 6.1'은 판매자의 의무적 생산계획에 기초한 것으로 수요와 생산부문을 모두 효율적으로 통제할 수 있다. 한편 이케아는 지난해 유명 제조업체와 협의한 후 몇몇 점포에 통합 솔루션을 적용하여 매우 인상적인 결과를 얻었다. 16개 제조업체의 약 150개 품목을 대상으로 조사한 결과 통합 솔루션이 적용된 품목의 재고수준은 약 20%까지 감소했다. 그 결과 조사에 참여한 이케아 관계자뿐 아니라 제조업체 관계자들도 긍정적인 평가를 내렸다. 지난해 시행된 조사를 계기로 본격적인 도입단계에 들어선 수요-생산 통합솔루션은 이케아의 27개 물류센터와 전 세계 1,100개 공급업체를 포함하는 초대형 프로젝트로 최소 700명의 숙련된 전문가들이 투입될 것으로 예상하고 있다. 한편 이케아는 통합솔루션이 자국 내에서 성공적으로 정착되면 북미, 아시아, 중동지역 등에도 글로벌 수요예측을 매주 실시할 계획이다.

수요예측은 재고관리와 결합되고 재고보충은 회사 측의 주문시스템에 따라 행해지며 이 주문시스템은 공급업체들이 얼마나 적극적이냐에 따라 매일 또는 매주 단위로 이루어질 것이다.

자료 : 리테일 매거진, 2005년 8월호

연 습 문 제

1. 용봉 장난감 제조회사에서는 실리콘칩을 연간 32,000개를 사용한다. 실리콘칩은 240일 동안 균일하게 사용한다. 이 칩의 연간 재고유지비용은 단위당 600원이고 주문비용은 24,000원/회이다. 경제적 주문량과 주문 사이의 주기를 구하시오.

2. 용봉 전자제품(주)에서는 부품 A를 매일 200개씩 생산하여 150개를 사용한다. 부품 A의 연간재고유지비용은 단위당 1,000원이다. 생산준비비용은 35,000원/회이다. 이 회사는 1년에 220일 가동한다. 다음 사항을 계산하시오.
   (1) 경제적 생산량을 구하시오.
   (2) 연간 생산준비횟수를 구하시오.
   (3) 최대 재고수준을 구하시오.
   (4) 주문주기와 생산기간을 구하시오.

3. 용봉호텔의 실제 수건 사용량은 투숙객의 숫자에 따라 차이가 난다. 수건의 현재고량은 300장이며 수건의 하루 평균 사용량은 400장이고 표준편차는 9장인 정규분포를 따른다. 수건의 조달기간은 3일이며 주문주기는 7일이다. 만일 품절률이 2%라면 재주문 시점에서의 수건의 목표재고수준과 안전재고수준은 각각얼마인가?

4. 화공대학 기초공학 실험실에서는 매월 30일에 동일한 공급업자로부터 수많은 화학약품을 제공받고 있다. 조달기간은 5일이다. 실험실의 조교는 이 화학약품들 중 하나인 염산을 얼마나 주문해야 할 것인지를 결정해야 한다. 재고수준을 조사한 결과, 25ml짜리 병 11개가 현재 재고로 남아 있다. 염산의 1일 소요량은 평균 15.2ml이고 표준편차가 1.6ml인 정규분포를 이룬다. 염산에 대한 바람직한 서비스 수준은 95%이다.
   (1) 실험실의 조교는 염산을 몇 병씩 주문해야 하는가?
   (2) 염산의 안전재고수준은?

5. 용봉주스 전문점에서는 딸기우유를 판매하고 있다. 딸기주스에 대한 수요는 정규분포를 이루는데, 일주일에 평균 200리터 정도가 팔리고 표준편차는 10리터이다. 리터당 재고부족비용(CS)은 600원이고 재고과잉비용(CE)은 200원이다. 딸기주스에 대한 적정재고수준을 구하시오.

6. 다음에 주어진 정보를 기초로 연간 사용금액에 따라 A, B, C품목으로 재고를 분류하시오.

품목	연간수요	단위비용
1	88,500	68,100
2	98,400	58,260
3	236,100	75,240
4	400,100	53,150
5	600,300	26,360
6	1,650,100	4,530
7	1,121,000	7,580

CHAPTER 14

전사적 자원관리 (ERP)

자재소요계획은 자원관리의 핵심적인 요소로서 종속수요 품목의 재고관리를 위한 기법이다. 제13장에서 살펴본 재고관리시스템은 독립수요 품목에 관한 기법이었다. 독립수요 품목의 수요는 수요예측에 의하여 결정되지만, 종속수요 품목의 소요량과 주문시기는 시장상황에 따라 결정되는 독립수요 품목과는 달리 최종제품의 생산계획과 각 품목의 조달기간에 따라서 결정된다.

그러나 오늘날과 같은 기업의 복잡한 제조상황하에서 자재만을 대상으로 하는 생산계획은 많은 한계점을 드러내고 있다. 즉, 기업의 제조활동은 완제품 생산에 소요되는 자재뿐만 아니라 제조설비, 인력, 자금 등 기업 전체의 자원을 최적으로 활용하는 보다 포괄적인 계획이 수립되어야 한다. 이에 따라 자재소요계획의 적용범위는 생산계획, 능력계획, 사업계획 등에까지 확장되어 제조자원계획, 전사적 자원관리로 발전하기에 이르렀다.

본 장에서는 전사적 자원관리의 발전과정에 따라서 먼저 자재소요계획(MRP)의 개념과 기본구조에 관해 살펴보고, 제조자원계획과 전사적 자원관리(ERP)의 의의와 특성, 구축방법, 도입방법 등에 관해 살펴보고자 한다.

제 1 절 전사적 자원관리의 발전

자재소요계획기법(material requirements planning : MRP)은 최종품목의 주일정계획(MPS)에 나타난 생산량과 생산시기로부터 이를 생산하는 데 필요한 원자재, 부품, 중간조립품 등이 언제, 얼마나 필요할 것인지를 결정하여, 이에 맞추어 주문과 생산활동을 하기 위해 설계된 컴퓨터 정보시스템이다.

그러나 오늘날 기업의 복잡한 제조상황하에서 자재만을 대상으로 하는 계획기법은 많은 한계를 지니고 있다. 즉, 기업의 제조활동은 완제품 생산에 소요되는 자재뿐만 아니라 자금, 인력, 시설 등을 포함하는 모든 제조자원을 통합적으로 계획하고 통제할 수 있는 관리시스템이 필요하게 되었으며, 이를 위해 등장한 기법이 제조자원계획(manufacturing resource planning : MRP Ⅱ)이다.

또한 최근의 정보기술의 발전은 기업의 경영환경을 크게 변화시키고 있으며, 이러한 변화는 기업으로 하여금 정보기술을 기업의 생존과 발전을 위한 중요한 요소로 여기도록 하였으며 MRP와 MRP Ⅱ를 넘어서는 기업환경의 변화를 수용할 수 있게 했다. 이러한 상황 속에서 기업활동에 영향을 미치는 기업 내 · 외의 모든 자원에 대한 통합적 관리가 필요하게 되었고, 이를 위해 등장한 개념이 전사적 자원관리(enterprise resource planning : ERP)이다.

이와 같이 ERP는 MRP Ⅱ를 생산활동 중심에서 기업활동 전반에 걸친 모든 업무의 경영자원을 대상으로 확대함으로써 붙여진 이름이고, 그 내부에는 MRP의 기능을 지니고 있다고 할 수 있다. 즉 ERP는 기업들이 고객만족을 극대화하기 위해서 분산되어 있는 관리시스템들을 통합해야 하는 필요성을 느끼게 되었고 정보기술의 발전과 더불어 등장하게 되었다. [그림 14-1]은 이와 같은 ERP시스템의 발전과정을 보여주고 있다.

본 절에서는 ERP시스템의 기초가 되는 자재소요계획의 의의와 기본구조, 제조자원계획에 관해 간략히 살펴본다.

그림 14-1 ERP시스템의 발전과정

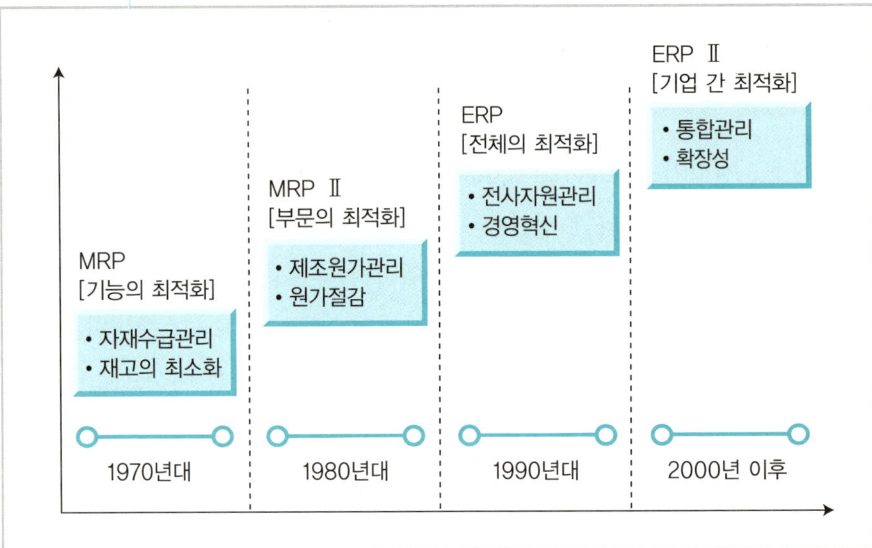

1.1 자재소요계획의 의의

MRP는 완제품(parent product)의 생산수량 및 일정을 토대로 그 제품 생산에 필요한 원자재나 부분품, 공정품 및 조립품 등의 소요량과 소요시기를 역산하여 효율적인 재고관리를 모색하기 위해 설계된 컴퓨터 정보시스템이다.

전통적인 재고이론에서는 자재수요의 발생시점에 대해 연속성과 균등성을 가정하고 있으나, MRP에서는 자재의 수요가 단속적이며, 한꺼번에 이루어지는 일괄수요(lumpy demand)의 성격을 지닌다. 일괄수요는 수요가 없는 기간도 많고, 있을 때는 한꺼번에 일괄적으로 나타나며, 기간에 따라 수요량도 상당히 달라지는 수요를 말한다. 일괄수요를 나타내는 원자재, 부품 및 구성품 등 종속수요 품목의 수요는 자재소요계획을 이용하여 주일정계획으로부터 계산할 수 있다.

MRP시스템이란 독립수요 품목인 완제품의 수요예측을 출발점으로 하여 완제품을 조립하는 데 필요한 부품의 종류, 부품의 정확한 소요량, 완제품을 생산하기 위한 주일정계획에 맞추기 위해 부품을 언제 확보할 것인가에 관한 계획을 수립하여 관리하는 시스템이다. MRP시스템은 각 품목이 필요한 시기에 적정하게 보유되도록 하면서 재고수준을 낮추어 주기 때문에 생산계획의 추진을 위한 중요한 단계가 될 수 있다.

1.2 자재소요계획의 목적

MRP시스템의 주된 목적은 재고수준을 통제하고, 각 품목의 생산 또는 구매 우선순위를 결정하며, 생산시스템의 부하가 적정하도록 생산능력을 계획하는 데 있다. 즉, 적량의 자재를 적시에 주문하여 적소에 제공함으로써 고객에 대한 서비스를 향상시키고 재고투자를 최소화하여 생산활동의 효율성을 최대화하기 위한 시스템이 자재소요계획이다.

MRP시스템의 기능은 완제품 조립을 위한 자재나 부품의 조달이 지연되어 주일정계획의 실행에 문제가 예상될 때는 자재나 부품의 조달을 독촉하고, 주일정계획이 늦어져 자재의 소요시기가 지연되면 자재조달 자체를 늦추어 필요한 자재나 부품을 필요한 시기에 조달하도록 하는 데 있다.

전통적으로 주문의 실행이 계획보다 지연되면 이를 계획에 맞추기 위해 많은 노력을 기울였으나 그 반대의 상황이 발생할 경우에는 별로 관심을 기울이지 않았다. 그러나 원자재나 재공품을 실제로 필요한 시점보다 일찍 보유하는 것도 바람직하지 않다. 왜냐하면 자본이 재고로 묶이게 되고, 창고가 혼잡해지며, 설계 변경이 어려워지고, 주문을 취소하거나 지연시키는 것이 불가능하기 때문이다.

1.3 자재소요계획의 구성요소

MRP시스템은 주일정계획(master production schedule : MPS), 자재명세서(bill of material : BOM), 재고기록철(inventory records file), MRP컴퓨터프로그램(MRP computer program) 및 출력보고서(output record) 등으로 구성된다.

그림 14-2 자재소요계획시스템의 기본구조

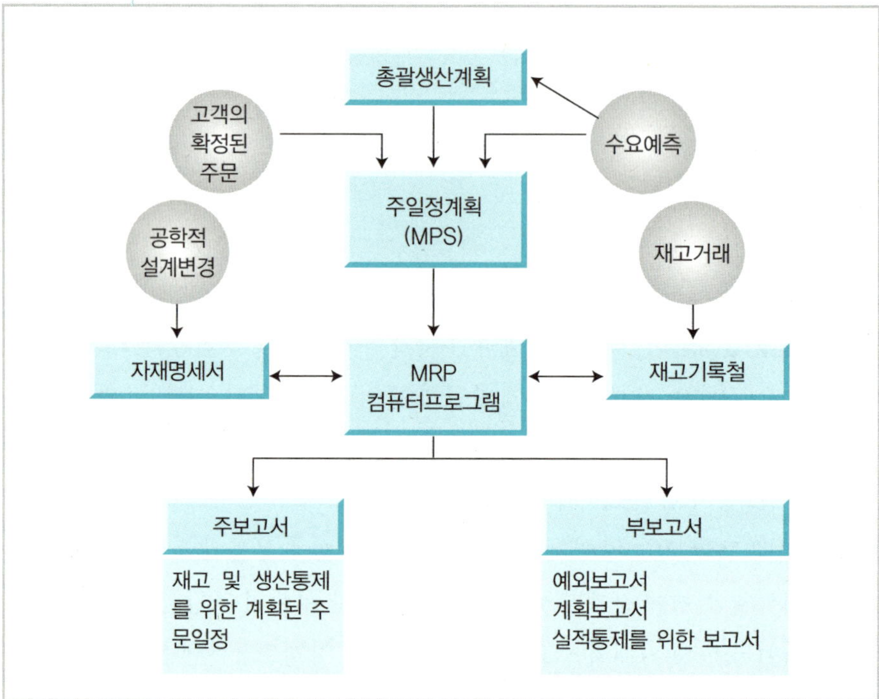

주일정계획은 최종품목이 정확하게 언제 얼마만큼 생산되어야 하는가를 나타내며, MRP 투입요소 중 가장 기본이 된다. 자재명세서는 최종품목을 구성하는 구성품(원자재, 부품, 중간조립품) 간의 종속관계를 나타낸 것이다. 재고기록철은 각 제품과 구성품의 재고현황(보유재고량, 주문량 등)에 관한 자료이며, 조달기간(lead time)이나 안전재고수준에 관한 정보가 포함되어 있다. MRP시스템의 기본적인 구조는 [그림 14-2]와 같다.

MRP시스템에서는 최종제품을 생산 혹은 조달하는 데 필요한 조달기간을 고려하여 발주기일과 납기일을 계산한다. MRP시스템을 구성하는 기본요소를 살펴보면 다음과 같다.

1.3.1 주일정계획

주일정계획은 완제품의 생산량과 생산시기에 관한 종합일정계획이다. 여기에서 계획기간 동안 최종품목이 언제 얼마만큼 주문(혹은 생산)되어야 할 것인지가 나타난다.

MRP시스템은 최종품목의 주일정계획을 기초로 각 구성부품의 기간별 소요량을 계산하고 생산 및 구매주문계획을 수립하기 때문에 주일정계획은 MRP 시스템의 주요한 입력자료이며, 시스템을 작동하게 하는 원동력이다. 주일정계획은 자재명세서에 의해 필요한 부품, 자재 및 구성품에 대한 계획으로 이어진다.

1.3.2 자재명세서

자재명세서는 최종품목과 각 구성품 간의 관계를 나타낸 것이다. 자재명세서에는 최종품목의 생산에 사용되는 모든 구성품과 각 구성품의 필요량 그리고 각 구성품의 조립순서 등이 명시된다. 자재명세서는 제품이 어떻게 만들어지는가를 보여주기 때문에 흔히 제품구조도(product structure diagram) 또는 제품구조나무(product structure tree)라고 불리운다.

예를 들어, 최종제품 A의 제품구조나무가 [그림 14-3]과 같다고 하자. 이 그림에서 제품 A 1단위는 품목 B 2단위와 품목 C 3단위로 만들어진다. 다시 품목 B 1단위는 품목 D 1단위와 품목 E 2단위로 만들어지며, 품목 C 1단위는 품목 F 2단위와 품목 G 4단위로 만들어짐을 알 수 있다. 자재명세서의 구성품들의 나열은 조립순서에 따라 단계적으로 표시된다. 따라서 자재명세서를 펼쳐보면

그림 14-3 | 제품 A의 제품구조나무

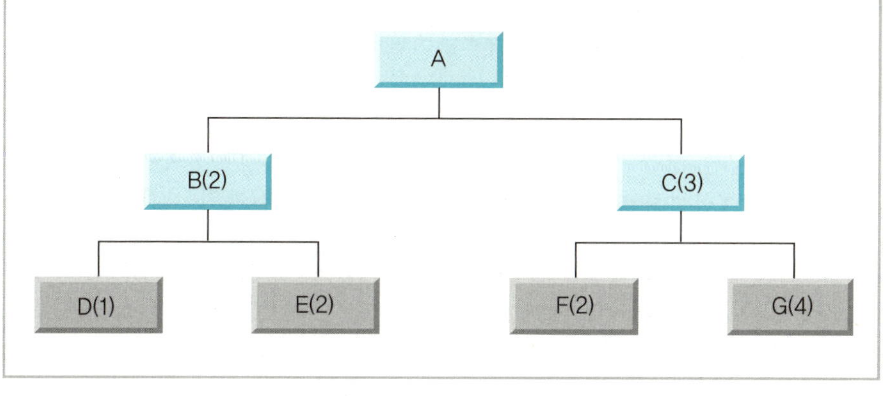

모든 단계를 차례로 내려가면서 각 구성품목의 필요량과 조달시기를 알 수 있게 된다.

MRP에서는 시간국면(time-phasing)이 무엇보다도 중요하다. 만일 제조나 구매에 소요되는 시간, 즉 조달기간을 알고 있다면 필요한 시기에 구성품을 확보하기 위해서 언제 주문할 것인지를 알 수 있기 때문이다.

1.3.3 재고기록철

재고기록철은 각 품목의 재고에 관한 모든 정보를 제공해준다. 재고기록철에는 조달기간, 현보유재고, 주문 중인 양 등 MRP에 필요한 여러 가지 정보가 담겨 있다.

1.3.4 MRP컴퓨터프로그램

MRP컴퓨터프로그램은 재고기록, 주일정계획 및 자재명세서에 작용한다. 최종품목의 기간별 소요량은 주일정계획에 명시되며, 각 품목 1단위를 만드는데 필요한 자재 및 부품의 이름과 소요량은 자재명세서에 나타나고, 각 품목마다 자재의 현 보유재고와 주문 중에 있는 양(예정수취량)은 재고기록철에 기록되어 있다.

MRP컴퓨터프로그램은 각 품목의 소요량을 계산하기 위해 계속적으로 자재명세서를 참조해 가면서 재고기록철에 작용한다. 각 품목의 총소요량을 계산한 다음, 현 재고량을 차감하여 순소요량을 계산하며, 다시 조달기간을 고려하여 이러한 순소요량의 발주시기를 결정한다.

만일 사용하고 있는 MRP컴퓨터프로그램이 생산능력제약을 고려하고 있지 않다면 주일정계획 담당자는 수작업에 의해 반드시 생산능력의 균형을 잡아주어야 한다. 이를 위해 주일정계획 담당자는 주일정계획의 시안을 MRP컴퓨터프로그램에 입력시켜 출력보고서를 뽑아 낸 다음, 이 결과의 실행가능성을 검토한다. 주일정계획은 생산능력의 불균형이 시정되도록 조정하여 다시 MRP컴퓨터프로그램에 입력된다. 이와 같은 과정은 출력보고서의 결과가 만족스럽게 될 때까지 계속 반복된다.

1.3.5 출력보고서

MRP시스템에 입력된 자료를 기초로 종속적 수요의 자재를 관리하는 데 필요한 사항들을 출력한다.

① **주문품목현황** : 주일정계획에 소요되는 자재를 적기에 조달하기 위해 주문기간을 고려한 주문시점과 주문량, 거래선 등이 포함된 주문품목의 명세서를 작성하여 출력한다.

② **조정 주일정계획** : 주문수량, 납기, 주일정계획의 변경에 따른 생산수량 등과 생산능력계획의 조정에 따른 일정계획의 변경된 사항이 포함된 주일정계획을 출력한다.

③ **독촉, 취소, 추가주문품목현황** : 주문된 부품이 납기를 지키지 않아 주문기간을 초과한 품목과 주일정계획의 변경에 따라 주문된 품목이 취소되거나 추가로 주문된 품목이 있을 때의 현황을 출력시킨다.

④ **재고현황** : 현재 보유하고 있는 재고, 주문된 수량 등의 내용이 포함된 재고현황을 출력시킨다.

이 밖에도 필요에 따라 입력자료를 이용하여 여러 가지 자료를 얻을 수 있다.

1.4 제조자원계획(MRP Ⅱ)

MRP시스템은 처음에 자재계획에 한정된 컴퓨터시스템으로 개발되었으나, 오늘날 기업의 복잡한 제조상황하에서 자재만을 대상으로 하는 계획기법은 많은 한계를 지니고 있다. 즉 기업의 제조활동은 완제품 생산에 소요되는 자재뿐만 아니라 제조설비, 작업인원, 자금 등 기업 전체의 자원을 최적으로 활용할 수 있는 보다 포괄적인 계획수립이 필요하게 되었다. 이에 따라 1980년대 초 제조기업의 모든 자원을 계획하고 통제할 수 있는 통합된 관리시스템으로 발전하게 되었다. 이와 같이 MRP시스템을 확장시킨 개념이 제조자원계획(MRP

Ⅱ)이다. MRP Ⅱ는 계획수립과정에서 생산, 재무, 마케팅, 인사, 엔지니어링, 구매 등 모든 기능분야를 포함하는 총괄적 의사결정시스템이다.

많은 요인들이 자재소요계획시스템을 발전시켜 왔으나 특히 다음과 같은 요인들이 자재소요계획을 제조자원계획으로 발전하게 했다.

① 기업활동의 통합

오늘날의 동태적인 환경하에서 보다 정교화된 MRP기법은 기업으로 하여금 생산계획과 다른 주요한 관리활동인 회계라든가 품질관리, 제품디자인, 수요예측, 자원관리, 주문 등과 같은 기능을 통합하여 통제할 수 있도록 해준다. 더욱이 자재소요계획을 보다 효과적으로 수행하기 위하여 기업의 모든 자원들을 고려해야 한다는 인식이 커져감에 따라 이러한 통합에 대한 필요성은 더욱 커지고 있다. 이는 이러한 자원들은 생산운영관리시스템(재고, 기계능력, 공장능력, 노동능력, 시설능력 등)에 의해 통제되거나 관리되어져야 한다는 것을 의미할 뿐만 아니라, 이러한 능력들은 기업의 재무적 측면에 의해서도 관리되어져야 한다는 것을 뜻한다. 따라서 여러 능력은 하나의 통합된 시스템으로 조정되고 관리되어져야 한다.

② 시간경쟁

새로운 계획과 통제기법들은 기업으로 하여금 총조달시간을 단축하여 고객들의 즉각적인 수요에 부응함으로써 고객들을 만족시킨다. 또한 강력한 정보기술은 유용한 자료를 적시에 관리자에게 제공한다.

③ 다공장 · 다국적 의사소통

공급업자들과 연계된 새로운 MRP기법으로 공급업자들이 선적한 화물을 추적하는 것이 가능해지며, 생산운영관리자들은 전 세계적인 생산활동과 구매활동에 관한 정보를 제공받아 범세계적인 생산활동과 구매활동의 통합이 가능하게 할 수 있다.

이와 같이 기업활동에 대한 통합의 필요성에 따라 MRP는 그 기능을 확장하게 되었으며 시간경쟁을 위해 계획활동의 속도를 향상시키고, 시간을 초월하여 정보를 제공한다. 또한 광범위한 의사소통을 위하여 MRP는 지역을 초월한다. 오늘날 강력한 컴퓨터시스템과 거대한 창고시설로 MRP시스템은 광범위한 조직의 요구에 부응하고 있다. MRP시스템은 의사결정자로 하여금 대체적인 생산계획들을 평가할 수 있게 해주며, 생산운영관리시스템의 효율성을 향상시키기 위해 생산자와 공급자의 일정을 모두 조정할 수 있게 해준다.

이러한 MRP는 주로 기업내부의 활동에 초점을 두고 있지만, 최근에 전자상거래와 글로벌 비즈니스의 발전으로 다른 기업이나 고객과 직접 정보를 교환할 필요가 생기게 되어 MRP Ⅱ는 전사적 자원관리(ERP)로 발전하고 있다. 이와 같이 원래 기업의 원활한 재고관리를 위해 제안된 MRP로부터 시작되어 생산관리부문의 MRP Ⅱ로 확장되었고, 현재는 회계나 인사 등 조직이나 기업 간의 모든 업무영역을 대상으로 하는 ERP로 발전해 가고 있다.

또한 서비스업체에서도 제조업체와 마찬가지로 자원계획을 수립해야 한다. 제조업체가 최종 완제품의 주일정계획을 토대로 인력, 장비, 자재, 자금 등의 자원소요량을 파악하는 것과 같이 서비스업체에서도 이러한 자원계획시스템을 활용할 수 있다.

제 2 절 전사적 자원관리의 의의

전사적 자원관리(ERP)는 기업활동에 영향을 미치는 기업내·외의 모든 자원에 대한 통합적 관리를 가능케 한다. 본 절에서는 ERP시스템의 등장배경과 의의, 도입의 필요성, ERP시스템의 여러 특성 등에 관해 살펴본다.

2.1 ERP시스템의 등장배경과 의의

ERP시스템이 급속하게 기업으로부터 주목받은 배경에는 기업경영과 정보기술 양쪽의 환경변화에 그 영향이 있다. 기업경영으로부터의 필요성과 정보기술의 급속한 발전으로부터 기업정보시스템의 변혁이 현실적으로 절실히 요구되었기 때문이다.

ERP시스템의 등장배경에 대하여 정리하면 [표 14-1]과 같다. ERP시스템이란 기업의 중심적 활동에 속하는 원자재 조달, 생산, 판매, 인사, 회계 등의 업무를 통합 관리해 주는 패키지로 기업의 전 부문에 걸쳐 있는 인력, 자금 등의 경영자원을 체계적으로 관리함으로써 생산성을 향상시키는 것뿐만 아니라 전사적 자원관리를 통하여 기업의 비용을 최소화하는 데 목표를 두고 있다. 이는 기업이 필요로 하는 시스템을 직접 개발하지 않고 전문 개발업체에서 개발된 전문화된 프로그램을 패키지별로 선택 구입하여 사용하는 개념이다.

ERP시스템은 범용적 시스템으로 다양한 규모와 다양한 업종의 기업에 적용이 가능하며, 입력된 데이터를 실시간 처리하고, 생산, 구매, 판매, 회계, 자금 등 논리적으로 관련이 있는 업무를 연결하여 전사적 차원에서 데이터를 처리한다.

현재 ERP시스템에 대한 정의는 여러 단체나 연구자들에 의해 각자의 관점

표 14-1 ERP시스템의 등장배경

기업환경의 변화요인	주요기술의 변화요인
• 기업의 세계화 · 국제화 • 정보의 대형화 · 분산화 • 빠른 제품 사이클과 수익률 감소 • 생산품질의 초고급화 • 지적 작업자의 등장 • 외부 경쟁자의 강력한 도전 • 보다 나은 고객지원 체계	• 사용자 인터페이스(GUI) • 개방형 시스템의 구현 • 클라이언트/서버시스템 • 관계형 DB와 객체지향 기법 • 제4세대 언어와 CASE • 전자문서교환시스템(EDI) • 데이터웨어하우스 • 웹 기술의 발전

자료 : 이동길, ERP 전략과 실천, 대청미디어, 2000, p.23.

에 따라 다르게 정의되고 있으며, 사용범위 또한 구체적인 소프트웨어 패키지를 지칭하는 것에서부터 새로운 경영관리의 개념에 이르기까지 다양하고 폭넓게 사용되고 있다.

ERP의 용어를 처음 사용한 가트너그룹(Gartner Group)에서는 ERP시스템을 "기업 내의 모든 업무기능들이 조화롭게 균형을 이루어 추진될 수 있도록 설계된 응용시스템의 집합체"로 추상적으로 정의했으나, 미국 생산재고관리협회(APICS)에서는 "ERP란 최신 정보기술을 이용하여 수주에서 출하까지의 관련된 공급사슬과 관리회계, 재무회계, 인사관리 등을 포함하는 기업의 기본 업무를 지원하는 정보시스템이다"라고 정의하고 있다.

즉, ERP는 [그림 14-4]에 나타난 바와 같이 기업의 전 부문에 걸친 인력, 자금 등 각종 경영자원을 하나의 통합된 체계로 구축함으로써 생산성과 대외경쟁력을 높이기 위한 전사적인 자원관리 기법으로 볼 수 있으며, ERP의 구조는 기업의 모든 업무프로세스, 즉 생산, 판매, 회계, 인사 등과 같은 기능의 수행과

그림 14-4 ERP의 체계

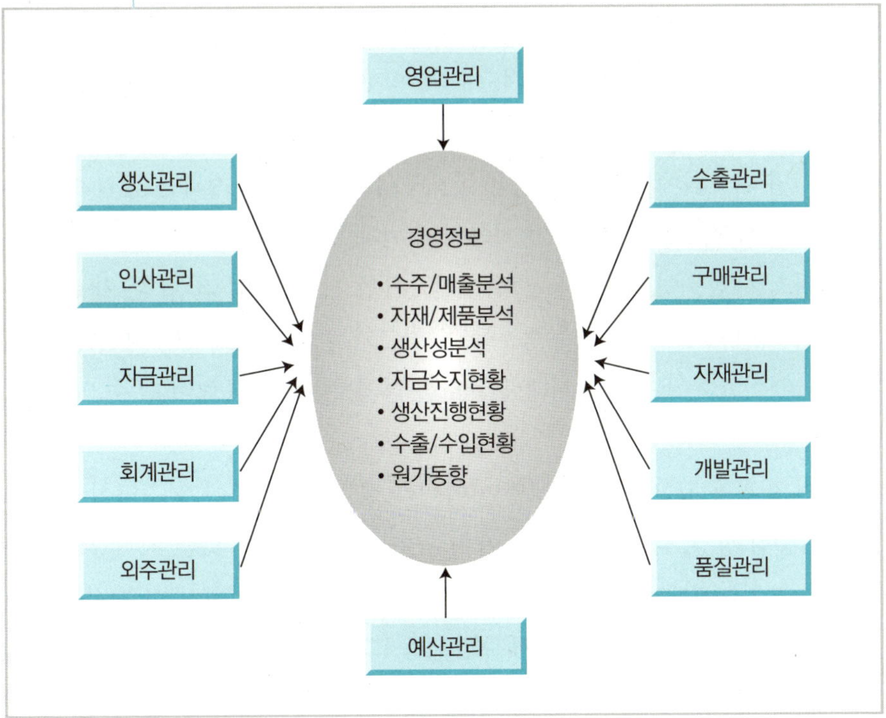

정에서 이루어지는 정보를 발생부서에서 입력하면 통합데이터베이스에 저장되어 기업의 모든 부서에서 필요에 의해 접근하여 활용할 수 있도록 되어 있다.

2.2 ERP시스템의 도입 필요성

기업에서 ERP시스템을 도입하여 어떠한 효과를 얻을 수 있는지를 이해하기 위하여 이미 ERP시스템을 도입하여 활용하고 있는 선진기업들의 ERP시스템의 도입 성과를 정리해 보면 다음과 같다.

- 이미 선진 기업에서 증명된 신기술과 프로세스를 지닌 ERP시스템을 도입함으로써 새로운 정보기술시스템을 빠르게 구축할 수 있다. 또한 ERP시스템은 선진기업들이 운영하고 있는 여러 비즈니스 형태를 모델링한 여러 부문의 실제업무에 바로 적용가능한 여러 가지의 최적 운영모델을 제공하고 있기 때문에 고객은 이것들을 활용하여 변화에 대하여 원활하게 대처할 수 있다.
- 정보통신의 발전은 세계 여러 나라의 모든 사람과 기업을 고객화할 수 있는 기회를 제공할 수 있으며, 대부분의 ERP는 전자상거래기능을 제공하고 있기 때문에 새로운 기회를 수용할 수 있다.
- 기업 내 · 외에서 얻은 지식을 공유하여 기업경영의 성과를 높일 수 있도록 전사적으로 지식공유가 가능하게 된다.
- 최적 사업운영모델을 응용하여 신규사업 진출, 기업 간 합병, 새로운 기업문화나 가치사슬 구축 등 새로운 창조가 비교적 쉽게 이루어진다.
- 국경이 없는 무한경쟁시대에 글로벌 경영지원의 원동력이 될 수 있다.

기업은 위와 같은 목적 달성뿐만 아니라 한 단계 더 나아가 수익성 중심에서 가치중심 경영, 즉 기업 전체에 가치경영을 확산시킬 수 있는 지식경영 등을 지원할 수 있는 기능들을 ERP시스템을 통해서 관리할 수 있다. 이와 같은 ERP시스템의 도입의 필요성을 정리해보면 다음 [그림 14-5]와 같다.

그림 14-5 | ERP시스템 도입의 필요성

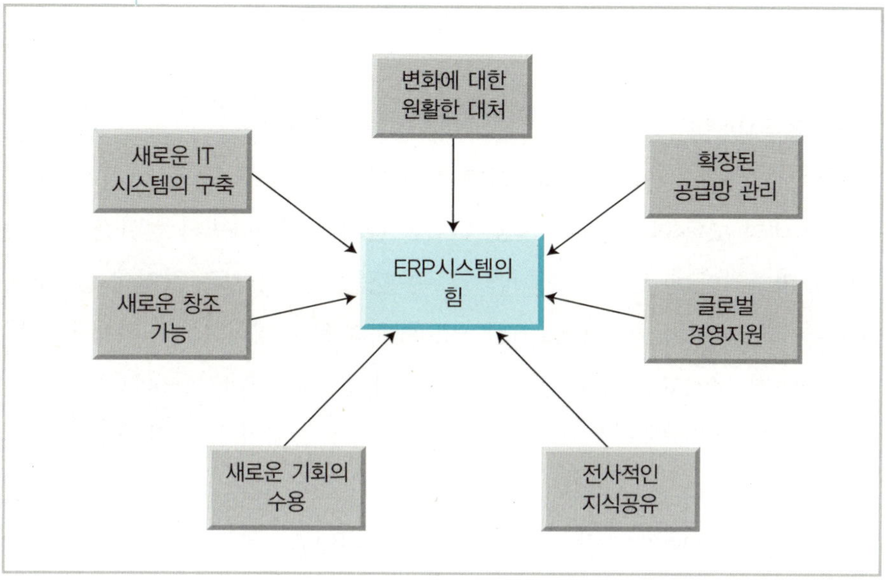

2.3 ERP시스템의 특성

ERP시스템의 가장 큰 장점은 기존에는 업무별로 관리하던 생산, 자재, 영업, 인사, 회계 등 기업 전반에 걸친 자원들을 하나의 체계로 통합 관리할 수 있는 통합시스템 구축이 가능하다는 것이다. 또한 ERP시스템은 구현기간을 최소화할 수 있으며 향상된 기능과 최신의 정보기술을 적용하여 점진적인 업그레이드가 가능하다.

ERP시스템의 단점으로는 비정형화된 예외적인 업무에 대해서는 추가 모듈을 개발해야 하며, 시스템의 운용과 유지보수를 위한 고가의 비용을 지불해야 하는 점 등을 들 수 있다. ERP시스템의 특징을 두 가지 측면으로 분류하여 보면 기능적 특성과 기술적 특성으로 구분하여 살펴볼 수 있다.

2.3.1 기능적 특성

다양한 ERP시스템 도입 업체의 여러 가지 업무 요구사항에 대한 적합도를 높이기 위해 ERP시스템이 지녀야 할 일반적인 기능적 측면에서의 기본 기능은 다음과 같다.

① 통합업무시스템

ERP시스템의 가장 큰 특징 중의 하나는 영업, 생산, 구매, 재고, 회계, 인사 등 회사 내의 모든 단위업무가 상호 긴밀한 관계를 유지하면서 실시간에 통합적으로 처리된다는 것이다. 이러한 업무통합을 통하여 기존 경영정보시스템(management information system : MIS)에서의 부분 최적화에서 전체 최적화가 가능하게 되었고, 과업중심적인 업무처리 방식이 고객지향적인 프로세스 중심적으로 전환되어진다. 또한 모든 시스템이 통합되어 있기 때문에 어떠한 정보라도 중복적으로 처리할 필요 없이 거의 한 번의 입력으로 처리가 끝나게 되는 One Fact One Place가 가능하게 된다는 것이다.

② 통합데이터베이스

많은 정보시스템은 구축할 때 데이터의 표준화와 통합화를 제대로 하지 않아 개별 기능을 담당한 부서의 업무 요구만으로 데이터베이스가 설계되었다. 여기에는 시간의 제약이라는 요소와 데이터 저장공간의 부족이라는 요인이 작용했다. 통합데이터베이스는 가공하지 않은 데이터를 가감 없이 완전한 상태로 중복 없이 저장하여 실시간으로 결합한 것이다. 이에 따라 일선의 업무담당자도 데이터베이스에 대해서 여러 가지 조건을 설정해 놓고 자유롭게 검색하여 집계할 수 있다.

③ 비즈니스 프로세스 모델

ERP패키지에는 비즈니스 프로세스별로 처리 프로세스, 처리기능, 필요정보, 갱신정보, 처리 담당자를 코드화하여 서구 기업의 뛰어난 비즈니스 프로세스 모델들이 최고 실행사례(best practice)로써 내장되어 있다.

④ 측정기준 지정 기능

ERP패키지에는 여러 가지 같은 데이터를 가공해 내는 여러 가지 방식이 내장되어 있다. 사용자는 소프트웨어 자체를 교체하지 않고도 화면 위에서 손쉽게 측정기준을 바꿀 수 있다. 측정기준 변경이 자유로워지면 시스템 도입 시에 기능의 구현과 시험사용 및 평가과정을 반복하는 것이 쉬워지기 때문에 사용자와 최종사용자의 정보요구를 반영할 수 있다. 사용자가 직접 측정기준을 지정할 수 있으므로 도입기간이 단축될 수 있으며 시스템의 유지 보수작업도 측정기준의 변경 기능으로 보수공사가 감축될 수 있다.

⑤ 그룹웨어와 연동 가능

일반적으로 그룹웨어는 전자메일, 전자게시판, 공용 데이터베이스, 전자결재, 업무흐름 등의 기능이 제공된다. 이러한 그룹웨어 기능과 영업, 생산, 구매, 자재, 회계 등 기간업무 시스템과의 연동은 필수적이라고 할 수 있다.

⑥ 전자자료교환(EDI)과 전자거래대응이 가능

ERP시스템에서 EDI를 연계시킨다면 거래처와 주고받는 모든 문서가 EDI를 통해 접수됨과 동시에 자동적으로 ERP시스템으로 연계되기 때문에 업무처리의 신속성과 정확성, 표준화를 이룩할 수 있게 된다.

⑦ EIS(executive information system)기능

ERP시스템은 가공되지 않은 자료를 저장하고 있는 상태에서 분석의 각도를 자유롭게 바꿀 수 있는 보고기능, 조사기능, 개인별로 조작순서를 최적화하는 기능, 생산 · 판매 · 재무 · 인사 · 회계정보를 자유롭게 조회할 수 있는 기능을 포함하고 있다. 따라서 경영자들이 EIS를 이용하여 원하는 정보를 신속하게 다양한 측면에서 분석할 수 있게 된다.

⑧ 확장 및 연계성이 뛰어난 오픈 시스템

기존 MIS가 폐쇄적인 구조로 설계되어 시스템의 확장 및 다른 시스템과의 연계가 제대로 이루어지지 않은 반면, ERP시스템은 어떠한 운영체제나 데이터베이스에서도 잘 운영되게 되어 있어 시스템의 확장이나 다른 시스템과의 연계가 쉽게 되어 있다.

⑨ 글로벌화(globalization)에 대한 대응

글로벌경쟁시대에 있어서 글로벌기업은 글로벌한 통제기능을 구비해야 하며 대부분의 ERP시스템은 다국적(multinational), 다통화(multicurrency), 다언어(multilanguage)를 기본으로 하고 있고 각 산업별 유형에 따라 가장 모범적인 업무프로세스를 내장하고 있기 때문에 글로벌화에 대한 대응이 가능하다.

2.3.2 기술적 특성

ERP시스템 도입업체의 여러 가지 업무요구사항에 대한 적합도를 높이기 위해 ERP시스템이 가져야 할 일반적인 기술적 측면에서의 기본 기능은 다음과 같다.

① 클라이언트 서버(client server : C/S)시스템

과거 중앙집중식 시스템 환경에서는 일반직원들이 사용하고 있는 터미널은 중앙의 주전산기로부터 얻어온 정보를 배분해주는 단순한 단말기 역할만 해왔다. 그러나 요즈음 사용하는 클라이언트 컴퓨터는 기능이 강력해지면서 다기능 시스템으로 바뀌게 되었다. 분산처리 구조는 이러한 클라이언트에게 새로운 역할을 주고, 서버는 과거 중앙집중식 방식과 같이 모든 것을 가질 필요가 없게 된다. 따라서 부하가 크게 줄어들게 되어 자원을 효율적으로 운영하고 관리할 수 있는 시스템 처리방식이다.

② 4세대 언어(4GL), CASE 도구

고기능화되어 가고 있는 산업용 소프트웨어를 개발하는 데 있어서 기존의 프로그램 개발방식으로는 한계에 부딪치게 되면서 4세대 언어라고 불리는 프로그램 언어들이 등장하게 되었으며, 이와 아울러 고기능성 산업용 소프트웨어를 개발하기 위한 별도의 방법론으로 등장한 것이 CASE(Computer Aided Software Engineering) 도구인데, 이는 소프트웨어 개발뿐만 아니라 유지 · 보수측면에서도 유연성 있게 활용하기 위해서 사용된다.

③ 관계형 데이터베이스(RDBMS)

거의 모든 ERP시스템은 원장형 데이터베이스 구조를 채택하고 있다. 기존의 파일시스템 구조로는 데이터의 독립성, 종속성에 문제가 있기 때문에 ERP와 같은 고기능성 산업용 소프트웨어에는 상용 RDBMS(relational data base management system)를 채택해야만 한다.

④ 객체지향기술(object oriented technology : OOT)

ERP패키지 내의 각 모듈(프로세스)은 제각각 독립된 개체로서의 역할을 하게 된다. ERP시스템은 이렇게 수많은 모듈들의 집합체이다. 각 모듈들과의 인터페이스를 통해 전체적으로 시스템의 효율성을 향상시킨다. 시스템이 업그레이드되거나 기능이 추가 또는 삭제되는 경우에 객체지향적으로 설계된 ERP시스템은 전체를 수정할 필요 없이 해당 모듈에 대한 교체만으로 시스템의 변경이 가능하다.

2.4 ERP의 주요 모듈

ERP시스템은 대부분의 공급 기업들이 기업의 기본적인 업무 기능을 중심으로 제공하기 때문에 공급 기업별로 큰 차이가 나지 않지만, 공급기업과 사용하는 기업의 환경에 따라서 기능적 · 기술적인 차이점을 조금씩 가지고 있다. 그러나 ERP시스템의 근본적인 개념과 주 기능은 기업 자원의 효율적인 배분관리라는 틀 안에서 여러 산업과 기업에서 사용되고 있다.

ERP시스템은 일반적으로 다양한 모듈로 구성되어 있으며, 이러한 모듈은 서로 연결되고 공통의 데이터베이스를 공유한다. 각각의 모듈은 기업에서 서로 다른 기능을 수행하며, 설치시에 독립적으로 개별 설치가 가능하며, 다른 모듈과 함께 설치될 수도 있다.

일반적으로 ERP시스템은 다음과 같은 모듈을 가지고 있다.

- 제조 관련모듈(생산계획, 자재관리, 품질경영, 설비관리, 프로젝트관리 등)

- 재무 · 회계 관련모듈
- 인적자원 관련모듈
- 고객 관계 관련모듈
- 공급자 관계 관련모듈
- 판매 · 유통 관련모듈

제 3 절 전사적 자원관리의 관련기술

전사적 자원관리를 성공적으로 수행하기 위해서는 여러 가지의 관련기술이 필요하며, 본 절에서는 몇 가지의 중요한 관련기술에 관해 살펴본다.

3.1 전자문서교환

영국 경제개발원의 정의에 따르면 전자문서교환(electronic data interchange : EDI)은 "전자적인 수단을 통해 하나의 컴퓨터 시스템으로부터 다른 컴퓨터 시스템으로 합의된 표준에 의거하여 문서자료를 교환하는 기법" 이다.

EDI는 기업 간의 일상적인 거래와 관련된 문서를 전달하기 위해 1970년대 미국에서 개발되었으나, 시스템 개발에 요구되는 시간이 오래 걸리고, 여러 나라들이 각각 다른 표준을 채택함으로써 EDI의 효과는 기대에 미치지 못하고 있다. 서로 다른 표준을 채택하고 있는 기업들이 EDI를 사용하는 경우, 두 기업 모두 업무량이 많아지며 미리 정해진 시간을 이용하여 정보를 교환해야 하는 불편함이 있다. 또한 점검받지 않은 데이터가 타인에 의해 자신들의 시스템에 전송되어진다는 사실은 사용자들을 불안하게 할 수도 있다. 그러나 EDI는 기업 간의 일상적인 거래를 자동화시키는 중요한 전자적 수단이다. EDI의 생산성은 시스템에 의해 처리되는 문서의 양에 달려 있다.

3.2 공급사슬관리

공급사슬(supply chain)은 "공급자로부터 재화나 용역이 제조를 거쳐 최종 소비자에 이르기까지 전반적인 유통에 관한 정보 및 프로세스의 집합체(Schroeder, 2000)"라 정의할 수 있다. 일반적으로 공급사슬에서는 원재료와 부품 등이 구매되고, 이를 기반으로 공장에서 제품이 생산되며, 생산된 제품은 유통과정의 하나로 창고에 저장되며, 창고에서 도·소매업자나 최종소비자에게 제품이 전달되어진다. 따라서 공급사슬은 하나의 프로세스 우산(process umbrella)으로써 구매－제조－저장－판매의 순환이라 할 수 있다.

공급사슬관리(supply chain management : SCM) 시스템에서는 제조기능을 갖는 공장, 제품을 저장하는 창고시설, 판매하는 도·소매상 등의 시설 및 설비들이 원재료, 부품, 반제품, 제품 등 유통대상의 물리적 상태 및 이와 관련된 정보와 함께 커뮤니케이션 도구에 의해 서로 연계되어 있다. 하나의 기업에서도 여러 개의 공급사슬이 존재하며 일반적으로 공급사슬은 제품군(product family)에 따라 정해진다. 특정제품의 공급사슬은 제품을 구성하는 원·부재료 등 물리적인 부분의 흐름과 최종 고객으로부터 유통시스템, 제조업체, 공급자 등으로 정보흐름을 역으로 추적하여 구조를 파악할 수 있다. 공급사슬을 분석함으로써 기업은 공급사슬의 순환시간(cycle time)과 재고 및 관련 원가를 줄일 수 있으며, 자재 및 제품의 수급을 보다 원활하게 조정함으로써 생산성을 향상시킬 수 있다.

공급사슬관리는 제품의 생산 및 유통이 적정한 시간, 적정한 양, 적정한 장소에서 발생할 수 있도록 공급자, 제조업체, 창고, 도·소매업체를 효율적으로 연계시킴으로써 공급사슬 전체의 비용을 최소화하기 위한 여러 가지 기법들의 집합이라 할 수 있다. 효과적인 공급사슬관리기법을 사용함으로써 기업은 최적의 의사결정을 할 수 있으며 효과적인 정보와 제품의 흐름은 공급사슬을 개선시키는 데 필수적인 요소이다. 공급사슬관리기법은 부서 간의 업무흐름 조정하고 기업 간의 물류와 정보의 흐름을 적정하게 관리함으로써 기업이 물류 비용을 줄이고 수익을 증가시킬 수 있는 기회를 제공한다.

3.3 고객관계관리

고객관계관리(customer relationship management : CRM)는 고객이 원하는 제품과 서비스를 지속적으로 제공함으로써 고객과의 관계를 지속시키며, 고객의 가치를 극대화하여 수익성을 최대화하고자 하는 프로세스라고 할 수 있다.

CRM은 기업이 체계적으로 고객 간의 관계를 관리할 수 있도록 지원해 주는 경영기법, 소프트웨어, 인터넷관련 능력을 포함하는 포괄적인 개념이다. CRM은 고객과의 친밀감을 높이고, 업무프로세스의 성과개선을 통해 고객과 장기적이고 이윤을 창출할 수 있는 관계를 창출하고 이를 유지·발전시켜 나가는 역할을 한다. CRM은 back-office와 front-office의 기능과 함께 웹사이트나 콜센터 등 고객과의 접촉점을 연결하는 역할을 한다.

CRM의 기능은 다음과 같이 구분할 수 있다.

첫째, CRM을 통해 기업은 새로운 고객을 파악하고, 이들과 접촉하여 고객을 확보할 수 있게 한다.

둘째, CRM을 통해 기업은 고객의 요구 및 취향에 대해 올바른 이해를 할 수 있다.

셋째, 기업은 CRM을 이용하여 보다 개인화되고 맞춤식인 제품 및 서비스를 제공함으로써 고객과의 관계를 강화시킨다.

넷째, 기업은 CRM을 이용하여 판매사이클을 최적화시킬 수 있다. 판매프로세스의 생산성은 계약과정을 빠르게 하고 수익성을 개선시키는 데 있다.

완전하게 서로 연계된 CRM시스템은 [그림 14-6]과 같이 다양한 고객접촉점을 통해 고객 및 시장과 관련된 자료를 얻으며, 수집된 정보를 데이터베이스에 저장한다.

그림 14-6 | CRM 프로세스

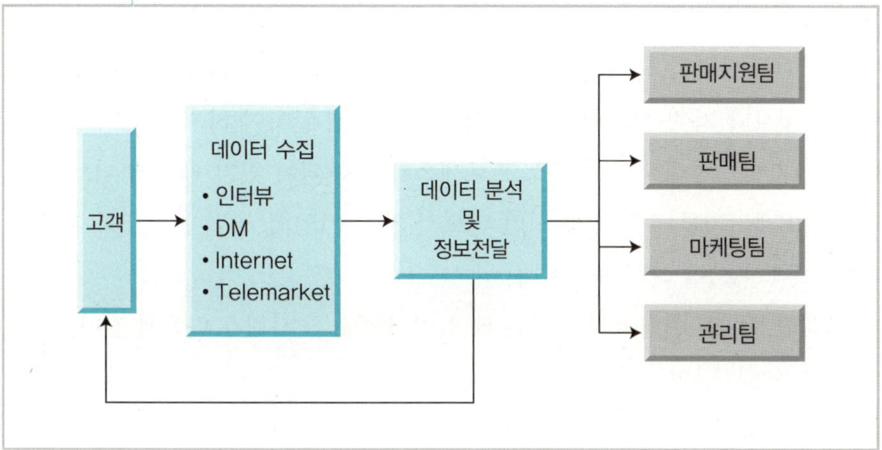

제 4 절 전사적 자원관리의 구축과 도입방안

ERP시스템을 기업에 적용하기 위해서는 무작위로 ERP제품을 설치한다고 모든 작업이 끝나는 것이 아니고 이를 효율적으로 적용하는 절차와 방법론이 중요하다. 본 절에서는 ERP의 구축 방법과 성공적 도입방안, ERP의 도입효과 등에 관해 살펴본다.

4.1 전사적 자원관리의 구축

ERP시스템은 일반적으로 분석(analysis), 설계(design), 구축(construction), 구현(implementation) 등과 같은 4단계의 과정을 거쳐 구축된다.

4.1.1 분석단계

분석단계에서의 핵심은 현황파악이다. 성공적인 시스템을 구축하기 위해서는 무엇보다 자기 기업의 현재의 상황을 명확히 알아야 하기 때문이다. ERP 패키지 내에는 방대한 비즈니스 프로세스가 구현되어 있기 때문에 어느 기업이든 ERP패키지를 도입하게 되면 반드시 자기 기업의 체질에 맞도록 패키지 내의 모듈(기능)을 선택해야 한다.

분석단계에서 현황파악을 하는 데 있어서 중요한 사항은 다음과 같다.

- 프로젝트팀의 구성
- 세부 추진 일정 및 비전 수립
- 경영전략 및 비전 수립
- 주요 성공요인 도출
- 목표와 범위 설정
- 시스템 설치

4.1.2 설계단계

설계단계는 분석한 결과를 구축하기 위해 준비하는 과정이다. 이 단계에서 가장 중요한 것은 ERP프로젝트의 핵심인 개선된 프로세스의 도출이다. 기업의 현재 업무프로세스와 회사나 경영진 및 현업에서 요청한 사항과 ERP패키지에 구현된 프로세스를 잘 조화시켜서 개선된 프로세스를 도출하는 것이 가장 큰 과제라 할 수 있다.

그러나 현실적으로 천차만별의 기업에 ERP패키지를 똑같이 적용하기란 어려운 일이다. 따라서 대부분 ERP프로젝트는 ERP패키지 중심으로 구축하되 기업이나 경영진의 비전과 전략이나 현업에서의 요구사항 등을 반영하여 구축하고 있다.

또한 ERP시스템 내에서 해결하지 못하는 문제에 대한 해결방안에 대한 대책을 수립하게 되며, 기존에 사용하는 어플리케이션이나 추후에 도입될 소프트웨어와의 인터페이스에 대한 문제도 설계단계에서 다루어져야 할 문제이다.

4.1.3 구축단계

분석, 설계과정을 통하여 현황파악뿐만 아니라 목표도 설정되었다. 이제는 이러한 결과를 시스템적으로 구축하여 검증하는 과정이 필요하다. 분석, 설계과정을 통하여 영업, 생산, 구매, 자재, 회계, 인사, 급여 등 기업의 모든 업무에 대한 재설계의 결과를 가지고 ERP패키지의 각 모듈과 비교(mapping)하여 꼭 필요한 모듈들만을 조합(configuration)시켜 시스템으로 구축시킨 후 테스트를 하게 된다.

4.1.4 구현단계

시스템구축이 끝나면 본격적인 시스템 가동에 앞서 시험적으로 운영하는 과정이 구현단계이다. 구축된 시스템에 실제 데이터를 입력시켜서 시스템을 시험적으로 운영하는 과정을 프로토타이핑(prototyping)이라고 한다. 프로토타이핑의 과정을 통해 문제점이 발견되면 다시 개선점을 찾아 구축을 하게 된다.

또한 구현단계에서는 기존 데이터의 전환(data conversion)작업이 이루어진다. 기존 시스템에서 필요한 데이터를 ERP시스템으로 옮기는 과정이 데이터 전환이다.

이와 같이 구축된 ERP는 경영환경 변화에 따라 프로그램을 재구축하거나 계속적으로 업그레이드되어야 하기 때문에 다음과 같은 조건을 갖추고 있어야 한다.

첫째, ERP는 논리적으로 관련이 있는 업무는 항상 연결이 되어 처리가 되도록 설계되어야 한다. 기존의 시스템이 인사, 회계, 물류가 별도로 구성되었던 것과는 달리 기업 내의 데이터를 관리하는 시스템이 완전하게 통합되어야 한다.

둘째, 최신 자료에 의한 정보의 실시간 처리이다. 실시간 처리는 모든 시스템이 통합되어 논리적으로 관련되어 있는 업무는 항상 연결되어 처리되도록 설계되어 원시정보의 생성과 동시에 관련 업무에 자동적으로 반영되도록 한다.

셋째, ERP가 구축되어 운영 중일 때 새로운 경영기법이 개발되어 이를 경영에 반영하고자 할 경우에 업그레이드가 용이하게 이루어져야 한다.

넷째, 기업 내에 ERP를 사용하는 사람은 원시정보를 입력하는 현장근무자에서부터 경영자에 이르기까지 다양한 계층이 사용하기 때문에 이들이 사용하기 쉽게 구축되어야 한다.

4.2 전사적 자원관리의 성공적 도입방안

ERP를 도입해서 성공할 수 있고 실패할 수도 있다. 실제로 ERP를 도입해서 많은 효과를 본 회사가 있는 반면에, ERP시스템 구축으로 오히려 안한 것만 못하다는 결과를 초래한 사례가 여기저기 발생되고 있는 상황이다. 따라서 ERP를 도입할 때 자기 회사의 형편을 잘 고려하여 패키지를 선정하는 것이 중요하다.

한편 패키지를 자기 회사의 여건에 잘 맞게 선정했음에도 실패로 끝나는 경우도 많이 발생되고 있다. 거기에는 여러 가지 이유가 있겠으나 일반적으로 컨설팅 능력이 부족하거나 도입기업에서 ERP시스템을 받아들일 준비가 덜된 경우이다. 프로젝트의 주도적인 역할을 하게 될 컨설팅 요원들의 능력이 떨어지게 되면 ERP시스템이 성공적으로 구축될 수 없음은 당연하다.

결국 패키지 선정과 함께 ERP프로젝트에 참가하게 되는 ERP벤더사 직원, 컨설팅 요원, 도입회사 임직원들이 혼연일체가 되어 프로젝트를 추진해야 성공적인 ERP시스템 구축을 기대할 수 있다. ERP의 성공적인 도입을 위한 고려사항들을 요약하면 다음과 같다.

- 자기 회사에 맞는 ERP를 선택해야 한다.
- 최고경영자가 ERP 도입에 관한 확고한 의지를 가져야 한다.
- 기업의 경영전략과 비전을 명확히 해야 한다.
- 전사적 관점에서의 통합성을 고려해야 한다.
- 경험이 많은 유능한 컨설턴트를 활용해야 한다.
- 구축방법론에 의해 체계적으로 프로젝트를 진행시켜야 한다.

• 사용자의 편의성과 효과적인 운영을 고려해야 한다.
• 변화관리 기법을 적용해야 한다.

4.3 ERP의 도입효과

각 기업마다 처해 있는 환경과 제품 및 서비스가 다르고 조직, 업무, 문제점 등이 다르기 때문에 ERP를 도입하여 얻을 수 있는 효과도 다를 수밖에 없다. ERP의 일반적인 도입효과를 살펴보면 다음과 같다.

① 비용절감 및 생산성 향상

본사와 지사의 통합은 물론 각 부문을 통합하여 신속한 의사결정이 가능하며 시간, 인력 및 자원이 절약된다.

② 효율적인 데이터관리

기업에서 데이터를 각 부서별로 관리하는 것보다 시스템을 통합하여 관리할 경우 한 번의 입력으로 모든 업무를 처리하여 중복입력 등의 낭비를 줄이고 업무효율이 향상된다.

③ 업무처리시간의 단축

결산소요시간, 상품출하시간 등이 줄고, 직원들의 시간외 근무도 감소한다.

④ 글로벌 스탠다드의 확립

선진기업형 업무프로세스를 익혀서 자연스럽게 경영혁신을 추진할 수 있다. 또한 국가 간, 기업 간 경계가 없어지고 세계적인 네트워크에 의한 전자상거래에 걸맞는 시스템을 갖출 수 있게 된다.

⑤ 고객만족의 실현

고객을 업무프로세스의 일부로 참여시키기 때문에 고객만족이 높아진다.

특히 정보기술의 활용에 의한 처리시간의 단축, 오류감소, 불필요한 업무 개선, 통합시스템에 의한 신속정확한처리는 업무효율을 높일 수 있게 된다. 결과적으로 업무처리 사이클타임의 단축과 통합정보의 활용에 의한 정확한 정보의 제공으로 고객서비스가 향상된다.

사 례 현대비앤지스틸 오라클, ERP 고도화 완료

오라클이 현대비앤지스틸 전사자원관리(ERP) 고도화 프로젝트를 성공적으로 완료했다고 12일 밝혔다. 현대비앤지스틸은 지난 2003년 ERP 구축 이후 변화된 환경에 대응하고 기업경쟁력을 강화하기 위해 '오라클 E-비즈니스 스위트 R12'를 기반으로 기존 ERP 업그레이드와 신규 ERP 구축을 동시에 진행했다.

한국오라클은 지난 5월부터 현대오토에버와 현대비에스앤씨를 비롯해 밸뉴앤트러스트 · 동양시스템즈와 협력, 프로젝트를 수행했다. 한국오라클은 현대비앤지스틸의 영업관리와 구매관리, 생산 · 품질, 재무회계, 기준정보, 원가관리, 수출입관리, POP(Point of production) 등 8개 부문의 ERP를 고도화하고 인사관리 · 설비관리 · 생산계획 · FBS(Firm banking system) 등 5개 부문 ERP를 신규 구축했다.

현대비앤지스틸 ERP 고도화 프로젝트에는 오라클 E-비즈니스 스위트를 비롯해 '오라클 비즈니스 인텔리전스 스위트 엔터프라이즈 에디션 플러스'와 데이터베이스관리시스템(DBMS) 등 오라클 솔루션이 포괄적으로 적용됐다.

현대비앤지스틸은 "IT 인프라 혁신으로 평균 4배 속도 제고 등 기대 이상의 업무처리 속도 향상과 통합자원관리가 가능하게 돼 경쟁력 강화에 기여할 것"이라고 예상했다. 특히 전표처리시간이 기존 2분에서 20초로 줄어드는 등 주문처리와 생산부문에서 업무처리 속도가 대폭 향상됐다는 분석이다.

현대비앤지스틸은 기존 ERP를 업그레이드함과 동시에 자체 개발로 구축한 인사, 설비, POP, FBS 등 주요 부문을 성공적으로 통합하는 등 오라클 솔루션 안정성을 확인했다고 소개했다.

자료 : CIO BIZ+(2011. 12. 14)

연 습 문 제

1. 최종제품 X는 다음과 같은 제품구조나무를 가지고 있다.

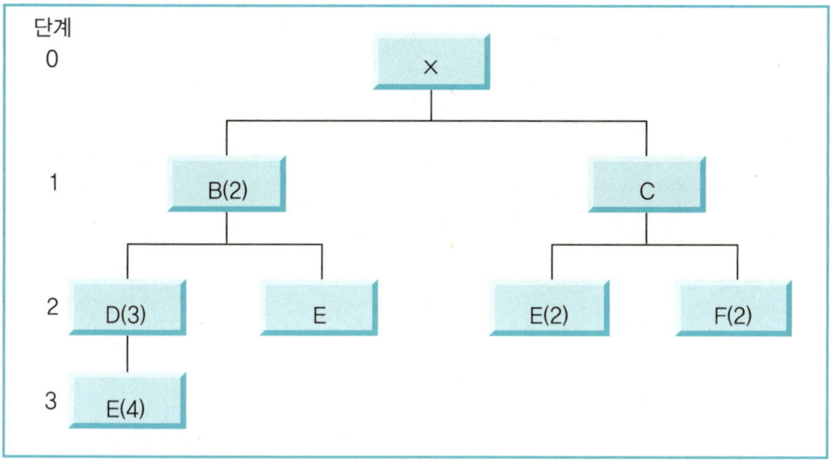

(1) 한 단위의 X를 조립하기 위해 필요한 B, C, D, E와 F의 소요량을 구하시오.
(2) 200단위의 X를 조립하기 위해 필요한 B, C, D, E와 F의 소요량을 구하시오.

2. 제품 W는 다음과 같은 제품구조나무를 가지고 있다. 하위단계 제품구조나무를 그리고 W 100단위를 조립하기 위해 필요한 각 구성품의 양을 결정하시오.

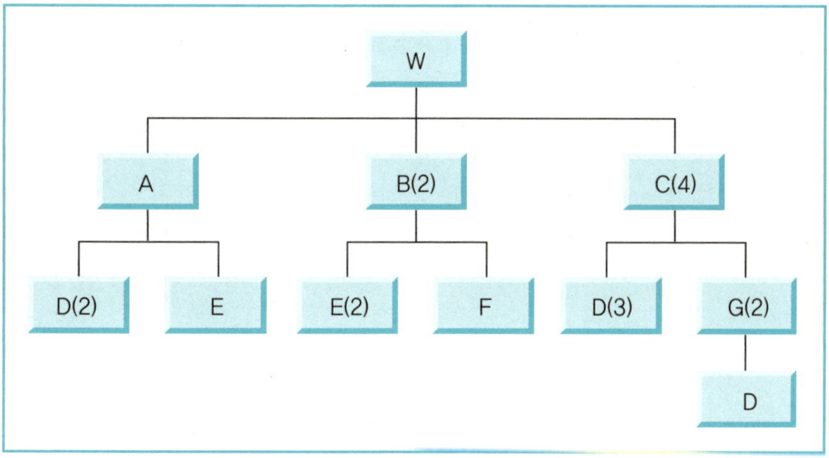

3. MRP시스템과 비교하여 ERP시스템의 특성과 장점에 관해 설명하시오.

4. ERP시스템의 구축방법에 관해 설명하시오.

5. ERP의 성공적 도입방안에 관해 설명하시오.

CHAPTER 15

기술경영

최근 들어 기업 간 생존경쟁이 치열해 지고 있는 가운데 기술을 전략적으로 활용해 혁신 제품을 개발하는 기술경영의 중요성이 부각되고 있다. 과거에 비해 기술 발전의 속도가 매우 빨라짐에 따라 제품의 수명단축이 나타나고 기업의 계속적인 연구개발의 필요성이 증대되고 있다. 우리나라에서도 기술력이 경쟁력 확보의 결정적 요소라는 인식이 확산되면서 기술경영의 중요성이 크게 대두되고 있다.

앞으로 기업은 기술경영능력에 의해 그 성패가 좌우될 것이다. 기술개발은 막대한 자본이 소요되고 성공확률이 높지 않기 때문에 정확한 판단과 예측에 의해 진행되어야 하며, 기업이 성장하고 경쟁우위를 확보하여 경쟁력을 강화하기 위해서는 합리적이며 체계적인 기술개발전략이 필요하다. 아울러 기업이 세계시장의 경쟁에서 살아남기 위해서는 신기술에 의한 신제품과 신서비스를 개발하여 시장에 내놓아야 하며, 이를 위해서는 끊임없는 연구개발이 수행되어져야 한다. 또한 산업발전의 원동력인 기술혁신과 이에 기반을 둔 벤처기업은 경제에 활력을 가져오므로 매우 중요하다.

본 장에서는 기술경영의 개념과 목적, 기술개발전략, 연구개발의 현황 및 유형을 살펴본 다음 기술혁신의 중요성과 벤처기업에 대해 살펴보기로 한다.

제 1 절 기술경영의 개요

21세기는 정보 또는 지식의 상품화 및 산업화가 주를 이루는 지식기반시대가 될 것이라는 생각이 지배적이며 이와 더불어 생산요소 투입량의 증가율보다 산출량의 증가율이 더 큰 비율로 증가함을 의미하는 수확체증법칙(increasing returns of scale)의 가속화와 함께 단순히 기존의 따라하기식 전략으로는 더 이상 기술경쟁력을 확보할 수 없으며 전략적인 기술선도 전략으로의 전환이 요구되고 있다. 또한 과거와는 비교할 수 없을 정도의 빠른 속도로 기술변화(technology change)가 이루어지고 있으며, 개인기반 아이디어를 행동으로 실행하던 과거의 기술혁신(technology innovation) 활동과는 전혀 다르게 최근에는 기업 간 제휴와 아웃소싱 등을 활용한 기술혁신 활동이 활발히 진행되고 있다.[1]

이러한 경영환경의 변화 속에서 기업의 기술개발 환경 또한 급격하게 변화하고 있으며, 기업은 기술을 기초로 조직의 성과를 향상시키기 위해서 항상 노력하고 있다. 사실 경영자는 기술에 대한 이해가 부족하고 엔지니어는 경영에 대해 충분히 이해하지 못하기 때문에 과학과 공학 그리고 경영지식을 통합하는 학제적 지식이 필요하게 되었으며, 이에 대한 전략적 대안의 하나로 기술경영(management of technology : MOT)의 개념이 부각되었다.

본 절에서는 기술과 경영에 대한 의미, 기술경영의 개념, 기술경영의 목적과 의의 등을 중심으로 기술경영에 대한 기초적 개념을 살펴보고자 한다.

1.1 기술과 경영

기술(technology)은 사용자의 관점, 목적 등에 따라 달리 이해되므로 일률

1 박창규, 알기쉬운 기술경영, 신론사, 2010, pp.15~33.

적으로 규정하기 어렵다. 기술은 기계, 프로세스, 발명뿐만 아니라 과학, 엔지니어링, 수학 나아가 여러 가지 지원 기술 등을 포함하는 넓은 의미로 파악해야 한다. 또한 생산적인 측면에서 기술을 살펴보면 '과학적인 지식의 응용'으로서 제품과 서비스를 생산하는 사회의 능력을 향상시킨다.

따라서 투입물을 제품과 서비스로 변환하는 일련의 과정을 기술이라 보고, 이러한 과정이 가능하도록 지원하는 여러 기능까지를 포함하는 개념으로 보기도 한다. 즉, 기술은 기업에서 생산의 수단으로만 그 역할이 한정되는 것이 아니고 기업조직의 구조 및 조직형태 등에 영향을 미치는 사회적 측면에서의 환경적 요소로 파악할 수도 있다.

그러므로 기술은 학자에 따라 여러 가지로 정의를 내리지만 다음과 같이 세 가지 흐름으로 나누어 볼 수 있다.

첫째, 기술은 과업을 수행하는 수단이다. 즉 자원을 제품과 서비스로 바꾸는 데 필요한 모든 것을 포함한다.

둘째, 기술은 목적 달성에 필요한 지식과 자원을 포함한다.

셋째, 기술은 제품과 프로세스의 설계 혹은 새로운 지식의 탐구에 적용가능한 과학지식과 공학지식의 주체(body)이다.

이상의 첫째와 둘째의 정의는 넓은 의미의 정의이고 셋째는 좁은 의미의 정의이다. 이러한 정의들을 종합해 보면 기술은 기업목적을 달성하기 위해 제품과 서비스의 생산에 필요한 설계, 지식, 자원, 과업 등과 관련된 모든 지식체제로 정의될 수 있다.

기술을 좀 더 잘 이해하기 위해서는 과학(science)과의 연관관계를 이해할 필요가 있다. 과학은 자연현상에 대한 일반적인 진리나 법칙을 체계적으로 탐구하여 습득한 지식을 의미하며 기술은 제품과 서비스의 설계, 제조상의 노하우(know-how)이며 제품과 서비스는 기술의 결과이지만 과학은 기술의 기초가 된다. 요컨대 기술은 조직의 성장과 발전 그리고 새로운 사업 창출의 동력이며 인간생활을 보다 윤택하게 하는 바탕이 된다.

그러므로 기업은 기술을 바탕으로 조직의 성과를 향상시키기 위해서 다음 사항과 관련된 기술을 확보할 수 있도록 노력해야 한다.

- 제품과 서비스의 품질개선

- 원가절감
- 시장과 고객의 반응도(responsiveness)의 제고
- 유연성(flexibility)의 제고
- 안전성(safety)의 개선
- 공정 중(work-in-process)의 재고감소 등

기술을 분류하는 방법에는 여러 가지가 있으며 기업자원을 어디에 투입하고 앞으로 어떻게 자원을 배분하는 것이 타당한지를 알고자 하는 데에 분류의 목적이 있다.

우선 기술의 기능적 관점에서 기술을 분류하면 기존기술, 독점기술, 핵심기술, 보편기술, 보조기술, 미래기술 등으로 나눌 수 있으며, 생산과정의 관점에서는 자재기술(material technology), 제품기술(product technology), 공정기술(process technology), 그리고 정보기술(information technology) 등으로 나눌 수 있는데 이를 좀 더 자세히 살펴보면 다음과 같다.

① 자재기술

이는 제품의 원재료에 관한 기술을 말하며 경제적 파급효과가 매우 크고 기술혁신의 주요 대상이 된다. 신소재의 개발은 시간과 비용의 투입이 크지만 성공하는 경우 기존 관련제품의 수요에 커다란 영향을 미치고 새로운 시장을 확보함으로써 수많은 사업기회를 창출하기 마련이다.

② 제품기술

이는 제품과 서비스의 자체에 관련된 기술로서 제품계획, 제품설계, 응용기술 등으로 나누어 볼 수 있다. 주로 신제품을 개발하기 위한 기술적인 노력을 말하며 제품과 서비스의 설계와 개발활동에 적용되는 기술이다. 따라서 고객의 다양한 요구를 충족시키기 위해 여러 가지 제품과 서비스를 개발하고 설계하는 기술이다.

③ 공정기술

이는 제품과 서비스의 생산방법과 생산시설에 관한 기술로서 생산에 사용하는 설비, 생산공정, 품질관리, 장치와 공구의 정비 등에 적용되는 기술을 말한다. 그러므로 품질과 생산비용 등을 개선하는 데 영향을 미치는 기술이다. 이의 변화는 생산자와 소비자 모두에게 이익을 주는 경우가 많다.

④ 정보기술

이는 기술의 응용과 창조에 기초가 되며 이상의 자재기술, 제품기술, 공정기술의 모든 기술에 필요하다. 사실 성공적인 기술경영을 위해서는 정보의 원활한 소통, 공유, 확산이 중요하기 때문에 이를 뒷받침할 정보기술이 반드시 필요하다. 이는 크게 하드웨어와 소프트웨어로 나눌 수 있는데, 하드웨어는 컴퓨터의 CPU, 기억장치, 입출력장치와 같은 전자 기계장치의 몸체를 가리킨다. 그리고 소프트웨어는 하드웨어를 활용하는 데 없어서는 안될 컴퓨터 프로그램과 이와 관련된 문서를 가리킨다.

한편 경영(management)이란 목표를 달성하기 위해 다른 사람들과 더불어 그리고 그들과 함께 작업활동(work activities)을 효율적이고 효과적으로 수행되도록 조정하는 것이라고 정의한다. 따라서 경영은 사람을 통해 목표를 달성하기 위하여 효율성(efficiency)과 효과성(effectiveness)을 확보하면서 모든 자원을 최적 상태로 활용하는 것을 뜻한다.

여기서 효율성이란 최소의 투입으로 최대의 산출을 얻으려는 것으로 '일을 올바르게 하는 것(doing things right)' 이며 경영자는 희소한 자원을 효율적으로 사용하고자 노력한다. 그리고 효과성이란 조직의 목표를 달성하는 데 필요한 활동을 말하며 '올바른 일을 하는 것(doing the right things)' 으로서 상위 경영층이 주로 관심을 갖는다. 또한 효율성이 수단(means)이라고 하면 효과성은 목표(ends)에 해당하며, 전자가 전술차원이라면 후자는 전략차원이라고 할 수 있다. 요컨대 경영은 조직이 원하는 목표를 달성하기 위해 효율성과 효과성을 갖고 조직 내의 모든 자원과 하부구조를 통합하는 프로세스라고 할 수 있다.

1.2 기술경영의 개념

기술경영(management of technology : MOT)은 1980년대 미국 스탠포드 경영대학원 William F. Miller 교수의 Technology Management 강좌 개설을 시작으로 1990년대 MIT 경영대학원 내에 MOT 학위 프로그램이 개설되면서 본격적으로 도입되기 시작하였다.

미국의 국립과학학회(National Academy of Science)의 주관하에 수행된 'Task Force on Management of Technology' 의 보고서(1987)에 따르면 "기술경영이란 공학, 과학, 경영학의 원리를 연결하여 기업의 전략적이고 실무적인 목표를 수립하고 달성하기 위해 기술능력을 기획, 개발, 실현하는 것에 대한 학문" 으로 정의하고 있다. 또한 전경련중소기업협력센터(2007)에서는 기술과 경영이 컨버전스(convergence)되고 있음을 감안하여 [그림 15-1]과 같이 기술경영을 4가지 분야로 구분하고, "기술경영은 기술전략, 기술개발, 기술인프라, 기술사업화 등에 있어 공학, 과학 및 경영학의 원리를 결합한 것" 이라고 정의

그림 15-1 | 기술경영의 범위

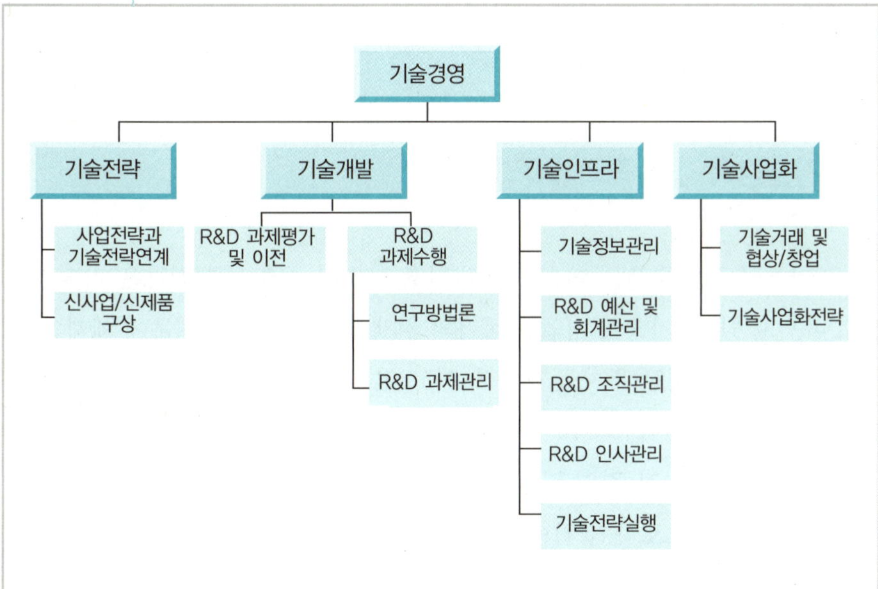

자료 : 중소기업의 기술경영(2007), 전경련중소기업협력센터

하고 있다. 기술경영에 대한 대표적인 정의를 소개하면 [표 15-1]과 같다.

표 15-1 기술경영의 정의

구분	정의
Betz(1987)	새로운 기술의 활동을 통해 조직의 경쟁력을 제고시키는 활동
Edosomwan(1989)	조직 각 분야에 존재하는 기술기능 간의 연계를 최적화하여 경영자산의 활용을 극대화하는 조직운영의 방법
Kocaoglu(1990)	기존기술과 신기술을 가지고 선도적 경쟁력을 확보하기 위한 조직의 의사결정과 실행에 관한 전략적 그리고 관리적 측면의 원리
Franker(1990)	기술변화 또는 신기술도입의 기술대안, 시기, 규모 및 비율의 선택에 관한 의한 결정행위
Badawy(1998)	전략경영의 한 부분으로서, 기업의 사업전략에 기술전략을 통합한 것의 실체
기술혁신연구(1999)	공학과 경영을 통합 · 연결하여 기술중심 기업의 성공을 다루는 학문
Khalil(2000)	과학, 공학, 경영을 통합한 분야로서, 조직의 경쟁우위 및 부의창출의 핵심요소인 기술의 창출, 획득, 활용에 관한 시스템의 경영
Narayanan(2001)	기업이 가치창출을 하기 위한 기술선택과 관련된 전략과 조직의 원리

1.3 기술경영의 목적과 의의

오늘날 글로벌 경쟁은 더욱 치열해지고 있으며 주요 경쟁전략은 기술중심으로 바뀌고 있다. 기술이 기업과 국가의 경쟁력을 좌우하기 때문에 세계의 선진국들은 기술에 대한 투자를 대폭 늘리고 있으며 기술경영에 대한 필요성 또한 더욱 강조되고 있다.

기술경영은 기술과 경영을 통합함으로써 모든 경영자원이 갖고 있는 기술적 기능을 체계적으로 통합하여 조직목표를 달성하기 위한 경영활동이다. 따라서 기술경영의 궁극적인 목적은 조직의 부문별 활동을 기술적 관점에서 유기적으로 상호 연계시키는 것이라고 볼 수 있다. 이는 경영과 기술지식의 조화를 도모하여 연구개발, 제조 등의 주요 활동을 기술전략적 차원에서 운영하는 것을 의미하며 공학, 과학, 경영학 간의 학제적 접근(interdisciplinary approach)을 필요로 한다.

또한 기술경영은 마케팅, 인적자원과 같은 비즈니스관련 분야와 연구개발, 엔지니어링, 제조와 같은 기술관련 분야를 통합하는 데 역점을 두고 있다. 그러므로 기술에 대해 알고 싶어 하는 경영자그룹의 욕구와 경영에 대해 알고 싶어 하는 엔지니어그룹의 욕구를 동시에 충족시켜 줄 수 있는 프로그램이 필요하며 이러한 프로그램의 교육을 대학이 담당함으로써 기업발전, 나아가 국가발전에 크게 기여할 수 있다.

기술경영에 대한 체계적인 학습프로그램의 주요 내용으로는 전략차원에서의 기술, 과학과 기술정책, 연구개발관리, 기업가정신과 벤처기술관리, 기술혁신, 기술혁신프로세스, 기술이전, 기술변화와 조직구조 등을 들 수 있다. 또한 약 2~3주 간의 해외산업현장 학습여행을 함으로써 실제 경험을 쌓도록 하고 있다.

오늘날 기업경영에서 장기적이고 지속적으로 성과를 올리기 위해서는 조직구성원의 경영지식과 기술지식을 어떻게 공유하고 활용할 것인지에 대한 새로운 접근이 필요하며 기술경영을 통해 이러한 과제를 해결할 수 있다.

제2절 기술개발전략

일반적으로 기업경쟁력의 확보는 기업성장과 발전에 핵심이다. 우리나라의 기업은 현재 기술과 품질의 일본기업과 저가격의 중국기업 사이에서 넛크랙커(nutcracker) 속에 낀 호두의 신세에 처해 있다. 이러한 어려움을 헤쳐 나갈 수 있는 희망이 바로 기술개발(technology development)이며 기술개발을 보다 체계적으로 수행하기 위해서는 기술개발전략이 필요하다. 또한 기술개발 투자의 효율성을 높이려면 올바른 전략이 필요하며 기술개발을 위해 네트워크의 구축이 매우 중요하다.

본 절에서는 기업경쟁력의 분류 및 기술개발전략에 대해 좀 더 상세히 살펴보고자 한다.

2.1 기업경쟁력의 분류

경쟁력이란 한마디로 차별화된 이득(differentiated advantage)의 획득능력이라 할 수 있다. 차별화된 이득이란 다른 기업과 다른 방식으로 자원을 결합함으로써 얻게 되는 이득으로 초과이익을 가져다준다. 따라서 경쟁력 확보는 기업성장의 기회와 아울러 사업기회의 포착을 위해 꼭 필요하다.

신제품기술의 개발 또는 도입은 신제품생산을 통해서 제품경쟁력을 높이고, 신공정기술의 개발 또는 도입은 부분생산성(노동생산성, 자본생산성 등)의 상승효과를 통해서 해당 제품의 가격경쟁력을 강화시킨다고 볼 수 있다. 실제로 제품 제조기술이 표준화되고 장기적으로 시장이 안정된 경우에 기술요소가 동일한 제품의 국제경쟁력은 신제품기술의 개발이나 도입에 의해 크게 영향을 받을 것이다.

기업의 경쟁력은 가격경쟁력, 품질경쟁력, 제품경쟁력, 시장침투력 등으로 나눌 수 있으며 이들을 살펴보면 다음과 같다.

① 가격경쟁력

기술의 변화는 제조방법의 개선, 설비의 효율향상, 원재료의 효율적 이용 등을 통해 생산성증가에 기여하기 때문에 가격경쟁력을 결정하는 가장 중요한 요소이다. 그리고 제품설계의 개선에 따른 부품수의 감소 또는 원자재사용의 감소에 의해서도 생산비 절감이 가능하다. 이러한 원가 인하로 인한 가격인하는 시장에서의 수요확대에 중요한 요소가 된다.

② 품질경쟁력

이는 가격경쟁력에 이어서 제품과 서비스의 구매결정에 핵심요인이다. 이제는 고객욕구가 다양해지고 시장경쟁이 치열해짐에 따라 더욱 품질경쟁력이 중요하게 되었다. 점진적 기술진보에 의한 품질경쟁력 향상은 제품의 단순화, 디자인 변경 등을 통해 가능하며, 생산량의 증가에 따른 생산능력 확대에 의해서도 달성할 수 있다. 또한 외부의 설비와 부품의 공급자도 품질수준의 향상에 기여할 수 있다. 기업내부에서는 품질수준을 획기적으로 향상시키기 위해 TQM, 6시그마 등을 적극적으로 실행하고 있다.

③ 제품경쟁력

연구개발을 통한 신제품개발은 기존제품에 비해 경쟁력을 제고시키는 효과를 가져다주는 것이 일반적이다. 사실 신제품의 출현은 신규참여 기업에 의해 시장에 소개되는 경우가 많으며, 특히 전자분야에 있어서 연속적인 기술혁신(technology innovation)은 주로 벤처기업에 의해 이루어지고 있다. 신제품개발을 위한 투자비용은 막대하지만 성공했을 경우 기존제품에 대한 투자보다 투자수익률이 훨씬 높다.

기술혁신과 벤처기업에 대해서는 제4절에서 좀 더 자세히 살펴보기로 한다.

④ 시장침투력

이상의 세 가지 경쟁력은 제품의 시장경쟁력 요인이 될 수 있고 이에 못지않게 중요한 것이 시장침투력이다. 마케팅 능력의 개발과 증대를 통해 국내·외 시장에 대한 침투를 확대하여야 할 것이다. 물론 각 산업의 특성과 성공요인을 감안하여 다양한 방법으로 시장침투와 확대에 노력해야 한다.

우리나라의 기술집약제품은 선진국에, 그리고 노동집약제품은 중국이나 동남아시아 국가에 비교우위를 잃고 있다. 그러나 우리나라 기업은 자본이 충분하지도 못하고, 동시에 규모의 경제를 누릴 수 있는 대규모 내수시장이 형성되어 있지도 못한 실정이다. 이러한 난국을 헤쳐 나가기 위해서는 기업경영에서 기술요소의 관리가 강조되지 않을 수 없으며, 합리적인 기술경영을 통한 원가절감, 제품의 품질향상, 신제품의 개발 등에 의해서 인건비 상승, 원자재가격 상승, 원-달러환율 등의 문제를 해결해 나아가야 할 것이다.

2.2 기술개발전략

이미 기술의 중요성을 충분히 설명하였는데 기술개발만이 최근에 대두되고 있는 기술경쟁의 격화, 기술보호주의의 심화, 환경안전규제의 강화와 같은 위협요인들을 극복할 수 있는 수단이다. 시장에서 성공할 수 있는 제품개발중심의 기술개발을 보다 체계적으로 수행하기 위해서는 합리적인 기술개발전략을 기업전략과 연계하여 수립하여야 할 것이다. 연구개발에 대해서는 다음 절에서 상세히 설명하고자 한다.

기술개발전략은 단순히 연구개발투자의 절대액을 늘리는 것만으로 원래의 목적을 달성하는 것이 아니다. 기술개발투자의 효율성을 높이려면 올바른 전략과 체계적인 관리가 필요하며, 기술개발을 위해 기업이 중점을 두고 추진해야 할 주요 내용은 다음과 같다.

첫째, 미래지향적이며 외부지향적인 연구개발투자를 해야 한다. 기술축적은 짧은 시간에 이루어질 수 없으며 더욱이 시스템화되고 융합화되는 첨단복합제품의 기술개발을 위해서는 보다 장기적이고 미래지향적인 투자가 절실하다. 또한 기업내부의 우월한 기술, 핵심기술의 내부개발 등의 잘못된 집착에서 벗어나 시장에서 팔릴 수 있는 제품중심의 외부지향적 연구개발이 필요하다.

둘째, 상품화에 비중을 둔 개발전략을 구사해야 한다. 기술변혁에 있어서 중요한 것은 상용화이며 수익성에 바로 연결되는 상품화가 중요하다. 예컨대 일본의 소니(SONY)사는 타사들이 발명한 테이프레코더, VTR 등을 멋지게 상품화함으로써 시장을 장악하였다. 발명이나 시작품에서는 다소 떨어지더라도 상품화와 모방, 개량에서 뛰어나면 성공할 수 있다는 것을 보여주는 좋은 예이다. 그러나 상품화와 모방에 있어서도 최소한의 발명력이나 개발력은 기본적으로 갖추고 있어야 한다는 것을 잊어서는 안 된다.

셋째, 기술의 급격한 변화 때문에 생산운영관리 담당자들은 기술에 대한 충분한 지식과 정보를 갖고 의사결정을 해야 한다. 기술의 선택은 생산전략과 연계하여야 하며 그 기술이 경쟁우위를 창출할 수 있어야 한다.

그리고 기술개발전략을 성공적으로 수행하기 위해서는 연구개발, 생산, 마케팅 등의 조직내부 네트워크와 기업, 대학, 여러 연구기관 간의 네트워크 구축이 필요하다. 특히 최고경영층은 전략적 차원에서 기술개발전략의 수립 · 개발연구과제의 선정—수행—완료의 모든 과정에 관심을 가져야 하며, 필요 시에는 기술담당 최고경영자(chief technology officer : CTO)[2]와 힘을 합쳐 기술개발전략뿐만 아니라 기술경영을 주도해야 할 것이다.

한편 신기술은 일반적으로 직접노무비와 직접재료비를 감소시키고 제품의 품질을 향상시키며 인도시간을 줄임과 동시에 재고를 감축시키고 미래의 성장을 위한 사업기회를 제공하기 마련이다. 예를 들어 자동화관련 신기술을 도입하고자 하는 기업이라면 현재의 활동을 다음의 네 가지 측면에서 검토해야 한다.

① 현재 활동의 시스템화

자동화를 위한 신기술의 도입을 위하여 우선 생산활동을 단순화하고 흐름화시켜야 한다. 이것은 신기술 도입을 위한 초기단계의 활동이다. 또한 생산전략과 경쟁우선순위가 자동화 기술의 선택에 적합한가를 분석하고, 자동화의 기대와 목표를 분명히 설정한 후 점진적인 자동화를 추진하여야 한다.

② 정당화(justification)

자동화의 효과를 여러 측면에서 분석한다. 자동화에 따른 노동력, 고객서비스, 인도시간, 재고, 자원의 유연성 등에 대한 파급효과를 비교 · 검토한다. 또한 경쟁자와의 관계에서 품질향상, 원가절감, 시장점유율, 전반적인 경쟁력 등의 경쟁우위의 조건을 분석한다.

③ 작업자의 고려

기술이 변하면 작업자의 일도 변하게 된다. 따라서 작업자의 훈련, 동기부여를 위한 조기교육 등을 실시하여 자동화의 도입과정에서 작업자들의 긍정적인 참여를 이끌어내야 한다.

---

2 CTO는 기업 내 기술적 의사결정의 모든 과정을 책임지고 CEO를 기술적 측면에서 보좌하는 전사적 기술담당 최고경영자를 말함. 이들은 신기술개발, 각 사업부문의 기술적 활동의 조정, 기술관련 전략의 수립 · 집행 · 평가 등을 수행함.

④ 리더십의 강화

이상의 내용을 담당할 특별 프로젝트팀을 만들어 체계적으로 추진해야 한다. 조직 내에서는 변화에 대한 두려움, 이직에 따른 불안감 등이 있기 때문에 이의 실천을 위해서는 CEO의 강력한 지원과 리더십이 요청된다.

제 3 절 연구개발

세계시장의 경쟁에서 살아남기 위해서는 신기술에 의한 신제품과 신서비스를 개발하여 시장에 내놓아야 한다. 경쟁력 있는 신제품과 신서비스의 개발은 연구개발활동에 의해서 이루어질 수 있다. 본 절에서는 연구개발의 개요와 현황, 연구개발의 단계 등을 중심으로 살펴보고자 한다.

3.1 연구개발의 개요와 현황

연구개발(research and development : R&D)이란 기업이 신제품을 개발하는 데 필요한 기술적 연구활동을 뜻한다. 이러한 활동은 정부출연기관, 대학, 민간연구소 등에서 폭넓게 이루어지고 있다.

과거에는 고객욕구 및 기술동향 등 경영환경이 매우 안정적이고 공급자 중심의 시장이었기 때문에 연구개발보다는 생산부문의 역할이 매우 중요했다. 하지만 최근 들어서는 이러한 경영환경이 매우 급격히 변화하고 있고 시장이 수요자 중심으로 전환되면서 생산부문보다는 시장을 주도하는 신제품개발 등 연구개발부문의 창의성 극대화가 주요 이슈가 되고 있다. 따라서 선진 기업들은 물론 많은 국내 기업들도 연구개발에 대한 투자수준을 지속적으로 확대하고 있다.

연구개발의 궁극적인 목적은 핵심기술 자체를 개발하는 것이 아니라 고객 욕구를 정확히 파악하고 확보된 핵심기술을 최대한 활용함으로써 고객이 원하는 제품을 효과적으로 개발하여 고객에게 가치를 제공하는 것이다. 따라서 기술변화가 빠르고 기업 간 경쟁이 치열한 경영환경하에서는 사업방식이 고객관점으로 빠르게 변화하기 때문에 CTO의 가장 중요한 역할 중의 하나는 기업의 내·외부 고객과의 원활한 커뮤니케이션을 통해 투자의 효율성을 극대화할 수 있는 연구개발을 리드하는 것이라고 할 수 있다. 아울러 연구개발의 필요성을 살펴보면, 첫째 고객의 다양한 욕구의 충족, 둘째 제품과 공정의 혁신, 셋째 신소재개발을 통한 대체자재의 활용, 넷째 생산원가의 절감, 다섯째 조직혁신활동의 활성화 등과 같다.

세계시장에서 경쟁우위를 확보하기 위해서는 고객의 다양한 욕구를 충족시킬 수 있는 신기술에 의한 신제품과 새로운 서비스를 개발하여 시장에 내놓아야 한다. 경쟁력있는 신제품과 서비스의 개발은 연구개발활동에 의해서 이루어질 수 있다. 또한 기업이 기술변화에 적응하고 미래의 불확실한 환경에 적응하기 위해서는 끊임없이 기술개발에 노력을 집중하여야 한다.

우리나라의 연구개발시스템의 시작은 1960년대 초에 공공연구기관의 설립에서 찾을 수 있으며, 1970년대까지 정부주도의 정부출연 연구기관을 중심으로 발전하였다. 민간기업은 1970년대의 오일쇼크 이후 연구개발에 관심을 갖기 시작하였고 1990년대에는 자체기술개발단계에 들어섰다.

현재 우리나라 기업연구소는 2000년에 5,000여 개이던 것이 2011년에는 20,000개를 돌파했다. 규모별로는 대기업이 1,083개로 5.4%를 차지하였으며, 중소기업 연구소가 94.6%인 19,125개로 집계되었다. 대부분의 기업연구소는 자체 연구과제를 약 80% 정도 수행하며 공동연구과제는 그 비중이 매우 낮다. 또한 연구개발 분야에서 제품개발과제와 공정개발과제의 비중이 각각 약 80%, 약 20%에 달하였다.[3] 그리고 연구개발비의 비중은 대기업의 경우 매출액 대비 3% 수준이지만 중소기업에서는 그 비율이 1% 정도에 불과하였다.

우리나라 기업들이 최근에는 연구개발에 매우 적극적이며 정보통신기술과

3 이승규·배종태, 생산전략과 기술경영, 박영사, 2002, pp.342~346.

바이오 및 생명공학기술 분야에 대한 연구개발투자를 급격히 증가시키고 있으며, 최고경영자의 연구개발투자에 대한 인식도 과거와는 크게 바뀌어 연구개발을 성장의 원천으로 이해하기 시작하였는데 이는 기술입국을 지향하는 우리나라로서는 바람직한 현상이라고 할 수 있다.

3.2 연구개발의 유형

연구개발은 기초연구(basic research), 응용연구(applied research), 개발연구(development research)로 구분되는데 다음에서 각각에 대해 간략히 살펴보기로 한다.

3.2.1 기초연구

어떤 사실이나 현상에 대하여 지금까지 알려지지 않은 새로운 과학적 원리를 발견하려는 목적으로 수행되는 연구로서 가장 기초적인 순수한 연구를 뜻한다. 기초연구에서는 연구자의 개인적 창조성이 매우 중요하며 일반적으로 연구자가 연구과제를 결정하고 이러한 연구는 주로 대학이나 정부출연기관에서 이루어진다. 기초연구의 대표적인 예로는 화학산업에서의 석유성분에 관한 연구 및 합성 고분자 재료의 성분에 관한 연구, 전자산업에서의 전자이론에 관한 연구 및 반도체 원소 구조에 관한 연구 등이 있다.

3.2.2 응용연구

기초연구에서 얻은 이론을 특정 제품의 생산기술에 직접 적용하기 위해 수행되는 연구를 뜻한다. 응용연구에서는 제품과 서비스의 실용가능성을 결정하고자 노력하며 이러한 응용연구단계에서는 기초연구에서 얻은 이론을 특정 재료나 가공공정, 가공수단에 적용하여 실용화할 수 있는가를 검토한다. 이를 통해 실용화가능성이 증명되면 상품화를 위한 개발연구를 착수한다. 응용연구의 대표적인 예로는 화학산업에서의 특정 분자재료의 합성방법에 관한 연구, 전자산업에서의 트랜지스터의 특성연구 등이 있다.

3.2.3 개발연구

응용연구에서 실용화할 수 있다고 판단하면 응용연구의 성과를 토대로 제품과 서비스의 생산기술에 필요한 정보를 수집하는 활동을 뜻한다. 개발연구는 구체적인 제품이나 공정을 설계한다. 따라서 개발연구단계에서는 연구부문, 마케팅, 엔지니어링부문이 밀접하게 협조함으로써 기술을 상품화할 수 있도록 동시공학(concurrent engineering) 측면에서 개발계획을 추진하여야 한다. 개발연구의 대표적인 예로는 화학산업에서의 합성섬유의 제조방법에 관한 연구, 전자산업에서의 제품 실용화를 위한 제조방법에 관한 연구 등이 있다.

제 4 절 기술혁신과 벤처기업

기업경쟁은 과거의 자본경쟁의 시대로부터 이제는 기술경쟁의 시대로 옮겨갔으며 기술혁신은 산업발전의 한 원동력으로서 그 중요성이 더욱 높아지고 있다. 외국기업들과의 경쟁은 기업들에게 차별화된 제품과 서비스를 생산하기 위한 지속적인 기술혁신을 요구하고 있다. 이에 국내기업들은 자체연구와 기술도입의 균형을 통해 기술혁신을 전개해 나가야 하며, 기술중심의 벤처기업 육성을 통해 고용창출과 생산성향상을 이루고자 하는 노력이 필요하다.

본 절에서는 기술혁신의 개념과 중요성, 제품혁신과 공정혁신의 상호작용, 벤처기업의 성장 등을 살펴보기로 한다.

4.1 기술혁신의 개념과 중요성

제1절에서 기술을 기업목적을 달성하기 위해 제품과 서비스의 생산에 필요한 설계, 지식, 자원, 과업 등과 관련된 모든 지식체제로 정의하였다. 혁신

(innovation)은 낡은 제도나 방법을 고치거나 버리고 아주 새롭게 함을 뜻한다. 따라서 기술혁신(technology innovation)은 새로 발견된 소재 혹은 기법이 처음으로 적용되어 생산에 활용되거나 혹은 새로운 제품에 응용하여 시장에서 거래되는 것을 말한다. 즉, 새로운 아이디어를 찾아내어 신제품, 신공정, 그리고 신서비스에 적용하는 것이라고 할 수 있다.

Schumpeter는 기술혁신을 '공정, 시장, 재료 및 조직 등 생산수단의 새로운 결합을 통하여 신제품이나 서비스를 생산하고 마케팅 및 판매하는 일련의 현상' 이라고 정의하였다. 이외에 기술혁신에 관한 대표적인 정의들을 소개하면 다음과 같다.

- 과거의 정태적 균형을 창조적으로 파괴하여 새로운 균형을 이룩하게 함으로써 결과적으로는 생산성 향상, 비용 감소, 수익 증대 등을 달성하는 모든 아이디어나 방법
- 발명이나 기존의 기술을 개량하여 생산성과 능률성을 향상시키고 기존의 시장을 더 확대하거나 새로운 시장을 창출하는 과정
- 기술, 시장, 자원 및 조직의 불확실성을 감소시켜 나가는 과정

기술혁신은 최근의 치열한 기업 간 경쟁환경에서 기업들이 차별화된 제품과 서비스를 생산함으로써 기업경쟁력을 확보할 수 있도록 도와주는 매우 중요한 요인 중의 하나이다. 또한 기술혁신은 산업발전의 한 원동력으로서 산업발전을 위해 투입하는 노동력이나 자본, 천연자원, 기술 등 각종 경영자원 중 산업발전의 50% 이상은 기술혁신에 의해 달성되었다고 알려져 있다. 특히 미국의 경우 전체 생산량증가의 약 90%가 기술진보에 의해 이루어지며, 기술진보가 경제성장에서 차지하는 비중은 약 70% 수준인 것으로 나타났다. 또한 서유럽 여러 나라에서도 생산성의 증가에 의해 경제가 크게 성장하였으며 생산성증가의 대부분은 자본지출 및 숙련노동의 고도화에 따른 기술진보 내지 기술응용에 의해 이루어졌다고 한다.

우리나라의 경우에는 선진국으로부터의 기술도입에 기술발전의 주요 역점을 두고 있기 때문에 기술혁신에 대한 기업전략의 수립이 더욱 복잡하고 어렵다. 따라서 기술혁신의 두 가지 주요 접근방식인 자체연구와 기술도입은 균형

감각을 갖고 적절히 조화시켜야 할 것이다. 각 기업의 기존제품에 관련된 연구와 도입된 기술의 소화 · 흡수 및 토착화를 위한 기술축적과 기술도입의 유리한 상담을 위해서도 기업 내의 연구개발의 여건을 조성하는 것이 매우 중요하다. 특히 우리나라에서는 기술도입 과정시 다음과 같은 사항을 고려해야 한다.

첫째, 어떤 제품 및 제조기술을 어떻게 도입할 것인가? 이것은 제품과 그 기술의 제품수명주기 단계를 분석함으로써 결정할 수 있다.

둘째, 도입기술의 선정은 자체 개발의 가능성 여부와 개발효율(개발성과/개발비용)을 동시에 고려하여 이루어져야 한다.

셋째, 제품수명주기 관점에서 상대적으로 경쟁력이 있는 제품을 수출대상품목으로 선정하여 대만, 홍콩, 싱가포르 등의 경쟁국이 생산하는 제품으로부터 자사제품을 '차별화' 시키는 전략을 채택해야 한다.

넷째, 전략적 상품의 국내시장 형성이 필요하다. 이는 국내시장 경쟁을 통한 기술수준의 제고는 대외경쟁을 위한 초기의 훈련기간이 될 것이기 때문이다.

다섯째, 생산기술 도입은 단순한 기술의 전달에 그치지 않으며, 이 기술을 운용할 수 있는 경영관리능력의 필요성을 자극하여 경영관리시스템의 변화를 가져오게 된다. 따라서 기술도입과정을 통해서도 필요한 경영기술을 도입하여 기대되는 부수적 효과를 얻도록 노력해야 한다.

여섯째, 자체기술개발의 체계적 강화가 필요하다. 이는 기술도입이 필요할 때 신속한 수용능력을 갖추어 도입효율을 높이고, 기술의 토착화와 고도화를 통해 변화가 빠른 제품 및 공정을 도입하며 제품의 자체 개발이 가능한 수준에 신속하게 도달할 수 있게 한다. 이를 위해서는 기업의 전략적 차원과 국가적인 차원를 고려하여 연구개발투자를 주의깊게 실천하여야 한다.

기술혁신은 혁신의 속도에 따라 급진적 기술혁신과 점진적 기술혁신으로 구분할 수 있다. 급진적 기술혁신은 신제품의 개발 등을 통해 나타나고, 점진적 기술혁신은 기존제품의 개선 등을 통하여 경쟁우위 확보에 기여한다. 급진적 기술혁신은 기술이 과학적 지식에 바탕을 두면서 주로 기술주도에 의하여 혁신되는 반면, 점진적 기술혁신은 주로 생산경험을 바탕으로 한 현장 기술자들의 비공식적인 연구개발에 의해 이루어지며 기술주도보다는 수요견인에 의해 혁신이 이루어진다. 급진적 기술혁신의 예로는 선반의 기계식 제어장치를 수치제어식 제어장치로 대체하는 것을 들 수 있으며, 점진적 기술혁신의 예로는 수치제어장치에 적합한 베드, 공구, 모터 등 여러 가지 부속품들의 혁신을 들 수 있다.

4.2 제품혁신과 공정혁신의 상호작용

기술혁신은 혁신의 대상에 따라 제품혁신(product innovation)과 공정혁신(process innovation)으로 구분할 수 있다.

제품혁신이란 새로운 시장 및 고객을 창출하거나 시장점유율을 높이기 위하여 신제품 또는 신서비스를 개발하거나 혹은 기존의 제품 및 서비스를 개선하는 것을 의미한다. 즉, 제품이 현재 가지고 있는 특성인 기능, 색상, 모양 등을 새로운 것으로 바꾸어서 현재의 제품과는 전혀 다른 기능과 속성을 가지는 제품으로 바꾸는 것을 뜻한다.

공정혁신이란 생산의 효율성을 높이거나 생산량을 증가시키기 위하여 작업방법, 장비, 작업흐름 등에 새로운 변화를 시도하는 것을 의미한다. 즉, 현재의 생산방법보다 경제적이고 편리한 방법에 의하여 생산할 수 있는 혁신적인 생산기법을 찾아냄으로써 원가를 절감할 수 있는 경우를 뜻한다.

결과적으로 공정혁신과 제품혁신은 기업의 이윤 창출을 궁극적인 목표로 하고 있지만 이를 달성하는 방법에는 서로 차이가 있다. 위의 정의에서 살펴본 바와 같이 제품혁신은 기존 제품과 여러 측면에서 차별화된 신제품을 개발하여 신시장을 개척함으로써 매출을 늘려 이윤을 창출한다. 제품혁신은 기존 제품의 시장 대체적 기능을 수행함과 동시에 소비자들의 구매 욕구를 자극하여 매출을 증가시킴으로써 기업의 지속적인 영업활동을 가능하게 하는 것이다. 반면에 공정혁신은 생산공정을 합리화하고 재료비와 인건비를 절약함은 물론 단시간에 설계상에 명시된 품질의 제품을 생산함으로써 생산성을 극대화하여 이윤을 창출한다. 따라서 공정혁신은 제품이 안정화되었거나 표준화된 이후에 대량생산 단계에서 많이 나타난다. 왜냐하면 표준화된 제품에 대한 매출증대를 위해서는 가격경쟁력을 확보하는 것이 중요하며 이를 위해서는 공정혁신이

그림 15-2 | 제품-공정혁신의 동태적 모형

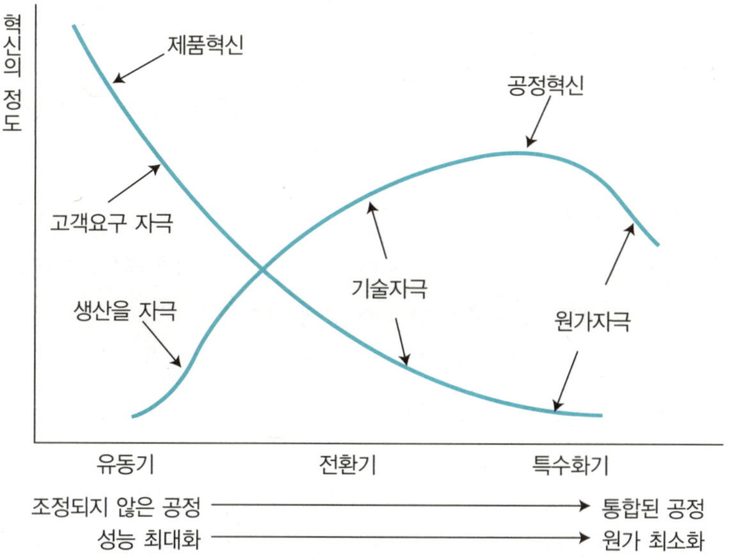

매우 중요한 역할을 하기 때문이다.

제품은 제품수명주기(product life cycle) 동안에도 계속 개발되거나 변경되기도 하는데, 이를 제품의 재설계(product redesign)라고 한다. 여기서는 최초로 제품을 도입한 이후의 제품혁신과정(product innovation process)을 제품과 공정 간의 상호작용에 중점을 두면서 살펴보기로 한다.

[그림 15-2]는 제품-공정혁신 간의 상호작용 및 혁신과정을 보여주고 있다. 기업은 제품혁신만으로 이윤을 창출하는 데는 공간적인 제약이 따르고, 공정혁신만으로 이윤을 창출하는 데는 시간적인 제약이 따른다. 따라서 기업이 영속기업이 되기 위해서는 제품혁신과 공정혁신을 지속적으로 추진해야 한다. 제품이 성숙단계에 도달하면서 제품혁신은 쇠퇴하는 반면에 일단 제품이 표준화되면 공정혁신은 증가한다. 성숙단계에서는 제품과 공정이 서로 얽히고 변경이 어렵게 되면서 제품혁신과 공정혁신 모두가 쇠퇴하게 된다.

4.2.1 단계 I : 유동기

유동기(fluid)의 제품혁신은 불확실한 시장여건과 기술진보에 따른 제품성과와 소비자정보에 의존하는 특징을 갖는다. 생산공정은 전형적으로 소량생산에 적합하며 본질적으로 조정이 안 된 상태에 있다. 제품은 일반적으로 제품의 변화에 적응할 수 있는 범용설비에 의해 만들어지며 제품과 공정 모두 유동적인 상태에 있다. 이 단계에서의 생산의사결정의 목표는 주로 유연성의 문제에 초점을 둔다.

서비스제품의 경우에도 상황은 비슷하다. 예를 들면, 병원, 자동차보험, 패스트푸드 체인(fast-food chain) 등에서도 초기에는 혁신속도가 매우 빠르며 제품과 공정 모두 매우 유동적인 상태에 있게 된다.

4.2.2 단계 Ⅱ : 전환기

전환기(transition)는 제품이 성장단계에 들어서면 제품의 다양화, 기술능력에의 의존, 대량생산공정의 기술적인 특징 등이 요구됨에 따라 제조과정에서 혁신이 촉진된다. 이에 부응하기 위해 생산경영자는 원가에 보다 관심을 갖게 된다. 결과적으로 제품흐름의 통합화, 작업의 전문화, 자동화의 확대, 생산계획 및 통제의 개선이 이루어진다. 이 단계의 생산공정은 개별적 기계화(islands of mechanization)로 특징지워지며, 자동화의 증대와 함께 제품과 공정이 표준화되는 단계로 볼 수 있다.

4.2.3 단계 Ⅲ : 특수화기

특수화기(specific)는 제품이 성숙단계에 이르면서 경쟁은 더욱 치열해지고, 비용, 생산규모, 생산능력 면에서 상당 수준으로 고정적이 되며 제품혁신과 공정혁신은 정도가 매우 낮으면서 점진적인 형태로 나타난다. 제품과 공정이 상호의존적이 되어 제품이 일부라도 변경되면 전체 공정에 영향을 미치게 된다. 따라서 제품변경은 극히 어려울 뿐만 아니라 비용도 많이 들게 된다. 이 단계에 있는 공정의 예로는 자동차조립라인, 화학공장, 식품가공공장 등이 있다.

4.3 기술혁신과 벤처기업

기술혁신은 새로운 아이디어를 찾아내어 신제품, 신공정, 그리고 신서비스에 적용하는 것이라고 할 수 있으므로 산업발전의 한 축이 되어 경제성장에 크게 공헌한다.

벤처기업은 기술변화에 적극적으로 참여하고 사업의 기회를 포착하여 성장하는 기업을 말한다. 벤처기업은 독자적인 고도의 기술력과 지식 및 경영아이디어를 가진 소수의 모험기업가들이 이들을 상품화하기 위해 큰 자본없이 과감하게 세우는 기업으로서 미래에 유망하기는 하나 자본력이 약해 위험이 따를 수 있다. 따라서 벤처기업은 새로운 기술 혹은 차별화된 아이디어를 가지고 운영하며 위험성은 크지만 성공할 경우 높은 기대수익이 예상되는 신생기업으로 정의할 수 있다.

벤처기업은 높은 수익성, 고도의 설비, 노동절약형 시스템 등의 특성을 가지고 기술과 지식을 기반으로 높은 부가가치의 창출을 목적으로 하기 때문에 저효율의 문제를 극복하는 데 용이하다. 하지만 벤처기업은 비록 우수한 기술력과 아이디어를 가졌다 할지라도 아직 그 경영기반이 취약하고 안정적인 성장이 보장되지 않기 때문에 일반금융기관들은 위험부담으로 인해 투자에 매우 소극적인 경향이 있다. 따라서 벤처기업의 자본조달이 용이하기 위해서는 정부나 여타 벤처캐피털의 적극적인 지원이 필요하다. 벤처기업의 핵심성공요인을 살펴보면 다음과 같다.

첫째, 성공한 벤처기업의 가장 큰 특징은 고도의 기술능력이다. 자금, 인력 등 여러 가지가 취약한 벤처기업이 독점적 경쟁력을 갖춘 기업으로 성장하기까지에는 고도의 기술능력과 지속적인 기술개발이 가장 중요하다.

둘째, 기술개발능력과 더불어 벤처기업 성공의 뿌리는 기업가정신이다. 기술개발의 의지와 끈기, 결단력과 추진력, 치밀한 준비, 미래와 현실을 보는 안목 등과 같은 기업가 특성이 기업의 미래를 결정짓는 주요 요인이다. 그러므로 미래와 도전을 두려워하면 기회를 포착하지 못할 뿐 아니라 시대의 변화에 뒤떨어지기 마련이다.

셋째, 기술적으로 우수한 제품이라 할지라도 소비자의 선택을 받지 못하면 그 제품은 살아남을 수 없다. 따라서 자본력이 빈약한 벤처기업으로서는 고객의 욕구에 특별한 관심을 가져야 하며, 고객의 니즈를 제품에 즉시 반영하는 피드백시스템을 갖추어야 할 것이다.

넷째, 벤처기업에는 상호 신뢰 속에서 권한을 하부에 과감하게 위임하는 조직문화가 필요하다. 특히 '공개경영' 이 보편적 가치이며 경영자의 도덕성, 종업원의 자부심, 상생의 노사관계 등은 격변하는 기업환경에 창조적이며 적극적으로 적응할 수 있게 할 것이다. 벤처기업에서는 경영환경의 변화에 적극적으로 대처할 수 있는 적응력 및 유연성을 갖추는 것이 매우 중요하다.

우리나라 수출의 대부분은 제품이고 그 제품의 부품은 대부분 소규모 제조기업에서 만들어지고 있으므로 소규모 제조기업의 역할은 매우 중요하다. 특히 미국의 경우에도 수많은 소규모 벤처기업들의 뛰어난 경영성과가 미국 경제의 호황에 기여하고 있다고 한다.

소규모기업의 경영성과는 대기업의 성과에 못지않게 국가 경쟁력에 큰 영향을 미친다. 세계에는 초일류 소규모기업이 많고 아주 작은 기업으로부터 출발하여 창조적인 인력활용과 첨단기술의 개발로 세계적인 대기업이 된 경우도 있다. 우리나라는 고급인력자원이 풍부한 만큼 창의적 인력이 중요한 벤처기업의 창업활성화가 많은 일자리를 창출할 수 있다. 여기에 벤처기업 육성의 필요성이 있으며 정부주도의 육성정책 또한 모든 산업의 기업들을 새로운 기술로 무장시키고 지식집약형 기업으로 전환시켜 경쟁력을 확보하게 함으로써 고임금시대에 적응할 수 있도록 도와주는 방향으로 바뀌어야 한다.

벤처기업은 지식 · 기술 자체를 경쟁력의 근간으로 하는 만큼 대기업이 자본참여를 통해 벤처기업을 실질적으로 지배하는 것은 쉽지 않다. 따라서 벤처기업의 육성책은 중소기업과 대기업 간의 관계를 불가피한 협력관계로 보고 중소기업과 대기업 간의 협력증진을 유도하는 새로운 중소기업의 육성에 초점을 맞추어야 한다. 즉 대기업은 자본공급 및 제품판매를 지원하고, 고급두뇌 위주의 벤처기업이 기술개발의 주도적 역할을 담당하여야 한다.

특히 우리나라의 경우 1997년에 기존 기업의 벤처기업으로의 전환과 벤처기업의 창업을 촉진하여 우리 산업의 구조조정을 원활히 하고 경쟁력을 높이는 데에 기여하는 것을 목적으로 「벤처기업육성에 관한 특별조치법」을 시행한 이래 지금까지 수차례의 개정작업이 이루어졌다. 이 법에 포함된 주요 내용으로는 벤처기업의 요건, 벤처기업에 대한 기금의 투자, 한국벤처투자조합의 결성과 해산, 벤처기업의 주식교환, 중소벤처기업 창업활성화, 사업화 지원을 위한 신기술창업전문회사 설립, 신기술창업 집적지역 설치 등이 있다.

요컨대 21세기에 살아남는 기업은 경영규모의 대소, 역사의 신구, 전통의 장단에 관계없이 항상 창업시의 벤처 정신을 잃지 않는 기업이라고 단언할 수 있다. 벤처기업의 활성화는 생산성을 향상시키고, 고부가가치를 실현하여 고임금하에서도 저실업률의 유지를 가능하게 하며, 또한 벤처기업의 육성은 건전한 경제성장을 유지함으로써 고용안정과 생산성향상을 동시에 이루어낼 수 있게 한다.

사 례 기술력으로 글로벌 장악 : 휴대전화 부품 기업 크루셜텍의 반란

스페인 바르셀로나에서 해마다 열리는 모바일 월드 콩그레스(MWC)는 세계 최대의 휴대전화(모바일) · 정보통신 관련 전시 콘퍼런스다. 지난 2월 14일부터 4일간 열린 'MWC 2011' 에도 전 세계에서 1,300여 개의 이동통신 관련 기업이 참여했다. 이 행사에서 최고의 휴대전화에 선정된 단말기는 예상하다시피 애플의 '아이폰4' 였다. 그렇다면 최고의 제조사는 어디였을까? 영예의 수상자는 대만의 휴대전화 제조사인 HTC에 돌아갔다.

HTC의 선전과 함께 주목받는 국내 기업이 있다. 주인공은 휴대전화 부품 공급 업체 '크루셜텍' 이다. HTC가 생산한 스마트폰에는 어김없이 '광학 마우스' 가 달려 있다. 전문용어로 '옵티컬 트랙패드(OTP : Optical TrackPad)' 라고 부르는 이 장치는 휴대기기에 장착된 패드에서 나오는 빛이 사용자의 손가락 이미지를 인식해 PC의 마우스처럼 커서를 움직일 수 있도록 해 주는 장치와 솔루션을 말한다. 크루셜텍이 만들어낸 OTP는 HTC 스마트폰 외에 RIM의 '블랙베리' 폰에도 기본 장착돼 있다.

블랙베리 역시 국내에선 일부 얼리어답터들의 전유물처럼 인식되고 있지만 세계적인 베스트셀러다. 크루셜텍이 OTP를 공급하는 협력사 중 RIM(Research In Motion)은 매출의 64%를, HTC는 27%를 차지하고 있다(2010년 기준). 90% 이상을 차지하는 양사의 출하량 급증이 고스란히 크루셜텍의 매출 성장으로 이어지는 구조다. 크루셜텍은 지난 2001년 설립된 회사로 OTP를 2008년부터 본격적으로 생산하기 시작했다. 2007년 매출액 52억 원에 영업이익률 마이너스 17.3%를 기록했던 그저 그런 IT 벤처기업은 2008년 매출액 425억 원, 2009년 622억 원에 이어 작년에는 2081억 원을 올렸다. 2009년 실적에 비해 234.8%나 성장한 경이적인 기록이다. 시장 전문가들은 올해 매출액은 3,570억 원, 영업이익은 457억 원을 예상하고 있다.

크루셜텍이 생산하는 OTP의 가치는 어느 정도일까? 세계 OTP 시장의 성장세나 점유율은 곧 크루셜텍의 실적과 같다. 세계적으로 OTP 관련 기술을 보유해 이를 상용화한 기업이 크루셜텍이기 때문이다. 즉 전 세계 OTP 독점생산 기업이 국내 기업인 크루셜텍뿐이라는 뜻이다. 시장독점이 지속되면 경쟁사 출현에 따른 성장 둔화와 수익성 악화가 예상되는 건 당연하다. 하지만 업계 관계자들은 당분간 크루셜텍의 독점구도가 깨지지 않을 것이라고 예상하고 있다. 우선 수율과 마진 등 기업이 가진 경쟁력을 후발업체가 따라잡기 힘들다는 예상이다. 여기에 세계 최초의 OTP 개발사답게 관련 지식재산권만 170여 개에 이른다. 향후 등장할 경쟁사 견제에 유용한 도구로 쓰일 것은 자명하다.

자료 : 한경Business 제801호, 2011년 4월 13일 '[비즈니스 포커스] OTP 최초 개발…기술력으로 글로벌 장악' 기사자료 요약

연 습 문 제

1. 기술경영이란 무엇인가?

2. 기술경영에는 어떠한 분야들이 있는지 살펴보고 각 분야에 대해 간략히 설명하시오.

3. 기술경영의 목적에 대해 간략히 설명하시오.

4. 기술경영이 기업의 경쟁력 제고에 어떻게 기여하는가를 구체적으로 설명하시오.

5. 연구개발의 궁극적인 목적과 유형들에 대해 간략히 설명하시오.

6. 기술혁신이란 무엇인가?

7. 제품혁신과 공정혁신의 특징을 제품수명주기와 관련하여 비교 · 설명하시오.

▪참▪고▪문▪헌▪

[국내문헌]

강금식, 생산 · 운영관리, 박영사, 2000.

강금식 · 정우석, 알기쉬운 생산운영관리, 오래출판사, 2011.

강석호, 생산 · 운영관리, 경세원, 2001.

강종열 외, 생산운영관리의 기초(Larry P. Ritzman, Lee J. Krajewski-원저), 시그마 프레스, 2004.

강현곤 외 역, 제조과학의 법칙(Wallace J. Hopp-원저), 한경사, 2005.

고바야시 하사오, 그림으로 보는 물류관리, 갑진출판사, 2006.

금대연 역, 도요타 벤치마킹(와카마츠 요시히토-원저), 동양문고, 2003.

김기영, 재고관리의 이해, 두남, 2004.

김기찬 역, 도요타 방식(Jeffrey Liker-원저), 가산출판사, 2004.

김길선 역, 기술경영과 혁신전략, McGraw-Hill Korea, 2010.

김길선 외, 디지털 시대의 생산관리, 법문사, 2001.

김길선 외, 디지털시대의 생산관리, 법문사, 2002.

김남영, 공급사슬관리, 경문사, 2007.

김만배, 재고관리, 갑진출판사, 2006.

김병민, 물류의 이해, 형설출판사, 2005.

김병태, 전략적 생산운영관리, 명경사, 2006.

김성희 · 장기진, e-비즈니스.com, 청람, 2004.

김성철, 디지털 시대의 생산운영관리, 시그마프레스, 2005.

김승철 · 김정섭 · 유한주 · 김수욱, 공급사슬관리(2e), 한경사, 2009. 2.

김수옥 외 역, 공급사슬관리(Joel D. Wisner, G. Keong Leong, Keah-choon Tan-원저) 한경사, 2005.

김연성 외 역, 생산관리(Richard B. Chase, F. Robert Jacobs, Nicholas J. Aquilano-원저), 한경사, 2006.

김연성 외 역, 전략적 운영관리(F. Robert Jacobs, Richard B. Chase—원저), 한경사,

2008.
김영기, 중소기업의 ISO 9000품질경영시스템 도입에 국내 · 외 인증기관에 따른 경영 성과 차이에 관한 실증연구, 석사학위논문, 울산대학교 경영대학원, 경영학과, 2009.
김진규, 품질경영시스템, 한올출판사, 2000.
김제홍, 생산운영관리, 두남, 2004.
김창대 역, 식스시그마 성공의 조건(Dick Smith-원저), 한국경제신문사, 2004.
김태웅, 생산 운영관리의 이해, 신영사, 2007.
김태현, 전략적 물류경영, 범한, 2007.
김현영 역, 오노 다이이치와 도요타 생산방식(미토 세쓰오-원저), 미래사, 2004.
김형준 · 김혜정, 생산관리, 형설출판사, 2006.
김홍준, 생산운영관리, 문영사, 2006.
김희탁 외, 생산관리, 법문사, 1997.
노재범 외, 서비스 이노베이션 엔진 6시그마, 삼성경제연구소, 2005.
더존 지식 서비스 센터, ERP 실무 1급 (물류), 지식과경영, 2005.
류춘호 · 신건철, 신제품 개발의 7가지 성공요소, 21세기북스, 1997.
박귀환, 국제물류론(최신), 두남, 2007.
박성용 역, 6시그마 BSC(Praveen Gupta-원저), 네모북스, 2005.
박찬익 역, 3PL 비즈니스와 로지스틱스 전략(사이토 미노루-원저), 두남, 2007.
박창규, 알기쉬운 기술경영, 신론사, 2010.
박형호 외, 생산 · 운영관리, 무역경영사, 2002.
백승규 역, 생산 운영 관리(Larry P. Ritzman, Lee J. Krajewski-원저), 석정, 2005.
박성현 외, 6시그마의 이론과 실체, 한국표준협회, 2000.
배경율, 통합생산관리, 세학사, 1997.
문기주, 생산물류시스템 운영관리, 아이티씨, 2006.
삼성SDS SCM사업단 역, SCM의 성공(Richard C. Ling-원저), 엠플래닝, 2006.
서경범, 실무 생산 관리의 이해, 청문사, 2004.
신용백, 생산운영관리, 범한, 2004.
안영진 외, 생산운영관리, 박영사, 1999.
안영진 · 유영목, 생산운영관리, 박영사, 2002.
양종택, 생산 · 운영관리, 박영사, 1997.
양종택, 생산 · 운영관리, 법문사, 2001.
유송민 외 역, 생산제조공학(제9판)(E. Paul Degarmo-원저), 사이텍미디어, 2004.

이명호 · 유지수, 생산관리, 박영사, 1999.

이상범, 현대 생산 · 생산운영관리, 명경사, 2000.

이순룡, 생산관리론, 법문사, 2005.

이순룡, 제품 · 서비스생산관리론, 법문사, 2005.

이순요, 신공정관리론, 박영사, 1996.

이승규 외, 생산전략과 기술경영, 박영사, 2002.

이승주, 경영전략실천 매뉴얼, 시그마컨설팅그룹, 2006.

이영훈, 한국형 생산방식 그 가능성을 찾아서, 삼성경제연구소, 2005.

이위식 외, 로지스틱스관리론, 한올출판사, 2006.

이재관, 신 생산관리, 기한재, 2006.

이정환 외, 산업경영시스템, 형설출판사, 2004.

이창효 외, 현대생산운영관리, 대명, 2005.

이철근, 최신 구매관리, 갑진출판사, 2007.

여운학, 반도체 기업의 ISO/TS 16949 효과적 실행을 위한 6시그마 활동 전개에 관한 연구, 석사학위논문, 금오공과대학교 산업대학원, 산업시스템공학과, 2007.

자재관리연구회 역, 자재관리(혼마이 쿠오카-원저), 갑진출판사, 2007.

장성기 · 공명달, 생산정보시스템의 이해, 대영사, 2001.

전영일 외, 생산운영관리, 경문사, 2006.

전준수, 종합물류의 이해, 박영사, 2006.

정남기 외, CALS시대 생산관리, 청문각, 2000.

정일구, 도요타처럼 생각하고 관리하고 경영하라, 시대의 창, 2004.

정연윤 역, 6시그마 프로세스 경영(Rowland Hayler-원저), 네모북스, 2005.

정현주 역, SCM의 핵심 생산계획(Thomas F. Wallace-원저), 엠플래닝, 2005.

조성인, 6시그마 경영기법의 활성화 방안에 관한 연구, 석사학위논문, 호남대학교 대학원, 경영학과, 2010.

주권구, 캐논의 셀 생산방식, 한국기업경영연구회, 2007.

주종문, 6시그마 프로젝트 추진방법론, 글로벌, 2007.

차중곤, 국제물류의 이해 (신), 대진, 2007.

한국과학기술원 역, 생산관리, 도서출판 석정, 2000.

한국표준협회, 경영간부를 위한 경영혁신, 한국표준협회, 2011.

한낙현, 물류관리론, 형설출판사, 2006.

한전KPS주식회사 인재개발원, 개선전문가 Level I 과정, 한전KPS주식회사 인재개발원, 2010.

한전KPS주식회사 인재개발원, 개선전문가 Level I 과정, 한전KPS주식회사 인재개발원, 2010.

황규승, 오퍼레이션스 경영(제2판), 홍문사, 2006.

홍성수 역, 생산관리(타나카 카즈나리-원저), 새로운제안, 2007.

AT커니코리아 역, 린 6시그마(Michael L. George-원저), McGraw-Hill Korea, 2007.

IBM, SCM 이노베이션, 한국경제신문사, 2006.

LG CNS ERP통합센터 역, ERP 구축 전략과 실천(Thomas F. Wallace-원저), 엠플래닝, 2006.

정봉주 외 역, Supply Chain Management(제3판)(Sunil Chipra, Peter Meindl-원저) 석정, 2007.

[국외문헌]

Afuah, A., *Business Models: A Strategic Management Approach*, McGraw-Hill, 2004.

Andel, T., Site Selection Tools Dig Data, *Transportation & Distribution*, Vol. 37, 1996, pp.77~81.

Baker, K.R., Introduction to Sequencing and Scheduling, New York : John Wiley & sons, 1984.

Bartness, A.D., The Plant Location Puzzle, *Harvard Business Review*, Vol. 72, 1994, pp.20~23.

Bastow, B.J., Metrics in The Material World, *APICS-The Performance Advantage*, 2005. pp.35~53.

Berry, L.L. *et al.*, Managing the total customer experience, *MIT Sloan Management Review*, Vol. 43, 2002, pp.85~89.

Bowersox, D.J., D.J. Closs, *Logistical Management*, McGraw-Hill, 1996.

Browne, J. et al., *Production Management System*, 2nd ed., Addison-Wesley, 1996.

Cannon, A.R., R.E. Crandall, The Way Things Never Were., *APICS-The Performance Advantage* 2005, pp.135~141.

Chase, R.B. *et al.*, *Production and Operations Management*, 8th ed., McGraw-Hill, 1998.

Conner, M.P., The Supply Chain's Role in Leveraging PLM., *Supply Chain Management Review*, Vol. 8, 2004, pp.32~43.

Farrell, D., Beyond Offshoring: Assess Your Company's Global Potential, *Harvard Business Review*, Vol. 82, 2004, pp.84~90.

Piasecki, D.J., Inventory Accuracy: People, Processes & Technology, *Inventory Operations Consultant*, 2003.

Ellram L.M., B. Liu, Purchasing and Supply Management: A Key Lever in. Financial Performance, *Supply Chain Management Review*, Vol. 6, pp.30~37.

Fernie, J. Quick Response: An International Perspective?, *International Journal of Physical Distribution & Logistics Management*, Vol. 24, 1994, pp.38~46.

Gaynor, G., *Handbook of Technology Management*, McGraw-Hill, 1996.

Greene, J.H., *Production and Inventory Control Handbook*, 3rd ed., McGraw-Hill, 1997.

Hammer, M., The Superefficient Company, *Harvard Business Review*, Vol. 79, 2001, pp.82~91.

Heizer, J., B. Render, *Production and Operations Management*, 4th ed., Prentice Hall, 1996.

Hill, T., *Manufacturing Strategy: Text and Cases*, 3rd ed., McGraw-Hill, 1999.

Krajewski, L. *et al.*, *Operations Management*, 8th ed., Prentice Hall, 2007.

Krajewski, L. *et al.*, *Operations Management*, 7th ed., Prentice Hall, 2005.

Krajeski, Lee.J, Ritzman, Larry P., *Operations Management*, 7th ed., Prentice Hall, 2005.

Larson, P.D., A. Halldorsson, "Logistics versus supply chain management: An international survey", *International Journal of Logistics: Research and Applications*, Vol. 7, 2004, pp.17~31.

Melnyk, S.A., Swink, M., *Value-Driven Operations Management*, McGraw-Hill, 2002.

Mike R. *et al.*, *Learning to See*, Brookline, 2003.

Muhlemann A, et al., *Production and Operations Management*, 6th ed., Pitman, 1992.

Muller, M., *Essentials of Inventory Management, American Management Association*, 2002.

Peterson, C.H., The "Learning" Supply Chain: Pipeline or Pipedream?, *American Journal of Agriculture*, Vol. 84, 2002, pp.1329~1336.

Porter, M.E., The Competitive Advantage of Nation, *Harvard Business Review*, Vol.

68. 1990. pp.121~134.

Rebecca, D., Approaches to Mass Customization: Configurations and Empirical *Validation, Journal of Operations Management*, Vol. 18, 2000, pp.605~625.

Rushton, A. *et al.*, *The Handbook of Logistics and Distribution Management*, 2nd ed., Kogan Page, 2000.

Russel, R.S., B.W. Taylor III, *Production and Operations Management*, Prentice Hall, 1995.

Schroeder, R.G., *Operations Management*, 4th ed., McGraw-Hill, 1993.

Schroeder, R.G., *Operations Management: Decision Making in the Operations Function*, 4th ed., McGraw-Hill, 1993.

Silver, E.A. *et al.*, *Inventory Management and Production Planning and Scheduling*, 3rd ed., John Wiley & Sons, 1998.

Slack, N. et al., *Operations Management*, 2nd ed., Pitman Publishing, 1998.

Sunil, C., *Supply Chain Management: Strategy, Planning, and Operations*, 2nd ed., Prentice-Hall, 2003.

Tersine, R.J., *Principles of Inventory & Materials Management*, 4th ed., Prentice-Hall, 1994.

Waters, D., *Inventory Control and Management*, 2nd ed., Wiley, 2003.

Wild, R., *Essentials of Production and Operations Management*, Cassell, 1995.

[참고 사이트]

도요타자동차(http://www.toyota.com)

리바트가구(http://www.livart.co.kr)

쌍용자동차(http://www.smotor.com)

우정사업본부(http://www.koreapost.go.kr)

월마트(http://www.walmartstores.com)

이마트(http://emart.shinsegae.com)

인천일보(http://www.itimes.co.kr)

제너럴 모터스(http://www.gm.com)

통계청(http://www.nso.go.kr)

파이낸셜 뉴스(http://www.fnnews.com)

포드자동차(http://www.ford.com)

한국생산성본부(http://www.kpc.or.kr)

Appel(http://www.apple.com)

KT(http://www.kt.co.kr)

ZD net korea(http://www.zdnet.co.kr)

·찾·아·보·기·

국문

[ㅊ]

[ㅋ]

영문

〔저자약력〕

■ 박형호(朴炯昊)

고려대학교 졸업
미국 캘리포니아주 Leavey School of Business, Santa Clara University MBA
고려대학교 대학원 경영학박사
전남대학교 기업경영연구소장
전남대학교 경영대학장
일본 熊本學園大學 및 九州産業大學 방문교수
한국생산관리학회 부회장
한국정보전략학회 회장
전남대학교 기획협력처장
전남대학교 경영대학 경영학부 교수

■ 노춘섭(盧春燮)

전남대학교 졸업
전남대학교 경영대학원 경영학석사
전남대학교 대학원 경영학박사
미국 Boston University 연구교수
순천대학교 경영통상학부 학부장
순천대학교 중소기업경영연구소장
순천대학교 지역개발연구소장
순천대학교 대학원장
한국산학협동연구원 이사
순천대학교 경영학과 교수

■ 최 기(崔 基)

전남대학교 졸업
전남대학교 경영대학원 경영학석사
전남대학교 대학원 경영학박사
화천기계공업주식회사 주조부 과장대리
동강대학 산업경영연구소장
한국표준협회 전문강사
ISO9000:2000 국제 선임심사원
국가 품질상 심사위원
한국산학협동연구원 부원장
동강대학 e-비즈니스과 교수

■ 김영대(金暎大)

외국어대학교 졸업
원광대학교 대학원 경영학과 석사과정 졸업 경영학석사
전남대학교 대학원 경영학과 박사과정 졸업 경영학박사
호남대학교 기업경영연구소장
광주광역시 정책자문위원
대우일렉트로닉스 경영혁신 자문위원
한국생산성본부 ERP정보관리사 출제위원
금융감독원 공인회계사 출제위원
호남대학교 경영학과 학부장 대학원 주임교수
호남대학교 경영대학 경영학과 교수

■ 조　건(趙　健)

전남대학교 졸업
서울대학교 수학과 이학석사
미국 Purdue University 산업공학과 공학박사
미국 University of Illinois at Urbana-Champaign 방문교수
전남대학교 경영대학원 부원장
한국생산관리학회 이사
한국경영과학회 이사
경영학연구 편집위원
전남대학교 경영연구소 소장
전남대학교 경영대학 경영학부 교수

■ 소순후(蘇淳厚)

전남대학교 졸업
전남대학교 대학원 경영학석사
전남대학교 대학원 경영학박사
한국광산업진흥회 선임연구원
부산대학교 상과대학 경영학부 연구교수
원광대학교 경상대학 경영학부 경영학전공주임교수
원광대학교 기획조정 부처장
원광대학교 경상대학 경영학부 부교수

생산운영관리

2012년 3월 10일 1판 1쇄 발행
2025년 2월 25일 1판 9쇄 발행

저　　자 / 박형호 · 노춘섭 · 최　기 · 김영대 · 조　건 · 소순후
발 행 인 / 이수영
발 행 처 / 도서출판 청람
서울시 마포구 독막로 288(대흥동, 세양상가 109호)
전　　화 / 02)3272-2601~2
팩　　스 / 02)3272-2603
이 메 일 / crbooks@daum.net
홈페이지 / www.crbooks.co.kr
등　　록 / 2000년 8월 26일 제 6-0509호

ISBN 978-89-5972-261-7 93320　　정가 25,000원